弘扬科学家精神

——走近100位科技工作者

中国科协信息中心 编

中共中央党校出版社

图书在版编目（CIP）数据

弘扬科学家精神：走近 100 位科技工作者 / 中国科协信息中心编. -- 北京：中共中央党校出版社，2021.6（2024.7重印）
ISBN 978-7-5035-6928-9

Ⅰ.①弘… Ⅱ.①中… Ⅲ.①科学家—生平事迹—中国—现代 Ⅳ.① K826.1

中国版本图书馆 CIP 数据核字（2020）第 255166 号

弘扬科学家精神——走近 100 位科技工作者
HONGYANG KEXUEJIA JINGSHEN —— ZOUJIN 100 WEI KEJI GONGZUOZHE

责任编辑	刘海燕
责任印制	陈梦楠
责任校对	魏学静
书法题字	廖　犇
出版发行	中共中央党校出版社
地　　址	北京市海淀区长春桥路 6 号
电　　话	（010）68922815（总编室）　（010）68922233（发行部）
传　　真	（010）68922814
经　　销	全国新华书店
印　　刷	北京盛通印刷股份有限公司
开　　本	710 毫米 ×1000 毫米　1/16
字　　数	443 千字
印　　张	29.75
版　　次	2021 年 6 月第 1 版　2024 年 7 月第 3 次印刷
定　　价	60.60 元

微 信 ID：中共中央党校出版社　　邮　箱：zydxcbs2018@163.com

版权所有・侵权必究
如有印装质量问题，请与本社发行部联系调换

《弘扬科学家精神——走近100位科技工作者》
编委会

主　　编：杨利军

副 主 编：唐志荣

编　　辑：李　森　　王学健　　刘小都
　　　　　董艳苹　　王以芳　　尹莉华
　　　　　冯　钰　　孙艳鹏　　张　达
　　　　　陈珂珂　　刘冰心

前　言

习近平总书记指出："科学成就离不开精神支撑。科学家精神是科技工作者在长期科学实践中积累的宝贵精神财富。新中国成立以来，广大科技工作者在祖国大地上树立起一座座科技创新的丰碑，也铸就了独特的精神气质。"新时代必须大力弘扬胸怀祖国、服务人民的爱国精神，勇攀高峰、敢为人先的创新精神，追求真理、严谨治学的求实精神，淡泊名利、潜心研究的奉献精神，集智攻关、团结协作的协同精神，甘为人梯、奖掖后学的育人精神。"爱国、创新、求实、奉献、协同、育人"展现了我国科学家的精神内涵。

在中国共产党建党 100 周年之际，中国科协信息中心从科协系统、高校、科研院所及企业推荐的 234 件作品中精选出 100 件集结成册。其中有在各个领域作出突出贡献的科学家，优秀科技工作者团体，2019 年、2020 年最美科技工作者。他们在各自的领域建功立业，留下了永恒的精神财富，成为一个个熠熠闪光的精神标杆。

初心历久弥新，百年波澜壮阔。本书旨在以习近平新时代中国特色社会主义思想为指导，坚持党的领导，坚持价值引领，弘扬家国情怀、担当作风、奉献精神；深入挖掘科技工作者牢记使命、薪火相传、不畏艰险、敢于争先，尊崇创新、尊重人才的精神品质，力争讲好科技工作者立足本职、干事创业的感人故事；营造尊重知识、崇尚创新、尊重人才、热爱科学、献身科学的浓厚氛围；引导广大科技工作者不忘初心和使命，坚定理想和信念，激发激情和才智，为实现中华民族伟大复兴的中国梦作出更大贡献。

全书分文字篇和视频篇两部分，视频篇可通过扫描二维码观看。为方便读者查阅，本书最后特别添加了收录的科技工作者的人名索引，并按汉语拼音音序排列。在编辑出版过程中，本书得到了各有关单位的大力支持，谨此致谢。疏漏之处，敬请批评指正。

中国科协信息中心

2021 年 5 月

目录

文字篇

- 与四川的不解情缘
  ——中国航天事业奠基人钱学森 /3
- 心系苍穹，璀璨中华
  ——中国现代天文学家张钰哲 /8
- 顶天立地的科学家
  ——汉字信息处理与激光照排技术发明人王选 /12
- 勇于担当的导弹总设计师
  ——火箭与导弹控制技术专家黄纬禄 /17
- 临危受命身先士卒，科技战疫勇担大任
  ——著名呼吸病学专家钟南山 /22
- 用渐冻的生命，托起信心与希望
  ——人民英雄、武汉市金银潭医院院长张定宇 /28
- 奋斗一甲子，铸盾六十年
  ——防护工程和军事工程专家钱七虎 /35
- 苍松挺立在山边
  ——气象学和地球流体力学专家曾庆存 /40
- 为国铸剑，飞天圆梦
  ——航天技术专家王永志 /45
- "凝固的艺术"铸就丰碑
  ——建筑学家齐康 /50

- 融贯特殊李群与微分几何
    ——数学大师严志达 /54
- 低温和超导世界的开拓者
    ——物理学家洪朝生 /59
- 第一次青藏科考
    ——土壤地理与土地资源学家孙鸿烈 /64
- 知识分子的担当
    ——物理学家、材料学家闵乃本 /68
- 冷板凳上的化学之歌
    ——有机化学家周其林 /73
- 孜孜以求做环境气象领域的攀登者
    ——应用气象专家张小曳 /77
- 科研观奠定成功路
    ——地层古生物学家戎嘉余 /82
- 做一名快乐的科学家
    ——天体力学家孙义燧 /86
- 创新，需要"穷究物性"
    ——分析化学家陈洪渊 /91
- 奋斗是实现理想的必由之路
    ——磁学与磁性材料学家都有为 /96
- 撼动密码学界的女性科学家
    ——密码学家王小云 /101
- 我的幸福与祖国紧紧相连
    ——实验血液学家吴祖泽 /106
- "红莲"香飘天下，精神永垂不朽
    ——植物遗传学家朱英国 /110
- 仰望苍穹，俯瞰大地
    ——天体物理学家方成 /114

目 录

- 心系航天"不了情"
  ——电磁场理论和天线设计专家陈敬熊 /119
- 钢铁院士，赤子情怀
  ——金属材料专家崔崑 /123
- "我是一个会种庄稼的农民"
  ——植物病理学专家朱有勇 /127
- 科技创新要以"问题为导向"
  ——生物化工专家欧阳平凯 /131
- 科学要用"真、善、美"铸就
  ——应用物理、强激光技术和能源战略专家杜祥琬 /136
- 手捧丹心治山川，喜看水电展新篇
  ——水利水电工程施工技术专家谭靖夷 /141
- 铸剑卫海，永不言败
  ——飞航导弹技术专家黄瑞松 /148
- 以霹雳之名，铸蓝天长城
  ——空空导弹专家樊会涛 /154
- 满腔热血家国情，多维发力助战疫
  ——地球空间信息专家李德仁 /160
- "追星"筑北斗
  ——大地测量与卫星导航专家刘经南 /164
- 医者仁心，患者第一
  ——肝胆外科、肝脏移植学专家王学浩 /168
- 把科研成果书写在大地上
  ——"柑橘院士"果树专家邓秀新 /173
- 立德树人，初心传承
  ——精密机械专家王立鼎 /177
- 扎根宁夏筑"钽"途
  ——冶金与材料工程专家何季麟 /182

- 中国研究茶叶农药残留问题的第一人
    ——食品安全和茶叶植保专家陈宗懋 /188
- 春蚕到死丝方尽
    ——爆炸力学与核试验工程专家林俊德 /192
- 点亮地下奥秘的明灯
    ——地球物理学家陈颙 /199
- 自有云淡风轻时
    ——大气科学家伍荣生 /204
- 向上挑战，为国铸就"神剑"
    ——中国航天总体技术领军专家朱坤 /209
- 利剑化龙啸，追梦为航天
    ——航天专家董胜波 /214
- 当代钙磷代谢知识之父
    ——内分泌学家朱宪彝 /219
- 共享蓝图，大有可为
    ——中国铸造业领军人物彭凡 /224
- 潮平岸阔，筑梦江河
    ——水电工程师周建平 /230
- 中国AI三十年缩影：学术创新与学以致用
    ——百度首席技术官王海峰 /235
- 迈出多晶硅自主创新的关键一步
    ——中国恩菲工程技术有限公司副总工程师严大洲 /240
- 历尽千帆，"抗非"壮士再出发
    ——南方医科大学南方医院感染内科主任医师侯金林 /244
- 牛栏江上"牛"一回
    ——全国工程勘察设计大师、水工结构专家张宗亮 /248
- 一项中国技术的"长征"
    ——粉垄技术发明人韦本辉 /254

目 录

- 把最深沉的爱献给祖国
  ——同济大学土木工程学院教授胡向东 /260
- 倾力打造吉林"卫星"新名片
  ——长光卫星技术有限公司董事长宣明 /266
- 战地黄花分外香
  ——天线罩研制专家杨鸿昌 /270
- 守护大脑的"中国好校长"
  ——神经外科专家孙涛 /275
- "我喜欢出发"
  ——中国交通建设集团有限公司总工程师林鸣 /280
- "为祖国健康工作60年"
  ——全国工程勘察设计大师石瑞芳 /286
- "我想把植物画活"
  ——植物科学画家曾孝濂 /292
- 大成者，累并快乐着
  ——四川省肿瘤医院院长郎锦义 /298
- 为患者撑起生命的"脊梁"
  ——成都市第三人民医院骨科主任梁益建 /304
- 山水迢迢长歌行
  ——国家地质公园专家尹国胜 /308
- 铁肩担道义，逆行勇冲锋
  ——长春中医药大学副校长冷向阳 /314
- 创新路上的"领头羊"
  ——中国水利水电第七工程局首席工程师李正兵 /319
- 红柳的精神，科学的态度
  ——我国核试验亲历者邹进上 /325
- 脚踏实地，争做新领域的开拓者
  ——"人造单染色体真核细胞"的创建者覃重军 /330

- 把论文写在竹林里的"农民"教授
  ——西南林业大学筇竹研究院院长董文渊 /335
- 让每寸土地成为丰收沃土
  ——宁夏中卫市沙坡头区柔远镇农技站站长梁玉斌 /340
- 伟大的渺小：中微子和它的朋友们
  ——物理学家王贻芳、物理学家陆锦标 /345
- 中国"砺剑人"
  ——新一代精打体系武器系统青年创新团队 /350
- 星光满船梦满帆
  ——解读军事科学院军事医学研究院科研群体的精神图谱 /356
- 世界屋脊上破译牦牛生命密码
  ——2019年"最美科技工作者"姬秋梅 /363
- 让中国标准走出国门
  ——2019年"最美科技工作者"杨海燕 /367
- 希望再为国家工作20年
  ——2019年"最美科技工作者"陶文铨 /371
- 科研唯真，自信最美
  ——2019年"最美科技工作者"陈孝平 /375
- 在山区孩子心中播种科学
  ——2019年"最美科技工作者"黄才发 /379
- 让机器更好地服务人类
  ——2019年"最美科技工作者"陈云霁 /383
- 创华龙一号，铸国之重器
  ——2019年"最美科技工作者"邢继 /386
- 让世界领略中国"智"造
  ——2019年"最美科技工作者"梁建英 /390
- 造桥路上奔跑的"阿甘"
  ——2019年"最美科技工作者"徐恭义 /394

- 培育中国自主知识产权第一牛
  ——2019年"最美科技工作者"祁兴磊 /398
- 心中有良知，行为有担当
  ——2020年"最美科技工作者"王行环 /402
- 携小菌物走出大天地
  ——2020年"最美科技工作者"李玉 /406
- 祖国富强是我追梦人生的夙愿
  ——2020年"最美科技工作者"陈厚群 /411
- 代表中国走出新"声"路
  ——2020年"最美科技工作者"胡郁 /415
- 十年磨一"箭"，铸航天强国梦
  ——2020年"最美科技工作者"李东 /419
- 在无人区燃烧青春
  ——2020年"最美科技工作者"陈亮 /424
- 守中医之正，创医学之新
  ——2020年"最美科技工作者"仝小林 /428
- 架起从黑暗到光明的桥梁
  ——2020年"最美科技工作者"次旦央吉 /432
- 玉米种子就是我的生命
  ——2020年"最美科技工作者"程相文 /437
- 打赢"蓝天保卫战"是我的责任
  ——2020年"最美科技工作者"郝吉明 /441

视频篇

- 一腔"热血"为两弹
  ——物理学家程开甲 /447
- 国家的需要，就是我的研究方向
  ——物理冶金学家吴自良 /448

- 赤字恒心，追光之路
  ——应用光学专家王大珩　/449
- 你的笑，绽放了春天
  ——传染病学家李兰娟　/450
- 永恒的人生
  ——核物理学家王承书　/451
- 没有你，万般精彩皆枉然
  ——古脊椎动物学家张弥曼　/452
- 读懂中国，读懂他的故事
  ——光纤通信专家杨恩泽　/453
- 勇闯深海，探秘龙宫
  ——"蛟龙"号载人作业潜水器首席潜航员叶聪　/454
- 怀念雷雨顺，继承科学家精神
  ——气象学家雷雨顺　/455

- 人名索引　/456

文字篇

爱国·创新·求实·奉献·协同·育人

与四川的不解情缘
——中国航天事业奠基人钱学森

王文华

人物简介

钱学森（1911.12—2009.10），伟大的人民科学家，中国航天事业奠基人，中国科学院院士，中国工程院院士，"两弹一星"功勋奖章获得者。

1955年回国，历任中国科学院力学研究所所长，国防部第五研究院院长，第七机械工业部副部长，原国防科学技术工业委员会副主任，中国科协主席、名誉主席，曾任中共中央候补委员、全国人大代表、全国政协副主席。

钱学森是新中国历史上伟大的人民科学家，中国航天事业的奠基人。早在20世纪30年代末40年代初，钱学森刚刚步入航空航天科学技术殿堂，他就将完成的科学论文《高速气流突变之测定》（*A Method for Predicting the Compressibility Burble*），从美国寄回祖国发表在《成都航空研究所学术研究报告》（1940年第2号）上，钱学森心系祖国的爱国情怀跃然纸上。1940年至1945年钱学森受聘为四川成都航空研究所通信研究员，这是他在国内任职的第一个头衔。2008年，钱学森去世的前一年，他还写信寄语四川省什邡市方亭四小少先队员要敢于探索科学奥秘。

四川美称天府之国，巴山蜀水，钟灵毓秀，巴蜀文化，博大精深。邓小平、朱德、聂荣臻、陈毅、郭沫若、李鹏、杨尚昆、张爱萍等都是从四川走出来的国家领导人，在钱学森的百年人生中与四川和川籍人士建立了难忘的情缘，佳话流传。钱学森生前关注过发生在四川这片土地上的科学事件和新生事物；热心支持四川科学技术界的工作。为了纪念这位德高望重的科学大师，我们系统追寻了钱学森与四川和川籍人士的感人故事。

1950年7月，钱学森一家归国受阻，遭到美帝国主义无理拘捕，成都国立四川大学、私立华西大学、省立高级工业及农业等职业学校的教授文藻清、范亚人、王道容以及科学技术界人士48人，于10月8日集会座谈，决议在科学技术界发起签名运动，向全世界控诉美帝国主义的无耻暴行。

钱学森是公认的"中国系统工程之父"，他在阐述《系统思想和系统工程》一文，开篇就称赞了战国时期李冰父子设计修造"伟大的都江堰"工程中的系统思想；1978年他来四川绵阳视察指导国防工程，在阴冷潮湿的川西一住就是20多天，间隙参观了草堂，他在成都吹响系统工程在中国的进军号的同时，也会在休息时间饶有兴趣地去看一场地道的川剧；他在西昌卫星基地建设现场主持交流推进工作会议结束后，从西昌返回成都途中，应四川省领导邀请，挽起裤脚，徒步登上峨眉山，走进农家院坝，游览四川风光。这些都表明了他对巴蜀文明的了解和热爱，表明了他对巴蜀人民的深情厚谊。

20世纪60年代以来，四川是我国国防三线基地建设的重要地区。钱学森亲自规划、选定技术路线、主持论证决策、组织协调在四川绵阳建立中国空气动力研究基地，历时十几个年头，他称赞"绵阳是个出名的城市"；钱学森参与论证决策、组织协调西昌航天发射中心的建设，参与论证决策中国工程物理研究院的选址建设等。这些国防工程，至今仍是四川的闪亮名片，也是钱学森和先辈们屹立于巴蜀大地的丰碑。

钱学森说过，"使我的同胞过上有尊严的幸福生活。"这是他"爱国"爱民的具体体现。大家都知道钱学森冲破阻力冒死回归祖国的故事，几十年后，当钱学森在推动我国"东风—5号"洲际导弹太平洋全程试验时，对科研人员提出的要求是，我们的弹着区要比外国人的小。这既说明钱学森对我国洲际导弹科技水平的信任,也说明了钱学森内心深处浓浓的民族自豪感和自信心。钱学森晚年还在关心四川省攀枝花市的城市划归建设,他发出"攀枝花市能建成为一座山水城市吗?"的热切呼唤。

钱学森说过,"如果不创新,我们将成为无能之辈。"这是对"创新"的深刻理解。20世纪60年代以来,钱学森鼓励和指导苟清泉教授创新物理力学研究,他称赞苟清泉"现在他是物理力学的带头人"。80年以来,钱学森多次致信四川省社会科学院人才开发研究所查有梁,殷切期望和热心支持他大胆创新教育理论的研究与实践。钱学森一直进行学术创新,在晚年阶段,迎来了人生中的第三个创造高峰。他倾注了大量的心血和精力,以马克思主义哲学为指导,运用实践论、系统论的观点构建了现代科学技术体系结构。这是他人生中的重要的创新成果,也是他晚年全部学术探索之总纲。

1993年12月27日钱学森与杨超于钱学森家中

钱学森说过，"科学就是追求真理。"这是对"求实"的高度概括。钱学森从20世纪70年代后期开始与原四川省委书记杨超同志，20多年坚持不懈交流探讨哲学和人体科学的创建，两位老人结下了深厚的友谊，在学术界成为一个美谈。钱学森说，"我们要把理论和实际灵活的结合，不能刻板形式，我想这个灵活地结合理论与实际也就是辩证唯物主义的真髓了。"Nothing is final（真理没有"终点"）这是钱学森写在一个装手稿的信封上的英文短句。钱学森是一位对科学孜孜以求、不懈探索的科学家。严以律己、严谨求实，成为他学术品质和科学精神的集中体现。

钱学森说过，"幸福都是奋斗出来的。"这是对"奉献"的具体表达。2007年CCTV"感动中国"组委会授予钱学森的颁奖词："在他心里，国为重，家为轻，科学最重，名利最轻。5年归国路，10年两弹成。开创祖国航天，他是先行人，披荆斩棘，把智慧锻造成阶梯，留给后来的攀登者。他是知识的宝藏，是科学的旗帜，是中华民族知识分子的典范。"他感动了中国，也感动了世界；他征服了太空，也征服了人心。他说："我作为一名中国的科技工作者，活着的目的就是为人民服务。如果人民最后对我们一生所做的工作表示满意的话，那才是最高的奖赏。"

钱学森说过，"一切成就归于党，归于集体。"这是对"协同"的深刻解读。有人称钱学森是我国"导弹之父"。钱学森说："称我为'导弹之父'是不科学的。因为导弹卫星工作是'大科学'，是千百万人大力协同才能搞得出来，只算科技负责人就有几百，哪有什么'之父'？一定要找'之父'，那只有党和国家的决策领导人，周恩来和聂荣臻了。"20世纪80年代末期，一位朋友送他一幅《咏竹》的条幅："未出土时先有节，待到凌云更虚心。"这就是对钱学森先生高尚品德的生动写照。

钱学森说，"我回来开了许多班，如果你们都能做研究，那么100多人做的肯定比我一个人做的多，贡献也大得多。"这是对"育人"最简明的阐述。1980年3月，在中国科协"二大"期间，钱学森专门接见四川省的代表——《科普学初探》一文的作者周孟璞和曾启治等，鼓励他们要

"把科普工作当作一项伟大的战略任务来抓"。此后,十几年持续指导他们建立"科普学"。钱学森在北京国防科委的办公室里,多次约见四川省的主要领导和科技人员、科技出版社和科技期刊的普通编辑,在家里接见科普作家等。钱学森力推张光鉴创建"相似论",指示五机部领导:"希望五机部继续把这项工作抓下去。"鼎力支持张光鉴关于思维科学研究。他力荐四川民间学者杨槐的"地球非对称膨胀"地学新学说研究,指示中国科协:"中国科协应该办,请找地球物理学会研究,请将联系结果告诉我。"致函四川省科协落实解决杨槐同志的生活困难。

钱学森认为科学技术事业是一个需要年轻人的事业,应该不断向青年人介绍科学研究的成果和方法。他乐观勤奋,豁达开朗,有幽默感,直到晚年还保持一定的"童心"。这使得他容易让人接近,成为一个受欢迎的人物。他尊重青年人,决不挫伤他们的积极性,鼓励他们提出自己的看法,而且虚心向青年人求教,敢于向他们承认自己的错误,不怕在青年人面前暴露出自己的愚蠢。他热情鼓励和支持马华孝、吴廷嘉、陈德敏、张可等四川青年科技人才奋发进取的故事令人感动。

钱学森支持鼓励四川学人的故事,折射出科学家"爱国、创新、求实、奉献、协同、育人"的奋斗精神和高贵品格。如今,斯人已逝,钱学森以自己的言行,为国人树立了一种高尚的道德风范。钱学森给我们留下了宝贵的精神遗产,犹如一盏不灭明灯,照亮社会,照亮心灵,照亮中国的未来!

推荐单位:成都市老科协

心系苍穹，璀璨中华
——中国现代天文学家张钰哲

樊莉平

人物简介

张钰哲（1902.2—1986.7），中国现代天文学事业奠基人，中国科学院院士。曾任国立中央研究院天文研究所所长、中科院紫金山天文台台长、中国天文学会理事长。

1928年发现1125号小行星，命名为"中华"。1957年发表中国第一篇论述人造卫星轨道的论文。20世纪60年代参加我国第一颗人造卫星——"东方红一号"的论证。荣获全国科学大会奖、国家自然科学奖二等奖等奖项。

"异邦羁旅，裘葛六更，荒陬郊居，亦垂二载。问星移斗转，几阅人世沧桑，见银汉斜横，何日鹊桥飞渡。……"看到这段古色古香的骈文，您一定以为是出自古代哪位大师之笔，其实它是中国科学院紫金山天文台的老台长，一个具有良好的文学修养和艺术修养的天文学家——张钰哲先生当年在《美洲天文台参观述记》中的一段。

2017年开始，紫金山天文台在南京鼓楼的总部陆续迁移到仙林新园区，11月24日上午，中国科学院紫金山天文台在仙林园区隆重举行了紫金山天文台首任台长张钰哲先生铜像揭幕仪式。让我们不忘初心、牢记使命、砥砺前行！

当您在紫金山天文台登高远眺南京城的景色时，当您震惊于天文台内

当年远东最大的望远镜时,当您惊叹于古天文仪器的精妙所在时,您是否想到中国近代天文学的奠基人张钰哲老台长。他在此处工作近40年,处处留有他的印迹。

茫茫太空中,有这么一颗特殊的小行星,自从1928年11月22日被发现以来,这颗编号1125,名为"中华"的小行星,围绕着太阳运行了一圈又一圈,见证了中华由积贫积弱到强势崛起的惊人变迁。这颗小行星就是当年只有26岁的张钰哲先生在美国叶凯士天文台发现的,是我们中国人发现的第一颗小行星,在此之前,虽然国际上已发现的小行星有1100多颗,但是没有一颗小行星是中国人发现的。按照国际天文惯例,发现者有权为这颗小行星命名,张钰哲毅然为这颗小行星取名为"中华"。先生用中华命名寄托了自己对祖国无比的热爱和期望。从此,一颗新发现的"中华星"带着海外游子的拳拳报国心闪烁在无垠的宇宙之中。同年,他写了题为《留美学业将毕寄诗呈母》的一首诗:

> 科技学应家国需,异邦负笈跨舟车。
> 漫言弧矢标英志,久缺晨昏奉起居。
> 乳育劳劬齐载覆,春晖寸草永难如。
> 喜把竹书传好语,明年渡海俱琴书。

从此开创了中国人命名小行星的先河。

1929年夏，张钰哲获芝加哥大学天文博士学位。他放弃了美方提供的优厚报酬，轻装返回祖国。从此在这块生他养他的土地上，与中国的天文事业结下了不解之缘。

1934年，国立中央研究院天文研究所在南京紫金山成立，这就是中国科学院紫金山天文台的前身，是我们中国人自己建立的第一个现代天文学研究机构，所以紫金山天文台被誉为"中国现代天文学的摇篮"。1949年9月，张钰哲参与紫金山天文台的重建工作，次年张钰哲被任命为中国科学院紫金山天文台台长，一直在紫金山天文台工作到1984年，历任研究员、台长、名誉台长。在这35年期间，紫金山天文台为中国的天文事业作出了重大贡献，成为世界知名的天文台。

1937年，东亚最大的60厘米反射望远镜刚刚由德国运到，还没有来得及开箱，日本侵略军的炮火就打破了南京城和紫金山的宁静。张钰哲和同人只得远迁昆明凤凰山，期待能继续天文研究。1941年6月，日寇的铁蹄蹂躏了大半个中国，张钰哲不顾敌机的轰炸扫射，带队从昆明出发，翻越巴山秦岭，远赴甘肃临洮进行日全食观测，发表了题为《日本轰炸机阴影下的中国日全食观测》的论文，向全世界发出了中国科学家声讨日寇侵略的最强音。

抗战胜利，张钰哲和天文研究所回到紫金山，1950年天文研究所正式更名为中国科学院紫金山天文台。他全身心地投入紫金山天文台的恢复重建，投入新中国天文事业的开创和发展。很快，60厘米反射望远镜投入了观测，有了一系列发现。1955年，他和学生张家祥一道发现了中国人在中国本土发现的第一颗小行星，命名为紫金一号。20世纪80年代，中国天文学家发现的小行星，无论数量和观测定轨质量，都位居世界前列。张钰哲和张家祥对小行星轨道的研究，为两弹一星工程人造卫星测轨定轨工作准备了必备的基础。经过近40年的观测研究，张钰哲和他领导的紫金山天文台行星室共拍摄小行星、彗星底片8600多张，获得有价值的精确位置数据9300多个，发现了1000余颗新小行星，并计算了它们的轨道。

其中有 100 多颗小行星和 3 颗紫金山彗星获得了国际永久编号和命名权。

1978 年，国际小行星中心为了表达对张钰哲的敬意，宣布将 1976 年 10 月 23 日由美国哈佛天文台发现的小行星命名为 "Chang"（张）。中国天文学的最高奖——张钰哲奖，也是以他的名字命名。1986 年 5 月 5 日，《人民日报》为张钰哲发表了专题短评，称他是一颗"永不熄灭的星"。从此在浩瀚的夜空，就有一颗"张钰哲"星，就像老台长深邃的双眸，在遥远的天际凝视着他无比热爱的祖国大地！

新中国天文事业的蓬勃发展凝聚着先生无数的心血，从学科设置，人才培养，站址选定和台站建设，张钰哲无不亲力亲为。上海佘山，北京兴隆，昆明凤凰山和青海德令哈，都留下了先生的足迹和汗水。

1990 年 10 月，中华人民共和国邮电部发行了第二组中国现代科学家纪念邮票，其中有一枚为张钰哲头像，以纪念这位对祖国天文事业做出重大贡献的天文学家。

如今，多少紫台人秉承了张钰哲的精神，为祖国的天文事业孜孜以求、默默耕耘，今天的紫台，人才辈出，硕果累累！今天的中华，繁荣富强，屹立东方！遨游太空的中华星就是见证。

张钰哲邮票

文章原载于《激情岁月 70 年》2019 年 11 月，有改动

推荐单位：江苏省天文学会

顶天立地的科学家
——汉字信息处理与激光照排技术发明人王选

李 英

人物简介

王选（1937.2—2006.2），汉字信息处理与激光照排技术发明人，北京大学计算机科学技术研究所原所长、教授、博士生导师，中国科学院院士、中国工程院院士、第三世界科学院院士，曾任第十届全国政协副主席、九三学社副主席、中国科协副主席等。

主持研制的华光和方正系统实现了我国淘汰铅字的印刷技术革命，成为自主创新和用高新技术改造传统行业的典范，被誉为"当代毕昇"。荣获2001年度国家最高科学技术奖，以及"改革先锋""最美奋斗者"等荣誉称号。

"只要我们还读书看报，就不应该忘记王选。"王选是当代中国著名的科学家，是计算机汉字激光照排技术的发明者，开启了汉字印刷业数字化的进程，为汉字的信息化插上了腾飞的"翅膀"，让古老的汉字在新时代焕发出蓬勃的生机和活力，因此被誉为"当代毕昇"。

"顶天"的汉字信息压缩技术

1946年，第一台计算机诞生，英文字母进入了计算机。当ABCD在计算机屏幕中演绎着种种奇迹时，我们的汉字却因为字量庞大、笔画众多，阻碍着计算机技术在中国的传播和发展。彼时的汉字正处在进退两难的尴尬境地：进，则海量汉字信息的存储和处理是一道难以逾越的天堑；退，则汉字印刷将继续在"铅与火"的世界中挣扎，继续制作字模、生产铅字，继续使用劳动强度大、排版周期长的铅排铅印。

当时，对汉字的批判声不绝于耳。有人说，汉字是信息时代的癌症。还有人说，计算机是汉字的掘墓人。

随后的时代更是见证了关于汉字的悲观主义如何甚嚣尘上。1984年8月5日，法新社发出报道："中国新华社派了22名记者，4名摄影记者和4名技术人员在洛杉矶奥运会采访和打字。在全世界报道奥运会的7000名记者中，只有中国人还在手写报道。"我们骄傲了几千年的蚕头雁尾，竟在彼时让我们自卑地低下了头。

其实，对于汉字如何进入计算机的研究早已开始。早在1974年8月，在周恩来的亲自关注下，国家计委就批准设立了国家重点科技攻关项目"汉字信息处理系统工程"。然而，汉字储存的重大难题始终没能攻克，技术进步举步维艰。而最终解决了这一问题的，正是当时仅任北大助教的王选。他和夫人陈堃銶带领科研团队，针对汉字字形信息庞大、当时计算机容量有限、难以存储的难关，发明了"轮廓加参数"的高倍率信息压缩技术，使汉字字形信息压缩500倍以上，达到当时世界最高水平；其中使用控制信息（参数）描述笔画特性、以保证字形变倍和变形后质量的方法属世界首创，比西方提前10年左右。王选还发明了适合硬件实现的、失真最小的高速还原汉字字形算法。上述技术获我国1项欧洲专利和8项中国专利，也是中国第一个欧洲技术专利。这不可谓不是一项"顶天"的发明！

"立地"的汉字激光照排系统

"顶天"的核心技术有了，但难题依然接踵而至。把字形信息压缩存入计算机后，还必须将其快速还原并输出胶片才能制版印刷。当时计算机运算速度很慢，如果用软件实现压缩信息的还原，1秒钟大约只能还原1个汉字。王选提出了适合硬件实现的、失真最小的高速还原汉字字形算法，使还原速度达到每秒 250 字。后来他又设计出一种加速字形复原的超大规模专用芯片，实现了高速和高保真的汉字字形复原和变倍、变形，使复原速度上升到 710 字/秒，达到当时汉字输出的世界最快速度。

计算机技术是应用科学，应用的成果一定要经得起市场的考验，才能对社会有实际作用。英国、日本、美国搞的汉字照排系统相继打进中国市场。王选虽握有"顶天"技术，却眼睁睁看着外国产品长驱直入。多少年来，他一心只想努力搞好科研，为祖国作贡献。为了实现"立地"，王选直接选择研发当时最前沿的第四代激光照排系统。这个抉择在当时是不可思议的。美国 1946 年发明了第一台手动式照排机；20 世纪 50 年代研发了"光学机械式"二代机；1965 年德国推出"阴极射线管"三代机；1975 年英国研制的英文"激光照排"四代机即将问世。王选的选择被认为是"妄想一步登天"，还被嘲讽为玩"数学游戏"。但正是这个"数学游戏"，踩到了数字化技术的台阶，让中国跟上了时代的脚步。1976 年 12 月，王选写出了"748 工程汉字精密照排系统方案"，此后他设计的激光照排控制器成为了汉字激光照排系统的核心。

用王选自己的话说，研发过程是"逆潮流而上"历经了"九死一生"。有这样一个小细节：研制原理性样机时，机房铺的地板下是空的，只要有人走过，照排机就会抖动，造成输出的字笔画弯曲。所以照排的时候，人都要躲得远远的。正是在种种艰难的情况下，王选攻克了一个个技术难关，结出汉字信息处理与激光照排技术等累累硕果，成为我国自主创新和用高新技术改造传统行业的典范。

1981 年 7 月，我国第一台计算机激光汉字照排系统原理性样机华光 I 型通过部级鉴定。

1985 年华光 II 型系统通过国家鉴定，每日排印《新华社新闻稿》。该系统被评为 1985 年中国十大科技成就之一。

1986 年华光 III 型系统问世，获首届全国发明展览会奖，并获得第 14 届日内瓦发明展览会金奖。

1987 年《经济日报》率先购进华光 III 型照排系统，诞生了世界上第一张采用计算机组版、整版输出的中文报纸。中国传统出版印刷行业从此"告别铅与火，迎来光与电"。这是印刷术发展史上的第三个里程碑。

王选院士曾这样解释：高科技产业应实现"顶天立地"模式。"顶天"就是不断追求技术上的新突破；"立地"就是把技术商品化，并大量推广、应用。"顶天"是为了更好地"立地"，从市场获取用户新的需求，进一步推动技术的创新和突破。

"顶天立地"的科学精神

科学家王选留给我们的精神财富很多，他的身上闪烁着永不止步的创新精神，散发着百折不挠的爱国精神，而他提出的"顶天立地"的高科技产业模式，正好也凝练出他单薄的身躯上展现出的"顶天立地"精神。

王选于1991年当选为中国科学院院士，1994年当选为中国工程院院士。在2000年"二十世纪我国重大工程技术成就"评选中，王选主持的"汉字信息处理与印刷革命"项目名列第二位，仅次于"两弹一星"。这项技术能获得国家最高科学技术奖，正是国家对王选这一发明的充分肯定。王选成为了中国科学技术史上名副其实的"顶天"科学家。而这位"顶天"科学家又是一位真正"立地"的奋斗者。

在搞研发的时期，为了解国外最新的技术动态，王选常挤公共汽车到地处和平街的中国科技情报所查阅外文资料。王选回忆，那时正好病休在家，每月只有40元的劳保工资，没有课题经费，车费也不能报销，从北大到情报所车费为二角五分，但少坐一站就可省五分钱，于是经常提前一站下车走过去；复印资料也很谨慎，常常靠手抄来节省复印费。在中国科技情报所，王选常常是那些外文杂志的第一个借阅者。

还有一个"顶天立地"的温馨小故事，曾经担任王选教授助手的刘秋云回忆："王选教授在讲科研成果转化时有个知名的比喻叫意为'科技顶天、市场立地'。他写起字来也可谓'顶天立地'——上下左右全写满，几乎不留空白。就算使用单位信笺起草文章，他也要翻过来使用,刚开始我有些奇怪，

科技顶天
市场立地
王选
2004.4.21

好好的信笺为什么不使用正面？后来我猜出来可能是为了'充分利用'——信笺的上端有单位名称，下端有地址电话之类，用起来浪费，翻过来空白面积要比正面大。不过他为什么要这样用纸，一直到他过世，我都没有听到他自己的解释。受他的影响，包括我在内的许多同事都养成了充分利用废纸的习惯。"

王选在2000年10月6日手写的遗嘱中写道："我对国家的前途充满信心，21世纪中叶中国必将成为世界强国，我能够在有生之年为此作了一点贡献，已死而无憾了。"如今中国进入了新时代，汉字印刷出版更是体现出前所未有的优势：输入便捷，涌现出语音的、字形的、拼音、手写、联想词组等输入法；汉字排版灵活，中文可以横排竖排，可以从左至右，可以从右至左；版面艺术性强，相同内容的中文书籍版面比英文占的篇幅小、节省纸张、节约阅读时间。汉字屹立于信息时代，散发出它独特优雅的魅力。王选院士，这盛世，如您所愿！

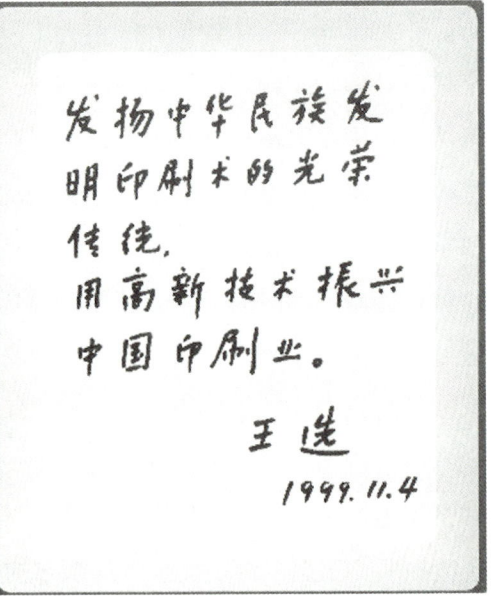

推荐单位：中国科普作家协会

勇于担当的导弹总设计师

——火箭与导弹控制技术专家黄纬禄

黄道群　张铁钧

人物简介

黄纬禄（1916.12—2011.11），中国航天科工集团第二研究院科技委原主任，著名导弹控制技术专家，中国航天技术创始人之一，中国科学院院士。

曾任液体地地导弹控制系统总设计师、固体战略导弹总设计师。1999年被中共中央、国务院、中央军委授予"两弹一星"功勋奖章，获得国家科技进步奖特等奖、求是基金会"求是杰出科学家奖"。

接受"烤"验

1970年2月，黄纬禄担任固体潜地导弹技术总负责人。

潜地导弹不同于地地导弹，主要难点是水下发射。要确保潜艇安全，必须做弹体溅落试验。黄纬禄和设计人员一起，提出了在南京长江大桥上做模型弹溅落试验的大胆设想。

7月底，试验正式开始。首先，要在模型弹壳内粘贴胶囊。在无任何遮拦的露天作业现场，烈日的暴晒使模型弹壳内的温度升到了50℃左右，壳体内操作空间十分狭窄，胶粘剂挥发出的刺鼻气味令人作呕，加之壳体密不透风，工作环境异常艰苦。技术人员个个光着膀子，穿着短裤，蹲在壳体内进行操作，不到5分钟便汗流如注，每过10分钟必须换人，否则就会超过人们的忍受极限。

在这样的轮换操作中，年过半百的黄纬禄再三要求进入壳体作业。实在执拗不过，大家才同意他进去体验一次。不过几分钟的时间，黄纬禄已大汗淋漓。看着如同被水浇过的黄纬禄，大家深受感动，一再说："黄主任，您这么大年纪，又负这么大的责任，不能再这样干了！"黄纬禄却笑着说："为了入水试验成功，我应当和大家一起接受'烤'验哪！"

模型弹溅落试验证明，入水深度小于潜艇深度，不会砸着潜艇。

自我反思

1972年，固体潜地导弹命名为"巨浪一号"，并进行模型弹进行水下发射试验。除一发外，其余各发均获成功，模拟了真弹在潜艇上发射的条件。

当人们正沉浸在试验成功的喜悦时，一位操作手却因自己操作失误，导致一发模型弹未能发射而感到自责。黄纬禄注意到后，主动承担责任，说："这虽然是一次误操作，却暴露了我们设计上的问题。不怪具体操作的同志，责任首先在我们。我们应该好好反思，为什么在设计时没有充分考虑防错问题，如果在设计上采取了有效措施，即使操作失误，也不应该出现问题。"

根据黄纬禄的要求，设计人员及时修改了电路，消除了隐患。

我来干吧

受"文化大革命"影响，"巨浪一号"研制工作举步维艰，直到1980年，才进入总装测试阶段。在黄纬禄带领下，通过大家的共同努力，终于进行陆上遥测弹发射试验了。

经过紧张测试，人们迎来发射的一刻。不料，导弹起飞数秒后，异常情况发生了。导弹没有按预定轨道飞向目标，而是在空中"画"了一个大大的"S"形——试验失利了！

黄纬禄主持召开"巨浪一号"总师扩大会，分析首发试验失利的原因，制定确保第二发试验成功的措施。

第二发遥测弹在试验基地装配时，由于没有明确发动机点火引爆器的电缆插头由谁负责，使得这项工作无人认领。这是一项危险的工作，存在着遇静电而引爆的可能性，没有人愿意干。黄纬禄心想：试验在即，还是自己上吧！他平静而又诚恳地说："我来干吧！"黄纬禄不怕危险、一心为试验的精神，感动了在场的所有人。有一位同志动情地说："黄总，您这么大年纪了……还是我来干吧！"

按时发射

1981年6月17日凌晨，飞行试验按预定程序进行。黄纬禄离开总指挥所，走过隧道，爬上山坡，等待着那激动人心的时刻。

"请黄总马上到总指挥所！"忽然，扩音器中传来急促的呼叫声，黄纬禄心头一紧："不好，有异常情况发生！"他三步并作两步地奔下山坡、穿过隧道。当他进入总指挥所时，离发射时间只有两分钟了！他气喘吁吁地听着发射阵地的简短汇报："一级伺服机构反馈电压表指针偶尔出现摆动！请黄总指示！"

黄纬禄的脑子如高速计算机一样超速运转，所有可能引起电压表指针摆动的因素被迅速提取出来。黄纬禄很快镇定下来，拿起话筒，冷静地询问地下指挥所的同志："惯性器件平台怎么样？"

"平台没问题！"

随着对询问结果的快速分析，在两三秒的时间内，黄纬禄当机立断，沉着果敢地下达了命令："按时发射！"

顷刻间，导弹喷出一团金色的云烟，发出惊天动地的吼叫，腾空而起，直插云霄。当人们还在疑惑命令是否正确时，弹着区已经传来捷报：弹头准确命中目标。

我的责任

1982年10月7日，首次潜艇水下发射试验正在试验基地进行，导弹发射、出水、点火正常，但点火后不久，弹体突然失控，超出安全范围后自毁了。

当导弹发出巨响的那一刻，前来督战的张爱萍副总理看到了现场指挥员脸上的懊丧，也看到了黄纬禄眼中的泪水。他对在场的人安抚、鼓励之后，拉着黄纬禄来到舱室单独交谈。

张爱萍镇定、亲切而真诚地说："我们之间合作多次了，应该说早已是老朋友了，对你的为人和学识，我是非常了解的。这一次没有获得完全成功，也是正常的，你不要有太大的压力。"

黄纬禄说："不管怎么说，我是总设计师，这是我的责任。"

"不能这么说。问题还没有找到嘛。要说责任，我是总指挥，首先我要承担责任。"张爱萍的一席话，使黄纬禄从试验失利的痛心和自责中冷静下来。

张爱萍接着说："干什么都要交学费的。我们找到了教训，不是为其他同志、为今后工作提供了捷径吗？你是总设计师，当务之急是休息几天，这一阵子你太辛苦了，身体本来就不好，休息一下，再带领技术人员查找原因。"

黄纬禄点头答应了。但他并没有休息，而是连夜带领技术人员查找失利原因。

雷震海天

通过黄纬禄与试验队员的共同努力，失利原因很快有了定论。"失利原因已经找到，并采取了相应措施，建议按计划打第二发。"黄纬禄当即作出决定。问题解决之神速与建议之大胆，大大出乎张爱萍的意料。

张爱萍找到黄纬禄："你是不是因为有压力而赶时间？推迟几天，休息一下再发射，是不是更好一些？"

"不！"黄纬禄语气坚定地回答，"我现在没有压力，也不会被压力所左右。我们经过反复检查、分析、试验、测试，以及根据全弹模飞的结论，证实完全可行。我认为，根据我们的知识与经验，该想的都想到了。如果再推迟，也不会有新的进展。"

这时，北京方面也打来电话："是不是再认真检查一下，推迟发射？"

怎么办？大家的目光集中到黄纬禄身上。打，还是不打？黄纬禄经历着艰难的抉择。如果执意要打，万一再不成功，一是无颜面对江东父老，二要承担更重的责任！但是，一旦错过有利时机，会给国家造成更大损失。在个人名利和国家利益的天平上，黄纬禄知道砝码应加在哪一边。作为导弹总设计师，要具备对祖国高度负责的精神，在事关大局的紧要关头，不允许有任何私心杂念。

黄纬禄拿起电话，向上级汇报自己的想法："要考虑的问题都考虑了，该做的准备都做了。我认为发射条件已经具备，建议按时发射，不再推迟。如果上级决定推迟，我坚决服从！"

片刻后，北京方面答复："我们尊重一线同志的意见。"

10月12日15时1分，我国常规潜艇水下发射第二枚潜地导弹。当操作手按下发射按钮后，导弹迅即跃出碧海，拖着长长的烟龙，直冲蓝天，按照设计轨道，以优美的曲线消失在天际，飞向预定海域。

"长剑"出鞘，雷震海天。大家欢呼雀跃，激动万分，不约而同地握住黄纬禄的手，表示由衷的祝贺。

黄纬禄和整个型号研制、试验团队的忘我付出，换来了中国第二次核打击能力，使我国在世界上做出"不首先使用核武器"的庄严承诺时，有了足够的底气！

推荐单位：中国宇航学会

临危受命身先士卒，科技战疫勇担大任

——著名呼吸病学专家钟南山

胡漫雨

人物简介

钟南山，1936年10月出生。著名呼吸病学专家，国家呼吸系统疾病临床医学研究中心主任，国家卫健委高级别专家组组长，第二届全国创新争先奖牌获奖团队带头人，中国工程院院士。

长期致力于重大呼吸道传染病及慢性呼吸系统疾病的研究、预防与治疗，成果丰硕，实绩突出。入选"中国海归70年70人"榜单、"100位新中国成立以来感动中国人物"。获得国家科学技术进步奖一等奖、全国五一劳动奖章、全国道德模范（敬业贡献）奖、何梁何利基金"科学与技术成就奖"等。被授予"共和国勋章""改革先锋""最美奋斗者""全国先进工作者"等称号。

现任国家呼吸疾病临床医学研究中心主任的钟南山近十几年来一直致力于推动国家重大呼吸道传染病防控体系的建设，他带领团队建立了国际先进的新发特发呼吸道重大传染病"防—监—治—控"链式周期管理体系，建立覆盖全国的完善的流感监测哨点，创立呼吸病毒滴度预警技术，全病程纵向动态监测，建设粤港澳传染病联合实验室，充分发挥了大湾区卫生联合体的核心作用。

改革开放40周年，作为"公共卫生事件应急体系建设的重要推动者"，钟南山被授予"改革先锋"称号。从非典到新冠，他总是站在抗疫一线，成为了公共卫生事件应急体系建设的推动者，促成了国家多项政策法规的制定，更成为了突发公共卫生事件的代言人，成为稳定民心的科学家代表。

敢医敢言，为抗击突发疫情持续建言献策

早在20世纪70年代初，为响应周恩来总理关于开展慢性支气管炎群防群治的号召，广州医学院第一附属医院成立了慢性支气管炎防治小组，钟南山参加了这个小组，从此开始了对呼吸疾病的系统研究。

1978年，全国的科技工作者迎来了"科学的春天"，钟南山作为广东省的代表参加了第一届全国科学大会。其所在小组的研究获全国科学大会一等奖。20世纪70年代末，初赴英留学的钟南山彻夜难眠，只因看到国内外在技术上的差距。他感慨"祖国科技落后，我一定要争口气"。

2003年春，广东处在中国抗击SARS的最前沿。67岁的钟南山基于事实和客观规律，讲真话，准确找出了疫情发生的真正原因。长期在一线参与非典临床治疗的他认定，元凶非"衣原体"，而是一种新型病毒。被任命为广东省非典医疗救护专家指导小组组长的钟南山主持制定了《广东省非典型肺炎病例临床诊断标准》，该标准成为治疗和预防非典型肺炎的重要文件。当时，钟南山提出的"三早三合理"防治措施得到了温家宝总理的高度认可，并成为我国SARS诊治指南的基础，使广东省SARS病死率全球最低。

2003年以来，钟南山带领团队探索建立了符合中国国情的呼吸道重大传染病防控体系，为推动我国建立公共卫生防治体系、提高重大疫情侦察监测能力和效率、加强应急队伍建设等方面发挥了重要作用，无论是应对H5N1、H1N1、H7N9、H5N6，还是MERS流感等，在这些突发疫情事件的应急处理中，人们都能看到钟南山矫健的身影。

最美逆行，直赴疫情最前线调研

2020年1月18日，钟南山看到当天凌晨的数据：武汉市卫健委通报累积新冠病毒感染的肺炎病例45例。那时的武汉，传染源尚未明确，隔离措施

没有实施，对症治疗方案也还没有系统地研究。作为国家呼吸系统疾病临床医学研究中心主任，钟南山当时最想做的事是，到实地考察，将问题搞清楚。

当天，钟南山接到了国家卫健委的通知，被任命为国家卫健委高级别专家组组长的他随即奔赴武汉调研新冠肺炎疫情。2020年1月20日晚，针对新型冠状病毒感染的肺炎疫情有关防控情况，钟南山接受了央视"新闻1+1"节目连线采访，回应民众关切。他明确提出存在"人传人"现象，并提出对武汉地区人流进行管控，向公众呼吁"不要去武汉"。

1月21日，在广东省人民政府新闻办公室召开的新闻发布会上，钟南山提出，人传人在武汉和广东都得到了证实，武汉医务人员和病人之间有互相传染。同时，他提出了一个此前大众没有关注的问题：如果出现"下一代"人传人，即持续人传人，疫情就会很快散播。

基于客观事实，尊重客观规律，进行客观分析，给出客观建议，这是作为科技工作者的钟南山一贯的表达风格。

随后，钟南山等专家参与到《新型冠状病毒肺炎诊疗方案（第三版）》撰写工作中，从病毒研究、传播方式、诊断标准、治疗方案等提出专业科学的建议，先后参与多个版本诊治方案的撰写及修订。针对新冠病毒的发病特征，钟南山及时提出"早发现、早诊断、早隔离、早治疗"，"四早"策略是防控疫情的关键点，成为社区防疫的重要依据。他还配合政府出席疫情防控新闻发布会多场，及时提供科学信息。

身先士卒，全力以赴投入疫情诊治

钟南山率先垂范，诊治重症病人的事例，使他的言行更具有精神感召力。抗击非典时，钟南山亲临一线连续工作38小时。此次新冠肺炎疫情他再次披甲上阵，坚持全国一盘棋的指示精神，巩固广医一院防控力度，强化省内救治能力，拱卫全国防控。钟南山带领团队实行"早关注、早部署、早启动、早落实"策略，打好疫情防控阻击战，牵头部署作定点收治医院的广州医科大学附属第一医院的平战结合隔离病房。

在钟南山及医院、呼研院领导的统一部署下，先后派出四批 16 名精兵支援武汉，23 名专科医护支援广州市第八人民医院，2 名攻坚精锐支援伊拉克，牵头对湖北武汉、荆州等各省市的危重症、重症病例进行远程会诊。在他的牵头下，广医一院收治了广州绝大部分新冠重症患者，支援广州市第八人民医院的医疗队全程参与 8 例危重症、17 例重症的救治工作，驰援武汉的医疗队累计诊治逾 400 例次。

与此同时，钟南山充分发挥国家平台联动优势，建立广医一院—国家呼吸疾病重点实验室—国家呼吸系统疾病临床医学研究中心—粤港澳呼吸系统传染病联合实验室联动机制，率先开展核酸快速检测。响应诊断急需，指导新冠病原大筛查。国内疫情初暴发就迅速组建筛查团队，直接投入到广东新型冠状病毒肺炎大筛查计划。

知名媒体人秦朔认为，钟南山立起一个胸襟开阔、富有良知，面对挫折却淡定无惧的科技工作者的形象，而以他为代表的这批抗疫"逆行者"的身影，给了公众的内心以巨大的抚慰和信心，增添了我们艰难中的信念、磨难中的勇气、困顿中的坚韧。

科研攻关，紧密结合临床助力救治

钟南山倾注精力进行新冠科研攻关，其团队在疫情期间，一边进行临床救治任务，一边进行科研攻关。其实早在抗非时期，钟南山就提出基础研究与临床救治紧密结合，形成大协作才是突破救治难题的关键。在随后的重大突发传染性疾病防控中，更突显了科研与临床紧密结合的重要性。

面对此次新冠肺炎疫情，钟南山带领团队依托呼吸疾病国家重点实验室、国家呼吸系统疾病临床医学研究中心，整合生命科学、生物技术、医药卫生、医疗设备等领域，通过中心—分中心—协同网络、专科联盟、紧密型医联体、产业化链条开展深入的多方共赢科研合作模式，从疫病防控与应急体系着手，先后与全国600多家医院及医疗单位、科研机构及科技企业联手合力，形成庞大的协作联动网络，为此次国家在抗击疫情中精准施策以及诊疗方案提出非常关键、重要的信息，并带领团队取得了一系列科研成果。

作为一名科技工作者，钟南山的人格力量表现在无畏地追问未知，心无旁骛地求索真相。正是强烈地对科学的探索热情，使他超越了世俗利害的计较，不顾个人安危投身抗疫，尊重科学事实，对公众讲出专业判断与意见，实践国际协作的观念。在他的心底和眼中，没有什么比尽快弄清病原病理、拿出科学的抗疫方案更重要的了。

心系国际，构建人类命运共同体

国内疫情逐渐稳定，国外疫情则越来越重，钟南山关心国际疫情发展趋势，积极主动与国际多个科研及医疗机构进行远程连线交流，分享中国抗疫经验。国际科研临床专家对钟南山团队的抗疫经验表示高度认可，欧洲呼吸学会表示"赞赏中国团队在临床信息和病例结果上的快速共享和高度透明，这是非常宝贵的"。印度国大党领导人拉胡尔·甘地表示，中方实施分区分级精准防控、切实保障民生及统筹疫情防控和复工复产等经验做法，对印控制疫情蔓延、推动经济社会稳定发展提供独特参考借鉴价值。

由于钟南山在国内外抗击疫情的突出表现，英国爱丁堡大学近日公布年度杰出校友，钟南山以超过90%的票数当选。校方称"钟南山的成就和他在中国应对新冠肺炎疫情的努力让我们产生共鸣",声明中还提到他在2003年中国抗击非典疫情期间的杰出贡献。正如央视"感动中国"年度人物颁奖辞所言:"他以令人景仰的学术勇气、高尚的医德和深入的科学探索给予了人们战胜疫情的力量。"

文章原载于《广东科技报》2020年6月12日,有改动
推荐单位:广东科技报社

用渐冻的生命，托起信心与希望
——人民英雄、武汉市金银潭医院院长张定宇

唐晓安　李　墨　吴纯新

人物简介

张定宇，1963年12月出生。湖北省卫生健康委员会副主任、武汉市金银潭医院院长。

长期在医疗一线工作，曾带队赴汶川抗震救灾，多次参加国际医疗援助。作为渐冻症患者，他冲锋在前，身先士卒，带领金银潭医院干部职工共救治2800余名新冠肺炎患者，为打赢疫情防控湖北保卫战、武汉保卫战作出重大贡献。2020年8月，被授予"人民英雄"国家荣誉称号。

我必须跑得更快，才能跑赢时间；我必须跑得更快，才能从病毒手里抢回更多病人

2020年1月26日，大年初二。

自2019年12月29日转入首批7名新型冠状病毒感染的肺炎患者以来，武汉市金银潭医院600多名医护人员，已在抗击疫情的最前沿奋战了29天。这里是武汉最大的专科传染病医院，目前收治的全部为转诊确诊的患者。

晚上9点，57岁的院党委副书记、院长张定宇带着疲惫，一瘸一拐走向记者。突然，手机铃声响起。

"您家莫急莫急，在医院门口吗？我马上安排人出来接。"

"搞快点，搞快点，这个事情一会儿都等不得，马上就搞！"

浓眉，黝黑，风风火火。一小会儿工夫，他接打了6个电话，整个走廊都能听到他在喊。"雷厉风行"是同事们对他的一致评价。

"全院都晓得我性子急、嗓门大。"从小在武汉硚口长大的张定宇笑着为自己打圆场。

"性子急，是因为生命留给我的时间不多了。"他沉默了一会儿，平静地提起那个埋在心里的秘密："我是一个渐冻症患者，双腿已经开始萎缩，全身慢慢都会失去知觉。我必须跑得更快，才能跑赢时间，把重要的事情做完；我必须跑得更快，才能从病毒手里抢回更多病人。"

在疫情中"逆行"的29天里，张定宇往往凌晨2点刚躺下，4点就得爬起来，接无数个电话，处理各种突发事件。

就在他日夜扑在一线，为重症患者抢出生命通道时，同为医务人员的妻子，却因新型冠状病毒感染，在十几千米外的另一家医院接受隔离治疗。

身为共产党员、医务工作者，非常时期、危急时刻，必须坚决顶上去

1月24日，除夕夜。

晚8点左右，张定宇接到武汉市卫健委的电话，解放军陆海空3支医疗队共450人，分别从上海、重庆、西安三地乘军机星夜驰援武汉医疗一线，于当晚11时左右抵达天河机场。其中，陆军军医大学150人医疗队将奔赴金银潭医院。

张定宇和团队受到极大鼓舞。"近一个月，医护人员严重不足。日常状态下，护士2小时交接班一次，现在需拉长至四五个小时，医生就更辛苦，严重的体力透支也会增大感染风险。"他说，解放军来了，压力将减轻不少。

晚10点左右，张定宇又接到电话，上海医疗队136名医护人员也将进驻金银潭医院，凌晨2点抵达。安顿完医疗队住下，已过凌晨3点。日历已悄然翻到1月25日，大年初一。"腾空病区的两层楼面，搞好清洁消毒！"一大早，张定宇就开始为进驻医疗队调整空间布局。

1月26日下午1点,陆军军医大学医疗队成建制接管该院两个病区,经过3个多小时准备,第一批确诊感染新型冠状病毒的20名患者转入。下午2点,上海医疗队正式接手该院老病房,共两个病区约80张床位。截至晚11点,金银潭医院当天接收53名转诊患者,累计收治患者657人。

"还有一批病人要连夜转过来,估计今天要达到70多人。"张定宇从会议室的窗户望出去,不远处的南楼、北楼和综合楼,21个病区,灯火通明。

火线48小时,张定宇兵不卸甲、马不停蹄。

"身为共产党员、医务工作者,非常时期、危急时刻,必须不忘初心、勇担使命,坚决顶上去!"

张定宇告诉《湖北日报》全媒记者,全院240多名党员,没有一个人迟疑、退缩,全部挺在急难险重岗位。"有国家强大的动员能力、科技研发实力和雄厚的经济实力,广大党员干部群众众志成城,疫情终将会被我们战胜!"

张定宇的双眼布满血丝,眼神坚毅沉着。

传染病不是绝症,当前我们最需要的,是消除恐惧

2019年12月,武汉部分医疗机构陆续出现不明原因肺炎病人,引起张定宇的高度警惕。在那之前,他刚刚应对完12月初暴发的冬季甲流。

当月29日,来自华南海鲜市场的首批7名不明原因肺炎患者转入金银潭医院。4天后,该院正式开辟专门病区。

凭着多年在传染病领域的专业经验,张定宇感到这个病不简单。他一边叮嘱医务人员加强防护,一边带领大家率先采集这7名病人的支气管肺泡灌洗液,并送往中科院武汉病毒所进行检测。

"为什么要采集肺泡灌洗液?因为我们发现,一些病人在做咽拭子检测的时候是阴性,但病情却在持续加重,肺部CT异常,我们怀疑病毒已通过下呼吸道进入肺泡,果不其然。"张定宇说,病毒躲在肺泡里,咽喉检查

根本不起作用，到后来病人肺部斑点越来越大、越来越多，病情进化非常凶猛，但究竟这是一种什么病毒，谁也不知道。科学家团队从分离样本中，确认这是一种新型冠状病毒。面对新的病毒，目前没有疫苗，也没有特效药。

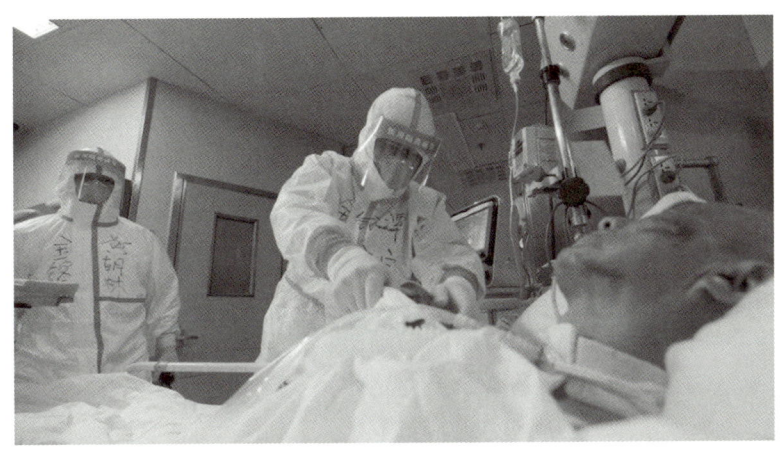

在夜以继日的诊治中，该院医护人员发现，他们以往用于抗艾滋病的药物"克力芝"，对新型冠状病毒有一定疗效。很快，这种药便在金银潭医院率先用于治疗。

王立伟（化名）是华南海鲜市场的经营户，首批7名感染者之一。他的妻子和姨妹，也在这次疫情中被确诊为新型冠状病毒感染。1月5日，王立伟的妻子来到金银潭医院，坚持要住院。张定宇看了她的肺部CT后发现，虽有阴影，但症状较轻，建议配合药物，居家隔离疗养。居家隔离，坚持每人戴口罩，实行分餐制。两周后，她的血象在免疫力和药物帮助下恢复正常，肺炎治愈了。

"在我接诊的轻症病人中，这是非常有代表性的一例。眼下，提高人体免疫力非常重要。传染病不是绝症，当前我们最需要的，是消除恐惧。"

我的生命进入倒计时，只能拼了命去争分夺秒；同时，我很内疚，我也许是个好医生，但不是个好丈夫

张定宇的双腿，上下楼越来越艰难了。每每有人问他，腿怎么了？他

都大手一挥搪塞说:"我膝关节不好。"全院没有一个人知道,他一瘸一拐的脚步,缘于渐冻症的折磨。

这是一种罕见的绝症,又称肌萎缩侧索硬化(ALS),无药可治。早期,患者可能只是感到有一些无力、肉跳、容易疲劳。渐渐地,就会进展为全身肌肉萎缩和吞咽困难,直至产生呼吸衰竭。

"这个病的名字真的很形象,上下楼梯的时候,腿真的跟冻住了一样。"张定宇说,他从来不说,是因为不想影响同事,他生来乐观,不喜欢叫苦。

2017年的一天,张定宇随武汉市卫健委一行赴外地出差,被专家发现腿有异样。2018年10月,渐冻症确诊。

他微笑着把身体蜷缩在椅子里说:"你看我现在长得五大三粗,慢慢地,我会像这样缩成小小的一团。每个渐冻病人,都是看着自己一点一点消逝的。"

"如果你的生命开始倒计时,就会拼了命去争分夺秒做一些事!"

回忆与病毒争分夺秒的29天和内心最艰难的时刻,眼前这位硬汉忽然湿了眼眶。"有一天下班我回得很晚,跟爱人谈起院里病人的情况,说发病的时候会很喘。她说,我也觉得有些喘。"张定宇的爱人在武汉市第四医院工作,也在疫情防控一线。第二天,她悄悄去医院检查,确诊已被新型冠状病毒感染,随后入院。

张定宇,有时忙得三四天都顾不上去看一眼妻子。

上周末凌晨1点多,在下班赶往第四医院的路上,张定宇的脸颊忽然一阵滚烫,那是止不住往下淌的泪水。

"我很内疚,我也许是个好医生,但不是个好丈夫。我们结婚28年了,我也害怕,怕她身体扛不过去,怕失去她!"

愿用渐冻的生命,与千千万万白衣卫士一起,托起信心与希望

在金银潭医院北楼五病区主任魏明眼中,张定宇平常性子"非常急",

你一旦有困难向他反映，他会想方设法，立即解决。"我们这个病区刚开时，很缺人手，我一急就给张院长打电话，他马上带着护理部、后勤科室人员来现场办公。"

从武汉市第四医院副院长，到武汉血液中心主任，再到6年前出任金银潭医院院长，张定宇的白大褂一穿就是几十年。

在抗疫一线，他临危受命；在灾情关头，他冲锋在前。

1997年11月，张定宇曾响应国家号召，随中国医疗队出征，援助阿尔及利亚。

2008年5月14日，四川汶川地震第三天，张定宇就带领湖北省第三医疗队出现在重灾区什邡市，全力抢救伤员。

2011年除夕，张定宇作为湖北第一位"无国界医生"，在巴基斯坦西北的蒂默加拉医院度过了一个不寻常的中国年。那天凌晨，他被一阵电话铃声唤醒。一名产妇子宫破裂出血，需紧急抢救。匆匆赶到手术室，做麻醉，稳定病人血液循环。不到30分钟，一个男婴呱呱坠地。紧接着，第二台剖宫产病人转到手术台，张定宇紧急给产妇侧卧位做腰麻。麻醉完成，快速输液，20多分钟，又一个新生命诞生。看看表，已是凌晨4点15分。刚换下工作服，又有一位产妇胎盘早剥、出血，需要紧急剖宫产。输液、给氧、麻醉、手术……胎儿终于出来了，却没有心跳。心脏按压、吸引、气管插管、给氧，一阵忙碌后，手术室里又一次响起了婴儿的啼哭声。

这样一位施恩于人、充满大爱的白衣卫士，却总把"感恩"二字挂在嘴边。

"很感激解放军医疗队的分担，让我这两天凌晨1点就能躺下了，之前有时候得扛到三四点才能睡。"

"我爱人虽然感染了病毒，但是很幸运，给她用了抗毒药之后，有效果，我很感恩。"

"这样的疫情和灾难，无论发生在其他任何一个国家，后果都不可想象。我很感恩，当我们为了抢救病人不顾一切，背后支撑我们的，是整个中国。"

疫情发生前，一有空的时候，张定宇就会去徒步。他说，他很珍惜还能走路的时间。而眼下，他要与命运叫板，在抗击疫情的最前沿，用渐冻的生命，与千千万万白衣卫士一起，托起信心与希望，托起无数人的生命与健康。

文章原载于《湖北日报》2020年1月29日，有改动

推荐单位：湖北省科协

奋斗一甲子，铸盾六十年

——防护工程和军事工程专家钱七虎

陶 韬　胡均权　王 浩

人物简介

钱七虎，1937年10月出生。少将军衔，防护工程和军事工程专家、教育家，中国工程院院士。

长期从事防护工程及地下工程教学与科研工作，曾任国际城市地下空间联合研究中心亚洲区主任、中国岩石力学与工程学会理事长、中国土木工程学会常务理事、防护工程分会理事长等职。

获得2018年度国家最高科学技术奖、全国科学大会重大科技成果奖、国家科技进步奖3次，荣获一等功、国家人防科技进步一等奖、中国人民解放军专业技术重大贡献奖、何梁何利基金"科学与技术进步奖"等荣誉。

2019年1月8日，2018年度国家科学技术奖励大会在北京人民大会堂举行。82岁的钱七虎院士从习近平手中接过国家最高科学技术奖证书。这是我国科技领域的最高荣誉，人民大会堂掌声雷动，经久不息。

"耄耋之年自有狂，固北疆，战南洋。磨剑数载，建万里国防。黄卷青灯伏书案，披繁星，戴骄阳。三尺讲台八千日，传师道，育儒将……"听闻钱七虎获奖的消息，学生吕亚茹写下了这首词。字句之间，能感受到这位大师一生只为国防事业的传奇故事。

如果说，各类军事武器是锐利的"矛"，那么国防工程则是一面坚固的"盾"。对于出生在战火年代的钱七虎来说，防护工程是国家的地下钢铁长城,"矛"升级了,"盾"就要及时升级。为国家设计打不烂、炸不毁的"钢城坚盾"是他一生的追求。

初心不改,勤学报党恩

1937年淞沪会战爆发,日本侵略者占领上海。战争逼迫之下,邻近的昆山人也流离失所,而钱七虎就出生在母亲逃难途中的小船上,因家中排行老七,取乳名"七虎",后因错过改学名的时间,"七虎"成为他一生的符号。

在抗日战争的炮火硝烟中,钱七虎度过了穷苦的童年。每当回忆起童年,除了生活的艰辛,侵略者戕害同胞的残暴行径也印在他的脑海中。中华人民共和国成立后,依靠政府的助学金,钱七虎完成了中学学业,心中就此埋下报党报国的种子。

1954年,钱七虎迎来了人生中第一个重大转折。作为上海中学优秀毕业生,他有机会被选派去苏联读书,这是当时很多人梦寐以求的。而这时传来消息:我国急需军事人才,新成立不久的哈尔滨军事工程学院要在中学招收优秀毕业生,钱七虎被视为不可多得的"好苗子"。

出国留学,还是在国内读军校?他的心里一个声音在回响:"我这个乡下的穷孩子,能受到良好的教育,得益于党的培养,唯有献身党的事业,方能报答党的恩情。"他毅然放弃去苏联深造的机会,成为哈军工组建后招收的第三期学生。

在校期间,钱七虎几乎把所有时间和精力都投入到学习中,成为全年级唯一的全优毕业生。1961年,钱七虎被选派到苏联莫斯科古比雪夫军事工程学院深造。期间,他废寝忘食地学习国外先进军事理论和专业知识,以优异成绩获工学副博士学位。1965年,学成回国,开始了他的教学科研工作。

迎难而上,铸钢城坚盾

20世纪60年代,戈壁深处一声巨响,荒漠升起一片蘑菇云……当人

2019年1月，钱七虎将2018年度国家最高科学技术奖奖金800万元，全部捐献给家乡昆山教育事业

们欢呼庆贺之时，一群身着防护服的科研人员迅速冲进了核爆中心勘察爆炸现场，钱七虎就是其中一员。

那时，我国面临严峻的核威胁环境，急需用防护工程筑起坚固的"盾"。钱七虎受命进行空军飞机洞库门的设计，在核爆现场，他发现飞机洞库的防护门虽然没有被炸坏，但发生了严重变形导致无法开启。

"门打不开、飞机出不去，就无法反击敌人，必须找出问题，进一步优化设计方案。"钱七虎抛弃了传统手算模式，使用先进计算理论和设备。那个时候，有限单元法刚刚兴起，他决定用这种方法解决飞机洞库门的计算问题，这在当时属国内首创。

多方辗转协调，钱七虎联系到国内少数几个拥有大型晶体管计算机的科研单位借用设备。刚开始，面对从未接触过的巨型计算设备和"天书"似的上机手册，整个团队一时间有些束手无策。他把自己关在房间里啃这本"天书"，两天后，再次站在团队面前说："可以上机操作了！"两天时间，他不仅看懂了，而且已经能着手编写大型防护结构的计算程序。

就这样利用有限单元法，他解决了大型防护门变形控制等设计难题。

之后，为缩短防护门启闭时间，他又提出使用气动式升降门这一创新方案。历时两年多，他成功设计出当时国内跨度最大、抗力最高的飞机洞库防护门。那年，钱七虎38岁。

随着侦察手段的不断更新、高技术武器与精确制导武器的相继涌现，防护工程在高度透明化的战场中，常常"藏不了、抗不住"，特别是精确制导钻地弹，给防护工程造成了巨大威胁和挑战。为此，钱七虎决定进军抗深钻地武器防护的系统研究，经过近千次细致的推导计算，创造性提出建设深地下防护工程总体构想，10余年的研究，他和团队为抗钻地核武器防护工程设计与建设提供了理论依据，也为我国战略工程安全装上了"金钟罩"。

"信息化战争中，要走综合防护、土木工程防护与信息化防护相结合的路子。"钱七虎说。面对一项项世界级国防工程的防护难题，钱七虎带领团队一次次科研攻关，屡创奇迹，参与并见证了我国防护工程研究与建设从跟跑到并跑，再到有所领跑的全过程，为铸就我国坚不可摧的"地下钢铁长城"作出了杰出贡献。

师之大者，为国为民

在全国工程勘察设计大师、陆军工程大学陈志龙教授眼里，恩师钱七虎是一位非常敏锐的战略科学家。

2002年，钱七虎提出在长江上修建越江隧道。两年后，南京长江隧道纳入南京"五桥一隧"总体规划，钱七虎作为专家委员会主任，深知肩上责任之重。

南京长江隧道是当时已建的隧道中所经地质条件最复杂、技术难题最多、施工风险也最大的工程，被称为"万里长江第一隧"。

当时钱七虎认为"沉管法"风险太大，建议采用盾构机开掘隧道。一时，运用直径14.93米、近5层楼高、长130余米的盾构机在长江河床下开凿隧道，成为关注热点。盾构机在地质环境如此复杂的长江江底工作，在世界上尚属首次。

"盾构机重达 4000 吨，一旦开掘就只能进不能退。"钱七虎当时预见长江地质情况复杂，会加剧盾构机刀具磨损，就向德国厂家提出将刀具改良为常压下可拆换式，并做好了因刀具磨损导致机器故障而需要更换刀具的准备。

2008 年 8 月，最担心的事发生了。当盾构机掘进到第 659 环时，因刀具、刀盘磨损严重，突然停止工作。这个庞然大物静静地待在长江下面的岩层中，一夜之间，街头巷尾议论纷纷。远在某电站的钱七虎当即表示，工程绝不能报废，更不会"烂尾"，一定能解决！科学家的担当，让他勇敢地站在舆论最前沿，召开新闻发布会向公众通报情况，并表示有能力解决这个问题。

之后，在他的建议下，更换磨损刀具，修复刀盘，历经磨难的南京长江隧道掘进工程再次启程。

2010 年 5 月 28 日，南京长江隧道全线通车运营。作为我国长江上隧道长度最长、盾构直径最大、工程难度最高的工程之一，南京长江隧道获得鲁班奖、国家科技进步奖等十多个奖项。钱七虎也被授予"南京长江隧道工程建设一等功臣"。

作为多个国家重大工程的专家组成员，他在港珠澳大桥、南水北调工程、西气东输工程、能源地下储备、核废物深地质处置、地下施工盾构机国产化等方面提出了切实可行的决策建议，并多次赴现场提出关键性难题的解决方案。他还进行了城市地上地下空间一体化规划的理论体系和实践探索，先后组织编制了全国 20 多个重点设防城市的地下空间规划。

老骥伏枥，志在千里。耄耋之年的钱七虎仍以满腔热情履行着自己作为科技工作者的职责，积极为国家出谋献策，先后向国家部委提交了 27 份研究报告和提案。

文章原载于《江苏科技报》2019 年 1 月 10 日，有改动
推荐单位：江苏省科学传播中心

苍松挺立在山边
——气象学和地球流体力学专家曾庆存

赵晓妮

人物简介

曾庆存，1935年5月出生。中国科学院大气物理研究所研究员，国际著名大气科学家，中国科学院院士。

获得2019年度国家最高科学技术奖、国家自然科学二等奖2项、全国科技大会奖2项、何梁何利"基金科学与技术进步奖"、联合国世界气象组织最高奖——国际气象组织奖等荣誉。

现在，准确获取天气预报已经成为一件轻而易举的事，无论是通过电视、手机、广播还是报刊。实际上，从观云看天的经验预报，到在高性能计算机平台上利用数学物理方法预测阴晴雨雪，仅仅过了一个世纪。

数值天气预报的成功，被称为20世纪最伟大的科技和社会成就之一。与其他"轰鸣"的变革不同，跋涉在这条路上的科学家——有山底的拓荒者，也有山峰上的扎营者和攀登者，在不断试错、改进、再试错中获得点滴进步，才最终促成了这一伟大变革。

回首过往百年间，纵观全球气象界，曾庆存是一个必须要提到的人。

一

春夏之交，我国很多地区常发生晚霜。1954年，一场晚霜冻死了河南40%的小麦，严重影响了当地的粮食产量。

"如果能提前预判天气，做好防范，肯定能减不少损失。"当时，正在北京大学读书的曾庆存被深深地触动了。

20世纪30年代，曾庆存出生于广东阳江一个农民家庭。虽然家境贫寒，父母对孩子的教育却格外上心。那时，曾庆存尚年幼，父母白天在田间劳作，无暇照顾，只好让哥哥带着去学堂。

1952年，国家经济开始全面恢复，政府重视和扩大高校招生，曾庆存响应国家号召报考了北京大学物理系，被顺利录取。

彼时，新中国气象事业百废待兴，但无论是抗美援朝，还是国内的国民经济建设，都急需气象科技人才。北大物理系准备安排一部分学生学气象学，老师鼓励说："而今万事俱备，只欠东风。"意思是，国家已为大家准备好学习条件，只待大家安心学习。很快，曾庆存成为这个熟悉又陌生的学科学员之一。

20世纪50年代的气象科学还处于描述性和半理论半经验阶段，国际上的天气预报刚从经验性预报向客观定量化的数值天气预报起步，后者是在一定条件下将大气复杂状态数据，通过大型计算机，用可计算的方程模型做数值计算，预测未来一定时段的大气运动状态和天气现象的方法，能准确把握流淌的风、翻腾的云、奔涌的水汽动向。

年轻的曾庆存下定决心，要研究客观定量的数值天气预报，提高天气预报的准确性。

二

1956年，即将大学毕业的曾庆存提交了入党申请书。他说："我入党的初心非常简单，响应党中央向科学进军的号召，为祖国建设贡献力量。我决心把一切献给党、献给祖国和人民。"

适逢国家正在进行大规模经济建设，派遣学生去苏联留学成为当时国家促进科技事业发展的重要措施。1957年底至1961年初，曾庆存通过国家考试，被选拔派遣至苏联科学院应用地球物理研究所，师从国际著名气象学家、苏联科学院通讯院士基别尔。

基别尔看他数学、物理功底扎实，为他选择了一道理论分析十分困难、计算起来极其复杂、时人不大敢问津的世界著名难题——应用斜压大气动力学原始方程组做数值天气预报的研究，作为他的论文题目。

"他把这个题目给我时，所有师兄都反对，认为我不一定能研究出来，可能拿不到学位。但导师信任我，还是让我选择了这个题目。"曾庆存说。

大气动力学原始方程组是世界上最复杂的方程组之一。因为大气运动本身就非常复杂，包含涡旋和各种波动的运动过程及其相互作用，需要考虑和计算的大气物理变量也非常多，涉及温度、气压、湿度、风向和风速等。当时，科学界虽已尝试用动力学方法作天气形势短期预报，但都对方程组做了很严重的简化，预报精度比较低，达不到实用要求。要使数值预报真的实用，还得在原始方程研究方面取得突破。

反复试验，几经失败之后，曾庆存最终从分析大气运动规律的本质入手，想出了用不同的计算方法分别计算不同过程的方法，一试成功。他提出的方法叫"半隐式差分法"，是世界上首个用原始方程直接进行实际天气预报的方法，随即用于实际天气预报业务，至今仍在沿用。

可以说，应用原始方程是一个划时代的进步，当今数值天气预报业务都基于原始方程。

1961年，曾庆存在苏联科学院获副博士学位后立即回国。他写下《自励》诗剖明心迹："温室栽培二十年，雄心初立志驱前。男儿若个真英俊，攀上珠峰踏北边。"

三

回国后，苦于当时没有电子计算机条件，曾庆存便集中注意力研究大气、地球流体力学以及数值天气预报中的基础理论问题。

曾庆存在数值天气预报与地球流体力学的数学物理基础理论研究中做出开创性、系统性贡献，并对数值天气和气候预测模式的研制与计算地球流体力学进行了开创性研究。

1970年，曾庆存再次服从国家需要，被中国人民解放军总参谋部紧急调任作为卫星气象总体组的技术负责人，解决了大气红外遥感的基础理论问题。他用一年时间写出了《大气红外遥测原理》一书,于1974年出版。该书是当时国际上第一本系统讲述卫星大气红外遥感定量理论的专著。他提出了求解"遥感方程"的有效反演算法,成为世界各主要卫星数据处理和服务中心的主要算法,得到广泛应用。

面向国家需求,曾庆存从20世纪80年代起致力于跨季度气候数值预测以及集卫星遥感、数值预测和超算为一体的气象灾害防控研究。

漫漫科研路,成果尤为丰硕。曾庆存先后获得全国科技大会奖2项,国家自然科学二等奖2项,何梁何利基金"科学技术进步奖",中国科学院自然科学一等奖5项和杰出科技成就奖1项,于2014年被美国气象学会授予其最高荣誉——荣誉会员,于2016年被联合国世界气象组织授予该组织的最高奖——国际气象组织奖。

四

1984年,49岁的曾庆存扛起大气所所长的大梁。

那是一段艰难岁月。当时,我国基础研究正处于极其困窘的境地。大气所缺乏科研经费,没有科研大楼,没钱买资料、更新设备,生活条件更不必说,加上体制改革带来的变化冲击,这根"大梁"并不容易扛。

1984年11月,刚刚上任数月的曾庆存提交了"办所方针和改革设想",提出长远目标是把大气所办成"一个社会主义的现代化的研究所",成为"我国的一个高水平的大气科学研究中心，对国内外开放，在世界大气科学发展中做出贡献"。

在他的带领下，大气所上下一心，迎难而上，经历了科技体制重大变革，迈进了蓬勃发展阶段。曾庆存担任大气所所长9年期间，中国科学院建设的国家重点实验室中有两个是大气科学领域的，即大气所建成了"大气科学和地球流体力学数值模拟国家重点实验室"和"大气边界层物理和大气化学国家重点实验室"。

五

2005年，曾庆存在《气候与环境研究》发表了一篇题为《帝舜（南风）歌考》的小文。他写下诗歌：

季风时兮民康物阜，中华文化兮灿烂婀娜。

继往开来兮中华学子，发扬我炎黄德智兮，永据科技之先河！

原来，这首《南风》歌，可以溯源到世界上最早对季风的文字记载，更将人类对季风的认识和记载提前到公元前23至前22世纪中国古文明的尧舜时代。"这是中华民族对世界科学的巨大贡献，中国人应引以为自豪。"

如今，耄耋之年的曾庆存依旧奔波在科研路上。地球系统模式是当今全球气候和环境变化问题研究的制高点。曾庆存是建立我国地球系统模式的主要倡导者、领导者，并参与具体设计和研制。2011年中国科学院提出以研制我国地球系统模式为首要任务并带动地球系统数值模拟研究的大科学装置，2016年获国家批准，曾庆存是该项目的创导者和科学总指导。

"我曾立志攀上大气科学的珠穆朗玛峰，也一直努力攀登，但种种原因所限，我没能登上顶峰，大概在8600米处初步建立了一个营地，供后来者继续攀登，尤其希望国人有志登顶，寄厚望了。"曾庆存说。

文章原载于《中国气象报》2020年1月14日，有改动

推荐单位：中国气象报社

为国铸剑，飞天圆梦
——航天技术专家王永志

姚昆仑　刘经勇

人物简介

王永志，1932年11月出生。航天技术专家，中国工程院院士，国际宇航科学院院士，中国载人航天工程高级顾问。

长期致力于中国战略导弹和运载火箭的总体设计与研制工作，参加和主持了6个导弹型号、2个运载火箭型号和"神舟"系列飞船的设计研制工作。曾任我国第二代液体远程导弹总设计师、固体远程导弹总指挥、载人航天工程总设计师。2003年荣获国家最高科学技术奖，2005年被中央军委授予"载人航天功勋科学家"荣誉称号，2019年被中宣部等授予"最美奋斗者"荣誉称号。

人们永远不会忘记那个激动人心的时刻：2003年10月16日6时23分，我国第一艘载人飞船"神舟"五号成功返回地面，遨游太空的杨利伟自主走出舱门，向大家挥手致意……那一刻，举国欢腾。此时，一位年逾七旬的老者激动得热泪盈眶。很多人可能都不知道这位谦逊低调的老人的名字，但他对中国载人航天的贡献不可磨灭，他就是中国载人航天工程的技术"领头人"——首任总设计师王永志院士。

求学之路

王永志出生在辽宁省昌图县的一个贫苦家庭，全家靠租种地主家的土地和外出打工为生。因交不出伪满政府征收的"出荷粮",王永志亲眼看着大哥遭到伪满政府爪牙的毒打和罚跪。怎样改变贫穷受欺负的局面?只有一条出路,那就是读书。王永志哭着闹着要去上学,父亲却不同意,这时,大哥把心一横,偷偷带着他到4公里外的小学报了名。

"如果没有小学老师刘汉甲,我会是一名文化程度不高的农民。刘老师在我人生的十字路口给了我决定性影响,改变了我的一生。"王永志对恩师的感激之情发自肺腑,"当时家里穷,兄弟姐妹又多,我能上小学已很难得,但到五年级时,由于时局动荡,学校停办,我只好回家务农。后来八路军在我们县创办中学,刘老师赶快通知我去报名。就这样,我再次踏入了校门,进入昌北中学读初中。"

初中毕业后,王永志凭借全年级第一名的成绩,被保送至东北实验学校读高中。王永志的梦想是当一名生物学家,改良农作物品种,提高粮食产量,使人们富足起来。但很快,现实又一次改变了他的人生道路。朝鲜战争爆发后,美国武装干涉朝鲜内政,并将战火烧到了鸭绿江边。美国飞机常常入侵我国领空,空袭警报频频响起。随着抗美援朝战争的推进,学校附近的机场上空出现了苏制米格-15战斗机。志愿军空军驾机起飞迎敌、展翅蓝天的飒爽英姿,激起了这个热血青年的国防梦:"没有国防,啥也没有;有了飞机,祖国安全才有保障。"

1952年,王永志如愿考入清华大学航空系,一年后,进入北京外国语学院留苏预备班,为留学苏联做准备。1955年,王永志赴莫斯科航空学院学习飞机设计。两年后,苏联首次向外国留学生开放火箭与导弹设计专业,他成为改学这个专业的8名留学生之一,由此走上了航天之路。

为国铸剑

1961年3月,王永志是全班唯一的优秀毕业生。导师破例挽留他继续读研究生。然而,王永志却婉言谢绝了这个"史无前例的机会",毅然回国,加入到我国导弹研制队伍中。

1964年6月底，王永志第一次走进大漠戈壁的导弹发射场，参加中近程导弹"东风二号"发射试验。

6月的戈壁滩，骄阳似火，热浪翻滚，导弹发射进入倒计时，焦急的科研人员等到的却是一份紧急报告。在烈日暴晒下，推进剂体积膨胀，射程达不到预定要求。

正当大家一筹莫展时，王永志胸有成竹地站了出来："温度升高后，由于燃料和氧化剂膨胀系数不同，配比发生了变化。我建议泄出来600公斤燃料，使燃料和氧化剂同时消耗完，消除废重，这样就可以打到弹着区了。"但专家们都不同意，说射程本来就不够，应该增加燃料才对，怎么能泄出来呢？

情急之下，王永志壮着胆子敲开了钱学森的房门，向钱学森陈述了他思考的方案。钱学森认为有道理，采纳了他的建议，并力排众议，做出决策。随后，"东风二号"导弹发射成功，准确命中目标。

20世纪60年代，中苏、中美关系紧张，我国面临的国际环境复杂严峻。中央决定，集中力量，加快研制洲际导弹。王永志参加了京沪两地洲际导弹大会战，并担任飞行试验队队长。

1978年3月18日，全国科学大会在北京召开，科学的春天到来了，中国航天事业也翻开了崭新的一页，小型化、轻量化、机动发射的第二代远程战略导弹上马。钱学森建议第二代导弹由第二代人挂帅，极力推荐王永志担任第二代远程战略导弹总设计师。

1978年后的十几年里，王永志经历了我国远程战略导弹的两次更新换代：第一次是从第一代液体导弹改为第二代；第二次是从液体导弹改为固体导弹。两次换代，他都是第一任总设计师，并做出了影响深远、切实可行的发展规划，成为新一代远程战略导弹技术的领军人。

打造天梯

1986年，王永志出任中国运载火箭技术研究院第六任院长。这一年，是世界航天的灾难年。美国"挑战者号"航天飞机爆炸,美欧多枚火箭发射失利,一连串的事故,使国际商业卫星发射市场出现了运载能力短缺。针对这个短暂空白,王永志、黄作义等人抓住时机,提出一个大胆设想:在"长征二号C"火箭基础上,捆绑4个助推器,研制新型的大推力火箭——"长征二号E",为中国进入国际航天发射市场打开一条路。1988年底,仍停留于纸面上的"长二捆",凭借三页草图,承揽了第一份国际商业卫星发射合同。但由于是商业发射,国家没有投资,王永志决定贷款研制。

钱的问题并不是"最要命的",按照发射合同,新火箭必须在1990年6月30日前有一次成功的发射试验。从批准研制"长二捆"火箭到发射,仅有18个月。对王永志他们来说,用这么短的时间研制出"长二捆"火箭,无疑是人生经历中最大的一次挑战。美国人不相信中国人能在18个月内研制出火箭,即便在美国,也需要三四年时间。有人劝王永志说,别干了,风险太大——倘若不能按时履行合同,不仅巨额贷款难以偿还,政治上的负面影响更难以估量。

人生能有几回搏?王永志把面临的困境归结为"背水一战,别无退路"八个字,以此激励、敦促自己。

1990年6月29日,中国第一枚捆绑式火箭屹立在西昌卫星发射中心。7月16日,"长二捆"一举发射成功,运载能力超过设计值,达到9.2吨。从此,中国火箭不仅进入了国际发射市场,运载能力还翻了近两番,并为中国载人航天工程打下了基础。

飞天圆梦

"我们研制的火箭,一定要把人

王永志在"长二捆"发射塔前

送上天。"这个梦想一直萦绕在王永志心头。1992年，中国载人航天事业真正看到了希望。经过"863-2计划"专家委员会长达5年的反复论证，1992年9月21日，中国载人航天工程立项了！11月，王永志被中央专委任命为载人航天工程总设计师，此时，王永志整整60岁了。他面临的首要难题是，比苏美起步晚了40年，是按照苏联及美国所走过的路从头走起，还是瞄准当时的先进水平跨越赶超？在王永志的主持和建议下，专家们提出了"三步走"发展战略：第一步，发射载人飞船；第二步，发射空间实验室；第三步，建设舱段组合式的空间站。他的核心理念是：既不能保守，又要可靠；既要充分利用后发优势，借鉴国外的先进经验，又不能照抄照搬，更要融合现代先进技术。一问世就要将40年的差距缩小，局部还要超越。

"看着杨利伟自主出舱，我非常激动，眼泪不由自主地流了下来。我这一生因为激动而流泪的次数不多，像这样控制不住地流泪，是极少有的。"王永志完成了这项"压力最大的任务"，至今谈起圆梦时刻，仍是百感交集："当时我们已经奋斗了11年，11年来，我们这支队伍呕心沥血、顽强拼搏、不辱使命，终于取得了成功！"

王永志说，我一生有三大愿望：第一个愿望，是让自己设计的导弹可以发射到世界任何一个角落；第二个愿望，是把卫星送入太空中任何一条轨道；第三个愿望，是把中国人送上太空！这三个愿望都实现了，王永志无怨无悔。

红叶满山，星空璀璨。耄耋之年的王永志，仍在不断地筹谋在浩瀚的太空中描绘那片属于中国自己的灿烂星空，那句"使命因艰巨而光荣，生命因奋斗而精彩"的航天名言，在他的心海里永远回荡，因为他的生命和事业融入了博大深远、奥秘无穷的星空，在永无止境的航天征途上，他始终高举着创新的火炬前行……

推荐单位：中国宇航学会

"凝固的艺术"铸就丰碑
——建筑学家齐康

夏文燕　白　雁

人物简介

齐康，1931年10月出生。建筑学家，建筑教育家，中国科学院院士。曾任东南大学副院长、东南大学建筑研究所所长、国务院学位委员会委员、法国建筑科学院外籍院士。

参与设计人民英雄纪念碑、毛主席纪念堂、南京雨花台烈士陵园纪念馆等200余件。获得首届梁思成建筑奖、首届建筑教育奖、国家级有突出贡献中青年专家、全国高校先进科技工作者、中国国家勘探设计大师、建设部科技进步奖、国家优秀工程设计奖、教育部科技进步奖和自然科学奖10余次。

有这样一位建筑学家，他的名字也许对于普通人而言有些陌生，但他设计的南京大屠杀遇难同胞纪念馆、雨花台公园中轴线等建筑却无人不知、无人不晓。他把一生的心血倾注在建筑学上，用一件件精品力作为城市铸就地标，让"凝固的艺术"绽放光彩。

他，就是我国建筑界的泰斗——齐康院士。

人生和根都在南京城

南京雨花台烈士陵园纪念馆、梅园新村周恩来纪念馆、侵华日军南京大屠杀遇难同胞纪念馆，三座纪念馆都是南京著名的地标建筑。它们的设计，都出自建筑学家齐康之手。

齐康擅长城市规划、城市设计与风景设计，在建筑学界深耕60多年，主持和参与设计的作品遍布各地：人民英雄纪念碑，毛主席纪念堂，苏中七战七捷纪念馆、碑，淮安周恩来纪念馆，福建武夷山庄，河南省博物馆，福建省历史博物馆，沈阳九一八历史博物馆扩建工程等。这些建筑中，最令齐康动情的，是侵华日军南京大屠杀遇难同胞纪念馆。

1984年，齐康收到设计侵华日军南京大屠杀遇难同胞纪念馆的委托。当他站在江东门大屠杀遇难同胞丛葬地遗址旁，面对那一根根无名白骨时，内心被巨大的悲怆感和使命感占据。

他想起了父亲齐兆昌。1937年底，南京沦陷后，父亲担任国际安全区金陵大学难民收容所所长，为了寻找难民，他曾经被日本兵的刺刀顶在胸前，多亏外籍同事呼救才幸免于难。后来，父亲应邀到老家天台讲述侵华日军南京大屠杀情况，演讲中，因情绪激动昏倒在讲台上。

祭奠和重生，齐康把这样的理念融进了侵华日军南京大屠杀遇难同胞纪念馆的设计。建成后的纪念馆，黑灰为主色调，间以黄色。齐康的恩师杨廷宝先生主张，一座好的建筑，不应该超过三种颜色。齐康赞同并践行恩师的主张，但他绝不拘泥于任何固定的形式，而是不断进行创新。

纪念馆的纪念墙后面，是一片由粗糙鹅卵石和黄沙构成的广场，广场周遭是茂盛的青草。"沙土和草，是生与死。"强烈的齐康式美学风格扑面而来，人们走到这里，无需开口，在内心就开始了与历史和时空的对话。

在科学、艺术与历史中寻找共鸣，因地制宜设计最理想的作品，"让人看到这个建筑就像是从这个环境里长出来的"，这是齐康一生的追求。

与中国"建筑四杰"的渊源

每周至少三天时间，齐康都会"坐镇"东南大学逸夫建筑馆。除了处理日常公事，他还会做一些"私事"。

比如，读一读文学和历史。在齐康的人文书单上，有莎士比亚、托尔斯泰、司汤达、雨果的文学作品，也有中国历史和俄罗斯历史。"你看，雨果写到巴黎的城市样貌，写到巴黎圣母院：它已不是罗马式教堂，可也不是哥特式教堂，这座建筑不属于任何类型。巴黎圣母院不同于图努斯修道院，没有以半圆拱为准则的建筑物共有的那种见方见棱的稳重厚实感、宽大的圆顶、冰凉的裸露的质感以及雄浑的气势。"

在野外写生。长于绘画的齐康，曾"按书索骥"，一一去寻找那些建筑，并用笔将它们定格，如今，这些画作已经结集出版。

齐康说："建筑是有情感的建筑，建筑是可以说话的建筑，建筑在暗示着什么。对我来说，南大的西南大楼、东大楼，还有南京的圣保罗教堂，有我父亲的身影在上面。"

齐康的父亲齐兆昌，是我国著名的建筑学家，圣保罗教堂、南京大学西南大楼、东大楼、小礼堂，都是他的作品。小时候的齐康钟爱绘画，父亲发现他这个天分后，就教他用比例尺绘画。齐康的第一堂建筑课，就从测量自家的房间开始。

齐康曾师从中国"建筑四杰"中除梁思成外的杨廷宝、刘敦桢、童寯。三位先生给了他很深的影响。而没有成为梁思成学生的齐康，却在2000

东南大学大礼堂，齐康钢笔速写

年荣获了首届中国建筑界的最高奖"梁思成建筑奖"。对齐康来说，这也是一个弥补。

建筑师要有点"个性"

齐康对江南水乡有着深厚的感情。他的小学生活是在老家浙江天台度过的。那是一个典型的南方小城：手持铜戒尺的先生会打人，做不出作业要在嘴巴上画红圈子；一个人孤单单在街上走，看得见山泉从青石板缝里流过去……

那些看似孤单的记忆，温暖了他的一生。成为建筑学家以后，他把童年的爱，转化成了对江南水乡市镇城市化进程尴尬处境的关注。

1990年，齐康主持编著的《江南水乡一个点——乡镇规划的理论与实践》出版，这本书以无锡杨市镇为点，通过对经济、人口、工业、农业、基础设施等综合深入的调查和规划，勾画出了一个新集镇的现实的图景。

既尊重传统又勇于创新，这是齐康所有作品共同的特质。这一点，也是齐康对学生的要求。

在2009年出版的《建筑创意》中，齐康写道："我和我的学生在中国改革开放的浪潮中有了这机遇并得到了实践……我们一步又一步地走，师生教学相长、互补，共同提高，但走的路并不平坦，有喜悦也有坎坷。毕竟我们是向前走了。"

文章原载于《江苏科技报》2019年9月18日，有改动
推荐单位：江苏省科学传播中心

融贯特殊李群与微分几何
——数学大师严志达

丁 倩

人物简介

严志达（1917.11—1999.4），数学家，南开数学研究所教授，中国科学院院士。

长期从事李群、李代数以及微分几何领域的研究。在大学期间，与陈省身教授合作，发表了关于积分几何运动基本公式的论文，被数学界称为"陈—严公式"，至今仍被广泛应用。是世界上最早算出特殊单李群的贝蒂数的数学家。对实半单李群与李代数及对称空间理论的研究，取得系列成果。提出的实半单李群分类的新方法，大大简化了法国著名数学家嘉当等人的有关工作，解决了嘉当提出的非紧致对称空间的分类问题。将微分几何理论用于齿轮啮合理论中，推导出"诱导曲率公式"，对我国机械工业的发展起了推动作用。

当今社会影响最大的数学家之一迈克尔·阿蒂亚说："数学的统一性和简单性都是十分重要的……如果我们所积累起来的知识要代代相传的话，我们就必须不断地努力把它们简化和统一。"在中国近现代数学发展史上，有一位叫严志达的数学家，走的就是这样一条自然科学研究的征途。

严志达于1917年出生在江苏省南通县（现南通市通州区）一个经济不富裕的书香门第。父亲严树钊是清朝的生员，后受新思潮与西方教育思想的影响，就读于张謇创建的通州师范学校，毕业后留校任教并兼任附属小学校长，一直从事新教育事业。严家的藏书不少，大部分是经史子集、笔记小说及碑帖字画，也有少量的初等几何、物理等理科书籍。严志达小时候就对这些书籍很感兴趣，通过阅读，他不仅受到了中华传统文化的熏陶，也受到了新思潮新教育的影响，心里播下了自然科学的种子。

1930年，严志达进入通州师范念初中，得到一套初中用的数学教科书，共有6本。这套教研书打破了算术、几何、三角的界限，内容混合编排，还附有重要数学家的生平简介和画像、照片。少年时代的严志达被这套书深深吸引住了，学习数学之心也因此萌芽。

1933年，严志达考进了梦寐以求的南通中学读高中对学习产生了更加浓厚的兴趣，除了完成正常的学业外，还自学更有趣、更有挑战的知识，特别是数学方面，他将中国现代物理学研究开创人之一的严济慈留学前所著的《几何证题法》中所有的题目，从头至尾做了个遍。除了数学，严志达对物理和化学也都有兴趣，他把物理和化学看作是数学最奇妙的应用，立志将来一定要走进数学之门。

1936年，严志达考上清华大学物理系公费生。1937年卢沟桥事变后，清华大学等校解散、南迁。是年秋，北京大学、清华大学、南开大学三所学校在长沙成立临时大学，后又迁至昆明，改名西南联合大学。严志达在西南联大由物理系转到算学系（即现在的数学系）。抗战时期的西南联大虽然生活十分艰苦，但大批优秀的知识分子云集这里，使昆明一时成为当时国内科学文化的中心。从国外留学归来的华罗庚、陈省身和蒋硕民等青年教授也加入数学系，并开设了许多当时自然科学研究前沿的、极为重要的数学分支课程与讨论班，有陈省身主持的微分几何讨论班，其中包括至为重要的李群理论；陈省身、华罗庚与物理系王竹溪合开的李群讨论班；蒋硕民开的关于积分方程、变分法等泛函分析方面的课程；江泽涵开的拓扑学课程以及王竹溪开的量子力学课程等，这些课程都让严志达收益颇丰。在当时中国最著名、最富创造性的数学家的培育下，严志达如愿踏进数学之门，并显现出杰出的研究才华，中学时立下的志愿终于实现了。

严志达最初的研究工作是从几何开始的。他的老师陈省身是 20 世纪著名几何大师 E. 嘉当的学生。大学期间，陈省身与严志达合作，建立高维欧氏空间积分几何运动基本公式，后被国际上命名为陈—严公式。该公式成为积分几何的经典理论之一，不仅被广泛引用，而且被收进多种版本的数学百科全书中，影响深远。

李群和李代数理论是现代数学的一个重要分支，也是当今数学研究的主流方向之一。它与数学的许多分支联系密切，并涉及当代理论物理、化学等自然科学，越来越受到科学界的重视。严志达是中国最早从事这方面研究的数学专家之一。大学毕业后，他考取公费去法国留学，师从著名的拓扑及微分几何学家、亦曾是 E. 嘉当学生的埃瑞斯曼教授。埃瑞斯曼倡导活跃的学术活动，使严志达受益匪浅。李群 Betti 数的确定是李群的一个基本问题，20 世纪三四十年代，典型李群拓扑的研究取得成功后，特殊李群的拓扑形态成为几何拓扑界普遍关注的课题。然而，特殊李群 Betti 数的确定有不可比拟的难度，困扰了许多这方面工作的专家。严志达巧妙地运用了李群表示理论，最早给出了所有例外李群 Betti 数的正确值，在李群拓扑的研究上是极具创见的、里程碑式的工作。

在法国求学期间，严志达还参加了法国布尔巴基学派创始、核心成员之一的 H. 嘉当（E. 嘉当的长子）的讨论班。布尔巴基学派是影响数学全局的数学学派之一。严志达在研究李群拓扑的同时，也从事曲面丛几何的研究，取得若干成果。其关于二次外微分型等价问题的研究成果，引起东欧不少数学家的兴趣，成为他们研究工作的基础。

20 世纪下半叶，数学科学迅猛发展，数学分支如雨后春笋，科目越分越细，然而数学本来就是统一的。1952 年，严志达怀着振兴中华、发展祖国数学事业的强烈愿望，毅然放弃在国外的优厚待遇回到中国，应聘到南开大学任教直至退休。他的学术研究水平已达到了当时的前沿。他充分运用数学内部的统一性，创建了诸多简便而具有普适性的方法，为学科发展带来了新的活力和生长点。在实半单李代数分类理论方面，E. 嘉当虽早已有结论,但其方法过于复杂,以致难以运用到其他领域中去。严志达在前人的基础上潜心钻研,引进了角图方法,后被称为扩充根系的概念,极大地简化了分类理论,并得到了多方面的应用。关于仿射对称空间的局部分类问题,前人分类不仅过于复杂,而且分类并不完全,严志达则运用他关于实半单李代数分类的创见性方法,成功地解决了这个微分几何中的基本问题,并且给出了完

全分类。他还运用非常简捷的方法将李群的表示理论用于对称黎曼空间。严志达在微分几何方面研究中很有特色,善于抓住问题的实质,巧妙地将其转化为易算的代数问题,而他在李群李代数方面深厚的理论功底,又使他在处理这些问题上得心应手。正如德国著名数学家戴维·希尔伯特所说:"数学科学是一个不可分割的有机整体,它的生命力在于各个部分之间的联系。"

同时,严志达也积极投入到自然科学问题的有关研究中,因为自然科学中的有关问题是数学发展的另一个重要源泉。在数学与其他科学交叉方面的工作,既需要具备很强的数学理论基础,也需要足够的相关领域的知识。严志达将微分几何用于齿轮啮合理论中,明确了齿轮啮合理论方面的许多概念,并导出齿面间的曲率关系,即诱导曲率公式,这成为齿轮啮合理论的数学基础。他的很多理论都得到发展和应用,特别是有效地应用于锥齿轮的研究使之达到了世界先进水平,极大地推动了数学和机械工业的进步,为国家建设作出了重要贡献。严志达不仅在其所研究的各个领域中获得成果,而且其研究成果具有普遍性和应用性,能产生长期的、广泛的影响。

严志达在搞好科研的同时,为国家培养了一批又一批优秀人才。他认

为，数学研究的特点决定了数学进步主要依靠的是优秀人才，但如果这些人才不是身处良好的学术集体之中，是很难攀上高峰的。他开设了当时国内少有的专题讨论班，注重国内高校与研究所间的学术交流，特别提倡学术民主，创造了活跃的学术气氛。他不仅帮助学生、青年教师弄懂弄通前人的思想、方法，更锻炼他们引导出新的研究线索。一批批优秀的中青年数学家成长起来，他们在各分支领域崭露头角，成为中国数学事业繁荣发展的可靠保证。

尽管严志达在学术研究与教育上有杰出的成就，但他淡泊名利、为人祥和。在南开大学以及陈省身等人的劝说、督促下，他才申报了中国科学院数理部的学部委员（院士），并于1993年当选。

严志达于1999年4月30日逝世。陈省身送来挽联悼念这位杰出的数学家："足迹深入特殊李群，精思冠侪；影响包括曲率积分，创见无尽。"

2017年4月14日，南通籍中国科学院院士、著名数学家杨乐，在北京中国科学院数学与系统科学研究院办公室审阅此稿时深情地说："严志达先生在几何学领域的学术水平和贡献，得到国际几何学大师陈省身、丘成桐等的高度评价，应该专文撰述。""严志达先生是我们南通人的骄傲！"

推荐单位：南通市科协

低温和超导世界的开拓者
——物理学家洪朝生

范 薇

人物简介

洪朝生（1920.10—2018.8），中国科学院学部委员（院士），中国科学院物理所副所长，中国制冷学会副理事长，中国物理学会副理事长，1980—1992年当选国际低温工程委员会副主席，"六五"科技攻关项目超导技术攻关组组长。

长期致力于低温工程技术与低温物理的研究与发展工作。1978年获得全国科学大会奖，1990年获得首届胡刚复实验物理奖，2000年获得门德尔森奖，2011年获得柯林斯奖。

洪朝生是我国低温物理、超导和低温工程研究的开拓者和奠基人之一，中国科学院学部委员（院士）。1951年，他毅然放弃美国普渡大学和荷兰卡末林昂纳斯实验室的工作，回国投入新中国建设。面对中国当时完全空白的低温领域，从筹建实验室开始，洪朝生一步步筑就了我国低温和超导领域的城墙，并取得累累硕果：1978年获全国科学大会奖，1990年获首届胡刚复实验物理奖，2000年获国际低温工程领域最高奖——门德尔森奖，2011年获美国低温工程大会最高奖——柯林斯奖。在长期的科研工作中，洪朝生培养了一大批低温物理学家、超导和低温工程专家，为这些领域的技术发展以及我国部分技术在国际上的赶超打下了坚实的基础。

心系祖国画国旗

1945年洪朝生到美国入麻省理工学院攻读物理系的博士学位。在美期间，他积极参加"北美中国学生会"和"留美科协"进步学生活动。中华人民共和国成立时，正在普渡大学做博士后的他心潮澎湃，按照《华侨日报》转载的五星红旗图样和制法说明，在坐标纸上精心绘制了五星红旗图样，以表达对伟大祖国的炽烈情感。

祖国的需要就是我的奋斗目标

在普渡大学期间，洪朝生参与了半导体低温电性的研究，并取得了学术生涯中最重要的成果之一——半导体杂志能级导电理论。关于这项成果的两篇论文清晰阐述了电阻变化与杂质含量之间的规律。论文在出刊后的数十年间被固体物理学界大量引用，成为了非晶态物理研究新领域的开端，并对1977年莫特和安德森获得诺贝尔物理学奖起到了关键作用。

与此同时，洪先生与清华大学联系，了解回国后从事哪方面的研究工作为宜。钱三强、彭桓武两位先生回复说，低温物理很重要，我国应开展这方面的基础研究，建议他再去西欧一年，以增长低温物理方面的见识。于是，洪先生进入以著名物理学家昂内斯命名的荷兰莱顿大学低温实验室，从事超流氦实验研究。1952年初，洪先生放弃国外的优厚条件，毅然回国，投身到新中国低温事业的创建和发展中。

晚年时，他的学生张殿琳院士曾问洪先生："您如果当年不回国而是选择在国外继续半导体杂质能级导电方面的研究，诺贝尔奖会不会颁给您？"洪先生沉思一会儿，摇了摇头说："没有如果。我从未动摇和后悔回国的决定！"

助力"两弹一星"研制

中华人民共和国成立初期，中国低温工程领域完全是空白，需要从头开始。洪先生归国后在中科院应用物理所任低温物理室和半导体材料组两个部门的负责人,主要开展半导体物理和低温物理两个领域的研究工作。在钱三强和彭桓武等人推动下,中科院决定由洪朝生筹划成立应用物理所(即现在的物理所)及低温物理实验室。1953年起,洪朝生开始带领青年技术人员设计和研制氢、氦液化系统,并于1956年和1959年首先实现了氢和氦的液化。随后,低温液化技术不断应用在航空航天、国防军工、气体工业等领域,其中最为重要的是应用于我国"两弹一星"的研制工作。

航天飞行器和人造卫星造价昂贵,为了保证它们在轨道运行中可以正常工作,需要事先在地面的模拟环境中对其进行综合性能测试。1965—1977年洪先生团队与相关航天部门协作先后研制和建成了大型空间环境模拟设备KM3和KM4,用来模拟太空低温和真空环境。1978年起,中国第一颗通信卫星"东方红二号"、第一颗气象卫星、返回式卫星等都在KM4空间环境模拟室中进行了数十次真空热试验。1978年3月18日,具有深远历史意义的全国科学大会成功召开。KM3、KM4中采用的"低温技术研究"获得了全国科学大会奖。1985年,KM4设备又获得了国家科技进步一等奖。

模拟系统中做实验

液氢—液氧火箭是世界公认的高效火箭低温推进剂。但在20世纪60年代,中国火箭研制部门还没有掌握液氢技术,他们找到洪朝生并向他请教。洪朝生毫无保留地提供帮助,成功助他们实现氢气液化。1999年,人民日报发表了由张劲夫撰写的文章《请历史记住他们——关于中国科学院与两弹一星的回忆》。文中高度评价了洪朝生负责的低温实验室在液氧、液氢制造方面作出的历史贡献。

淡泊名利　无私奉献

洪朝生一辈子淡泊名利。很多学生和同事在他指导下取得了成果。只要不是他亲自做的,绝不在论文上署名,很多奖项也不挂名。国内多次推荐他申报各类奖项,他一一谢绝。他获得的国际低温工程最高奖(门德尔森奖)和美国低温工程最高奖(柯林斯奖)都是国外同行在没征求他个人意见的情况下授予的。

在国家困难时期,他对自己非常节俭,但对困难职工慷慨解囊。改革开放后,出国剩余的外汇、科研课题的剩余经费他一律主动上交。到了晚年,他认为自己不能全时投入一线科研工作,主动要求降低工资,按退休人员标准发放。临终前的几年多次找到中科院理化所商量如何用他的积蓄去帮助有需要的人。

中国科学技术大学低温物理专业首届毕业生在校内合影
(前排左1:管惟炎 左2:朱元枝 左4:洪朝生 中排左3:赵忠贤
左5:杨文治 左6:李焕杏 左8:杜林 后排左4:阮耀钟)

培育新一代科技人才

为了培养新中国的低温和超导科技人才,洪朝生于1958年在中国科学技术大学创建了中国首个低温物理专业,招收本科生和研究生。他投入了大量精力备课、组织教研、准备专业实验设施。由于当时国内教材稀缺,洪朝生还组织同事们翻译了怀特(G.K.White)的专著《低温物理实验技术》一书。洪朝生对学生的培养极其认真,读他的研究生必须做好五年甚至七八年才能毕业的准备。他不但要教会学生们如何做学问,更要教会如何做人。当年,洪朝生让学生张裕恒看一篇外国文献,一个星期后问他有什么感想。张裕恒将文献的情况如实作了介绍。没料想，洪朝生告诉他这篇论文是错误的。张裕恒十分震惊，怎么也没想到正式出版的论文会是错误的。这对张裕恒今后科研工作触动很大，看文献时刻保持怀疑精神。20世纪80年代时，一个研究生想要出国留学，洪朝生为其写了3封推荐信。但后来该研究生竟多打印了一些并模仿洪朝生签字投递。洪朝生发现后对他进行了严厉批评，而且坚决不同意他出国，责令他必须认清错误。若干年后这名研究生在美国当了教授，谈起一生中最大的收获就是当时洪朝生对他的教诲。

此外，洪朝生还从多方面加强行业间交流。他组织中国的同行参加国际学术会议，邀请国际著名学者来华进行学术访问，并投入精力撰写科技文章。他希望奋斗在中国低温和超导领域的同人们了解国际研究现状，找准我国的发展方向。从1966年起，洪朝生积极邀请了多位世界顶级的低温物理学家到访中科院物理所和低温实验技术中心，其中包括牛津大学教授门德尔森，诺贝尔奖获得者杨振宁、李政道，两次诺贝尔物理学奖获得者巴丁（J. Bardeen）等。1989年，洪朝生和日本冈山理科大学信贵豐一郎教授共同创立了中日低温制冷机学术定期交流会。这个系列会议增进了中日学者的互动，进而帮助中国同行走在本领域的前沿并积极参与国际竞争。

20多年后，洪朝生为中国培育出了许多低温与超导领域的中坚力量，如超导专家赵忠贤、张裕恒、尹道乐、曹烈兆、杨乾声、崔长庚、张其瑞、李焕杏等，低温物理专家张殿琳、陈兆甲、舒泉声、毛玉柱等。

推荐单位：中国制冷学会

第一次青藏科考

——土壤地理与土地资源学家孙鸿烈

张　莉　张冬梅

人物简介

孙鸿烈，1932年1月出生。土壤地理与土地资源学家，中国科学院院士，第三世界科学院院士，中国科学院地理科学与资源研究所研究员。

长期从事农业自然资源及区域综合开发方面的研究，提出了可更新资源的整体性、多宜性、区域性与有限负荷等特性，强调将自然资源作为整体系统进行综合研究。

曾获国家自然科学奖一等奖、中国科学院科技进步奖特等奖、陈嘉庚地球科学奖、何梁何利基金"科学与技术进步奖"、艾托里·马约拉纳—伊利斯科学和平学奖等荣誉。

1961年，我从中国科学院沈阳林业土壤研究所调到北京的中国科学院综合考察委员会。当时中国科学院西藏综合科学考察队刚组建不久，延安时期的老干部冷冰同志是队长，组织上安排我做考察队的学术秘书。1960—1961年考察队考察了甘南局部地区。1962年因国家处于经济困难时期，考察只能中断了。同年，中国科学院组织编写了《综合科学考察十年规划》，其中西藏考察是一项重要的内容。但由于种种原因，这个规划未能实施。

1972年，周恩来在一次谈话中强调了基础研究的重要性。中国科学院组织参加过西藏考察的人员研讨编制了《中国科学院青藏高原综合科学考察规划》,其中心任务是"阐明高原地质发展的历史及隆升的原因,分析高原隆起后对自然环境和人类活动的影响,研究自然条件与自然资源的特点及其利用改造的方向和途径"。1973年成立了中国科学院青藏高原综合科学考察队,从此进入了青藏高原大规模综合科学考察的时期。

1973—1976年第一次青藏科考,考察的区域,南起喜马拉雅山,北到唐古拉山;东自金沙江,西至班公湖。考察的任务是对青藏高原的自然环境进行全面的调查,搜集各种自然要素的资料。考察队伍包括地学、生物学、农学等50多个专业的研究者,历时4年,前后有770多人参加。每年5—10月考察队开展野外工作,在野外分专业进行考察,有时多个专业组联合行动。考察队员的足迹遍布西藏自治区全境,历经艰难困苦,获得了大量第一手科学资料:发现了蛇绿岩带、喜马拉雅地热带、三趾马动物群化石、恐龙化石、盐类矿床和油气显示;观测到珠峰旗云、珠峰地面的强力加热作用和冰川风;采集并鉴定出7个植物新属、300多个植物新种,以及20个昆虫新属和400多个昆虫新种。除此之外,缺翅目昆虫的发现填补了国内一个"目"的研究空白。

经过4年的野外工作和近4年的室内总结,到1980年,完成了专著《青藏高原科学考察丛书(西藏部分)》,共38部43册。在1978年全国科学大会上,中国科学院青藏高原综合科学考察队受到国务院嘉奖。"青藏高原隆起及其对自然环境与人类活动影响的综合研究"项目于1986年获中国科学院科学技术进步特等奖,1987年获国家自然科学一等奖,1989年获陈嘉庚地球科学奖。

第一次青藏科考的主要贡献在于:论述了高原隆起是近百万年来地球历史上最重要的地质事件之一;划分了7个地层区和5条缝合带;揭示了高原生物区系组成、起源和演化的过程及规律;查明了高原境内自然因素的分布规律;划分了青藏高原的自然地带,明确了各地带的资源环境利用、保护方向与措施;解析了高原气候变化对东亚大气环流的影响。除此之外,第一次青藏科考还促成了青藏高原研究国际合作的局面。1980年,在北京举办了青藏高原国际科学讨论会，邓小平亲自会见与会者并接见中外代表。这次国际会议为此后青藏高原国际合作研究的蓬勃开展奠定了基础。

与现在的考察相比，第一次青藏科考时的条件和设备是非常简陋的。每次考察出发时，我们都要在成都集中，然后乘坐10天左右的大卡车沿川藏公路到达拉萨。野外考察时，吃饭也是个难题。在营地时，大家可以轮流做饭，虽然厨艺不好，而且没有新鲜蔬菜（只有干菜），但毕竟还能吃上热饭，可是到野外考察时，由于当时没有保温壶，水壶里的水到中午就已冰冷到不能喝了。我们就只能吃压缩饼干，并就着唾液下咽。经过藏族同胞的帐篷时，若能喝上一口热乎乎的酥油茶，就是最大的幸福了。

当时国家对考察工作是倾全力支持的。在凭票证供应肉粮油的年代，考察队可以到西藏军区购买肉罐头、食用油和大米白面。有一次由于时间紧迫，大批队员不能及时进藏集结考察，中国科学院还特批包租了一架飞机，将队员送到拉萨。

第一次青藏科考，各个专业分别进行调查。考察队阶段性地进行专业间的交流讨论，大家互相学习，开阔了视野。在野外工作期间，大家朝夕相处，互相关心体贴，就像一个大家庭。

可以说，第一次青藏科考开展前，我们对青藏高原的资源环境的认识基本处于空白状态。所以，第一次青藏科考主要是填补空白。从第一次青藏科考到现在近50年内，无论是青藏高原的生态环境还是社会经济，都发生了深刻的变化。所以第二次青藏科考要针对变化中出现的问题，紧密联系科学理论问题和青藏高原社会经济发展问题，特别要在以下几个方面发力：要从定性研究向定量研究发展，实现定性与定量相结合研究；要从静态研究向动态研究转变，揭示变化的过程和机制；单一学科研究与多学科交叉研究相结合，实现综合集成研究；要从局部研究向区域研究与全球研究拓展。

回顾青藏高原科学考察研究的历程，老一辈科学家从事研究的科学精神、奉献精神被称为"青藏精神"。具体包括三点：一是勇攀高峰、开拓创新；二是团结协作、互相学习；三是不畏艰险、克服困难。正是这种精神激励一代代科技工作者奋发向上。

对现在从事青藏高原研究的年轻科研人员，我想说几句："第一，要夯实基础，当你们进入某个领域要继续深入下去的时候，会发现有很多相关学科的知识需要补充；第二，要融入自然，尽可能抓住机会到野外调查、观测，要深入到大自然，掌握数据和规律；第三，要有献身精神，将青藏科研作为终身事业坚持不懈地钻研。"

文章原载于《今日国土》2019年10月，有改动
推荐单位：中国国土经济学会

知识分子的担当

——物理学家、材料学家闵乃本

人物简介

闵乃本（1935.8—2018.9），南京大学教授，中国科学院院士，第三世界科学院院士。

主要从事介电体超晶格材料的理论研究，率领团队完成了从理论验证到材料制备的一系列突破，2006年获得国家自然科学一等奖，获得国家自然科学二等奖4次。2013年，经国际小行星命名委员会批准，命名国际编号为199953号小行星为"闵乃本星"。

闵乃本院士是我国著名物理学家、材料学家。他与共和国一同成长，他的研究工作在中国大地上生根发芽，取得了世界瞩目的原创性研究成果。他曾获得国家科技奖励制度改革之后高校的首个国家自然科学一等奖，以及其他一系列科研、教学和社会奖励或荣誉，为中国的科技进步、高教发展及多党合作政治协商事业奉献了自己的毕生精力。

闵乃本院士出生于江苏如皋。闵乃本的夫人——南京大学的葛传珍教授曾回忆道："他的童年时代，正值日寇侵略，山河破碎，生灵涂炭，趴在姐姐背上躲避日寇的飞机，成为闵乃本少时最深的记忆。颠沛流离的逃难生活使他小小年纪就对民族屈辱有着深深的感触，萌生了振兴中华的理念。"

1955年，闵乃本考入南京大学，师从冯端院士。当时，国内在晶体缺陷领域的研究仍是一片空白。

20世纪60年代初，闵乃本开始从事晶体生长、晶体缺陷与晶体物性的研究。有关"电子束浮区区熔仪"的成果于1964年获国家计委、国家经委与国家科委颁发的工业新产品奖二等奖。闵乃本花了近十年时间,完成了41万字的《晶体生长的物理基础》。这是国际上第一本全面论述晶体生长的理论著作,获全国优秀科技图书一等奖,至今仍是阐述晶体生长物理和技术的几本有特色的专著之一。

1982—1984年,闵乃本在美国犹他大学物理系任访问副教授。其间他成功地修正了著名的"杰克逊理论",被国际晶体生长学界誉为"近10年来晶体生长理论领域最具有突破性的成果",并因此获得犹他大学和黑格斯飞弹公司联合设立的"大力神"奖。美国晶体生长协会副主席罗森伯格教授主动提出要与他签订10年工作合同,他却毅然踏上了归国之路,组建团队,教书育人,开拓研究。

科研工作不分昼夜,没有周末,更没有假期。"一有时间想到的就是科研,尤其在没有突破的时候非常痛苦。"即便如此,"入了迷以后就乐在其中,一旦理论结果或科学预言被实验证实了,这种成功的喜悦是别的任何一个人都不能体会到的,只有自己能懂。"希望的力量支撑着闵乃本和他的团队度过了重重难关。

20世纪80年代初,南京大学物理系在国内率先开始了微结构材料研究,并于1984年在国家支持下筹建"固体微结构物理国家重点实验室"。同年,我国设立了国家自然科学基金。终于,研究组于1996年制备出了同时能出两种颜色激光的准周期介电体超晶格,这项工作发表在了世界级学术刊物《科学》上,还引起了美国斯坦福大学一批科学家的纷纷加入,使这一冷门领域逐渐走向热门。而此前,据不完全统计,1980—1990年这艰苦的十年间,国际上相关论文总数有20余篇,闵乃本研究组就贡献了9篇。闵乃本带着研究组就这样心平气和坐了将近20年的冷板凳。

"和发达国家不同的是,我们的基础研究成果如果再不花一点时间将它演示出来,就不能吸引工业界或应用界的关注。我们要实现跨越式发展,要付出更多的艰辛,这是中国科学家的历史责任。"当时,课题组的实验条件非常简陋，实验验证很困难。可是他没有退却，仍然决心制备准周期超晶格来检验自己的理论，用实际行动践行着自己的责任。他带领团队，提出"介电体超晶格"的概念，将准晶结构引入介电体超晶格，建立了"多重准位相匹配理论"，证实了准周期介电体超晶格可以同时实现多种波长的激光倍频和直接实现激光三倍频。他们还发现了介电体超晶格中准相位匹配弹性散射和非弹性散射的增强效应；发现了微波与超晶格振动强烈耦合所引起的极化激元新机制；揭示了超声波在介电体超晶格中的传播规律，研制成若干超声原型器件，填补了超声工程中体波器件从几百兆赫兹到几千兆赫兹的空白频段。在经典晶体生长动力学方面，闵乃本将Frank 螺位错机制与理论推广为更为普遍的缺陷机制与理论，成为经典晶体生长理论近几十年来最重要的发展之一。

这些成果极大地推动了微结构功能晶体的发展及其应用，丰富了凝聚态物理学、非线性光学等学科的内涵，引领了我国科学事业发展方向，产生了重要的国际影响。

"不是说我们就没有苦闷、没有焦虑，而是说，即使在彷徨不安、走投无路的情况下，也要静下心来，心无旁骛地积极思考、上下求索。"

1991年，闵乃本当选中国科学院学部委员（院士），1998年获何梁何利科学技术进步奖，1999年获第三世界科学院基础科学奖的物理奖，2000年获美国科学信息研究所（ISI）经典引文奖，2001年当选第三世界科学院院士，2005年关于铁电薄膜及氧化物电极研究获国家自然科学二等奖，2006年关于介电体超晶格研究获国家自然科学一等奖，2007年关于晶体生长研究获国家自然科学二等奖，2015年关于人工带隙材料的研究获国家自然科学二等奖。

2003年6月，国务院成立《国家中长期科技规划》领导小组，闵乃本作为第14专题基础学科战略研究小组的常务副组长，在发扬民主、集思广益、充分酝酿的基础上，提出四大重大科学研究计划，即蛋白质组学研究、量子调控研究、纳米研究、发育与生殖研究，得到国家领导人的充分肯定。四大科学研究计划已被列入"十一五"以来的历次科技规划中并执行至今，在我国科技发展的进程中发挥了重要作用。

闵乃本院士是中国共产党领导的多党合作制度的坚定拥护者和积极践行者，曾先后担任全国政协常委、江苏省政协副主席、九三学社中央委员会副主席，九三学社江苏省委员会主委。他自觉接受中国共产党的领导，紧紧围绕党和政府的中心工作，发挥自己特长与优势，以科学家的智慧积极投身于多党合作事业，以科学精神认真履行参政党的职责。在基础研究规划发展、创新人才培养、长三角地区经济协同、软件业发展、职业病防治等诸多问题上，他积极建言献策，参政议政，为国家和地方经济社会发展提供了有力的支持。

闵乃本院士几十年如一日投身科研与教学之中，为国家培养了一大批杰出的人才和优秀的科技工作者，实践了教育工作者的崇高使命与责任担当。他甘当人梯，以身作则，以人格魅力引导学生心灵，以学术造诣开启学生智慧，探索了"大师＋团队"的科研组织和人才培养模式。1995年，闵乃本院士获得"全国优秀教师"称号，2001年获"全国模范教师"称号，2007年被评为全国优秀教师代表。

"自古以来，中国知识分子毕生最大的追求，就是能将自己的知识贡献给祖国和人民。"闵乃本院士曾经多次表明自己的心迹。面对科研中累累的硕果，闵乃本院士谦虚地说："这不是一个人能完成的，功劳不能归我一个人，我不过年长一点，是老师。"这份信念感染着每一代学生。在与老师共同坚守的日子里，学生们体会到了，什么是知识分子的眼界和担当。

闵乃本院士于2018年在南京病逝，享年83岁。闵院士一生热爱祖国、忠于党的教育事业，崇尚科学、追求真理、立德树人。在病重住院期间他还关心着双一流建设，关心政协和九三学社事业的发展。

2013年，经国际小行星中心和国际小行星命名委员会批准，国际编号为（199953）号的小行星被正式命名为"闵乃本星"。闵乃本院士矢志不渝、求实创新、勇攀高峰的拼搏精神，热爱祖国、甘于奉献、认真履责的思想风范，还有淡泊名利、谦虚谨慎、质朴亲和的高尚品格，都将永存于世间，闪耀于夜空，指引和激励着一代又一代中国知识分子团结一心，努力进取，开拓前进，勇创辉煌。

推荐单位：南京大学出版社有限公司

冷板凳上的化学之歌
——有机化学家周其林

胡春艳

人物简介

周其林，1957年2月出生。有机化学家，南开大学化学学院教授，中国科学院院士。历任天津市科学技术协会第八届、第九届副主席。

主要从事有机合成、金属有机、不对称催化、手性药物合成研究。发现了手性螺环催化剂。手性螺环催化剂在许多不对称合成反应中都保持了目前最高的催化活性和对映选择性。

获得国家自然科学奖一等奖，中国化学会有机合成创造奖、手性化学奖、化学贡献奖，未来科学大奖物质科学奖。

戴着一条以化学元素装饰的领带，中国科学院院士、南开大学化学学院教授周其林出席了在北京人民大会堂举行的2019年度国家科学技术奖励大会。

凭借"高效手性螺环催化剂的发现"项目，周其林带领团队一举获得2019年度国家自然科学奖一等奖。此奖项被认为是中国自然科学领域的最高奖项，历史上曾多次出现空缺。

改变人们对人工催化剂极限的认知

如同人的双手，左手与右手互成镜像，而不能重叠，这种在自然界中普遍存在的现象被称为手性现象。在临床使用的药物中，有许多是手性药物，其不同对映异构体会显示不同的药效。然而，在一般化学合成中，手性分子的这两种对映异构体出现的比例是相等的。因此，每生产一种手性药物，人们不得不费尽周折，再把其中的一半分离掉。精准、高效地创造手性分子是科学家一直以来的梦想和追求，不对称催化由此诞生并成为创造手性分子最有效的方法。

"这项工作的意义，在于发现了一类非常高效的催化剂用来合成手性分子，制造手性药物。"周其林用通俗易懂的语言来解释这项研究带来的影响，"很多过去不能够合成的分子，现在能够合成了；过去很多的药物合成起来非常困难，现在合成非常方便。"

在过去20年里，周其林带领团队潜心攻关，合成了一系列手性螺环催化剂——国内外同行称之为"周氏催化剂"。这成为合成化学中一个不可或缺的工具，被用于200多种不对称合成反应，还被用于多种手性药物的生产。

手性螺环催化剂在多个不对称催化反应中都保持了最高的催化活性和对映选择性，至今保持着分子催化剂的世界纪录。

"我最好的科研成果，是我培养的学生"

1999年，周其林被教育部聘为第一批"长江学者"特聘教授，转入南开大学工作。此后的20年里，他一直致力于手性螺环催化剂研究。

"每天早晨8点前准时到实验室，晚上八九点钟才离开，一周6个工作日……"在课题组成员、南开大学化学学院高级工程师王立新看来，周其林的作息"如同化学反应一样严谨"。他会与实验室的学生逐一交流，20年来鲜少缺席课题组的"组会"，有时候刚下飞机，拎着行李箱就直奔实验室。

事实上，早在2001年已经有科学家在不对称催化领域获得了诺贝尔奖，要在这样的高度上，形成原始创新性突破，其难度如同在攀登科研的珠穆朗玛峰。

科研过程更是不会一帆风顺,在大多数情况下,失败就像家常便饭,如影随形。他们做出来的催化剂经常是"对这个反应无效,对那个反应也无效"。

坐在基础研究"冷板凳"上的日子,对于周其林来说却充满魅力,那些接二连三的失败在他看来,"做得不成功的时候,有时也会有收获"。比如,某次实验保护没做好,水汽进去了,想做的东西没做出来,却发现得到的副产物更有用。用心分析每一次反应,可能有意外之喜,这是研究的乐趣所在。他尝试不断改进合成新的配体和催化剂,螺环结构在周其林的手中,宛如一只奇妙变幻的万花筒。

周其林称化学"是一个最富创造性的学科"。因为每天都在创造新物质,"好奇心得到极大满足,我很享受这个过程。"

20年来,周其林获得过很多有分量的大奖,然而在他办公室最显著的位置,摆放的是历年学生的实验记录。

周其林指导学生

在周其林看来,作为一名教师,"培养人才"是第一重要的事情。带领学生做科研就是教育,是培养创新型人才。如今,周其林已为国家培养了70余名优秀博士和硕士,他们大多在国内外知名大学、研究机构、制药公司任职，成为科学研究和技术开发的骨干。

"我最好的科研成果，实际上是我培养的学生。"周其林说。

目光锁定未来，"催化"出更多原创成果

力争在基础研究领域创新突破，是周其林始终不变的追求。不久前，周其林作出一个惊人的决定：手性螺环催化剂还会有发展，但不再是课题组今后的主要科研攻关方向。

这一决定令众人哗然，毕竟"周氏催化剂"从研发到广获赞誉，凝聚着课题组20年的心血。很多人惋惜：这个领域依然有空间将其发展得更为完美，"转战"其他领域，实在是可惜。

"作为基础研究，原创性的工作已经完成；接下来，周老师会继续带领我们瞄准更加基础的领域去研究。"对于周其林的决定，课题组成员、化学学院院长朱守非教授这样理解：周其林的手性螺环催化剂是"从0到1"的工作，他开拓了不对称催化新领域，其原始创新工作已经基本结束。至于将手性螺环催化剂应用到药物、香精香料等的合成和生产这样的研究工作，会有应用型科学家跟进。

如今，周其林正在关注二氧化碳和生物质的转化研究。他经常思考，100年后，石油、天然气等化石资源枯竭后，将用什么来合成人类文明所依赖的材料？

这位"创造新物质"的化学家，早已把目光锁定未来，期待"催化"出更多原创性成果。

文章原载于《中国青年报》2020年1月20日，有改动

推荐单位：天津市科协

孜孜以求做环境气象领域的攀登者

——应用气象专家张小曳

王玫珏

人物简介

张小曳，1963 年 6 月出生。中国气象科学研究院研究员、博士生导师，中国工程院院士。

作为两项"973"项目和 3 项国家重大项目的首席科学家，在亚洲沙尘暴形成机制与数值预报技术、中国大气气溶胶及其气候效应、雾—霾联系机制及雾—霾数值预报技术等方面取得系统性创新成果，并应用于工程实际。主持建立了中国气象局大气成分观测系统、亚洲沙尘暴数值预报系统、中国雾—霾数值预报系统等 3 个国家级业务系统，得到广泛应用。获得国家自然科学二等奖、三等奖各 1 项，省部级一等奖 4 项。

他是 1998 年国家杰出青年科学基金、首届全国百篇优秀博士论文、第一批国家万人计划—领军人才获得者；他长期致力于天气及气候变化中大气成分作用研究，是新兴、交叉的环境气象领域学科带头人。

他就是中国气象科学研究院的张小曳，以心系报国的科学情怀、追求真理的科学信仰、勇攀高峰的科学精神，在学术前沿孜孜求索，在气象科技领域不断取得突破。

结缘气象的一封信

1986 年，张小曳毕业于西北大学化学系，加入中国科学院西安黄土与第四纪地质开放研究实验室。1991年，他远渡重洋，到美国罗德岛大学——大气化学研究中心访问学习。

那时，大气化学领域在中国尚处于接近空白的阶段。中国与发达国家各方面都有差距，包括科技、通信和交通。张小曳对此感受颇深。

1995年，张小曳获得博士学位的仅仅十几天后，就破格晋升为研究员。三年后，他获得国家杰出青年科学基金资助，并成为一名年轻的博士生导师。

2004年，张小曳从中国科学院地球环境研究所到中国气象科学研究院工作。从西安到北京，从中科院到气科院，其中不得不说起当年中国气象局寄给地球环境研究所的一封信。

信中写道："气象事业发展急需高层次人才，像小曳这样的交叉型、复合型人才更是气象事业目前最紧缺的。实际上，气象部门在IPCC的有关国际谈判，在全球气候变化、沙尘暴、大气化学研究与业务等方面，虽然国家赋予重大责任，但人才的奇缺使工作受到很大限制，我们痛感'人才难得'……"

回忆当时读完这封信的心情，张小曳说："十分激动，感受到中国气象局对于科技人才的热情、诚恳及坚定。正是国家的需要，让我有机会投身气象事业做更多的事情。"但同时，他也十分纠结。当时已担任地球环境研究所副所长的他，一边是共同成长的老师和团队，另一边则是一座陌生的城市。幸运的是，他的导师和团队都以大局为重，支持他到更需要他的地方施展才华。

正如信中所说"小曳是一个不可多得的将帅之才"，来到中国气象局之后，在国家亟待发展的科学领域，他激扬创新的自信和勇气，勇攀高峰、敢为人先，不断抵达新高度。

"我们这代人真是遇到了一个非常好的时代。"张小曳说，"如今我国科技政策环境利好，平台设施堪比国际水平，我们比历史上任何时期都更具备创新的客观条件。"

解答沙尘暴的治理命题

21世纪初，内蒙古、宁夏和新疆等北方地区沙尘暴多发。怎样选择治沙之路？由此，关于沙尘暴的研究一度成为许多学者共同关注的课题。

张小曳和团队开创了沙尘暴预报的先河。他们结合黄土粉尘研究系统揭示了亚洲沙尘暴源区分布、释放总量、输送、沉降变化机制、沙漠化作用及其与气候变化的联系；主持研发亚洲沙尘暴数值预报关键技术，并为沙尘暴研究在国际产生重要影响作出关键贡献。

近年来，世界气象组织要求科研要有服务的目标，通过实践产生价值。张小曳正是这样做的，他和团队从无到有建立国家级沙尘暴预报业务系统，并且一步一个脚印地将沙尘暴的科学研究和应用拓展到国际上。

张小曳主持了世界气象组织—国际沙尘暴预警咨询系统亚洲区域中心技术报告撰写，当选亚洲区域指导委员会主席，主持完成在WMOCAS系统下的申报程序等，并当选国际SDS WAS指导委员会主席。

2017年，在WMO第69次执行理事会上，由国家气象中心和中国气象科学研究院代表中国联合申报的世界气象组织亚洲沙尘暴预报区域专业气象中心获认定，标志着我国正式成为亚洲沙尘暴业务预报区域中心国，张小曳在此进程中发挥了重要作用。

在雾—霾谜题中探寻真理

要想取得创新突破，对科学的专注、执着和坚守是科研工作者的不二法宝。

长期致力于环境气象研究的张小曳，于2013年入选中国气象局科技领军人才。他从中国大气气溶胶野外观测与试验入手并紧密结合数值模拟，以中国大气气溶胶及其与气候变化、雾—霾天气联系机制和雾—霾数值预报技术研发为核心，开展研究并将成果应用于业务实践。

随着大气污染防治的需求愈加迫切，我国首个雾—霾数值预报系统

（CUACE/Haze-Fog）在中国气象科学研究院应运而生，投入全国重点区域和多个省级气象部门广泛应用，并在国家重大活动气象服务保障中崭露头角。

从主持建立中国雾—霾数值预报系统，到培养环境气象研发团队，从拓展气象服务领域，到支撑雾—霾气象灾害防治及应对气候变化，张小曳面向学科前沿、气象现代化建设征程、国家重大战略需求，迎难而上、不断突破，成为新兴、交叉的环境气象领域排头兵、带头人。

国家自然科学二等奖、三等奖各 1 项，省部级一等奖 4 项；第一作者的专著、编著共有 9 部；在领域内著名期刊发表论文 361 篇，被 SCI 收录 193 篇、EI 收录 101 篇……一串数字和荣誉彰显了张小曳的实力，如此刻苦钻研，方能取得令人惊叹的成果突破。

此外，张小曳还在中国科学院院士秦大河的带领下成为 IPCC 第四、五次气候变化科学评估报告执笔人之一，第五次综合报告评审人，第二次气候变化国家评估报告章主笔。他将科研成果服务于国家应对气候变化。

就在第五次评估报告的规划会议上，张小曳践行了那句耳熟能详的话"科学无国界，但科学家有祖国"。

各国代表围绕黑碳的减排问题意见不一，一些国家片面的观点显然是在转嫁责任。张小曳秉持全面、透明、客观的科学态度，为了维护国家利益，在会上据理力争，坚决表达了中国的立场。

为年轻科研人员树榜样

"日日行，不怕千万里；常常做，不怕千万事"。每天 5 点就醒，从黎明时分到傍晚下班，保持高效地思考和工作，这已成为张小曳的习惯。他笑称自己在周末也是个"宅男"，总想坐在计算机前工作。

从科研经历中，张小曳也悟出了一些人生哲理："人生不会总是处于高峰，也可能碰到低谷。当处于低谷之时，我的经验就是，不管外界对这个方向、成果重视与否，带领团队好好地做自己的科学研究，比什么都重要。要有平常心，不怕磨砺，坚持就是胜利。"

的确，科学是持之以恒的事业，对科学家而言，只有经历千难万险而不放弃、长坐"冷板凳"而不盲从、遇各种诱惑而不动摇，才能创造出经得起历史检验的科学成就。

"我经常给学生们讲，从事科学研究工作是非常好的，你可以选择感兴趣的研究方向，能为国家做很多事情，真正做到为人民服务。我希望有更多的学生投入到科学研究、科学报国之中。"张小曳说。

如今，气象事业正在由传统气象向着地球系统科学发展。环境气象是新兴、交叉的领域，是气象事业发展的重要领域，更是关系到国家生态文明的关键领域。

张小曳表示，未来将继续抓好认识天气和气候变化中人类活动影响的研究方向，直面难题、勇攀高峰，为把我国建设成气象强国贡献自己的一份力量。

文章原载于《中国气象报》2019年12月26日，有改动
推荐单位：中国气象报社

科研观奠定成功路
——地层古生物学家戎嘉余

乔 晖 何佳芮

人物简介

戎嘉余,1941年12月出生。地层古生物学家,中国科学院院士。中国科学院南京地质古生物所研究员、科技部"973计划"项目首席科学家、现代古生物学和地层学开放实验室主任、国家重点实验室学术委员会主任、国际地层委员会志留系分会主席。

长期从事早—中古生代海洋无脊椎动物腕足动物的系统分类、群落生态和生物地理及相关研究。获国家自然科学奖二等奖和三等奖、中国科学院科技进步一等奖和二等奖、何梁何利基金"科技与技术进步奖"等荣誉。被选拔为国家有突出贡献留学回国人员、有突出贡献中青年专家。

有首歌中唱道:"有一个美丽的传说,精美的石头会唱歌……"的确,对于普通人而言,亿万年前的化石只是冰冷的石头而已,但对于古生物学家来说,那却是一块会说话的石头,它记载了亿万年前地质变迁的秘密。而揭示这些不为人知的秘密,就可以推断出地球发展过程中各地史时期环境气候特征及演化变迁。在中科院南京地质古生物研究所,有一位研究腕足动物的院士专家,他就是戎嘉余。在这个冷僻的专业领域,他默默无闻地研究了一辈子,取得很有价值的科研成果。

科研需要脚踏实地循序渐进

戎嘉余出生在上海一个商人家庭，兄弟姐妹 8 人，他排行老末。1958 年夏天，当他准备填报志愿参加高考时，从苏联考察地质回国的哥哥戎嘉树和他进行了一番长谈。戎嘉余朦胧地意识到，地质工作对于祖国经济建设的重要性，以及从事野外工作有着特别的艰辛与乐趣。他决定报考地质院校，第一志愿就是北京地质学院地质测量与找矿系。

戎嘉余在北京地质学院学习期间，正是国家的三年困难时期。他当时的愿望就是献身边疆、献身基层、献身祖国最需要的地方。但后来，他考上了中科院南京地质古生物研究所研究生，没能去到地质科研一线。在其后的几十年中，他多次来到古生物化石保存最为丰富和完整的贵州省，一年中曾有 8 个月时间连续住在贵州山区乡野间。

当年在野外的 8 个月，是戎嘉余度过的最美好的科研时光。他在那里看到了各种各样的地质剖面，找到了很多难得的古生物材料。后来，他参加了《西南地区生物和地层图册》的编写，并在国内和国际都引起轰动。1982 年，在挪威奥斯陆召开的奥陶纪国际会议上，戎嘉余受邀作了题为《奥陶纪末期赫南特贝动物群的分布及其涵义》的大会报告，引起国际专家的

2015 年 9 月，赴中国科学院海北高寒草甸生态系统研究站进行生态文明考察

广泛关注。而这些科研成果的取得都是建立在他那段西南地区野外考察的基础之上。

科研需要品尝孤独与寂寞

"科研需要品尝孤独与寂寞",这是戎嘉余的深刻体悟。只有孤独寂寞了,才能平静地思考很多问题。戎嘉余说,搞科研的人如果整天跑跑颠颠,浪费时光,是不行的,科研需要花费大量时间,付出大量艰辛,就要有孤独和寂寞下的沉思。

戎嘉余长期致力于地质历史时期腕足动物的系统分类研究,建立了我国部分时期的化石序列,揭示了各动物群的多样性和特殊性,为基础薄弱的早古生代腕足动物研究做出了贡献。他率先在国内开展早、中古生代腕足动物的群落生态研究,多次进行全球腕足动物化石群总结,识别出晚奥陶世、中晚志留世生物地理区等;应邀完成世界权威论著《无脊椎古生物学论丛》中腕足动物卷三个目级分类单元的编写,合作创立了扭月贝目的分类原则,阐明其宏演化的趋势;他与合作者在中国东部奥陶纪地层中发现全球最早的石燕化石,首次揭示其腕骨构造的演化和石燕类散布的规律,被世界权威认为是研究石燕类起源和腕足动物腕螺的经典成果;他提出中国志留系对比的新观点,为确立与全球对比、区测填图和古地理研究提供了可靠依据;他常年追踪古生物学研究前沿,最早开展华南志留纪海平面升降研究,积极组织并主持《理论古生物学文集》编写,为推动中国古生物学科的发展做出了贡献。

科研需要团结协作

国内古生物学界门类众多,长期以来都是各自做各自的研究。戎嘉余认为,十分有必要把国内专家学者团结、组织起来,围绕"重大地史时期生物的起源、辐射、灭绝和复苏"这一大主线,根据中国宝贵的古生物材料,结合世界的相关信息,探索地球有生命以来30多亿年间的变迁和演化。

他的提议得到国内学术界和科技部支持，被科技部《国家重点基础研究发展规划》（973）批准立项，于2000年4月正式启动，并获得国家2000多万元的资金资助。这是我国地层古生物研究领域当时受资助最高的项目。

戎嘉余担任该项目首席科学家，来自中科院南京地质古生物研究所、古脊椎动物与古人类研究所、西北大学、北京大学、中国地质大学等12个单位的80多位专家学者共同参与此项目，创造了又一个令人惊叹的新纪录。

这支团队发扬精诚团结的精神，首次建立了数十个化石门类的数据库，迈出了古生物学界数据共享的第一步。团队历时5年编写出《生物大灭绝与复苏——来自华南古生代和三叠纪的证据》《生物的起源、辐射与生物多样性的演变——华夏化石记录的启示》两本专著，并在国内外著名杂志上发表了一大批重要理论研究成果，一大批优秀的骨干人才也因此成长。2006年，该项目被科技部评定为优秀项目。

近期，在戎嘉余主持下，20多位学者锲而不舍地历时30年编撰完成了英文巨著《中国显生宙腕足动物属志》，这部著作入选了2017年度中国古生物学十大进展。专著出版后，外国学者纷纷表示祝贺，感谢中国学者为他们的研究提供了长期的莫大方便和精准的资料。戎嘉余现已退休，但仍在相关专业领域里继续前行。

文章原载于《江苏科技报》2019年10月16日，有改动

推荐单位：江苏省科学传播中心

做一名快乐的科学家
——天体力学家孙义燧

孟 婧 夏文燕

人物简介

孙义燧,1936年12月出生。天体力学家,中国科学院院士。南京大学教授,国家重点基础研究发展规划"非线性科学中的若干前沿问题"项目首席科学家,现任国际天文联合会、天体力学专业委员会委员。

长期从事天体力学和非线性动力学的教学与研究工作,发现和证明了不具辛结构的近可积系统中不变环面的存在性,由此否定了拟遍历猜测和珀欣猜测。获国家自然科学二等奖,何梁何利基金"科学与技术进步奖",国家教委和江苏省科技进步一、二等奖4次。2010年9月,国际小行星命名委员会将国际编号为185640号的小行星命名为"孙义燧星"。

在孙义燧院士的人生印记里,生活轻松而又生动,有蛐蛐、鸟窝、山野、田趣的童年记忆;有喝茶、听音乐、读画的闲雅人生;有矛盾、情谊、谦让的千行万象;有心如止水、埋头钻研的纵写香笺……那些娓娓道来的故事,正如山涧清澈明快的小溪。孙义燧说,做科研工作,在踏实苦干的同时,更要懂得快乐的艺术。

写意水墨觅童趣,解剖苍蝇抓蛐蛐

孙义燧喜爱中国画,飘逸洒脱的画风,让他有种回归自然的感觉。中国画里诗意多,只看画题,就觉得诗意盎然。

有的问,那份洒脱是不是天文学者的身份所赐?孙义燧细细回忆,才发觉是本性使然。儿时的他,与同龄孩子不同,不循规蹈矩,甚至有些"调皮"。

1936年,孙义燧出生在南京,第二年随父母回到老家浙江瑞安,一直在那座文化底蕴深厚的古城生活多年。童年时期的孙义燧,在老师和同学眼里,是个有名的"调皮鬼"。

在瑞安中学120周年校庆的时候,老同学欢聚在一起,提起中学时期的学习生活,很多同学都记得孙义燧爱给别人起外号,而且传播很广;他爱打抱不平,只要有人恃强凌弱,就会挺身而出。

"但是,调皮的小孩可不都是坏的呀!小时候虽然调皮,但与同学的关系都不错。"孙义燧说,那时候他们属于玩得比较野的小孩,课间三五成群,常常聚在一起,斗蛐蛐,因为玩得太忘我,老师来了也不知道。当时,因为这些事挨了老师不少戒尺。

孙义燧孩童时期对任何事情都很好奇。这种好奇在初中时期得以爆发。那时,学校的实验室对学生开放,学生可以自己到实验室做感兴趣的实验。孙义燧就经常到实验室里摆弄一些小实验,比如自制显微镜等。

他将坏灯泡的玻璃弄一片放在用旧铜丝绕成的小圈上,然后放在酒精灯上烧,将它烧成一个凸透镜,再用马粪纸做成一个非常简单的显微镜。之后,他就可以美滋滋地享用劳动成果了。将一根头发丝,或者苍蝇的腿、蚊子的嘴,放在上面看一看,别说,还真可以看到不少细节。

显微镜为年少的孙义燧打开了科学世界的大门,从此孙义燧变得一发不可收。再到后来,他又自己绕线圈做电动机,电表上还会显示有电流输出,自己动手操作了解发电机与电动机是怎么一回事。甚至有时,他还会抓一只青蛙来解剖,看看肚子里都有啥,当发现将青蛙的内脏拿出来,青蛙的心脏居然还能跳动时,他感觉十分好奇,更想知道其中的缘由。

上树掏鸟窝,下河游泳捉鱼,自称是"调皮大王"的孙义燧,在学习上可一点也没放松。小学考中学时,在200多名考生中,他考了第一名,这让他颇为自豪，更是尝到了学习的乐趣。

浩瀚苍穹探真理，浪漫之都结朋友

一般情况下，报考天文学的人，大都是天文爱好者。孙义燧却是"另类"。他说，当他拿到南京大学天文系录取通知书时，甚至还有点稀里糊涂。不过，数学、物理成绩一直很好的孙义燧，看到南大天文系专业介绍中，提到学习天文学需要有充实的数学和物理基础，随后他就变得"淡定"了。

"天文学其实没有想象那般美好。"孙义燧回忆大学求学经历，坦诚地说，天文学的研究，少了些诗情画意，全是埋头苦读的情形。那时候大学里的考试，是教师对每一个学生进行单独面对面口试，而且每个同学的题目不一样，根本没有划重点的概念，几乎所有的知识点都要考。

靠着踏实苦读，孙义燧一步步迈向了自己的梦想。1979年，在南京大学天文系任教的孙义燧被公派到法国尼斯天文台做访问学者。在那里，他结识了国际著名的天文学家Henon教授，并成为志同道合的挚友。并且因为他，孙义燧找到了自己学术研究的新方向。

在一次学术讨论上，Henon教授提到，在保守动力系统中，发现对保守系统中不具有辛结构的系统从没有人去研究。说者无心，听者有意。这个权威的消息，激发了孙义燧的好奇心，他暗自思忖：这个方向就是自己研究的突破口。

明知山有虎，偏向虎山行。这是孙义燧与生俱来的性格。小时候的他，因为拥有这种"胆识"，让老师和同学记忆深刻，但在科研中，这就意味着要比别人多吃苦。全新课题的研究，相当于走进一个未知领域，一切都要从零开始。没有基础理论支持，没有数据记录，没有实验结果……起步阶段的孙义燧，可以说举步维艰。

执着的性格和探索未知的责任，将孙义燧牢牢地拴住了。他拼命地钻研，锲而不舍地坚持，终于有了收获。经过一段时间研究论证，他大胆否定了两个著名猜测。他首先发现并与南京大学的程崇庆教授一起严格证明了"类KAM定理",这一重大成果被应用于流体力学和彗星运动的理论研究中,并产生了深远影响。

在国际天文联合会学术会议上致开幕词

精雕细琢学真知,求索不倦勤创新

如果说,水墨画法,尚意轻形,题材多为自然;那么,工笔画则崇尚写实,巧密而又精细。学习、做学问都是一样,调皮归调皮,该巧密精细的时候,一点都马虎不得。

在孙义燧的回忆里,对他影响最大的,就是自己的几何老师。直至现在,中学课堂上的事他仍记忆深刻。如今,他教学生的方法,也受到老师的深刻影响。

孙义燧要求学生的基本功必须绝对扎实,一些知识的细节要认识得清清楚楚,绝对不能一知半解。他说,学生交给他的所有论文,都会要求学生再用两个星期时间自查,看看文章到底还有没有问题。在孙义燧看来,要想真正出类拔萃,一般的努力还不行,必须要"玩命"。

有人和孙义燧开玩笑说,人过一生,干吗把自己搞得这么累。但孙义燧认为,全身心地投入一项科研工作中,并不是一种累,而是一种幸福。

正是这种求索不倦的精神,孙义燧抓紧一切时间工作,即便在炎热的夏天也不例外。他常常教导学生,出国学习不仅是学知识,还要重点学习几样东西：一是学习别人研究的前沿在哪里；二是学习别人是怎么工作的；三是交朋友。

　　孙义燧有一位非常著名的国际学者朋友，他做出了一项具有重大科学意义的创新成果后，就转向研究其他问题去了，而别人沿着他的原始研究发表了一系列成果。孙义燧问这位朋友，为什么不继续做下去，树上有很多即将成熟的果子，让别人摘了多可惜。这位朋友却自信地说，在之后的十年内，新的成果很难超过他现在的成果。这让孙义燧很受启发。所以，他现在也常常教导学生：研究创新不能按部就班，只有确定新的目标，敢于探索新的未知，才能处于领先位置，这才是真正意义上的创新。

推荐单位：江苏省科学传播中心

创新，需要"穷究物性"

——分析化学家陈洪渊

杨频萍　夏文燕

人物简介

陈洪渊，1937年12月出生。分析化学家和教育家，中国科学院院士。

他的团队是我国生命分析化学领域最早的团队之一。曾任南京大学教学委员会副主任、教育部科技委委员、化学化工学部主任、中国测试协会副理事长、中国质谱学会理事长、中国化学会常务理事兼分析化学委员会副主任等职。

获国家自然科学二等奖和三等奖、教育部自然科学一等奖2项、全国科学大会奖、何梁何利基金"科学与技术进步奖"、中国侨联科技进步奖、中国化学会贡献奖、全国模范教师、全国先进工作者、全国五一劳动奖章、国际Nature集团杰出导师终身成就奖等荣誉。

在50多年的科研人生中，主持完成国家级项目40多项，发表论文930余篇，他引34490多次，H指数93；培养了130余名博士和硕士，其中包括3位长江学者特聘教授、8位国家杰出青年基金获得者、2位中国青年女科学家奖等。这位在专业领域极具威望、在教学领域不断创造育人佳话的科学家，就是中国科学院院士、南京大学化学化工学院教授陈洪渊。

科研，每天都在陪伴自己

在南京大学生命分析化学国家重点实验室，有一间精心布置的陈列室。放眼望去，只见一片红色的荣誉证书和各种聘书、金灿灿的奖杯，还有挂满墙面的团队合影……这里陈列的是陈洪渊团队2013年以来取得的荣誉，他的团队是我国生命分析化学领域最早的团队之一。如今陈洪渊已年过80岁，每天仍在繁忙的科研工作中度过。

最近，陈洪渊团队承担的一项国家自然科学基金委重大科学仪器研制项目即将迎来结题验收。这个项目就是2013年由他主持的一项经费达6400万元的重大仪器专项——单细胞高时空分辨分子动态分析系统。

该项目旨在建立能精准测定单细胞中分子相互作用及其动态变化的工具，从而为研究癌症等疾病的致病机理提供数据，亦有助于实现精准化个体化治疗。陈洪渊坦言，在承担这个重大专项的时候，有很大压力，因为该项目经费投入大，团队的关注度很高。是压力，也是动力，经过5年研究，如今终于有了丰硕成果。

这个项目实现了对单个活细胞中高时空分辨的生物分子动态变化的精准测量，可以在小至50纳米尺度、更快的纳秒时间尺度上进行分子测量。通过时空分辨率的提升，对细胞进行更加精细的研究，为进一步理解生命过程的化学本质提供更多重要的数据。

融合电化学、光学和质谱分析的优势于一体，对细胞内的分子相互作用在高时、空分辨的水平上进行各种研究和测量，在纳米尺度上对细胞内蛋白化学活性进行电化学测量，是陈洪渊在国际上率先实现的突破。

创新，不能急功近利

在科研生涯中，陈洪渊最关注的还是基础研究和原始创新。他认为，从事基础研究就是要坚持做基础的事，不要基础性的研究还没做完，就急于转向应用，进入市场，甚至是赚钱。他坚定地说，我国向建设世界科技强国进军，最需要的就是从根本上做好基础研究。基础研究就像是基石，只有基石夯实了，才能在此基础上建成科研的大厦。

"创新之问，其实是无解的。我的体会就是'穷究物性，敢为人先。'"说到创新心得，陈洪渊简单明了。

对这 8 个字，陈洪渊这样解释："必须无止境地探究物质的本性及其相互作用，要琢磨透彻。在这方面，我们必须学习德国和日本的工匠精神，一丝不苟，每个细节都不放过。我在 1984 年回国的时候带回来一台国外电风扇，一直用到现在，35 年了，都还好好的，扇叶转起来一点声音都没有，为什么？这就是把电动机的物性研究透了，才有这样的好产品。"

"小到生活所需，大到高端装备，都必须从基本物性出发，比如欧美发达国家的飞机发动机好，其中滚珠轴承的材质和球状精度必须非常好，为什么材质好、寿命长？因为人家已经做到了材料的高要求和理想光滑的标准球面，摩擦小、耐高温、速度上得去。做事做学问不从基本物性出发，投机取巧，没有严谨求实的精神，怎么可能有创新呢？"

陈洪渊说，现在科研环境比过去好多了，做出一些东西来，马上就有奖励，但是如果没有怎么办？不要太在意"帽子""票子""牌子"。做人要有眼光、胸怀和谋略，只有志存高远，淡泊名利，才有创新的永恒动力。

育人，把自己比作"导演"

陈洪渊给刚毕业的 4 名博士生写了相同的一幅字："淡泊以明志，宁静以致远。"他装裱起来送给学生，寄予了对学生们的期望。

陈洪渊在育人方面的成就，不亚于科研。"教学是刀背，科研是刀锋。没有刀背支撑，刀锋就会卷刃。"把教学作为科研的基础，桃李满天下的陈洪渊被评为全国模范教师、全国先进工作者，还获得《自然》集团杰出导师终身成就奖。

在学生眼中，恩师的故事可以说上几天几夜。教育部"长江学者"特聘教授徐静娟说："我跟随陈先生超过 20 年。这些年里，先生除了出差或开会，总是在办公室忙，夜以继日，废寝忘食。陈先生对于科研数据和论文精益求精，可以说是一个完美主义者。他说，科学工作需要严谨，一项工作你做了99%，可1%的缺憾可能会让你前功尽弃。因此他对于学生的实验数据会反复审核，论文会逐字逐句地推敲，不辞辛劳地一遍遍修改，一步步指点。"

杰出青年基金获得者李根喜教授说："恩师将每一名学生都当作一个有主见的思维主体。他把自己和学生分别比作导演和演员。他认为，导演把握好整部作品的风格和方向，给演员们说戏，指引演员该做些什么，而演员的任务则是在导演指导下，充分发挥自己的能力和特点，把戏演好、演精。"

学生绝不是数据的操作工，而是有主见的思维个体——这是陈洪渊做老师的原则，他要将学生培养成"有独立钻研能力的骏马"，而不是"唯命是从的绵羊"。他经常给学生出题，时常"逼问"他们有什么新想法，适当的时候再给他们梳理点拨。

2011年，主持香山会议纳米生物效应及分析技术

科研，寻求科学发现和原始技术创新并进

"分析化学是科学技术的眼睛，是认识事物进而解决问题的工具，能源、材料、生命、环境和信息等领域的前沿与关键问题都需要这个工具来解决。"与分析化学相伴将近60年，陈洪渊矢志不渝，他带领的团队是我国最早进入纳米分析化学领域的团队。而且，他是首先提出"生命分析

化学"新概念的倡导人,并身体力行,首先创建南京大学生命分析化学教育部重点实验室。如今,这个实验室早已升格为国家重点实验室了。

很多分析化学做的都是"顶天"的工作。"人类基因组图谱测序计划,也是由于分析化学的毛细管电泳技术的发展而得以提前完成的。"陈洪渊说,当前的分析化学,已经从一般材料的组成和含量、超纯物质的痕量杂质分析,到了如今的单细胞中单分子、生物大分子及其相互作用的分析和活体中的单细胞分析。

细胞就像一个小宇宙,每时每刻每处都在发生变化,每一微小时间和每一微小空间间隔的生命过程都在发生变化,所有这些都关联着生物分子一系列的相互作用与结构变化过程,这个过程非常复杂。陈洪渊主持的单细胞时空分辨分子动态分析系统,就在做这样的探索。它为了解癌症等疾病的致病机理、寻找药物靶点,为实现精准个体化治疗提供了有价值的信息。

除了"顶天"的工作,陈洪渊团队还在做"立地"的工作。他们将部分成熟的技术转向实际应用,演变成仪器设备或检测仪器。目前我国大部分高级、大型的分析测试仪器依赖进口,只有少数分析化学家从事分析仪器的研制和开发工作,大部分测试仪器都是由其他科学领域的科学家和工程师完成的。

陈洪渊说,国家每年投入大量科研经费,很大一部分花在设备采购上了。作为分析科学工作者,建立国家自主知识产权的仪器,通过技术创新带动科技进步,责无旁贷。

在陈洪渊课题组实验室,有一套已初步产业化的电化学扫描显微镜。这套设备可以测量单细胞上的电化学信号或者电化学图像。此前,这款显微镜被进口产品垄断,市场价 100 万元起步,陈洪渊带领团队突破关键技术并转让给企业,成功将这个产品的价格压至进口产品的 60% 以下。

推荐单位:江苏省科学传播中心

奋斗是实现理想的必由之路
——磁学与磁性材料学家都有为

夏文燕

人物简介

都有为,1936年11月出生。磁学与磁性材料学家,南京大学物理系教授、博士生导师,中国科学院院士。

长期从事磁学和磁性材料的教学和研究工作,后又进入到自旋电子学领域。曾任中国物理学会磁学专业委员会副主任、中国颗粒学会超微颗粒专业委员会副主任、中国仪表材料学会副理事长、南京大学纳米科学技术研究中心主任、国家"九五"攀登预选计划纳米材料科学首席科学家等职,现任全国稀土学会常务理事。

获国家自然科学二等奖、教育部科技进步二等奖、何梁何利基金"科学与技术进步奖"、江苏省科技进步一等奖、浙江省科技进步二等奖等荣誉。

都有为办公室里,种着一盆君子兰,一盆长出两株,花开并蒂。爱物人必有物之精神,聊其风骨,君子之兰,如同都有为院士本人。

传承师德,为学生搭建奋斗的舞台

都有为是位敬师之人,言语中处处显露着对传道授业之师的天然崇敬。魏荣爵教授,著名的声学家;程开甲教授,两弹一星元勋;施士元教授,法国诺贝尔奖获得者、居里夫人的中国弟子;鲍家善教授,著名的天线专家,讲课生动、风趣,深受学生的喜爱……每位师者,在他脑际都印有个性标签。在这些物理大家身体力行、悉心教导下，在不畏险阻、勇攀高峰的精神鼓舞下，都有为日渐成长，终成磁学和磁性材料领域有成就、有品行的大家。

都有为始终坚守自己"为科学奋斗"的信仰，他经常对学生讲，理想是人生的精神支持，事业是理想的载体，奋斗是实现理想的必由之路。为帮助学生搭建奋斗的舞台，他没少"操心"。

学生投身创新创业，不缺技术、人才，最缺的是资金。通常一些投资公司不愿意为初创型的科技公司投资，他们关注的是短期内能获得的利润，因此都有为戏称他们为"平安保险公司"。

有风险是正常的，但不能因为有风险就不支持学生创业。为此，都有为建言呼吁，将关怀与支持落实到行动中。作为业界权威，"都有为"这个名字，恐怕无人不晓。有的学生在创业中遇到困难了，常常会打电话向恩师求助。都有为就会拿自己的信誉作担保，为学生保荐。

都有为还以支援院士工作站建设等多种方式，为青年创业者提供便利。对于这种帮助，他坦诚地说，对自己来说只是几分钟的事情，但对学生们来说，一个坎跨不过，也许一生都没了机会。

2018 年 7 月，在第三届中国增材制造产业创新峰会上做主旨演讲

潜心学习，获取为科学奋斗的力量

晚上 10 点后，宿舍楼只有厕所里还亮着灯。都有为回忆说，学生时代的他常常跑到厕所看书，根本顾不上什么异味。"人最宝贵的是生命，生命对于每个人来说只有一次。人的一生应该这样度过：回首往事，他不会因为虚度年华而悔恨，也不会因为碌碌无为而羞愧……"

年轻的都有为，借着昏黄的灯光，嘴里默念《钢铁是怎样炼成的》的片段，眼神坚定。都有为爱读小说，更偏爱性格坚毅的人物，因为小说里的文字有温度，主人公的坚毅品质常带给他莫大鼓舞——生活要乐观、做事要有坚强毅力。

20 世纪六七十年代，都有为的学业和科研数度被中断。他去过南京江浦县的一个村子里劳动锻炼，也度过炼钢、挖煤的一段劳动时光，甚至有十余年时间，他都没有好好翻过一次专业书，更别提开展一项实验了。

1978 年，当科学的春天来临时，都有为像一只蓄势待发的雄鹰，枷锁一开，就冲向了广阔的蓝天。

物理学，是一个需要开展大量实验的学科，在那个物资匮乏的年代，连一个好点的实验室都没有。但他没有抱怨也没有懈怠，反而越拼越勇。

做磁性材料研究的人都知道，这项研究最基础的一项试验，就是需要测量磁性材料的性能。没有实验设备怎么办？都有为就经常去化学系楼，把别人不用的天平，一些瓶瓶罐罐，通通带回来，自己改装一下，巧手制作成样品制备、测量设备。

那时，实验室在北大楼地下室，天一下雨，屋里就积满了水，都有为和大家拿着扫帚和水桶，深一脚、浅一脚与恶劣环境搏斗，有时积水实在太深，干脆就穿着雨靴做实验。

过去，实验条件相当艰苦，但依靠这些"土设备"，都有为的磁记录介质、永磁磁粉等各种样品陆续出炉，每年还保持 2 篇论文在当时国内物理界最高水平的杂志《物理学报》上发表。

后来，都有为长期从事磁学和磁性材料的教学和研究工作，进而又进入到自旋电子学领域，均取得丰硕成果。

奉献社会，把科研成果转化成生产力

一次，都有为坐高铁出差，有位男士看到他，过来热情地和他打招呼。原来，那位男士20多年前听过都有为的报告，企业用的也是他推广的技术。男士说，没想到20年过去了，技术依旧没有过时，性能依旧很好，产品热销国外……这样的帮助，不胜枚举。

20世纪70年代后期，都有为开始积极参与江苏省磁性材料的生产。当时，他没多想什么，就是想帮助企业提高产品质量，解决永磁材料干压取向成型之类的难题。都有为就在企业里做科研，企业需要什么，就帮他们做什么，而且是无偿服务。

受过都有为技术帮助的企业有多少，连他自己都记不清了。不计报酬，不问得失，只是埋头做好自己的工作，科研也好，上课也罢，一如兰花，在那一方天地暗自芬芳。

1982年，一家浙江磁性材料厂，因为技术力量薄弱，质量上不去，产品大量积压，甚至被报废处理，企业濒临倒闭。厂方偶然看到了都有为撰写的《永磁铁氧体工艺进展》《永磁铁氧体的基础研究》两篇文章，深受启发。就派人从浙江赶到南京，到南大找都有为，请他当技术顾问。

"我的研究，正好对企业有用，这应该也是所有科研工作者希望看到的吧。"都有为回忆，从当年9月，首次来到浙江的这家工厂以后，都有为在不影响自己教学、科研任务的前提下，先后7次前往该厂讲学，课后辅导技术骨干，回答职工提出的问题，还多次给该厂寄讲义资料。他在一年多时间里给工厂写了数十封信，回答技术难题，提出注意事项，不厌其烦，细致耐心。

在职工技术素质普遍提高的基础上，都有为帮助该厂成立了攻关小组，

把"提高钡铁氧体磁能积研究"作为突破口,将改造陈旧设备作为提高产品质量的关键。经过一年多努力,1983年12月,该厂通过磁能积研究课题的技术鉴定,自此因为产品质量的提高而重新打开销路,半年盈利27万元,并有7种产品出口。

现在,提倡科研成果转化成生产力,而都有为早在30多年前就做到了,他将最新的科研成果落地生根,如今早已硕果累累。

都有为十分关注科研成果转化与创新创业,并为之不断奔波,甚至帮助企业寻找资金。他幽默地说,自己虽不曾"下海",但也常在"海边"走走,还帮助一些企业渡过了难关。"因为材料这方面,越是有技术,创业难度就越大,而在行业中,不少微小型企业,很难得到资助,也未必能够让大企业看重,走上收购的道路。"他认为,我国要成为创新型国家,在高校、研究所与企业之间,应当探索出一种符合我国国情且有效的转化模式,有利于科技成果及时转化为产品。

都有为不仅关心经济发展、企业存亡,还时刻关注着整个行业的发展前景。他说,在我国有很多材料出口仍受制约,有时我们将原材料卖出去,却在其他国家加工后,再以几倍的高价买回来。都有为对此很焦虑,一直想为这个行业做些什么,哪怕一声呼吁与呐喊,也能让他的心情变得舒坦一些。

推荐单位:江苏省科学传播中心

撼动密码学界的女性科学家

——密码学家王小云

韩爱先

人物简介

王小云,1966年8月出生。密码学家,中国科学院院士。

多年从事密码理论及相关数学问题研究,提出了密码哈希函数的碰撞攻击理论,即模差分比特分析法,破解了包括MD5、SHA-1在内的5个国际通用哈希函数算法。

获得国家自然科学奖二等奖、教育部高等学校科学技术奖——自然科学一等奖、科技进步一等奖(省部级)、第四届"未来科学大奖"等奖项。

密码和我们每个人密切相关,小到行李箱、手机、电脑,大到上亿的银行卡,密码是信息安全的首要保障,更是守住祖国信息安全的信息屏障。

2019年8月7日,一个振奋人心的新闻传来,有"中国版诺贝尔奖"之称的"未来科学大奖"公布名单,其中师承山东大学潘承洞先生的王小云教授,获得"数学与角力机科学奖"。她是首位女性奖主,得到了100万美元奖金。在过去五年内小云破解了全球五部顶级密码,密码界都为之震撼。作为山东大学的教授,她为祖国孕育了许多数学苗子,很多学生称她为"大王老师"。在21世纪全球运用最广大的HasH函数算法是MD5和SHA-1密码,这是由美国受益局发布的算法,尤其是MD5即使是美国自己采用目前最快的巨型角力机，也要花费100万年以上或许才能够攻破。然而在2004年的美密会上王小云当场展示了MD5的强碰撞攻击，靠手算攻克了全球最安全的MD5算法，各国专家先是目瞪口呆，紧接着发出雷霆万钧般的掌声。当她做完报告时，几乎全场都激动得站了起来。2005年王小云教授又破解了美国人认为天衣无缝的SHA-1，又一次轰动。在密码学界，全世界跟着中国跑。

密码和我们的生活息息相关，现在很多家长为了不让孩子玩电脑，会设置一个开机密码，被孩子破解以后，父母会设置一个更复杂的密码，结果那台电脑再也没被使用过，因为他们自己也忘了。密码是破译更难还是设计更难？王小云教授说："它是矛和盾的关系，魔高一尺，道高一丈。"密码离我们的生活越来越近，比如国家的电网，我们的电表，小区管理连着用户家的电表服务器，那个就是用户家的芯片。

从个人安全到国家安全，密码技术到底有多重要？二代身份证，护照里边都有密码技术，密码技术是实现网络安全的一个支撑技术，关系着你我他。有的软件经常让我们升级，这个时候要当心。如果是一个黑客的链接，一升级就等于偷走了我们家的钥匙。2014年习近平总书记提出来："没有网络安全就没有国家安全。"

很多人说破解密码是需要天赋的，要对数字非常敏感，而且对算术非常精通，而王小云就是天资非常的高，小时候她对数学就非常敏感，她的数学老师都夸奖她的逻辑思维比一般的男生都要强。

1983年，王小云从诸城一中毕业，以优异的成绩考入山东大学的数学系，之后师从数学家潘承洞院士，在1993年完成博士学业。毕业之后，王小云选择留在山东大学任教，从数学系的讲师到教授只花了9年时间，2005年获得了国家自然科学基金的资助，并且受聘为清华大学高等研究中心杨振宁讲座教授，次年又被长江学者奖励计划特聘为教授。在这样学术一面的背后，王小云被称为中国的密码破译天才，她曾是中国密码创新奖的特等奖获得者，并且获封当年的网络安全优秀人才。2017年王小云当选中国科学院院士，两年后又获得中国未来科学院的数学与计算机科学奖。从1983年到2017年，王小云在学术界的荣耀一直没有断过，是所有人心中的学霸。

很多人认为王小云破译能力和她的专业有关，是她的学术研究成果。其实她的天赋和兴趣才是驱使她在破译密码上有所突破的动力。最开始学校的工作繁重，她白天在学校里教书，晚上才能够静下心来学习密码学。因为有数学系的知识储备，加上自己对密码学十分感兴趣，王小云坚持学习了一段时间，便掌握了密码破译相关的理论知识。

这种晦涩的内容光掌握理论知识并不够，恰好当时，美国等国家都开始普遍使用MD5信息摘要算法做安全加密，涉及的使用范围很广泛，关乎到所有使用者的账号密码、邮件和签名信息等。用MD5来进行加密，是因为这个算法是不可逆的，这种不可逆的特性大大加强了密码被破译的难度。这种加密方式一直被认为是世界上最安全的密码系统，所以也是很多学习密码破译人士想要破解的目标。王小云就是以此作为自己的目标开始了破译密码实践。对于她来说，破译这套被誉为世界之最的安全系统，无异于马拉松的奖杯，所以她对此有浓厚的兴趣。为了能够赶在2004年的美密会之前破译，王小云和其团队加班加点地破解MD5的算法。这是世界上最权威的一场密码破译盛会，王小云如期发布了自己破译MD5算法的消息，这项成果让台下的参会人员一片哗然，之后陆续有密码学专家站起为这位美丽的东方女性鼓掌。王小云成为会议的热点，会后王小云被各个机构围住，争相获得她的报告资料。最紧张的还是使用这种加密方式的各个国家，他们非常恐慌，害怕自己的重要数据被盗取，并且迅速地选用了其他类型的安全系统。不仅如此还表示未来十年内，都不会再采用类似的算法。一项报告能够让各个国家都感到威胁，可见王小云的成果影响多大。这也是我国首次在密码破译领域的荣誉，王小云成为中国密码破译界的领军人物。

获得了一个世界级的奖杯后，王小云并没有停下自己赛跑的脚步。在美国还有另外一种算法 SHA-1，这个算法的难度不亚于 MD5，当时著名的哈希函数专家都表示自己只能破解五十七步。于是这一算法成为了王小云和其团队的下一个目标。原本以为破译新算法需要一年半载，结果两个月之后，王小云就宣布自己最新的研究成果，表示自己已经破译了 SHA-1 的算法。

这个消息比之前破译 MD5 更让世界震惊，原本在密码破译界完全空白的中国，一下子就成为世界的领跑者。一时间，国际都对这名东方女性感到不可思议，要知道这两个加密算法是世界上最难的，并且在全球计算机中广泛运用的。如今最强劲的计算机要运算 MD5 的算法，运算量都不是一个小数目，达到了 2 的 80 次方，按照现在的巨型计算机运算量计算，也需要花费 100 万年的时间才可以破解。那么王小云和她的团队是如何完成这么大工作量的呢？这一切都得益于王小云有扎实的数学功底，并且没有采用计算机的辅助，大部分的数据都是她一笔一画手算出来的。在简单的破译成果背后，蕴藏的是王小云与其团队日复一日的演算，这种计算功底被《华盛顿时报》大为赞誉，不仅评价其破译能力高超，并且表示以她的能力可以攻击白宫内部。之后，各国都开出优越的条件想要拉拢她，但是在王小云心里，只有祖国才是培育她的地方，她要为祖国发光发热。

王教授说，科学家首先要有爱国情怀，要把国家的责任放在第一位。她对团队说的一个口号是："要么不干，要干，最少是优秀的。"她对青少年说："一定要培养自己的社会责任心。要坚持，要奉献。要树立正确的人生观价值观和世界观。""2019 未来科学大奖"获奖者王小云获奖感言："衷心地希望通过专业工作，未来的人们会受到更小风险的威胁，受到更小的经济损失，所有的人都生活得更安全更幸福。密码专家的作用是让黑客没有生存空间或者是有更少的生存空间，目的是更好地维护世界和平"。

她是撼动密码学的支柱。她让过去坚不可破的一个密码堡垒轰然崩塌，这就是在世界密码学领域掀起了一场轩然大波的一位中国密码界的女性科学家。

推荐单位：山东大学图书馆

我的幸福与祖国紧紧相连
——实验血液学家吴祖泽

庄颖娜　邵龙飞

人物简介

吴祖泽，1935年10月出生。实验血液学家，军事科学院军事医学研究院原研究员，中国科学院院士。

中国造血干细胞研究奠基人和实验血液学先驱，在我国血液学研究领域首先引入并传播了造血干细胞理论和技术，成功实现世界上首例胎肝造血干细胞移植治疗急性重度骨髓型放射病人，被誉为"中国造血干细胞之父"。

获得国家自然科学奖二等奖1项，国家科学技术进步奖一等奖1项、二等奖4项，"中国人民解放军专业技术重大贡献奖"，何梁何利基金"科学与技术进步奖"等奖项，被评为有突出贡献中青年专家。2015年国际小行星中心和国际小行星命名委员会批准将编号为207809号小行星命名为"吴祖泽星"。

党的十九大刚一闭幕，中国科学院院士、军事科学院军事医学研究院研究员吴祖泽的实验室就迎来两位十九大代表——

他们是王福生和哈小琴，同是吴院士的学生，同在这个实验室学习和工作过。师生热议十九大，年逾八旬的吴院士兴奋地说："十九大确定的强军时间表鼓舞着每一个人，我们要在自己从事的领域努力跟随科技兴军时代步伐！"

两位学生明白吴祖泽院士此番话的深意。这不仅折射了吴院士一生矢志强军报国的追求，还饱含着老师对学生投身新时代强军事业的深深期许。

20世纪50年代，中国决定发展原子能事业、研制原子弹。吴祖泽最初的工作，就是铸造核放射伤害医学防护"盾牌"。他从放射系调入生化系工作，为研制个人辐射剂量仪又调去物理研究室，因基础研究需要再调回生化研究室……"我们这代人中有不少人，一开始并不是根据个人兴趣去选择职业，祖国和人民的需要就是我们的选择。"每每回顾自己的科研生涯，吴祖泽院士总是自豪地说："我很幸福也很幸运，将自己的命运与祖国紧紧相连。"

1970年的一天，我国生理学界泰斗朱壬葆院士看到同在图书馆查阅资料的吴祖泽，便将手中一份国外文献递到这个年轻人手上："这篇关于造血干细胞和辐射损伤的报道，很值得注意。"在研读中，吴祖泽敏锐地意识到了造血干细胞在放射病治疗及损伤修复中的重要意义。

国际上对造血干细胞的研究已经取得了重要进展，而我国当时在这个领域的研究还是空白！从此，吴祖泽将科研主攻方向由辐射生物化学转向放射病的实验治疗。

1973年，吴祖泽远赴英伦，在血液学家莱特教授的指导下进修造血细胞动力学。在英国实验室进行的观摩与体验，让吴祖泽惊叹不已，他下定决心：要把学到的东西写成书带回祖国！

进修时光转瞬即逝，吴祖泽谢绝英方的一再挽留，毅然回国。随后，一部长达30万字的《造血细胞动力学概论》成书出版。这部书是中国造血干细胞研究的启蒙之作，许多人正是读了它，才对造血干细胞有了系统认识。

1978年，吴祖泽开始把目标瞄准国际上刚刚起步而国内尚属空白的胎肝发育调控机理研究，并因陋就简，自己动手改装仪器设备。

通过一系列实验与对比分析，吴祖泽确认胎儿肝脏中的造血干细胞在母体妊娠4至5个月时达到数量与功能的双重旺盛期，这一系列成果获国家自然科学奖。

就在吴祖泽公布胎儿肝脏造血干细胞研究成果后不久，在南方某研究所，一位技术员误入正在照射的放射性钴源室，遭到致死剂量的电离辐射损伤，被送进 307 医院。医学专家想到了吴祖泽和他的胎肝造血干细胞移植技术。

在此之前，胎肝造血干细胞移植技术一直停留在实验室阶段。国外有科学家曾尝试用胎肝造血干细胞移植治疗放射病，但病人不幸死亡，以后再也没有人越过"雷池"一步。所以，许多学生劝老师不要做这次移植，一旦失败，非但病人的生命无法挽回，吴祖泽的声誉也会受到影响。

此时此刻，吴祖泽却只在思考一个问题：如何为危在旦夕的病人开辟一条生路！经过一系列消毒检测处理，吴祖泽亲手制备了含有造血干细胞的胎肝细胞悬液，并将它送到 307 医院。

随着胎肝细胞悬液通过静脉滴注缓缓进入患者体内，生命垂危的病人终于得救了。几天后，他的造血功能开始恢复；两个月后，身体各项指标接近正常水平。

这是世界上首个以胎肝造血干细胞移植救治放射病的成功案例！

随着白血病、各类恶性肿瘤病例增多，造血干细胞移植技术面临越来越多的临床需求。为进一步发展和普及造血干细胞移植技术，吴祖泽与他的科研团队举办技术培训班，联合数家大型医院组成科研协作攻关组，对接受过放射疗法的肿瘤、白血病患者进行诸多类型的造血干细胞移植研究，推进造血干细胞的临床转化应用。

在 60 年的科研生涯中，吴祖泽培养出包括两名院士在内的一大批杰出科技人才，获得国家自然科学二等奖 1 项，国家科技进步一等奖 1 项、二等奖 4 项，以及军队专业技术重大贡献奖。2015 年 11 月，由中国科学院紫金山天文台发现的国际编号为 207809 号小行星，被永久命名为"吴祖泽星"。

"我就是想为祖国、为人民、为军队多做些事！"采访中，聊起手头的工作，吴祖泽十分兴奋。对于正在推进的一项项科研项目攻关进展，他如数家珍……

用于肢体缺血的基因治疗药物已经进入Ⅲ期临床试验，用于防止血栓的抗凝生物药物Ⅰ期临床试验结果喜人，用于炎症治疗的干细胞药物进展顺利。

"目前，我们手上有多种新药正在研发过程中，这些药物在促进放射损伤和战创伤修复方面有显著效果。等新药研发成功的那一天，我再接受你们的采访！"吴祖泽说。

文章原载于《解放军报》2018年5月6日，有改动

推荐单位：中国人民解放军军事科学院政治工作部宣传处

"红莲"香飘天下,精神永垂不朽

——植物遗传学家朱英国

人物简介

朱英国(1939.11—2017.8),武汉大学教授,博士生导师,中国工程院院士。

长期从事杂交水稻和植物遗传研究,为我国粮食安全、杂交水稻种质创新、生命科学和生物技术人才培养作出了巨大的贡献。

获得全国科学大会奖、国家科技进步特等奖、国家发明二等奖、国家自然科学三等奖,被评为全国先进工作者、国家有突出贡献中青年专家、全国师德先进个人等。

半个世纪,一只"水稻候鸟"不知疲倦地奔波田间地头,追逐水稻育种的春天。如今,这只"候鸟"静静地停下了脚步,永远告别了他所钟爱的杂交水稻事业。

2017年8月10日,我国杂交水稻研究先驱和杂交水稻事业重要奠基人之一、武汉大学78岁的朱英国院士在武汉病逝。珞珈山上,师生们沉痛悼念这位可敬的农田院士。

一生惦记粮食安全

年轻时代的朱英国,心中埋下一粒梦想的种子:要当农业科学家,为天下苍生饥寒终身奋斗。作为农民的儿子,他对农村、农业、农民满怀深情,希望能为"三农"事业尽一份力。

沐浴着一年又一年的风雨,梦想的种子萌芽、拔节、抽穗扬花。

朱英国研究的红莲型,与袁隆平研究的野败型、日本的包台型,被国际水稻育种界公认为三大细胞质雄性不育类型。为了"楚国种,天下种"的宏愿,他带领团队,将基础研究、应用研究和产业发展紧密结合,选育的一批杂交稻新品种在生产中大面积推广应用,惠及众多农民朋友,还走出了国门,楚国"红莲"香飘天下。

2013年7月,在武大杂交水稻国家重点实验室鄂州实验基地,习近平查看水稻长势,向朱英国了解水稻新品种培育和推广情况,殷殷寄语:"感谢你们作出的贡献,希望各位继续努力,科技兴农,粮食安全要靠自己。"

当时的照片一直挂在朱英国办公室的墙上,总书记的嘱托他牢记在心。即使在与疾病斗争的3年里,这位古稀老人仍坚持下田、在实验室埋头研究。

朱英国一直坚持写工作日志。从他近年的日志可以看到,他几乎每个双休日都仍在工作,与别人交流谈得最多的也是红莲型杂交稻的发展和粮食安全问题。

2017年5月,在接受记者采访时他欣喜地说:"按照总书记'粮食安全要靠自己'的指示,我们利用鄂州实验基地做好科技兴农工作,取得了可喜成绩。去年，三个新品种通过了省级审定，已在全省推广。"就在4月，他还在像往年一样，不辞劳苦地奔赴海南基地进行研究。

为团队凝聚优秀人才

朱英国院士和团队每年都去"天然温室"海南搞研究，那里每年可比湖北多种一季水稻，大大加快水稻育种科研速度。为此，他20多个春节未与亲人团聚。一直由在校园内外做临时工的老伴代他孝敬老人、照料家人。直到晚年，他才给老伴办了社保。"有一次，老先生自己准备了一笔钱给老伴，告诉她这是单位奖励她工作认真的'奖金'，其实是他表达对家人的愧疚。"武大生命科学学院李阳生教授忆起往事，不由感叹：朱老在工作上是良师，在生活中像慈父，对学生和同事比对家人还关心。师生们碰到任何困难，他都尽最大能力帮忙。住院期间，李阳生每次去探望，他都询问实验室的情况。大家劝他保重身体，少操点心，他还是三句话不离工作，最关心的始终是团队建设、成果应用。

武大生命科学学院党委书记姜星莉说，朱英国院士从来不为家事找学院，但凡来找，谈的都是关于科研基地建设、团队发展和人才培养。朱英国院士对事业的激情和对后学的关爱，为团队感召、凝聚了一批优秀人才。

种下的是水稻，提取的是人血清白蛋白，武大生科院杨代常教授为生物医药领域带来一场革命。而早年，由于家境困难，他只是一名初中肄业的农技员，在田里摸索钻研。与朱英国的相识、相知，让他更坚定地将人生坐标定位在田间地头。后来，他成长为美国大公司的资深科学家，却毅然回国效力。

杨代常教授说，朱老师教会我一个朴素的道理：要做好一件事情，没有敬业精神和无私奉献精神是不行的。

朱英国院士团队成员深有感触地说："现在不少课题主持人坐在家里'开单子'让成员去做事。朱老师从不这样，一直坚持下田。"

临终仍关心青年成长

古稀之年,仍带研究生。记者每次去采访,一谈青年学生的成长成才,这位朴实、和蔼的老人都格外欣慰。

2017年3月中旬,他还走进罗田一中,讲自己的成长经历,鼓励中学生在挫折面前不屈服,在困难面前不退缩,持之以恒,把握机遇。并捐出10万元设立奖学金。

他常鼓励学生们:"敬业精神很重要,生活苦点没关系,精神不能垮。"在他的言传身教下,一批又一批青年学子将梦想刻在心头,将足迹印在田头。

高峰2008年走进武汉大学,是朱英国教了9年的弟子。他回忆说,2010年夏天,他和同学们顶着烈日在花山基地做实验。朱老师不仅冒着高温送来水果、饮料,还下田手把手地指导,让大家深受感动。第二年,高峰接手一个实验课题,进展很不顺,一度想放弃,"朱老师知道后,鼓励我、劝导我,还利用自己的人脉介绍我到上海学习,帮我顺利完成了课题。"高峰还介绍道,有一年大年初一,他赶往办公室拿一份重要文件,发现朱老师正埋头工作。这种精神,一直激励着他和同学们。

"病床上,老师仍不忘询问我们各自的研究进展和生活状况。"朱老师的弟子们告诉记者,"朱老师虽然走了,但他的勉励永远萦绕在大家心头。"

文章原载于《湖北日报》2017年8月14日,有改动
推荐单位:湖北省科协

仰望苍穹，俯瞰大地
——天体物理学家方成

夏文燕　吉启雷　齐　琦

人物简介

方成，1938年8月出生。天体物理学家，南京大学教授，第三世界科学院院士，中国科学院院士。曾任南京大学天文系主任、国家"攀登计划"项目首席科学家、中国天文学会理事长、国际天文学联合会副主席等职。

长期致力于大气模型、耀斑谱线不对称性和速度场、耀斑动力学模型和光谱诊断等领域研究。获得首届国家科技进步二等奖、国家教委科技进步奖一等奖、国家自然科学三等奖、何梁何利基金"科学与技术进步奖"、教育部科技进步一等奖、国际空间委员会赵九章奖等，被授予全国教育系统劳动模范、全国模范教师称号。2010年国际天文学联合会将编号185538号小行星命名为"方成星"。

曾经有这样一则材料作文，大意是说：一个天文学家光顾着看天，不留神一脚踩到河里。旁边有人嘲笑道，地面上的事都管不了，还管天上。

天体物理学家方成就是一位既仰望太空，又脚踏实地的人。

"听天由命"报考天文系

方成的研究领域包括大气模型、耀斑谱线不对称性和速度场、耀斑动力学模型和光谱诊断等，在一般人看来，这都晦涩难懂。

其实，方成直到高中毕业也从没想过自己会从事天文这门学科。作为20世纪50年代上海华东师范大学一附中的"学霸"，他的志愿是成为一名飞机设计师和飞行员。

但由于一些"外因"，方成无法实现少年梦想。方成只能另找专业了。老师说，你数学和物理这么出色，不如报考天文专业吧。当时中国的天文专业只有南京大学有。就这样，年轻的方成进入了南大学习。

1955年夏天，新生入学时，方成清楚地记得，看到这样一条横幅———"向科学进军，做天文事业的拓荒者！"天文系的课程主要有物理、数学、天文、俄文、政治、体育等，这些基本都是方成的强项，方成信心十足。但很快他发现，那届天文专业新生共24人，人人成绩都非常高，而且不乏全国各地"神级"人物。

参与编著的《十万个为什么》系列丛书

异想天开造"太阳塔"

望远镜之于天文学家，就好像酒之于李白，不可或缺。但方成发现，学校只有一架从德国进口的小型天文望远镜。实际上，全中国当时最大的也就是一架从国外进口的60厘米直径的天文望远镜。

作为天文系的学生,手中没有"武器",这仗还怎么打?

1904年,美国天文学家研制出了塔式太阳望远镜,又称为"太阳塔",是专门用于观测太阳的天文设备,高度通常在20米以上,目的在于避免受到地面被太阳加热产生的大气扰动。塔的顶部安置观测太阳的定天镜,将太阳光垂直导入正下方安置的成像系统和观测仪器。

1958年,南京大学天文系决心建造中国第一座塔式太阳望远镜,项目被列入国家第二个"五年计划"。但当时太阳塔对方成来说只是一个概念而已,其他什么都没有,缺乏资料,没有经费,技术也不熟。后来的三年困难时期和"文化大革命"使建造塔式太阳望远镜的工程被迫中断。直到1973年,南大天文系才重新启动太阳塔研制工作,此时的方成已被任命为研制组组长。

研制组面临的第一个难题是为太阳塔寻找一个合适的安装地点。方成带着研制组的人骑着单车把偌大的南京城兜了几遍,进行了许多测量工作,最后在紫金山南麓的孝陵卫找到了合适的建塔地址。

但研制组又面临一个大难题——拆迁。方成可能是南京最早的"拆迁办主任"。拆迁要跟公社、大队、小队和农户谈,一共要征7.7亩地,涉及几家农户。谈了一年多,太阳塔终于有了安身之所。建塔初期,工地上没电没水,更没有住房,只有很多的坟头。方成和同事就地搭了一个茅草棚,白天挑水上山,夜晚靠油灯照明,几个人轮流值班。那时,方成和青梅竹马的爱人已经结婚,并且有了两个儿子和一个女儿。很多个夜晚,方成和孩子们在透光的棚子里,躺在摇摇欲坠的床上,谈论着有关天上的事情。

工地建设的准备工作结束了,教育部也拨了专款支持,太阳塔的建造终于可以启动了。

建设上的问题解决了,但技术上的难题立刻堵在研制组面前,他们必须拿出望远镜的设计方案。"当时一无理论借鉴,二无技术资料,国外文献也极其有限,我和研制小组的成员谁也没有见过太阳塔,一切从零开始,一切自己动手,进行大量的调查研究、反复的计算讨论、艰苦的设计论证。"

方成回忆道。

研制组对有限的国外资料进行详细调研并调整设计。深入的研究、讨论、计算，终于完成了全部设计。在江苏省委和南京市委支持下，当时南京加工力量最强的5个工厂开始会战，夜以继日地加工太阳塔部件。到了1980年，孝陵卫的荒地里终于矗立起一座雄伟的塔。只有方成他们学天文的知道这叫太阳塔，高21米、口径60厘米，是当时我国唯一的太阳塔。

天上有颗"方成星"

1982年，太阳塔通过鉴定，被认为是"达到了国际上口径相近、非真空太阳望远镜的水平"。1985年，这一成果荣获全国首届科技进步二等奖。建成后，方成"躲进高塔成一统"，默默地守着太阳塔工作了许多年，完成了《太阳活动22周观测和研究》等许多项目，为我国太阳物理研究积累了宝贵资料，荣获国家教委科技进步奖一等奖、国家科技进步二等奖、教育部科技进步一等奖、国家自然科学三等奖等多个奖项。

2008年11月，方成专程赴法，参加了巴黎天文台授予他名誉博士的仪式，成为历史上第一位获此荣誉的中国科学家。巴黎天文台在表彰方成的通告中指出："他对了解太阳大气和太阳活动作出了重要贡献；他建立的耀斑高能粒子的光谱诊断方法获得了国际声誉；他是中法太阳物理合作研究中方的主要推动者。"

2010年9月20日，经报请国际天文学联合会小行星中心和国际小行星命名委员会批准，中科院紫金山天文台将国际编号第185538号小行星正式命名为"方成星"。30多年前，当方成在孝陵卫那个茅草棚里仰望星空的时候，压根儿没想到其中有颗星星会以他的名字命名。

回看大地亦有情

60多年前，包括方成在内的24个学生是以优异的成绩考取南大天文系的并将一生献给了祖国的科研事业。而现在，越来越多的考生太过"务实"，对商贸、金融、IT 等行业趋之若鹜，而自然科学专业成了"冷门"。

对此现象，方成忧心忡忡。所以，这些年他把仰望太空的视线部分转移到"地上"。他认为，根本问题出在"我们的基础教育，特别是中学教育出了问题"。

"那时我们是自由发展，接近于自由生长，老师讲课少、指导多，学生作业少、讨论多，科学课的比重也很大，但现在呢……"2014 年，经过详细的调查和严密的论证，由包括方成在内的部分江苏院士起草的《关于中学教育改革的调查报告》上报给了教育部和江苏省教育厅。核心内容是，中学教育不能唯高考而教学，物理、化学等科学课的任意缩减是个很大的问题。方成认为，长此以往，中国孩子的科学素养堪忧。于是书店里出现了一本由他担任副主编的《十万个为什么》天文版，他的理论是"科学教育也要从娃娃抓起"。

方成除了专注于学术，还喜欢摄影、游泳等户外活动。宁静的心态加上经常运动，使方成精神矍铄、身体健朗。他说，一般参加会议活动，都拒绝派车，而是自己开车去，因为他喜欢开车，最远的一次，他和儿子轮流开，带着老伴，从南京一直开到了广州和昆明。从这个意义上说，方成还在路上……

推荐单位：江苏省科学传播中心

心系航天"不了情"
——电磁场理论和天线设计专家陈敬熊

陈佳佳

人物简介

陈敬熊,1921年10月出生。电磁场理论和天线设计专家,中国工程院院士,曾任中国航天科工集团第二研究院23所副所长。

从事天线工程设计和研究40余年,是我国制导雷达天线设计早期开拓代表人物之一。1984年,主持攻关的地空导弹(红旗一号、二号、二号甲)制导站天线关键技术荣获国家发明奖一等奖。

首创Maxwell方程式直接求解法,解决"东风一号"导弹天线研制中的关键问题;被钱学森点将领衔研制"543"制导天线改进方案,最终让导弹打下U-2侦察机。作为新中国第一代航天人,陈敬熊院士的一生,有近70年时光是与科研工作亲密相伴的。

陈敬熊的大学和研究生,选择的是电机和电信专业,他经历了国民党政府的颓败和上海的解放,在国家的动荡中抓紧时间学习,扎实了专业基础,为未来数十年从事高端技术研究储备了丰厚的知识。

朝鲜战争爆发时,陈敬熊带领小组成员成功解决战士在坑道中使用步话机进行通讯汇报时天线的调整方向问题,为志愿军及时传递军情统计敌人赢得宝贵时间。1957年,以军事电子科学研究院(原身"电信技术研究所")为基础,联合几家科研单位组建国防部五院二分院,陈敬熊成为了中国第一代航天人。

刚刚成为航天人，陈敬熊就迎来一项重大工程，研究"1059"导弹天线。"1059"是以苏联"P-2"导弹为原型结合国内实际仿制的第一代国产导弹，而陈敬熊研制的导弹天线，是导弹的眼睛和指挥棒。研制之初，苏联派专家来中国进行指导，1960年中苏关系破裂，苏方专家纷纷回国，陈敬熊顶着压力继续研究，他打破苏方专家的理论限定，创造性地提出了Maxwell方程直接求解法，解决了导弹天线研制中的关键问题。那年11月，"1059"导弹成功发射，我国自己制造的第一枚导弹在地平线上飞起。这枚导弹被研制人员称为"争气弹"，也就是大家熟知的"东风一号"。

在研制"1059"导弹的同时，国家还开展了另一项代号为"543"的导弹仿制工作，"543"导弹就是"红旗一号"地空导弹。一天，钱学森约见陈敬熊、李桂生和彭润初，转述了贺龙的话："毛主席说，美国的U-2飞机打不下来，他都睡不着觉，一定要把技术关键攻下来，让毛主席睡好觉！"他当场指定陈敬熊负责遴选技术人员，组成攻关小组，解决这个问题。

得到指示，陈敬熊和李桂生立即奔西安786厂，开始攻关。攻关小组的办公室临时安置在一个约8平方米的房间，三张简易桌椅，夏日里挥汗如雨，攻关小组白天做试验，晚上分析数据，有时候试验结果与预想不符，他们就坐在办公室冥思苦想，吃饭的时候他们就端着碗站着吃，一边吃一边思考问题。从夏天到冬天，试验小组在786场区几十千米外的郊野小山上反复进行着测试。1966年1月的一个夜里，关键问题解决了！已经生产出来的24部配套"543"导弹的天线被"救活"了，从苏联进口的价值上千万的生产设备可以继续使用了，国产天线也在性能上一下子超越了苏联同型号天线。利用"红旗一号"和"红旗二号"地空导弹，军方成功击落多次来犯的U-2侦察机，陈毅外长开玩笑说我们是用"竹竿"把U-2捅下来的。陈敬熊因为"红旗一号"等地空导弹制导站研制出天线关键技术，1987年荣获国家发明一等奖。

1978年，经历"文化大革命"的中国迎来了科学的春天，陈敬熊代

表23所参加全国科学大会,会上邓小平做了重要讲话,"科学技术是第一生产力。"在改革开放的春风中,中国航天事业迎来了全面发展的大好时期。

备受鼓舞的陈敬熊更加废寝忘食,他和同事对当前研究的相控阵天线进行系统研究,并跟踪国际前沿技术,带领科研人员开展微带天线的研究工作,为了表彰他为我国导弹、航天事业作出的突出贡献,1991年7月起,陈敬熊享受国务院发放的政府特殊津贴,1995年他更是成功当选中国工程院院士。

十一届三中全会后,23所的发展随着国家形势发生了变化,解放思想,转轨变型,"出成果、出人才、出产品、出效益"的全面发展思路成为了新方向。

陈敬熊认为,人才是企业发展的一大支撑,在长期的科研工作中,他累积并总结了一套适合航天事业发展的理论和经验,他将这些经验毫不保留地传授给年轻科技人员。在五院二分院期间,陈敬熊践行"师带徒"的工作方法,因材施教,鼓励有技术基础的徒弟勇于实践,对没有专业知识基础的则手把手教学,培养出一批青年技术骨干,一些优异学生更是成长为技术专家。这样卓有成效的人才培养方法引起二分院领导重视,院里召开经验介绍报告会,请陈敬熊和徒弟毛康候分享心得体会。八一电影制片厂的摄录人员将这一过程摄制下来,做成彩色电影纪录片,这后来成为航天事业薪火相传的珍贵史料。

陈敬熊甘为人梯,积极举荐青年人才。1978年北京市电子学会邀请陈敬熊担任信息论学会委员,他觉得青年同事王励更加合适,就积极向学会推荐。他一直强调,"未来的发展靠年轻人,为年轻人创造条件,不妨做个伯乐。"

退休后他仍担任23所研究生导师,并在北大、清华、北航等高等院校担任兼职教授。在为北航讲授"电磁波理论"时,因为是一门全新的课程,没有现成的教材可用,陈敬熊自己动手编写了《电磁波理论》,分享自己

多年电磁场微波理论研究的心得。

退居二线后,陈敬熊还坚持学习和研究,"不得老年痴呆症"是他对自己的要求,他时常用自创的数学算法推导公式。对于航天事业,陈敬熊时刻牵挂,一生都为国家的科学事业竭尽所能发挥作用,陈敬熊与航天的"不了情",还在继续。

文章原载于《中国纪检监察报》2019年6月24日,有改动

推荐单位:中国航天科工集团第二研究院

钢铁院士，赤子情怀

——金属材料专家崔崑

海 冰 宋志辉 王潇潇

人物简介

崔崑，1925年7月出生。金属材料专家，华中科技大学教授，博士生导师，中国工程院院士。

长期致力于高性能新型模具材料钢的合金化、夹杂物工程、高性能Ti(C,N)基金属陶瓷、激光熔覆基础理论等方面的研究，先后承担国家攻关、国家技术开发、国家自然科学基金等省部级以上课题20多项。获得省、部委级以上奖励15项，其中国家发明奖二、三、四等各1项；获得五一劳动奖章、"全国优秀教育工作者"等荣誉称号。

胸怀祖国，坚守正道，献身科研，热爱学生，倾情助困……这是一位九旬老院士带给我们的感动。

2017年3月20日，《湖北日报》及《楚天都市报》对华中科技大学教授、中国工程院院士崔崑的事迹率先报道后，引发强烈社会反响，新华社、《中国教育报》等央媒跟进采访。华中科技大学举办"崔崑院士先进事迹座谈会"，与会师生畅谈自己眼中的崔老，一件件往事，一个个细节，汇聚成满满的震撼与感动。

一个献身科研的人

"钢铁是新中国工业的脊梁，崔院士更是一辈子把心血用在钢铁事业上。"校党委原副书记梅世炎说，崔院士为我国特殊钢的发展作出了突出贡献，研制成十种新型模具钢，在上百家工厂得到应用，解决了许多生产难题，按当时的价格计算，取得直接经济效益累计超过两亿元，"这可是个了不起的数字。"

材料学院几位老教师回忆，20世纪六七十年代，电力供应不足，崔崑带领的课题组所用盐浴炉等设备，耗电量大，只能在用电低峰时才被允许使用，于是经常夜间上班。崔崑常常通宵守在摄氏1200多度的盐浴炉旁，手指按着控温开关，眼睛紧盯着仪表数字，丝毫不敢懈怠。白天则照常上课，这种状况前后持续了十多年。

材料学院原党委书记郑恩焰介绍，每研制出新型钢，年逾花甲的崔崑便用小拖车或肩扛几十千克重的钢材，搭乘火车赶赴各单位推广试用。学校领导知道后，很是心疼，但崔崑早已习以为常。

张同俊教授是崔崑带的第一批研究生，他说："崔老师治学很严谨，也很谦虚，他80多岁着手编著《钢的成分、组织与性能》，书稿出来后，专门让我们两位弟子看看有没有毛病，我们将热力学方面数据重新算了一遍，几乎挑不出一点毛病。"

如今，92岁的崔崑，依然把工作安排得满满的，他密切关注钢铁行业前沿动态，编校新的资料，准备再版这本专著。

一个柔情大爱的人

几年前，崔崑夫妇将420万元积蓄捐出来，在学校里成立"勤奋励志助学金"，但拒绝在助学金前冠名。面对这笔巨款捐赠，很多人感到震惊，与崔崑共过事的人却说："他一辈子把金钱看得很轻，现在他捐资助学、捐赠轿车都不足为奇。"

郑恩焰介绍，20世纪80年代，崔崑的科研项目得了国家奖励，他就按贡献大小，分给每个参与的同事，自己的那一份则留下来作为互助金，给家庭有困难的同事进行周转，一直坚持到90年代末。梅世炎也说，那时候，大家工资都不高，他家因孩子多较困难，在衣服、钱财等方面就经常得到崔崑夫妇帮助。

退休教师张杰回忆，20 世纪 90 年代，她是实验室普通工作人员，有一次因评职称的事心里有疙瘩，崔崑得知后就找到她谈心，开导她。后来崔崑又打电话做工作，她非常感动，终于放下了包袱。

一个生活至简的人

崔崑对贫困群体慷慨解囊，自己生活却非常简单。"我们对生活没有复杂的要求……可能我们这代人都是这样的吧，"崔崑的夫人朱慧楠淡淡地说，"崔崑的一件衣服穿了三十多年，现在还在穿呢。"

郑恩焰回忆，崔崑被评为院士后，学校要给他派个秘书，被他一口回绝。崔崑 80 多岁编撰专著时，学校再次提出给他配个秘书，又被他婉拒。江苏要建一个院士工作站，请他挂个名，被他拒绝："我不搞这个虚的"。

如今，耄耋之年的崔崑与夫人依然是一心为别人考虑，却从不愿麻烦别人，包括自己的学生，更不会跟组织提什么要求。

材料学院另一位院士李德群比崔崑小 20 多岁，他搬到院士楼后对崔崑说："崔老师，有什么事情你就吩咐，我做起来方便一点"，崔崑口头

答应说好，可半年过去了，一次也没找过他。

崔崑与朱慧楠相濡以沫60余载，从来没红过脸，也被师生传为佳话。

一个平凡而伟大的人

连日来，崔崑院士的事迹在华中科大引起强烈反响，该校上下掀起了学习身边楷模的热潮。"坚持国家至上、民族至上、人民至上，始终胸怀大局、心有大我，始终坚守正道、追求真理，从自我做起、从现在做起、从日常生活做起，身体力行带动全社会遵循社会主义核心价值观。"这是3月4日习近平总书记看望全国政协委员时，对广大知识分子提出的殷切希望。

在华中科大师生的心目中，崔老正是这样一位积极践行社会主义核心价值观的知识分子典范。"与崔院士接触越多，越是发自内心地钦佩"，材料学院党委书记史玉升说，崔老是知识分子的优秀代表，堪称楷模。

该校2015级本科生吴金伟说，这几天，同学中间都在传播着崔崑院士的故事，当代大学生需要榜样的力量，崔院士就是身边最真实感人、可亲可敬的榜样。"崔老是一个平凡的人，但又是一个伟大的人，他的伟大就在于几十年如一日做着看似平凡的事，"校党委书记路钢说。

文章原载于《湖北日报》2017年3月23日，有改动

推荐单位：湖北省科协

"我是一个会种庄稼的农民"

——植物病理学专家朱有勇

伍晓阳　岳冉冉　陈　聪

人物简介

朱有勇，1955年11月出生。植物病理学专家，云南农业大学名誉校长，云南省科学技术协会主席，中国工程院院士。

带领团队开创性地研究了作物多样性控制病害的效应、机理和推广应用。在Nature等国内外学术刊物发表论文160余篇，出版专著5部，获得发明专利20余项，国际、国家和省部级科技奖励18项。获得联合国粮农组织国际稻米年科学研究一等奖、国家技术发明二等奖、国家科技进步二等奖、云南省科技进步特等奖、云南省自然科学研究一等奖、云南省科技进步一等奖等奖项。

他潜心钻研农业生物多样性控制作物病虫害的重大课题，成果在《自然》杂志发表，应用于农业实践以亿亩计；

他带领团队扎根边疆村寨，用科学知识帮助农民发展致富产业，用"神奇土豆""有机三七"、院士指导班等带动一个个村寨摆脱贫困；

他出身农家，对土地和农民有深情厚谊，怀抱"让农民过好一点"的朴素愿望，被人称为"农民院士"，而他自己说"我就是一个会种庄稼的农民"。

他就是中国工程院院士、云南农业大学名誉校长朱有勇，一位"顶天立地"的农业科学家，一位脱贫攻坚主战场的奋斗者，一位不忘初心、践行使命的共产党人。

一道考题，促使他攀登农业科学高峰

30多年前的一道考题，冥冥之中决定了朱有勇为农业科学奋斗的一生。

1982年，朱有勇参加研究生面试。面试官段永嘉（后来成为朱有勇的导师）问道："追溯世界农业历史，依靠化学农药控制病虫害不足百年，在几千年传统农业生产中，人们靠什么控制病虫害？"

朱有勇被问懵了。

那个年代，农作物单一品种大面积种植容易发生病虫害，致使农药用量大幅增加，对生态环境、食品安全和粮食生产构成潜在危险，水稻稻瘟病即为典型。世界各国的科学家提出了很多办法，但收效甚微。

后来，虽然朱有勇被录取，但他一直在寻找这一考题的答案。1986年，朱有勇在云南省石屏县田间考察，偶然发现"当地农民用杂交稻和糯稻间种，稻田很少发生稻瘟病"。难道稻瘟病发病率跟水稻品种的多样性有关？循着这个思路，他开始了利用生物多样性防治病虫害的研究。

此后10多年，他边研究控病机理，边进行了近千次试验，最终确证了作物多样性时空优化配置是有效控制病害的新途径。2000年，他的研究成果在国际权威期刊《自然》上作为封面文章发表，引起全球关注。

作始也简，将毕也钜。朱有勇研发的"遗传多样性控制水稻病害"技术在全国推广6000多万亩，并获得联合国粮农组织科研一等奖和国家技术发明奖二等奖；"物种多样性控制作物病虫害"技术在国内外应用3亿多亩，获得国家科技进步二等奖。这两项技术都创造了显著效益，为国家粮食安全作出了重要贡献。

穿上迷彩服，脱贫攻坚最前线就是他的战场

朱有勇没有因此躺在功劳簿上，他选择投身新战场。

云南省澜沧拉祜族自治县，2015年贫困发生率仍然高达41%。这一年，中国工程院结对帮扶澜沧县。谁来牵头挑起重担呢？时年60岁的朱有勇主动请缨："我年轻，我来干！"

说干就干，朱有勇把院士专家工作站建在了澜沧县竹塘乡云山村蒿枝坝组，带领团队一竿子插到底，在这个寨子扎下根，一待就是5年。

倡导种冬季土豆，农民刚开始不积极，他跟村组干部搞起了示范种植；考察三七基地的路上，车子陷进了泥坑，他第一个下去推车，任凭泥巴溅了一身；寻找水源时，他拄着拐杖穿行在雨后湿滑的山坡，一路上跌了三跤……

驻村扶贫，迷彩服就是朱有勇的"作战服"。他要求参加院士指导班的学员都要穿上迷彩服，因为这样可以一扫长期贫困滋生的萎靡气息，激发起奋斗的姿态来。

种出五斤（2.5千克）重的"神奇土豆"，种出药企抢着买的"有机三七"，培养科技致富带头人……把"冬闲田"变"致富田"，老百姓的评价，就是朱有勇脱贫战线上的口碑。

一句承诺，映照一位共产党人的一辈子

1955年，朱有勇出生在个旧市一个农村家庭。

他经历过艰难困苦的年代，对贫穷和饥饿的记忆刻骨铭心。"农民种

地很辛苦，但再怎么拼命干活，种的粮食仍吃不饱。"他甚至做梦，一个玉米秆上结出五六个棒子，一株植物上面结西红柿、下面长土豆，这样大家就能吃饱了。

"让农民过好一点，就是我的初心，是童年最早理想。"朱有勇说。

恢复高考第一年，朱有勇考上云南农业大学。读大学期间，他成绩优异，名列班级第一。毕业前夕，朱有勇成为一名光荣的共产党员。党组织派人与他谈话，他表示："我愿为党和人民事业奋斗终生，毕业后绝对服从组织分工，到祖国最需要的地方去。"

一句承诺，映照了一名共产党人初心不改的一生。

留学澳洲，他本来有机会留在悉尼，"一天的工资可能相当于国内一个月"，但他毅然回到祖国，立志"科研报国"。

2011年当选中国工程院院士，他把云南农业大学奖励的200万元悉数捐出，在学校成立"有勇奖学基金会"；2015年获得"云南省科学技术奖杰出贡献奖"，他又将200万元奖金捐赠给了基金会……

把论文写在大地，把农民装在心里。朱有勇说："看到科研成果在千万户农民家里开花结果，比拿多高的奖金、发表多重要的文章都更高兴。"

文章原载于新华网2019年12月2日，有改动

推荐单位：云南省科协

科技创新要以"问题为导向"
——生物化工专家欧阳平凯

曹 阳　杨频萍　夏文燕

人物简介

欧阳平凯，1945年8月出生。生物化工专家，中国工程院院士。

长期致力于世界生化工程方面研究，在生物化工学术研究和交流领域作出了突出贡献。曾任南京工业大学校长、江苏省科协主席、江苏省产业技术研究院院长、中国生物工程学会理事长、国家生化工程技术研究中心主任等职。

主持国家"973计划"项目、国家自然科学基金重大项目，获国家科技进步一等奖、国家技术发明二等奖、杜邦科技创新奖、何梁何利基金"科学与技术进步奖"、赵永镐创新成就奖、联合国发明创新科技之星奖，被授予国家有突出贡献中青年专家、全国50名具有杰出贡献的专业技术人才称号。

"他是世界生化工程方面卓越的学者和教育家之一，在生物化工学术研究和交流领域作出了突出贡献。"这是2010年滑铁卢大学授予他"荣誉博士"学位时的评语。"他以生态文明的远见卓识凸显校园示范效应，不愧是'明德、厚学、沉毅、笃行'的筑梦者。"这是2013年南京工业大学党委对他的评价。

他就是被称为"破解生命奥秘的人"——南京工业大学原校长和江苏省科协原主席欧阳平凯院士。

首位提前毕业的研究生

1945年8月16日，欧阳平凯出生于广西平乐县，正逢抗战胜利，所以父亲给他取名"平凯"，寓意出生地平乐奏凯。欧阳平凯4岁上小学，成绩一直名列年级前茅，而且极富灵气，非常讨同学的喜欢。

1957年，欧阳平凯的父亲去世后，尚在读初二的他和大弟弟选择了辍学帮助体弱的母亲维持一家的生计。他一边打短工，一边自学，从懵懂无知，走向了自强自立。后来，欧阳平凯重返校园，他在数学、物理和化学上展露了较高的天分。

1963年9月，欧阳平凯考入清华大学，就读化工系化学工程专业。在校期间，他成为班级第一个发展的团员，并担任班长、学习委员，初步展现了组织才能。从清华大学毕业后，被分配到河北石家庄电化厂工作，很快因工作成绩突出和具有领导能力，担任了车间主任。

国家恢复高考制度的第2年，开始招收研究生。听到消息的欧阳平凯兴奋不已。他一边认真履行车间主任职责，一边捡起书本复习迎考，最终，如愿考上清华大学化学工程系的研究生。1981年3月，欧阳平凯的毕业论文《换热网络的择优组合》获得北京市科技进步一等奖。为此，学校批准他提前毕业，成为清华大学化工系提前毕业的首位研究生。毕业后，欧阳平凯被分配到南京化工学院（现为南京工业大学）化学反应工程教研室工作。

1983年，欧阳平凯准备出国攻读化工博士学位时，学院时钧院士希望他出国进修生物技术，于是他从化学工程专业转为生物化工专业。

随后，他陆续前往加拿大滑铁卢大学工业生物技术中心进修生物化工，前往美国普度大学LORRE实验室进修生物化工。1987年6月，欧阳平凯学成归来，回到南京化工学院生物化工教研室，创建了全国第一个生物化工专业，并担任教研室主任。

为生物质能源"鼓与呼"

作为生物化工专家，欧阳平凯十分注重生物质资源的开发利用。

在各种可再生资源中，生物质资源最稳定、高效，同时也最环保。生物质资源是从何而来的？地球原本就是充满二氧化碳的星球，后来有了绿色生命，产生光合作用，大量二氧化碳变成了氧气，生物质就被埋在了地底下，成为化石能源。生物质的生产过程本身就是一个环境净化的过程，可以吸收空气中的二氧化碳，吸收有机污染。

大自然每年产生1600多亿吨的生物质，是人类取之不尽的资源。中国正在以不到世界7%的土地，承载着全球近1/3的中低品位生物质排放。生物质产业就是指利用可再生的有机物质，如农作物、树木等植物及其残体、畜禽粪便等有机废弃物，通过工业加工转化，进行生物基化学品、生物材料和生物能源生产的一种新兴产业。

欧阳平凯说，人类社会废弃的生物质是环境污染的最大源头，总量超过70%，若不加以充分利用，会形成严重的排放问题。现在处理雨污分流，用的是大池里曝气的方法，但产生的问题是，很多病菌没有得到挥散。然而若对农村厨余垃圾、人体排泄物等进行厌氧发酵处理，就可以使其变成供农民做饭的生物天然气，而生物处理的发酵过程中，苍蝇蚊子卵也都被杀死，最后变成农田所需的有机肥料。

技术突破为生物质利用开创了新业态，但与太阳能、风能发展的"热火朝天"相比，生物质能源发展仍显得"叫好不叫座"。欧阳平凯认为还应继续加大宣传推广力度。

科技创新要有"问题导向"

欧阳平凯一直在推动利用生物技术"变废为宝"。利用生物技术，可以把秸秆转化成蛋白质、油脂、淀粉、氨基酸等几千种产品。欧阳平凯说，1吨秸秆约300元，10亿吨秸秆就可以实现3000亿元的产值，可见生物质产业大有潜力。南京工业大学的专家们已经掌握了生物合成技术，但产业链却不易形成。

针对这种局面，欧阳平凯建议，科技创新不仅涉及科研政策问题，还会遇到体制改革问题。首先，秸秆收集要形成一个产业链；其次，要有一个万吨级的示范工程，只要做出来就会有人投资，打通下游产业，就符合市场规律了。

"科技创新一定要以问题为导向，不能跟在别人后面跑。"欧阳平凯说。创新要从问题出发，要到实践中去研究。现在我国发表学术文章世界第二，但科技竞争力不如西方发达国家，在美国，70%的研发力量来自企业。它之所以强大，实际上就是跨国公司的研发与市场结合的能力非常强大，善于到实践中体验，到实践中研究。

"不是中国人做不了，而是没有进行这方面的布局。"欧阳平凯说，中国的民企，甚至一部分国企都还不具备这个实力，很多企业都是直接引进一条生产线，现成的工艺。但创新总是与问题的发现和实践密切相关。为此，他在担任江苏省科协主席期间，极力推动院士工作站建设，给企业做科研工作。

经过几年努力，在全省建立了300多个院士工作站，促进了人才和团队的聚集，为国家战略布局和品牌的形成发挥了作用。

药物创新应该"三足鼎立"

工业生物技术在制药领域的应用主要是进行药物的生物化学合成与提取，这项技术在国内是一个瓶颈。国外一些制药企业品种也很少，但做得很好，主要就是产品从技术开发到工程应用方面紧密结合，各种规模的技术及工程应用发展非常成熟，别人无法与其在产品的技术及应用上进行竞争。

医药行业要与国外竞争，就一定要做到成本最低、质量最好。

从医药创新的角度看，中国创新难度还比较大，主要是筛选出新的化合物方面难度比较大。当然，中国人可以做很多制剂，比如仿制药，即非专利药。发展非专利药的关键问题在哪里？欧阳平凯认为，不是以前讲的搞一个药证（批件）的审核报批，而是在其关键的制造技术，在于专利到期后是否可以利用你的制造技术生产出比别人成本更低、质量更好的非专利药品，你做的剂型是否比别人更有效。

药物创新应该三足鼎立，药品制剂技术、原料药制造技术与新药的开发缺一不可。应当大力重视制剂技术和制造技术的创新工作，要关注完全的创新药物，更要注重仿制药的药物制剂和制造技术。

文章原载于《江苏科技报》2019年10月9日，有改动

推荐单位：江苏省科学传播中心

科学要用"真、善、美"铸就
——应用物理、强激光技术和能源战略专家杜祥琬

罗潇郁

人物简介

杜祥琬，1938年4月出生。应用物理、强激光技术和能源战略专家，中国工程院院士。中国工程院原副院长，中国工程物理研究院高级科学顾问。

曾主持核试验诊断理论和核武器中子学的精确化研究。我国新型强激光研究的开创者之一，推动我国新型高能激光技术跨入世界先进行列。获得国家科技进步特等奖1项、一等奖1项、二等奖2项。

9月16日，在2019年四川省科学道德和学风建设宣讲教育报告会上，中国工程院院士、中国工程院原副院长杜祥琬作了题为《讲故事 谈学习 论人生》的主旨报告。

杜祥琬院士已81岁高龄，是我国著名的应用物理、强激光技术和能源战略专家。半个多世纪的科研之路，他始终以国家需要为人生动力，倾情于科学技术事业，活跃在科研一线。"受邀演讲，主要是想跟年轻人分享一点人生经验。"讲座中，他以老一辈科学家为例，以无数为国坚守的平凡人为例，畅谈所思所感。

谈自己：刚要迈步，我的梦想就从最大变到了最小

演讲台上，杜祥琬精神抖擞、风趣幽默，他的演讲简单而真诚。

在这里，他不是学富五车的院士，只是阅历丰富的长者，为莘莘学子指路。诚如他所说："有一两句话能让大家有所启迪，就是今天最大的收获了。"

对杜祥琬来讲，选择核物理研究是一个偶然。人生刚起步时，杜祥琬志在天文学。机缘巧合，国家在他所在的开封市优选了两名学子作为留苏预备生去学习原子核，杜祥琬便是其中之一。"大大的宇宙没学成，学了小小的原子核。"为了满足国家需要，杜祥琬毅然改变研究方向，从浩瀚的天文世界转移到微观的原子核物理研究。

"杜，你在这儿学原子核物理，回中国有啥事可干呢？"1964年毕业前夕，同班的苏联同学偶然问到杜祥琬。那时候，由于我国各方面较为落后，很多国家对我国的科技发展有一定的偏见。巧的是，仅仅几天后，苏联广播发布了消息："1964年10月16日，中国成功进行了原子弹试验。"第二天上午，这位苏联同学兴冲冲地跑到教室对杜祥琬说："杜，祝贺你！你回国有事干啦！"

"那是我第一次如此深切地感受到，祖国的一个进步会在海外有如此强烈的反响。我的内心被强烈地震撼了。"时至今日谈到这段经历时，杜祥琬依旧感慨不已，报效祖国的志向便由此生根发芽。

这些人生历程最终都成为了杜祥琬眼中的幸。这份幸是机缘巧合的幸运，也是与我国核物理事业共进退、以民族振兴为己任的幸福。正如他对青年学生所说："有幸为祖国的富强和老百姓扬眉吐气做一点实际的工作，是最大的精神享受，是任何物质享受难以比拟的。"

谈他人：必定会有一批又一批的新人选择崇高的价值观

与有志之士携手，为振兴中华奋斗。杜祥琬的演讲，对个人所涉甚少。娓娓道来的，是发生在核武器研究院的第一任院长李觉，"两弹一星"元勋王淦昌、彭桓武、邓稼先、朱光亚、于敏，近代力学事业的奠基人郭永怀等老一辈科学家身上的小故事。这些故事，一笔一画皆是指引，字字句句都是劝诫，一章一页亦是赤子之心。

怎样对待国家大义？"在中国第一次核试验快要开始的时候，李觉的母亲逝世，但他藏起了要求他回家奔丧的加急电报，与科研团队一起完成了原子弹起爆测试的准备。"杜祥琬说，这些优秀的领导是科学家身边的知心人和"后勤部长"。

什么是严谨的科学态度？20世纪50年代末，王淦昌及其团队发现了反西格玛负超子，同时发现了一个"D粒子"，在铺天盖地的荣誉下，他坚持说不能肯定这是新粒子。后经分析证明这是K0介子的一种电荷交换反应后，他只简单地说了一句："谢天谢地，我没吹牛。"

什么是扎实的研究功底？"1966年，于敏带领我们在上海华东计算所做研究。有一天，于敏发现纸带上一个物理量不对，大家便开始查找错误的根源，搞物理的、搞计算数学编程的都没问题，最后发现是执行这物理量计算的计算机晶体管坏了！把它换掉再算就对了，大家都很兴奋。"杜祥琬说，根据物理量的概念找出计算机一个硬件的错误，这就是功力深厚。

面对生死时，科学家是怎么做的？郭永怀的经历让杜祥琬感叹不已："1968年，郭永怀坐飞机从核试验基地返回北京，在降落时飞机出事起火，无人幸免。在最后时刻，郭永怀和警卫员抱在一起，将装有保密文件的公文包藏在两人中间。最终两人的遗体都被烧焦了，但他们的怀里的保密资料丝毫无损。"

....

这些人，这些事，是一代代科学家精神的薪火相传。谈到他们，杜祥琬止不住微笑，这是发自心底的与有荣焉。老一辈科研学者都深知中华民族经受的屈辱与灾难，所以有着以民族振兴为己任的责任感。"在'为中华崛起而读书'的声音渐渐淡去的今天，我常常扪心自问：'我们这一代人是不是已经落伍了？这些老故事还有现实意义吗？'"杜祥琬说。最终，他找到了答案："任何时代，任何国家都会有不同的人选择不同的价值观。

但是一个有希望的国家和民族，必定会有一批又一批的新人选择崇高的价值观。"

谈人生：人走过，总要留下一点痕迹

"学习是享受，学习是终身的需要。"作为依然奋斗在一线的科学家，杜祥琬深切希望学子们深耕自己学习领域的专业知识。"目前人类对宇宙的认识大约只有4%，而我们还不理解的暗能量和暗物质分别占23%和73%。未知多于已知，需要后人做更多。""每代人都应该有担当，有目标，有素质。人走过，总要留下一点痕迹。"借演讲之机，杜祥琬不住叮咛年轻人。

"兴趣是最好的老师"，如何看待个人兴趣、专业选择、人生事业的关系，杜祥琬有自己的体会。"尊重兴趣是很重要的，但是有时候服从需要也会产生兴趣。"杜祥琬以自己的经历现身说法，从天文转到数学力学，从数学力学转到核物理，再到后来转向激光，最后转向能源战略，数易专业。"让自己的个人的兴趣去服从国家和人民的需要；同时，在学习和研究中，钻研进去便能发现这些新知识、新领域富有挑战性，解决问题后的成就感也是一种享受。"杜祥琬说。

杜祥琬认为，人生动力需要两轮驱动，一轮是国家和人民的需求，一轮是个人兴趣。需求是拉着你走的前轮，兴趣是推着你往前的后轮，"两个轮子一起转动起来，才会有更强劲的力量。"

在学习内容上，杜祥琬也有着独到的见解，除了将自己的专业做扎实，他还建议同学们广泛涉猎，要学点儿哲学，增强各方面的能力。在他看来，哲学是人类社会和自然科学界共同规律的科学。

"求真是科学精神的核心，创新是科学精神的特征，家国情怀、使命担当是中国科学家精神的灵魂。"在杜祥琬看来，做一名合格的科研人员，要学知识，更要学做人。"首先是真，待人要真诚，为人处世要求真，在科研工作中，一定要尊重数据，是什么就是什么；然后是善，要善待人和事；

最后是美，要有一个美丽的心灵。最根本的是学做人，归纳下来也就是'真、善、美'三个字。"

"人生脚步坚实走，众友齐心同奋斗。艰难磨砺开新路，并非闲白少年头。少年头，后生可赞，再织锦绣。"讲座上，杜祥琬殷切勉励的话语响彻在每一名听众的耳畔。

文章原载于《四川科技报》2019年5月29日，有改动

推荐单位：四川科技报社

手捧丹心治山川，喜看水电展新篇

——水利水电工程施工技术专家谭靖夷

赵东风

人物简介

谭靖夷（1921.11—2016.11），中国水利水电第八工程局有限公司原副局长、总工程师、高级顾问，中国工程院院士，新中国水电建筑施工技术的奠基者和开拓者。

先后参与和主持了福建古田溪、广东流溪河、湖南柘溪、韶山灌区、欧阳海灌区、贵州乌江渡、湖南东江等重点水利水电工程的技术工作，指导和帮助了80多个重点水电工程解决了一系列重要技术问题。获得国家科学技术进步一等奖1项、省部级以上重大科技成果20多项。

谭靖夷一生对党无限忠诚，充满感情。他说："我这一生真和中国共产党有缘！1921年，在中国共产党诞生的那一年，我出生。可以说，我是和中国共产党一起长大的。"

谭靖夷从小胸怀报国之志，其名字取自《诗经·大雅》中的"实靖夷我邦"。他说："我出生时，祖国正处于西方列强和日本的侵凌之中，取这样的名字，就是希望将来能为多灾多难的祖国效劳。"青年时，谭靖夷就读于唐山交通工程院，受校长茅以升等影响，一心想走实业救国、科技救国之路。其间，还壮怀激烈，投笔从戎，给抗战时期援华的美国志愿航空大队即飞虎队做翻译。谭靖夷深受孙中山《建国大纲》中修建三峡水电站理想的影响，立志投身水电建设。国民政府于1945年成立的全国水电工程总处,最初就是为与美国垦务局一起修建三峡水电站而成立的机构。谭靖夷大学一毕业,就满腔热情地参加水电工程总处工作。

然而,谭靖夷的愿望很快就落空。国民党政府积极发动内战,耗尽国家财富于战争,不仅建不了三峡,而且就连水电工程总处规划中的小水电站工程也是"纸上谈兵"。

就在谭靖夷报国无门,茫然彷徨之中,他在南京参加了一个名为"职业青年联谊会"的组织,这是水电工程总处的同事龚鸿麒介绍参加的。龚鸿麒是中共地下党员,与谭靖夷同在水电工程总处设计组。职业青年联谊会是共产党的一个外围组织。龚鸿麒指点谭靖夷说,国民党政府腐败无能,真要想搞水电,建设国家,先要打倒蒋介石,建立新中国。只有到那时,才能解决搞水电建设的问题,只有共产党,才能让你实现报国的理想!龚鸿麒的话令谭靖夷茅塞顿开,深以为然,由此,谭靖夷对共产党产生好感,对新中国充满向往。他更加积极地参加职业青年联谊会活动,不断增加对共产党的认识,把共产党视为引路人。

要相信共产党,相信新中国

1949年6月,谭靖夷正在福建古田溪水电站工作。古田溪水电站开工已有一年多时间,但仅修建了一条5000米长的公路路基,盖了两栋工房。工地冷冷清清,工程进度缓慢。

这时,一位叫梁东初的解放军代表来到工地,打破了工地的沉寂。梁东初召集工地所有职员宣布:你们解放了!古田溪水电站由共产党和人民政府来建设,我们一定会很快地把这个电站建设起来,让它早日为人民造福,为新中国建设出力。

共产党很快就动员和组织了近万人的队伍参加古田溪水电站建设,工地立即红旗招展,人声鼎沸,进入全面施工。

梁东初是一位充满活力的军人,工作起来像打仗一样地拼命,而且很虚心学习水电建设技术。后来,他累倒在工作岗位上,为中国水电建设献出了生命。梁东初成为谭靖夷一生的榜样。

就在谭靖夷干劲十足，大显身手之时，谭靖夷地主家庭出身和抗战时期给美国空军做翻译的经历成为了政治运动中的政治问题和历史问题。谭靖夷被要求交代问题，接受审查。

谭靖夷面临着一次严峻的政治考验。在当时的政治运动中，家庭出身和历史问题像两座大山压在他头上，他几乎感到绝望。但由于梁东初的坚持，指挥部做出了一个重要决定：谭靖夷继续工作，在工作中说清问题，改造思想。他亲自和谭靖夷谈话："你父亲是你父亲，你是你，你要划清界限；你的历史问题，组织会很快调查清楚。你要相信共产党，相信新中国，好好工作，建设新中国。"

梁东初的信任，给了谭靖夷巨大的力量。谭靖夷更加发愤工作，不讲条件，不怕艰苦，他要以最出色的工作回报共产党，体现对党的忠诚。

1951年底，古田溪水电工地评选福建省劳动模范。由于谭靖夷出色的表现，他被提名，但有人表示反对。梁东初说："谭靖夷不但和工人们一起施工，体力劳动表现好，而且还做了那么多设计和技术工作，想了那么多办法，脑力劳动也表现突出。这样的人，就是劳动模范！"

谭靖夷光荣地成为福建省劳动模范。古田溪水电站工程指挥部举行隆重仪式，给谭靖夷等劳动模范披红戴花，欢送他们赴省城参加表彰会。谭靖夷放下家庭出身和历史问题的包袱，昂首挺胸走在劳模的部队里，有一种重生的感觉。

党就是要团结和保护人才，发挥好他们的作用

"文化大革命"运动，使谭靖夷又一次经受人生考验。

水电施工单位远离城市，在深山峡谷建电站，时刻面对洪水的威胁，谭靖夷每天奔波忙碌于柘溪水电站和韶山灌区建设中。

然而，树欲静而风不止。当工程施工高峰过去，抓革命的时候就到来了。经过多个工程的实践，谭靖夷的施工经验和技术水平都得到大家的公认，

算得上走资派和反动权威了。他终于被造反派揪了出来，而且还迅速翻出了他的出身和历史问题，成了地主崽子和美帝特务。运动中，对谭靖夷的批斗迅速升级，批斗会上，谭靖夷难以过关，遭到拳打脚踢，火药味很浓。

这时，被结合进革命委员会的黎旭出来说话了。他说，对谭靖夷这样的人，不能总是开批斗会，要把他下放到工地去劳动改造，先过劳动改造这一关。

黎旭是红军时期参加工作的老革命，对谭靖夷的才干十分看重。他知道谭靖夷打过风钻、浇过混凝土，干过工地最苦最累的活。让谭靖夷到工地去劳动，可以避开造反派的纠缠。

黎旭的话起到了作用。谭靖夷在劳动中表现积极，干活有条理，且干得漂亮，而且能干重活，背水泥可一次背两袋。同时，谭靖夷很真诚地交代问题，认真学习，改造思想，写的检查和材料工工整整，他被认为是可以改造好的知识分子。

1969年，乌江渡工程上马。柘溪水电工程局的主力转战贵州。黎旭出任乌江水电站建设革委会主任。他坚持把还没有解放的谭靖夷安排在木工班随队转移。到乌江工地后，他特许谭靖夷查看工程技术资料，遇到问题，常请谭靖夷发表意见。初到乌江，住房紧张，谭靖夷一家住在当地老百姓的一个废弃的牛棚里，黎旭亲自安排对牛棚进行改造，改善谭靖夷的住房条件，并特批给谭靖夷家中提供一张办公桌，让他"学习改造"。有人指责黎旭不讲政策，没有立场。黎旭回答说，谭靖夷是人才，党就是要团结和保护人才，发挥好他们的作用。

丹心捧在红旗前

是共产党给了谭靖夷施展才华、实现梦想的舞台，是共产党的优秀分子坚定了谭靖夷听党的话，跟党走，为中国水电建设奉献全部光和热的信念。加入中国共产党，成为谭靖夷的人生追求。

20世纪50年代初，在古田溪水电站工地，谭靖夷就递交了第一份入党申请。但在各种政治运动中，谭靖夷被要求反复地写各种检查和交代，甚至被批斗。他只能把入党的追求埋在心里，真诚地接受组织的教育和审查，把每次检查和交代都作为自己的思想改造。他对党从未有过任何怀疑，入党的愿望从未有过动摇。他认真通读《毛泽东选集》，背诵《为人民服务》《纪念白求恩》和《愚公移山》等篇章，牢固树立为人民服务的宗旨，学习白求恩毫不利己专门利人和愚公移山精神，1978年，组织终于对谭靖夷的历史问题做出结论，正式任命谭靖夷为中国水电八局总工程师，又选举谭靖夷为第五届全国人民代表大会代表。谭靖夷又接连递交了第二份、第三份入党申请。1982年，年逾花甲的谭靖夷终于如愿以偿，被批准加入中国共产党。入党那天，他激动地写下这首《六十一岁入党书怀》：

> 平生志在治山川，闽粤湘黔不计年；
>
> 何惜青春成白发，喜看水电展新篇。
>
> 惊涛骇浪犹萦梦，高峡平湖别有天；
>
> 四化征途堪再战，丹心捧向红旗前。

2013年，中国水电八局有限公司开展"学习谭靖夷院士，践行党的群众路线"主题教育实践活动。水电八局党委书记说，谭靖夷院士一辈子追求为人民服务，一辈子追求科学，务实实干，一辈子廉洁奉公，是践行群众路线的典范，是我们身边的优秀共产党员。中国水电八局总经理说，如果按60岁退休的政策，谭靖夷60岁前工作了30多年，60岁后又工作了30多年，他的工作时间双倍于人，做了双倍的奉献。

谭靖夷生活简单简朴。一套20世纪80年代的单位老式家属房一住30多年，一套简单家具一用30多年，一身中山装一穿10余年。他每年参加中国水电八局的工作会、春节团拜活动，但八局的宴请包括春节的团拜宴请却一次也没有参加。他配有专车，但家人却没有用过一次，他的专车成为八局机关的用车。他淡泊名利，工作就是他唯一的爱好，跑施工现场就是他最大的快乐。他的妻子徐蓉说，只要是去工地，无论工程大小，无论路程远近，无论邀请的单位是大是小，他都很高兴，说走就走。

1985年,乌江渡水电站建设荣获国家科学进步一等奖,谭靖夷获得一笔奖金,但他认为成绩是集体的,把奖金交给了水电八局财务,要求奖励工程局在科技进步取得成果的工程技术人员。在谭靖夷的倡议下,水电八局定期召开科学技术工作大会,每年评选科学进步成果奖。水电八局有163项重大科技进步成果获国家和部省级科技进步奖,其中国家科技进步一等奖2项;500多项获行业科技进步奖;拥有国家专利53项,国家级工法14项,省部级工法95项;有17项纪录入选中国企业新纪录。

退休后,谭靖夷参加了数十家单位的专家咨询工作和顾问工作,解决了中国水电施工中一个又一个重大难题,所作的贡献难以估量,但他却从不计较报酬。国务院三峡建设委员会曾对三峡质量检查专家组专家每月补助2000元交通费,可谭靖夷认为已报了差旅费,就不应该再拿交通费,积极建议取消专家交通补助。谭靖夷在工程咨询和施工实践中,提出了一个又一个重大方案,不仅成功地指导了实践,在实践中得到运用,实现了水电施工技术在众多领域的突破,而且很多发展成为理论成果,被专家学者广泛研究,迅速推广应用。但他认为这都是集体智慧的结晶,从不计较个人名分。

拦河筑坝是与洪水搏斗的事业。尽管谭靖夷身受政治运动的巨大压力，但敢于坚持真理，尊重实际，敢于负责，敢于创新，为节约成本，加快施工，不惧"被打倒在地，踏上一万只脚，永不能翻身"的后果，屡屡提出被认为具有极大风险的建议和方案。谭靖夷为人低调，从不与人计较，从不与人争斗，但在工作中却认真较真，敢于坚持原则，敢于直面问题，甚至吹毛求疵，鸡蛋里挑骨头。

"上善若水，水善利万物而不争，处众人之所恶，故几于道。"谭靖夷以共产党员的标准严格要求自己，全心全意为人民服务，即使在遭受怀疑、批斗，背负恶名，打入另册的挫折面前，也毫不动摇，赤子之心不改。这是一个毫不利己专门利人的人，一个对工作极端热情、精益求精的人，一个高尚的人，一个纯粹的人，一个有道德的人，一个脱离了低级趣味的人，一个有益于人民的人。

推荐单位：中国电力建设集团有限公司

铸剑卫海，永不言败
——飞航导弹技术专家黄瑞松

韩继芳　高启滨

人物简介

黄瑞松，1938年7月出生。飞航导弹技术专家，中国航天科工集团科学技术委员会顾问，中国工程院院士。

历任多型导弹武器总设计师，多次荣获国家科技进步奖一等奖、国防科学技术奖特等奖、国防科技工业武器装备型号研制金奖、何梁何利基金"科学与技术进步奖"等荣誉，荣立一等功、三等功，为中国飞航导弹武器事业的发展作出了突出贡献。

历史的车轮滚滚向前。1999年12月31日晚，黄瑞松和试验队员们一起在试验队驻地收看在中华世纪坛举行的"首都各界迎接新世纪和新千年庆祝活动"的现场直播。电视机上，醒目的倒计时牌走到了1999年12月31日23时59分50秒，数万名群众随着数字的变化齐声高呼："10、9、8、……、3、2、1。"黄瑞松脑海中突然条件反射地蹦出两个字"发射！"

——多熟悉的场景啊，这一组倒数的口令已经伴随了他这整整一生！也就在这一刻，21响雄浑悠长的世纪钟声传达出对世界和平与发展的衷心祝福。五彩缤纷的礼花腾空而起，照亮了千花万树，数万只彩色的气球飞向夜空……

看到此情此景，黄瑞松浮想联翩，想起了近代中国的百年沧桑，想起了自己钟爱一生的导弹事业，想起了自己肩上的责任。就在半年前的5月8日，中国驻前南斯拉夫大使馆突遭美军多枚制导炸弹轰炸，造成3人死亡、20余人受伤。没有强大的国防，和平永远只是空中楼阁。

2000年12月中旬，大地被严寒冻得瑟瑟发抖，寒风吹在脸上犹如针刺刀割，但严寒并没有冻住试验队员的热情，试验队情绪饱满，斗志昂扬，志在必得。

指挥大厅响起了一串沉稳的口令："10、9、8、……"这沉静的口令，却犹如声声重鼓，敲击着每个人的神经。

零时顿然逼近！"……3、2、1，发射！"

发射阵地上，只听"轰"的一声巨响，静静的发射筒猛地喷出一团巨大的火龙，一枚乳白色的导弹稳稳地飞出发射筒，犹如蛟龙出海。导弹破空而起，拖着长长的火舌，向茫茫大海飞去。时空仿佛凝固了。众人屏气凝神，目不转睛地注视导弹越飞越远，他们的心跳也越来越剧烈。

指挥所里，传来了有条不紊的报告声：

"导弹飞行姿态正常！"

"导弹遥测信号正常！"

"导弹跟踪正常！"

然而，就在这时，报告里传来了令人惊悸的声音："导弹飞行姿态异常！"

黄瑞松太阳穴上的神经猛地跳了一下，仿佛遭遇了一记重锤。

"导弹失控！"

"遥测信号消失！"

黄瑞松心里喊出一声："完了！"众人的脸都黑了。顿时，一股沉闷凝滞的空气，弥漫了整个指挥所，这不愉快的气氛简直令人窒息。黄瑞松嗫嚅了一下嘴唇，想说什么，却一句话都没说出来。

队伍撤回院里后，加紧排查故障。经分析，找到了原因，由于飞行器某机构未能按预定计划到位，导致飞行试验失败。经过改进，某飞行器又进行了飞行试验，但因某系统断电故障而入水。再次改进后，2001年11月再次进行飞行试验，飞行器飞行一段时间后又遭到失败。

连续三发重创，给研制队伍带来沉重打击，也让黄瑞松跌入了痛苦的深渊。困惑和不安的情绪在型号队伍中蔓延，来自方方面面的冷言冷语、批评、指责一波一波地涌向黄瑞松。尤其是不久后，黄瑞松得到了一个确凿的消息更是让他心急如焚。原来，上级准备弃用这个"老扶不上墙"的型号！这对他无异于当头一棒。

黄瑞松向上级做汇报、做检讨。他信誓旦旦地说："我向您保证，给我一年时间，我一定解决，请再等我们一年。"就这样，他为已濒临绝境的某型号争取到了一年宝贵的时间。

经过分析钻研，试验队终于摸到了问题的轮廓。然而，用黄瑞松的话来说，这却也是"老兵遇到了新问题"。要和时间赛跑！这一次，必须打破常规！

这种常规首先从一次会议开始打破。他没有像往常主持会议一样，先组织讨论，他再归纳总结。这次，黄瑞松开门见山就说："我让大家看了三天遥测数据，我自己也关起门看了三天，今天不讨论，今天大家就听我讲。"黄瑞松一口气讲了两个小时，"要彻彻底底动一次大手术。这么重的任务，我们只有一年的时间，我们把吃饭、睡觉的时间都搭上，一年时间都够呛，必须分秒必争。我们现在是和时间赛跑，所有人都要充分认识到我们当前面临的危机和困境，分系统之间要换位思考，牢固树立'一盘棋'思想，不要太计较小单位得失，更不要再扯来扯去。为此，我提出'四个主动'和大家共勉：有问题主动协商，有困难主动克服，有余量主动相让，有风险主动承担。"

有问题主动协商。基于这样的理念，技术人员经常操起电话就给黄瑞松打电话："黄总，遇到难题了，您能来一趟吗？"黄瑞松二话不说，拔腿就走，他经常这样被"呼来唤去"。为了解决令人头疼的新问题，黄瑞松耐心钻研，300多页的书籍从头开始看，一点点儿啃。他总是说"学问学问，先学再问"，要是连最基本的原理都不明白，怎么去跟别人讨论措施呢？书上凡是重要的内容，他先勾画下来。对于一些疑问或自己的看法，他随时用蝇头小楷在页边上写下来，经常密密麻麻一写就是几百字。看完后，他会把重要内容系统地、分门别类地摘抄到另外的笔记本上。黄瑞松一直以来就有作读书笔记的好习惯，几毛钱一个的那种横格小本子，他总共记满了几百个。有一次搬办公室，他的秘书张利帮他整理出了几大箱，蔚为壮观。张利很震撼，对当时的院长宋欣说，真该找个机会把黄院士的这些笔记拿来展览展览，让大家，尤其是现在院里的年轻人们看看一个院士究竟是怎样炼成的！

当然，也不能光靠自己钻研，时间不够了！面对新问题，黄瑞松辗转找到航空系统大名鼎鼎的技术专家，并请他来院里帮助做分析，又组织了一个专门攻此项技术的小组，与有相关经验的院所、学校合作，一步步攻关、一步步细化技术措施。排故全面展开，黄瑞松是"5+2""白加黑"忙得简直透不过气来。除此之外，他还见缝插针地赶编了一部巨著《飞航导弹工程》。这部几百页的著作是中国飞航导弹技术及经验的系统总结，集大成、意义巨大、时间紧迫。他是主编，必须要亲自操刀，白天没时间，都是利用晚上干，每晚都熬到很晚。

如此大的工作强度，别说已经60多岁的人，就是青壮年也吃不消。老伴儿杨韵茹的日记里是这样写的："他现在常为工作的事儿生气，我希望他有一个平常的心，真担心他的身体。""他说不太舒服，下午话讲多了，有些激动，血压上来了。""压力对他确实太大了，看他样子神情有点儿不正常，我真担心。""中午他又没回来吃饭，晚上儿子回来了，两人见了面就谈工作。他现在真是着魔了。"……

这真是忍辱负重、卧薪尝胆的一年。这一年，日历飞快地由厚变薄，最终，日历的最后一页也即将翻过。

2002年12月30日，这是一个承前启后、继往开来的日子。

这一天，试验基地当地的天气预报是这样记载的：

天气状况：晴/多云

气　　温：-6℃/-10℃

风力方向：北风6—7级/5—6级

对东北的寒冬时节来说，这的确是一个绝好又绝少的天气！

这是一个非常适合导弹飞行的天气！

这是一个昭示着光明前途的天气！

蛟龙腾空，须有风云际会。

冲出苦难，必定托起辉煌。

这一次，黄瑞松将在自己亲自参加建成的靶场上指挥发射。

发射时间越来越近，众人都紧张起来。

原定的发射时间是 12 点 10 分，但后来因故临时推迟了半个小时至 12 点 40 分发射。就是这半个小时的延时等待，让所有人备受煎熬。

12 点 40 分，导弹按照指挥中心命令准时发射！

小会议室里立即引起一阵不小的骚动，有人兴奋地轻声喊道："打了！打了！"大家屏住呼吸，踮着脚尖，挤在一起向大屏幕观看。只见大屏幕上，导弹一直稳定地在飞，在飞，在飞……

屏幕上的理论弹道曲线和导弹的实际飞行曲线完美地重合在一起。

如此美妙的曲线，在屏幕上延展，在时空中穿梭，简直带有一种穿越时空的梦幻感！

飞行曲线越来越长，导弹在飞，在飞，仍稳稳地在飞……

一看那距离，应该早已超过战技指标所要求的距离了！后来他们才知道，导弹已经超程飞行，都快飞出试验指定区了，弹上安全自毁装置启动了自毁指令，导弹才终止飞行落下来。

从地狱，终于到天堂。无与伦比的圆满，动人心魄的辉煌。

指挥大厅里响起异常猛烈的掌声和欢呼声！军方领导们过来，和黄瑞松紧紧拥抱在一起！

黄瑞松的眼里也涌出了动情的泪水。他本是一个刚强的人，这一辈子几乎没怎么哭过，但此情此景，他百感交集，真忍不住了。

他们一个个哭得稀里哗啦。哭吧，尽情地哭一次吧，无论他们哭得多么难看，他们都是最可爱的人，都是这个国家当之无愧的英雄。

此生此世，他们义无反顾地扛起肩上的责任，心向红旗，坚忍不拔，用心血铸出一柄柄锋利的长剑，捍卫着这个国家的强大，守卫着这个世界的安宁与和平。

面对一次次挫折，他们顽强拼搏，从不言败。其实，他们也累，他们也脆弱，他们也是血肉之躯。他们顽强，只因为肩负着那神圣的使命；他们不言败，只因为心中那个萦绕一生的强军梦。

光辉的理想照亮了他们奋斗的道路，神圣的使命使他们冲破一次次逆境。

推荐单位：中国航天科工集团第三研究院

以霹雳之名，铸蓝天长城
——空空导弹专家樊会涛

赵 玲 陈永杰

人物简介

樊会涛，1962年10月出生。中国空空导弹研究院总设计师，中国工程院院士。

一直从事空空导弹型号研制和预先研究工作，研制出了具有世界先进水平的新型空空导弹，使我国空空导弹的设计、制造和试验能力接近或达到了世界先进水平，为实现我国空空导弹从第三代到第四代的跨越发展作出了突出贡献。获得国家科技进步奖一等奖、第二届全国创新争先奖章等荣誉。

"今年，我提的建议是设立'中国航空日'。"2020年全国两会上，全国人大代表、中国工程院院士樊会涛提出了关于通航产业发展、设立中国航空日等有关建议。他认为："如果想要成为世界强国，首先一定要是一个航空强国。"

作为我国空空导弹总设计师，一名从事机载武器研制30多年，成功实现了我国空空导弹武器装备从第三代到第四代的历史性跨越的航空人，樊会涛始终把航空报国作为自己的初心，把航空强国作为自己的使命，矢志不渝地追求发展祖国航空事业的航空梦。

学成归豫，结缘空空导弹

20世纪80年代起，空空导弹在多次战争中精彩亮相，海湾战争和科索沃战争的作战样式更是向世人表明,仅靠空中打击就可以夺得战争的胜利。因此,要想维护中国的和平,就必须加强我国空空导弹武器系统的研究。

1986年,隶属于中国航空工业集团公司的中国空空导弹研究院正在研制我国第三代空空导弹。同年,在西北工业大学航空发动机专业就读7年的樊会涛硕士毕业,回到河南老家,加入了位于洛阳的空空导弹研究院。樊会涛与空空导弹便开始结缘,并且在命运齿轮的运转下有了越来越深的羁绊,最终促成了我国第四代空空导弹的自主创新。

那么,何为空空导弹?

空空导弹是导弹家族中的一员,就是从空中发射,攻击空中目标的导弹,主要挂在战斗机上用于战斗机之间的空战。空战是一项高危险、强对抗的活动,对每个飞行员而言都是"瞬间决定生死",在这生死关键的几十秒,武器性能细微的差距往往就决定着空战的胜负。这就对空空导弹的性能提出了很高的要求,不仅要求体积小、重量轻,还要求射程远、机动能力强。同时,空空导弹的发射平台和攻击目标都处于高速机动飞行中,也就是常说的"动打动",因而空空导弹的研制具有特殊难度。

樊会涛就职于总体设计部,而空空导弹涉及几大系统、近万个元器件、上百个学科领域,樊会涛深感自身知识面远远不足,因而如吸水海绵一般不断学习新的知识来充实自己。

当时,他常常一边向老师傅虚心请教,一边自己慢慢摸索。而除了他之外,整个研究院都在"补课"。因为新型空空导弹每一代的跨越就是十几年,很多技术是全新的。研究院想在最短的时间内把十几年的功课补回来,其难度可想而知。

就这样,在一个又一个型号的研发中,岁月悄然逝去,樊会涛也成长为空空导弹研制团队的中流砥柱。

2000年6月30日清晨,因长期超负荷工作,空空导弹总设计师董秉印突发心脏病去世。在失去了"领头羊"的情况下，千斤重担压到了樊会涛肩上——他被任命为新的总设计师，接下研发的使命。这一年，樊会涛还不满 38 岁。

不负众望，实现跨代发展

一位不到 40 岁的空空导弹总设计师无疑是受人瞩目的。一时间，投到樊会涛身上的目光有支持更有质疑。事实上，就连樊会涛本人也并没有绝对自信，但他愿意用努力去填平自身的不自信，更想用成绩去应对所有质疑。

当时，摆在研究院众人面前的任务，是第四代空空导弹的研制。与第三代空空导弹相比，第四代在性能上有了质的飞跃，是夺取制空权的有力武器，被称为空战效能的"倍增器"。如果空空导弹存在代差，在空战中几乎没有获胜的机会，第四代空空导弹的研发势在必行。而与任务的紧迫性相对的，却是第四代导弹研制关键技术一片空白的科研现状。国内过于薄弱的技术基础，令外国专家断言，单靠中国自己的力量不可能完成研制工作。

雪上加霜的是，樊会涛刚刚担任总设计师，就连续发生了几次发射试验失败的情况，这无疑给了樊会涛当头一棒，令他压力倍增。

樊会涛回忆道："当时我也没想太多，我就坚持两条信念。一是绝不言弃，既然组织上把我放到了这个位置上，就是搭上老命也要把这个国家急需的重点型号研制出来。二是认真查找技术问题，试验失败说明我们还没有吃透技术，说明我们还没有认识到规律。"

"科学是实打实的，来不得一点虚，容不得半点假。"这是樊会涛做科研的态度。他给型号线提出了"不唯上，不唯书，只唯实，只唯试"的要求，带领团队仔细分析试验数据，不放过任何一个疑点，透过故障的表面现象探求背后的科学机理，虚心向国内专家求教集智攻关，不达目的绝不罢休。

在研制这个型号的过程中,樊会涛团队共进行过7次大的技术攻关,最长的一次用了整整一年的时间。在攻关最紧张的时候,樊会涛带领团队自觉采取"712工作制"(每周工作7天,每天工作12个小时),有时做攻关试验甚至通宵达旦。

除了睡觉,团队舍不得"浪费"任何一点时间,就算是吃饭,他们也要集中在一起,将各自的工作进展和遇到的问题向樊会涛汇报。为此,他们特意为这饭取了个名字,叫"攻关饭"。

可以说,每一次攻关都是对团队成员能力、体力和毅力的考验,而每次的攻关成功又代表着在技术上实现了一次飞跃。经过认识—实践—再认识—再实践,新一代空空导弹发射的日子终于到了。

那天,樊会涛早早来到试验现场。在确保准备十分充分,100多个环节都已经过严格检查的情况下,樊会涛仍然不敢放松,因为这是全新的空空导弹,能不能成功,只有在发射出去之后才知晓。

"十,九,八,七……发射!"当在大屏幕上看到导弹成功遇靶,樊会涛情不自禁地高呼起来:"成功了!成功了!"大漠中,靶机凌空爆炸后一头扎进大地。

这声巨响不仅标志着我国研制出第四代空空导弹，实现了我国空空导弹的跨代发展，也标志着我国摸索出了一条自主研制空空导弹的路子。

永不止步，"霹雳魂"共此生

科研之路永无止境，导弹研发同样如此。

目前，空空导弹已经成为空战的主要武器，为了在未来的空战中占据优势，世界军事强国都在不遗余力地进行新一代空空导弹的研发。我国也不例外，以樊会涛为首的研究人员一直在考虑更新一代产品的研发。

根据军事需求和科技发展趋势，他们提出了新一代导弹的发展需求和支配性技术发展主题，集中力量攻克核心关键技术。团队坚持"生产一代、研制一代、预研一代、探索一代"的发展思路，规划了未来20年的发展路线图，在空空导弹领域争取实现领跑。"因为在战场上只有第一，没有第二，第二就意味着失败。"樊会涛对此始终有着清醒的认知。

这种不能落后的紧迫感也促使他在工作中争分夺秒，废寝忘食。据同事表示，"深夜的时候，樊会涛办公室里总是亮着一盏灯。如果哪天灯不亮了，那就是他出差了。"

在家人眼中他的常态就是加班。有一次，樊会涛出差回来已经是晚上9点了，在家吃过饭后他没有去单位加班，家人调侃他说："哟，今天这么奢侈！不去单位加班了啊？"

正是在以樊会涛为首的团队的不懈努力之下，我国空空导弹才实现了从跟跑到并跑的历史性跨越，进入到世界第一方阵行列，铸就了守卫祖国蓝天的钢铁长城。

由于我国空空导弹都是用"霹雳"命名，樊会涛曾赋词《贺新郎·霹雳魂》，正可为自己投效一生的航空梦作出注解。

贺新郎·霹雳魂

悠悠报国情。忆往昔，中程空白，近距差代；蓝天长城唤神箭，霹雳群英奋战。鼓号烈，黑云压城，科研征途道道关；莫道难，敢为天下先。

赶不上，誓不还。

漫漫空天赶超路。险峰高，求实求是，苦干巧干；无限风光催人进，哪顾春秋变换。众将士，身心相许，终得长空酬夙愿；霹雳曲，奏响在云端。要领跑，再向前！

文章原载于《北京科技报》2020年6月，有改动
推荐单位：北京科技报社

满腔热血家国情,多维发力助战疫
——地球空间信息专家李德仁

人物简介

李德仁,1939年12月出生。国际著名地球空间信息专家,武汉大学测绘遥感信息工程国家重点实验室学术委员会主任,武汉大学学术委员会主任,中国科学院院士,中国工程院院士。

长期从事遥感、全球卫星定位和地理信息系统为代表的地球空间信息学的教学研究,提出了处理测量误差的可靠性和可区分理论和空间数据挖掘理论。

获得国家科学技术进步创新团队奖1项、国家科技进步二等奖4项。

生命之托,重于泰山。面对突如其来的新冠疫情,武汉大学年过八旬的两院院士李德仁教授主动请战,利用航天遥感和地理空间技术手段,参与武汉抗疫保卫战,为疫情防控提供技术支持,同时从专业角度回应社会关注的热点问题,树信心,稳人心,彰显出一位大国院士的强烈责任担当和深厚的家国情怀。

遥感视角,专业服务抗疫

2020年1月25日,农历大年初一,武汉封城的第三天,李德仁院士和张过教授牵头,成立了由多个单位遥感骨干力量组成的联合工作组,利用航天遥感手段,就火神山、雷神山医院建设对周围环境的影响进行评估,从太空视角响应公众对于疫情防控的关切,从航天遥感视角见证中国速度和中国力量。极短时间内，高效完成卫星调度、数据处理、工作协调，每日更新医院建设遥感卫星影像，遥感卫星影像自1月29日13点16分环球网微博首发后，迅速得到《人民日报》、新华社、《中国青年报》、中国网、新文化网、《半月谈》等300余家媒体转发和连续跟踪报道，关注人数过亿。

疫情防控工作是一个体系化的攻坚战，医疗战线是主战场，城市应急管理在疫情防控工作中也十分重要。在抗疫期间，李院士团队研究开发的地理空间信息技术，指挥交通管理、运输防控物资以及医院里消杀、送饭、送医疗器材的机器人、4000辆医务人员上下班的城市电动自行车管理；协助实现城市网格化精细管理，在"四类人员"的隔离与收治中发挥了作用。

建言献智，支撑科学决策

抗击疫情的关键时期，李德仁院士领衔武汉大学地球空间信息团队，利用自身学科与人才优势，联合中国电子科技集团吴曼青院士团队，及时对疫情发展、防控措施等进行综合分析和科学研判，向国家提出基于时空位置大数据开展公众疫情防控服务的建议：面对春节返程高峰、疫情重区封城、大量商企停工等紧迫局势，地方乃至全国的经济发展将受到严重影响，急需发挥手机大数据的价值，以科学手段区分隔离、重点跟踪和无风险对象，为恢复社会秩序正常运转作出贡献。李院士团队与武汉相关高校合作，研发高校师生疫情防控服务系统，为疫情的精准高效防控助一臂之力。

在新冠疫情得到基本控制的时候，国家对复工复产极为重视，李德仁院士领衔李熙副教授团队，利用夜光遥感技术评估我国疫情期间的复工复产进展，发展了针对新冠疫情的夜光遥感数据挖掘方法，形成"夜间灯光遥感监测显示我国沿海三大城市群复工复产稳步提高"研究报告，为党和政府科学应对疫情提供重要科学支撑。

公益直播，科普助力抗疫

李德仁院士结合自己的科研成果，面向大众进行网络公益直播，以"让未来城市更智慧"为主题,讲解未来智慧城市基于时空大数据的疫情防控服务体系。在直播课中,李院士谈到智慧城市利用物联网、云计算、5G等技术,实时采集人、车、物在空间中的动态数据,让城市更聪明一些、更智慧一些,是推动城市治理体系和治理能力现代化的必由之路,前景广阔。"从现实城市、现实地球到数字城市、数字地球,再到智慧城市、智慧地球,从20世纪90年代到现在,20多年的发展中,中国赶上了这个机会,有超越的速度和可能。"在3月2日WGDC2020公益直播课堂上,最多有18万人同时在线,累计有36万多人听了这堂课,巨大的流量导致直播平台一度卡顿。

挥毫赋诗,鼓舞抗疫士气

为鼓舞抗疫士气,凝聚抗疫力量,2月10日,应武汉市科协的邀请,李德仁院士在武汉大学家中题写"团结一致,抗击疫情。武汉必胜,中国必胜!"

春分时节,武汉大学的樱花竞相绽放。3月20日,李德仁院士的夫人朱宜萱教授见校园内樱花怒放,不禁吟诗一首《问春》:

  樱花妩媚自吟春,顾盼迎来赏花人!
  曲桥金亭问星湖,何时打开万家门?

李德仁院士题字为武汉抗疫加油

李德仁院士随即和诗《春来》：

> 星湖樱花应时开，赏樱闻樱网上来，
>
> 曲桥金亭映钢标，踏步星湖期可待！

共同表达春天到来时的美丽心情和美好祝愿，愿师生们坚持抗"疫"到底，不获全胜，决不收兵。

4月4日清明节，举国哀悼之日。李德仁院士、朱宜萱教授夫妇俩以诗文追思明志，悼念逝者，鼓舞同胞奋勇前行，朱宜萱教授作诗：

> 滚滚长江东逝水，浪花涛尽英烈魂！
>
> 新冠夺命遍环宇，清明举国泪顿飞！
>
> 钟笛十时五方鸣，国旗降半祭故人，
>
> 青山屹立依旧在，誓圆泱泱中国梦！

李德仁院士和诗：

> 巍巍黄鹤西去云，云朵飘飘伴忠魂！
>
> 无情新冠屠三千，寒食时节思故人！
>
> 举国合力驱瘟神，复工复产新征程。
>
> 中华自古多豪杰，两个百年事必成！

4月8日零时起，武汉解除离汉离鄂通道管控措施，有序恢复对外交通，离汉人员凭湖北健康码"绿码"安全有序流动。李德仁院士应《楚天都市报》邀请，题词迎接武汉"解封"：

> 武汉解封适逢时，三镇上下迎新机。
>
> 英雄城市人心齐，防疫复工双胜利！

预祝武汉防疫复工取得双胜利。

在全国人民以各种方式积极支持抗疫一线的热潮中，李德仁院士以一名普通党员的名义慷慨解囊，捐款1万元用于支持疫情防控工作。

推荐单位：武汉大学科学技术发展研究院

"追星"筑北斗

——大地测量与卫星导航专家刘经南

人物简介

刘经南，1943年7月出生。武汉大学教授，博士生导师，中国工程院院士。

长期从事大地测量理论及应用研究与教学工作，在大地测量坐标系理论、卫星定位应用、软件开发和重大工程应用方面做出了一系列开创性工作，特别是在GNSS技术应用和工程领域成就显著。

获得国家科技进步奖3次、省部级科技进步奖多次、国家教委教学成果一等奖1次，获得中国科协"全国先进科技工作者"等荣誉。

2020年6月23日，北斗三号最后一颗组网卫星发射升空后，我国自主可控的导航系统将完成全球布局。

作为我国卫星导航定位工程应用领域的开拓者，在2019年度湖北省

科学技术奖励大会上，刘经南荣获科学技术突出贡献奖，奖金200万元。

站在颁奖台上，这位为实现科技兴国、创新强国奉献毕生心血的院士说："在与祖国科技事业共同成长的经历中，我深刻认识到，作为一个大国，涉及国家安全等关键领域，一定要能自主可控，一定要有引领性、原创性的科学技术，才能步入强国之列。借用习近平2013年来汉视察时跟我打的一个比喻，'我们要用自己的碗，来装自己种出的粮食'"。

实现卫星导航定位领域多个"第一"

今年77岁的刘经南长期从事大地测量理论及应用研究与教学工作，在全球卫星导航系统技术应用和工程领域成就显著，是我国该领域的学科带头人和我国卫星导航定位工程应用领域的开拓者。

他率先提出并建立广域差分GPS系统大幅提高定位精度，负责研制了世界上第一个完全无人值守、连续自动运行的大坝GPS自动监测系统，为1998年长江抗洪科学决策提供了技术支撑。他率先提出建设国家地基增强系统的方案，并在湖北成功建立国内首个省级区域的北斗地基增强系统，定位精度从"车道级"提升至"厘米级"，为其他相关建设节约成本约5亿元。他在我国卫星导航定位领域实现了多个"第一"，攻克了北斗卫星系统的多个关键问题，建立了亚太地区首个包括北斗在内的卫星导航（GNSS）高精度国际分析中心，实现了我国北斗异构星座高精度数据处理关键技术的自主掌控。

"在世界导航领域，我们起步晚，实现从学习到跟跑、并跑到部分引领的三次升跃。"刘经南说，导航精度也从30米到现在的实时动态厘米级定位，位居全球第一梯队。

他告诉《湖北日报》全媒记者，在阻击新冠肺炎疫情战争中，北斗作为我国自主建设的时空基准和定位导航服务重大空间基础设施，出现在火神山、雷神山医院建设的快速精确测量中，出现在基于卫星导航系统的技术集成创新应用疫情防控中，为基层社区防控发挥了重要作用。

大龄学子梦圆"追星"

1961年,苏联宇航员加加林进入太空,让还是高中生的刘经南对宇宙和天体变化的奥秘产生了好奇。进入大学学习天文大地测量专业后,他了解到,未来大地测量和测绘会以卫星为主。从此,他心中升起了"追星"之梦。

1967年大学毕业后,刘经南被分到湖南的煤田物探测量队,负责外业测绘,这一干就是11年。

刘经南没有放弃科研梦想,1979年他考入武汉测绘学院大地测量专业读研。在校园里,36岁的刘经南如饥似渴地钻研专业知识。

"少时读《马克思的青年时代》,'怀疑一切'这四个字影响了我一辈子。"刘经南说,这句话也成为他从事科学研究的座右铭。

攻读硕士研究生期间,他对当时世界流行的卫星数据处理中的三大坐标系统转换模型不等价的结论提出质疑,并证明了三大模型是等价的学界难题。

1982年,刘经南以优异成绩获得硕士学位,被分配到湘潭矿业学院教书。4年后,放不下"追星"梦的刘经南再次回到母校,开始卫星大地测量与全球卫星定位系统技术及其应用领域方面的研究。此时,已经43岁的刘经南科研生涯正式起步。

北斗一号系统从无到有,北斗二号系统向亚太地区提供服务,到如今北斗三号以昂扬姿态走向全球,中国北斗的"三步走"发展战略,刘经南均参与其中。

"北斗三号,我们团队全面参与,在卫星高精度数据处理关键技术上,国际评估后一致公认世界排名前三位。"刘经南说。

科研成果服务荆楚大地

这些年来,刘经南致力于北斗芯片产业化。他带领团队研发了湖北首颗自主知识产权的北斗多模多频高精度芯片,以及中国首批40纳米消费类北斗导航定位芯片,在多个领域广泛应用。

"湖北的北斗产业规模，与技术领先不太匹配。"刘经南告诉记者，目前湖北技术上排在前列，但受制于资金等问题，产业规模还排在长三角之后，处于第四位。但湖北北斗产业发展得很快，我们正在研制下一代高精度芯片。湖北已经规划建立北斗全产业链、全服务链，形成1颗芯1张网1幅图多个平台的行业景象，形成一个高端的全产业链，从设计、封装到最后的检验一条龙。

刘经南说，北斗三号最后一颗组网卫星发射升空后，届时北斗就能够提供全球服务。目前，国产大多数手机在硬件和软件方面其实都能实现北斗导航，但是民用需要进行全球标准的申请。目前这个工作正在进行，预计一两年内大家就可以使用手机进行北斗导航。

如今，迈向耄耋之年的刘经南依然活跃在科研教学双一线。他透露："我们现在正考虑怎样结合北斗的通信、定位系统以及手机的5G通信系统等技术跨界融合，建立一个疫情防控的车辆、人员、物资的统一指挥应急调度系统。"

"作为一名科技战线上的老兵，我将继续努力，发挥所长，同广大科技工作者一道，为推进省域治理现代化，为建设创新型省份，为谱写湖北高质量发展新篇章作出新的更大贡献。"刘经南如是说。

文章原载于《湖北日报》2020年6月15日，有改动

推荐单位：湖北省科协

医者仁心，患者第一
——肝胆外科、肝脏移植学专家王学浩

赵　学　何佳芮

人物简介

王学浩，1942年1月出生。肝胆外科、肝脏移植学专家，中国工程院院士。

国际上较早开展活体肝移植的学者之一，中国大陆活体肝移植的开拓者，解决了诸多肝脏外科领域的疑难病症。曾任南京医科大学第一附属医院肝胆中心主任、肝脏外科研究所所长、国家卫生健康委器官移植重点实验室主任、江苏省肝移植中心主任、中国人体器官捐献和移植委员会委员、中华医学会移植免疫学主任委员、江苏省医学会副会长等职。

获得国家科技进步二等奖及省部级奖项10余项，全国卫生系统先进工作者、全国先进工作者、中国医学科学家、中国好医生、江苏省白求恩式卫生工作者、江苏省劳动模范等荣誉。

2018年8月19日，在北京人民大会堂召开的首个"中国医师节"庆祝大会上，王学浩代表全国400万医生发出倡议："医生是个神圣的职业，全国400多万医师，护佑着13亿多人民的生命健康，让全国人民的平均寿命达到中等发达国家水平，这着实了不起，全社会应当形成尊医重卫的浓厚氛围。"作为医生，王学浩始终告诫自己：名气再大的医生，首要职责仍是治病救人，医生永远要把患者利益放第一位。

敢于承担风险,开展国内首例活体肝移植

王学浩从小家境贫寒,但学习非常刻苦。20 世纪 60 年代初,王学浩离开家乡到南京求学,以优异的成绩毕业于南京医科大学,毕业后被分到江苏省人民医院外科工作。1983 年,王学浩作为公派留学生,来到美国匹兹堡大学医院世界肝移植中心进修,师从肝移植之父 Dr.Starzl 教授。

两年期满,王学浩坚决回到祖国。在 20 世纪 80 年代中期,中国还不具备开展肝移植手术的土壤。活体换肝,虽然给晚期肝病患者带来了生命希望,但这一手术同时关系到两条人命,技术要求相当高,而且风险很大,国内的很多同行把它视为"禁区",可王学浩认为,活体肝移植供肝来源广、质量高、排斥发生率低,势必成为肝移植的发展方向。他对学生说:"如果哪天我为此坐牢,你们记得给我送饭就行。"

1995 年 1 月,一位男子因病必须做肝移植手术,其妻愿意捐肝并配型成功。王学浩带领团队为患者和家属进行手术。家属手术后康复非常顺利,她的丈夫术后前几天也恢复良好,显示新肝已经存活。"尽管术后两周患者因特殊情况不幸去世,但通过这个短暂的临床实践,表明我们已经具备了做活体肝移植的初步条件,只要我们不断努力,活体肝移植一定能在中国实现。"

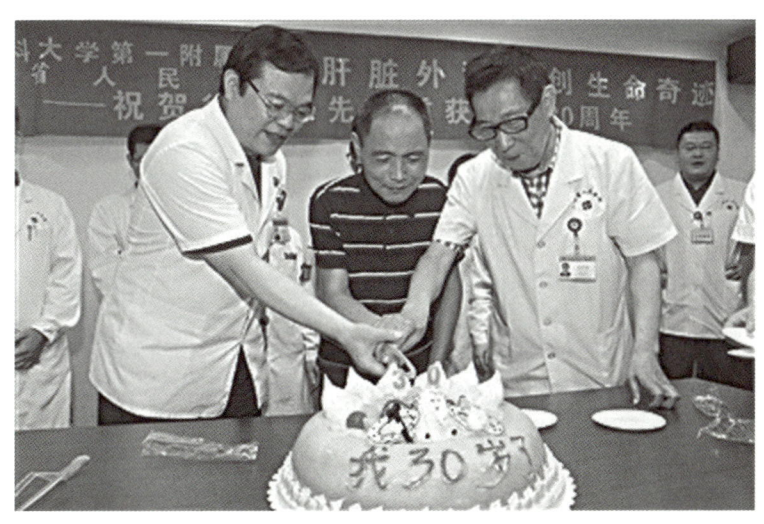

为术后生活了 30 年的患者切蛋糕

屡败屡战，创下活体肝移植的三个"最"

我国是乙肝发病率较高的国家，肝炎和乙肝病毒携带者最高峰时达 10% 左右，随着乙肝疫苗普及免费接种，儿童和青少年中乙肝病毒携带者比例大大下降。但我国每年新发肝癌患者仍有 44 万~50 万，占全球新发人数的 50%~55%。

2005 年，王学浩领导的"中国活体肝脏移植研究所"成立。上海复旦大学肝癌研究所所长汤钊猷院士表示，王学浩带领的班子有三个"最"——国内活体肝移植做得最早、手术例数最多、手术质量最好。

可很少有人知道，三个"最"的背后，是"失败—成功—再失败—再成功"的曲折。他的学生张峰回忆，当年一台手术要花十几个小时，用血一万多毫升，王学浩因此得了个外号叫"王一万"。记得时间最长的一台换肝手术，做了 28 个小时，用血两万多毫升。

那时，患者术后存活时间不理想，加上外界的各种议论，王学浩承受着巨大的压力。但王学浩深知，作为一个学科带头人，如果自己退缩了，所有的努力将前功尽弃。

就这样披荆斩棘，从 1995 年到现在，王学浩带领团队完成的肝移植手术已超过 1000 余例，从当年的"王一万"，到如今 3~4 个小时就能做完一台手术，1/4 的病人不用输血，5 年生存率达到 75%，存活时间最长的患者已达 20 多年。他成了中国活体肝移植当之无愧的第一把好手，并创造了一连串纪录：成功为一例肝豆状核变性患儿实施移植术；6 天内成功为一名 6 岁患儿实施活体肝移植、肝动脉重建、减体积再次肝移植 3 次大手术；成功实施中国大陆首例急诊成人间右叶供肝活体肝移植……

20 多年来，王学浩领着他的研究小组不仅建起了国内一流的肝脏移植中心，而且在活体肝移植方面闯出了一条新路，创造了多项全国第一。

生命大于天，必须竭尽全力

王学浩热情、真诚，很多患者把他当成亲人和好朋友。在王学浩办公室里挂着一张大合影，合影中的近百人都是肝移植手术患者，每一张面孔背后都有一个令人动容的故事。中国大陆第一个换肝后结婚生子的患者是钱华。手术之后，他跟王学浩处得就像一家人一样，谈恋爱、结婚以及家里的一些大事都请王学浩参谋。喜得千金后，他还带着老婆孩子来到医院，当面表示感谢。

在王学浩的日历上，没有节假日，也没有周末。手机24小时开机，只要医院的电话一到，他马上就往医院赶。因为肝移植手术时机是由许多外在因素决定的，一切服从患者需要、服从手术需要，这是王学浩要求每位肝脏移植中心成员必须达到的基本素质。

肝移植手术的辛苦程度只有参加手术的医生才能体会得到。王学浩和手术小组成员一上台就是从早上到晚上，精神高度紧张，手术做到最后，两腿肿胀得没有一点知觉。患者很多是肝炎患者，随时有被传染的危险。术后1到3周的关键期，王学浩和同事几乎整天泡在医院里，随时出现在患者身边。

有人问王学浩做肝移植的压力大不大，他幽默地回答："当然大！在手术中，患者血压下来了，我的血压就上去了；患者的心跳慢了，我的心跳就加快了。"

发扬团队精神，众人拾柴火焰高

肝脏移植是个"系统工程"，手术成功需要大家共同努力和通力协作。作为学科带头人，王学浩高度重视培养全科的团队精神，同时重视发挥每个人的聪明才智，为年轻人创造快速成长、成才的机会。在他的带领下，研究所的张峰教授、李相成教授、孔连宝教授等一批50岁上下的骨干，已成为肝移植手术的得力"干将"，形成了各自的特长。就因为拥有优秀的团队，中心所做的肝移植的质量和数量均居全国前列，处于世界先进水平。

王学浩以自己的学生为豪，逢人便说："如果没有他们，这个事业是干不起来的。一个肝移植反映的是一个学科群、一个学科组的精神，我们有争论，甚至学生和老师也有争论，但争完就完了，谁也不往心里去。"

王学浩一直认为，肝移植是一个医院综合能力的体现，它涉及麻醉、重症监护、心脏、呼吸、肾脏、传染检验、器械、血库等多个科室的协调配合。正是在全院上下同心协力，共同参与努力下，我们才得以完成这具有世界顶尖难度的活体肝移植手术。

"我们肩上所扛的不仅仅是一个个生命、一个个家庭，我们的事业也推动着中国肝移植特别是活体肝移植技术的不断向前发展。我们孜孜追求的是攀登活体肝移植这座现代医学高峰，造福更多病患。"至今，王学浩依然在攀登路上埋头苦干、不懈奋进。

文章原载于《江苏科技报》2019 年 10 月 18 日，有改动

推荐单位：江苏省科学传播中心

把科研成果书写在大地上

——"柑橘院士"果树专家邓秀新

文 俊 龙 华 夏克俭

人物简介

邓秀新,1961年11月出生。中国工程院副院长,中国科学技术协会副主席,中国工程院院士。

主要从事柑橘遗传改良和品种选育研究。将细胞工程、分子标记技术与常规育种有机结合,提高了柑橘育种效率,培育出多个柑橘新品种,并在生产中大面积推广应用。

获得国家科技进步二等奖1项,省部级奖多项,并获何梁何利基金"科学技术进步奖"、湖北省科技突出贡献奖、美国园艺学会国际杰出园艺学家奖等荣誉。

2018年4月2日,省科学技术奖励大会上,中国工程院院士、华中农业大学校长邓秀新摘得"突出贡献奖",奖金200万元。这位新中国首位果树学博士,使中国脐橙由进口变成出口、使我国柑橘事业跨入世界先进行列的领军人说,农民是最好也是最脆弱的经济学家,新技术新品种的普及不要讲技术上可行,要讲经济上可行,坚持"科研选题从生产中来,科研成果回到生产中去"。

让中国一年四季都有新鲜柑橘

"我们在屈原故里秭归发现一种棕色橙子。"接受《湖北日报》全媒记者采访时,邓秀新院士在办公室里手捧4个橙子,开心得如孩童般。他说,新发现的品种命名"棕橙",与"忠诚"同音,将开发成旅游产品,成为当地的地理标志产品。"柑橘维C含量最多,营养丰富。"在国家柑橘育种中心的一棵棵果树下,邓秀新院士如数家珍地介绍柑橘的种类和特征,望向果树的眼里满满都是爱。

每年元旦,南方爽口的椪柑行销全国。春节前后,砂糖橘、秭归晚熟脐橙、春甜橘发力果市。到了5月,"花果同树"的夏橙进入采收季。七月流火,云南玉溪的橘子准时上市,紧接着,鲜嫩多汁的琯溪蜜柚成熟。蜜柚尚未下市,江西和广西的蜜橘开始抢滩九月的水果市场。国庆来临,湖北的蜜橘来了。等到11月,赣州脐橙,南丰蜜橘开始热销。

一年四季,国产鲜食柑橘不断档。然而在进入新世纪之前,这几年并无可能。20世纪80年代初,邓秀新从湖南农学院本科毕业后考入华中农业大学。那时,邓秀新就有一个很朴实的愿望:要使我国也能像美国一样,一年四季都有新鲜柑橘。

十几年来,邓秀新带领团队,让不可能变为现实,使中国脐橙由进口国变成出口国,让中国柑橘产业跨入世界先进行列。从国外的品种引进到品种培育,到新栽培模式的创新,到产后处理,再到市场营销,邓秀新团队的研究覆盖了整个产业链,支撑了整个柑橘产业体系。

在他主持下,中国首次建立起柑橘原生质体分离、细胞融合、培养及再生技术体系,揭秘了"甜橙基因组"。他说,中国生产了全球1/3的柑橘,而在柑橘研究领域也达全球一流水平,在细分领域甚至能领跑世界。目前,我国柑橘年产量超过2900万吨,居世界第一位。

让宜昌成为世界最大的蜜橘产区

柑橘是湖北省第一大水果,是三峡库区、丹江库区移民安置的首选产业。

"寒冷地带的稻米质量最佳,干旱山区的黄连药效特别高,山沟里长出的柑橘最好吃……"三峡库区人口多、土地少,邓秀新深谙作物生长"顺境出产量,逆境促品质"的道理,要种品质最好的柑橘,带动当地百姓致富。

他带领团队组织力量在湖北柑橘优势产区秭归、宜昌、丹江口建立了3个国家现代农业(柑橘)产业技术体系综合试验站,在秭归、丹江口建立了2个良种繁育中心,如今秭归良种繁育中心已成为湖北省最大的柑橘现代化供苗中心,其年出圃能力达100万株以上。先后选育了"华柑2号""早红""伦晚脐橙"等品种,并研发建立了一套柑橘留树保鲜技术体系,使湖北省成为全国柑橘鲜果供应期最长的省份,基本达到周年有鲜果,实现了晚熟晚采晚上市、与赣南等地错开上市的目标,种植效益大幅提升。

目前,秭归县和兴山县80%以上的果园已更换为新培育的脐橙品种,其中晚熟品种面积达30余万亩,每年增加效益约10亿元。研发推广了地表覆膜增糖、果园密改稀、隔年交替结果等技术,蜜柑产量、品质和效益稳步提升,使湖北宜昌成为我国乃至于世界最大的蜜橘产区,技术上引领全国。

熟悉邓秀新的人,都把他看作是一个战略科学家,他为全国柑橘产业结构调整提出的指导意见因其战略眼光、针对性和可操作性,而受到当地政府部门和柑橘科技工作者的高度赞赏。邓秀新谦虚地说:"我是个农业科技工作人员,除了专业知识外,只是多学一点社会学、经济学等知识,希望所提出的意见具有可行性和先导性,老百姓才能从中得到好处。"

2007年12月,在出任华中农业大学校长半年后,46岁的邓秀新摘得我国科技领域的荣誉桂冠,成为当时最年轻的两院院士。

他是"农民的财神"

邓秀新出生于湖南宜章一个偏远小山村,家境贫寒。儿时上山砍柴,他经常见到山沟里生长的野橘子,"儿时记忆成了我的研究对象。"

读高中时,为了凑点学费,邓秀新和姐姐一起上山采摘野生枇杷叶,妈妈负责切成条状并晒干,然后由邓秀新挑到隔壁的省份广东去卖。长期营养不良,这个当时身高不到1.6米的少年郎,挑着两个麻袋,负重五六十斤,来回160里山路,足足走3天,才挣到8元钱。

从懵懂的乡野少年到"柑橘院士",邓秀新初心不改,几十年如一日奔波在基层,我国绝大多数种植柑橘的地方都留下了他的足迹,他也因此被果农称作"农民的财神"。三峡库区移民时,已是大学副校长的他借宿在农民家里。同行的人说:"哎呀,您不能住这里,这怎么住啊?"可邓秀新安之若素,"晚上睡得特别香。"

"帮助农民时,不要讲技术上可行,要经济上可行。"邓秀新说,农业一定要务实,农民是最好的,也是最脆弱的经济学家,科技工作者服务的对象不管是企业还是农民,一定要能让他有收入,经济行为一定要符合经济规律。

作为一个农业科学家,邓秀新希望科研成果能书写在大地上。这位农民的儿子心中一直心系扶贫。他说,农民最经不起折腾,扶贫一定要多方调研形成合力。要做大一个农业扶贫产业,需要利用好政府、科技和市场三种力量。

文章原载于《湖北日报》2018年4月3日,有改动

推荐单位:湖北省科协

立德树人,初心传承
——精密机械专家王立鼎

李英杰　王洪鹏　赵　岩

人物简介

王立鼎,1934年12月出生。精密机械专家,大连理工大学机械学院教授,中国科学院院士。

在精密齿轮工艺和测试技术方面,研制成功1级精度标准齿轮,居国际领先地位,被称为"精密齿轮王",同时还是我国微纳米技术的开拓者之一。主持的科研项目获得国家科技进步二等奖2项、三等奖1项、全国科学大会奖1项,省部委奖励10余项。

王立鼎于1934年底出生于辽宁省辽阳市,先后经历过日本殖民统治与国民党统治下的贫困生活。1948年辽阳解放,王立鼎重新获得了读书的机会,他深刻地领会到,没有共产党,就没有平静的书桌,是这种对党朴素的情感使他能够在之后的科研道路上始终立足国家需要。

王立鼎院士的三次"科研创业"[①]

1960年王立鼎大学毕业,被分配到中国科学院机械研究所,后来的中科院长春光学精密机械研究所(以下简称长光所)当研究实习员(相当于大学里的助教),接到的第一项研究任务就是研制一台小模数齿轮滚齿机,由此王立鼎开启了齿轮研究。

---

① 此部分内容根据作者在2019年11月4日至6日对王立鼎院士的访谈整理而成。

出于国防需要，王立鼎开始并坚持了数年的精密齿轮"科研创业"。1961年，他接到了中科院下达的为光电经纬仪研制6级至5级齿轮的任务。王立鼎在现有的一台齿轮磨床上进行改进和操作，经过刻苦攻关与精心磨齿，顺利完成了此项任务。

接下来，王立鼎响应中科院"任务带学科"的号召，对自己提出了更高的要求，产生了研制标准齿轮的想法。标准齿轮是齿轮参数量值传递的实体基准，用于批量生产齿轮的检测或校准齿轮量仪的示值误差，标准齿轮的精度需要比被检测齿轮的精确度还要高两个等级。比如，3级左右精度的标准齿轮才能检测5级或者6级齿轮，这在当时只有国外能做出来，中国还没有人能够做出来。王立鼎在齿轮磨削技术上不断的突破，通过改造国产机床，并创建了"正弦消减法""易位法"等多种新方法，经潜心钻研，大胆创新，将齿轮的精度从6~5级提高到4~3级。1965年，王立鼎获得了当时中国科学院院长郭沫若亲自签发的中科院优秀科研成果奖。刚刚30岁出头，王立鼎已经成为国内超精密齿轮专家，被称为"精密齿轮王"。王立鼎的齿轮生涯并未止步于此，他的齿轮加工精度达到国际先进水平的2级精度；再经数十年的努力，又研制出领先于世界先进水平1级精度基准标准齿轮及相应的齿轮加工装备与测量仪器。在齿轮方面，王立鼎先后获得国家奖和省部级奖励近10项。

伯乐与千里马[①]

齿轮研究是王立鼎40年磨一剑的结果，因此，1998年，王立鼎来到大连理工大学机械学院之后，依然想把这件事情继续进行下去，他认为："任何事都需要有人来做，不是显赫的事情需要人做，那些平凡又费力气的事情国家也需要人来做，所以我一直有一个信念就是要为国家把一件事情做好，坚持下去。"齿轮不仅在国家计量院、军工雷达、光电经纬仪上有需求，多个领域都有需求，由此王立鼎希望超精密齿轮工艺能够传承下去。这时

---

① 此部分内容根据作者在2019年11月7日对凌四营的访谈整理而成。

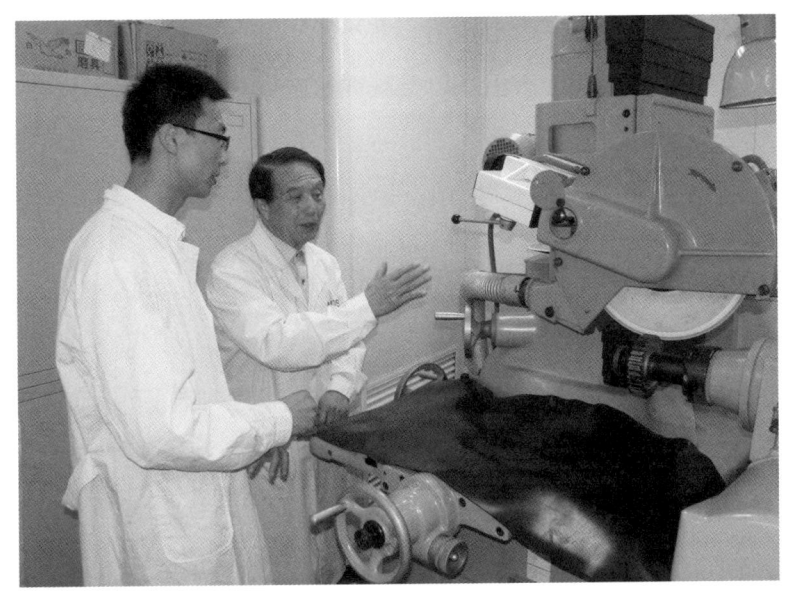

候，王立鼎遇到了一位优秀的博士生，名叫凌四营。有趣的是，博士生面试的时候，凌四营认为自己专科出身，不敢报考王立鼎院士，报考了另一位老师，但王立鼎不拘一格，慧眼识人才，认为凌四营有很强的实践能力，于是几次找到凌四营谈话，将他收为自己第一位超精密齿轮磨齿工艺方面的研究生，把他当作自己的"接班人"来培养。

一开始读博的时候，凌四营想沿着硕士论文的仿真方向来进行，然而王立鼎教导他，精度的东西不能仿，精度是做出来的，必须要通过动手实践。在凌四营博士二年级的时候，王立鼎承接了一项863项目，他把其中磨齿轮刀具的任务交给凌四营。此时的凌四营比较犯难，齿轮大概是什么样子，起码有个印象，但是对于齿轮刀具，实践中确实还没见过，加工难度又很高。但是王立鼎鼓励凌四营探索其中的工艺，从那时起，凌四营开始沉得下心，静的下去，勤于动手，沉浸在齿轮磨削的实验室的工作中，从实践中渐渐体会原理与方法。慢慢地，凌四营展现出超出一般人的动手能力，出色地完成了王立鼎交给他的第一项任务。

王立鼎在齿轮工艺方面一直秉承的是"实践出真知"的理念，因此他会把自己亲自做过的设计、画图、加工、检测全套科研工作的原理和方法教授给凌四营，让凌四营少走弯路。在齿轮工艺的细节方面，王立鼎也会从头到尾演示给凌四营看。但是，要想很好的领悟这些方法，还是需要凌四营自己去实践、去探索。很多细节看上去很简单，但是实际操作却不容易。比如，精度需要从 1 微米调到 0.5 微米的时候，王立鼎可以一次调成功，但是其他人来做，轻轻一碰，可能调成了 50 微米。这个技艺的传承就需要凌四营花很长的一段时间去消化吸收，慢慢掌握。可谓"运用之妙，存乎一心"。凌四营在齿轮加工实验室经常一站就是几个小时，有一次磨齿站了 9 个小时，饭也没吃，紧紧盯着机床磨齿，一直在等到磨出满意的光洁度才算成功。

功夫不负有心人。2012 年，凌四营的博士论文《超精密磨齿中的机床精化及磨齿工艺研究》获得了中国首个"上银优秀机械博士论文金奖"。博士毕业之后，凌四营在去企业还是留校之间有所犹豫，这个时候，王立鼎找他谈心，跟他说"不能只考虑眼前暂时的利益，做超精密齿轮是一项事业，不是光为了自己，也不是仅仅为了将来能挣多少钱，而是在国家需要的时候，我们能做出来。"凌四营被王立鼎这份爱国情怀深深打动，于是决定继承超精密齿轮加工的事业，继续耕耘。近两年，凌四营获得的授权专利达 24 项之多。

凌四营说："是王老师挖掘了我在实际操作能力方面的优点，这本是我自己都没有发现的，在科学研究中学习王老师那种锲而不舍的精神，对我来说是一大笔财富。"王立鼎提到凌四营时常说，"青出于蓝而胜于蓝"。王立鼎如伯乐一样，善于发现和培养人才，凌四营正如千里马一样，继承并发扬了老师的"衣钵"。

小　结

王立鼎院士注重培养学生的爱国主义精神。钱伟长先生曾说过："我没有专业，国家需要就是我的专业。我从不考虑自己的得与失，祖国和人民的忧就是我的忧，祖国和人民的乐就是我的乐。"王立鼎院士也和钱老等老一辈科学家一样有着深沉的爱国情怀。王立鼎院士自己的专业方向就始终与祖国的需要同频共振。祖国的需要就是他的专业。他曾经说："高尚的事业源于高尚的爱，正是对祖国、对人民和对科学的赤诚成就了我一生的事业。"在教育工作当中，王立鼎院士注重培养学生的爱国主义精神，引导学生把祖国的需要自觉融入到自己科研方向中，把论文写在祖国的大地上。

王立鼎院士注重培养学生的科研能力。授人以鱼不如授人以渔。王立鼎在培养学生方面，首先传授的就是做事情要讲究方法，进入到王立鼎的办公室就会发现，他的办公室井井有条，东西从不随意摆放，什么东西放在什么位置上都十分清楚，好比档案馆将各类文书档案归档一样整齐。他习惯于将自己每天的工作记录在本子上，这样查找起来十分方便，他会把自己对方法的追求和秩序的遵守教授给学生。其次，他对学生要求严格的同时，自己也以身作则，动手操作从来不是说说而已，而是带着学生来做，亲自演示。细节处也不放过，王立鼎给学生修改的论文，连不合适的标点符号都会标出。不管是做人还是做事，王立鼎都给学生做了很好的榜样。尽管现在王立鼎已经85岁高龄，但他每天依然会去办公室办公，学生们有什么问题都喜欢来找他商量。可以说，王立鼎院士学高为师、身正为范，始终牢记着自己的科研初心，并以身作则向学生传承使命，引导学生把科技成果应用在实现现代化的伟大事业中。

文章原载于《今日科苑》2020年第3期，有改动
推荐单位：大连理工大学哲学系

扎根宁夏筑"钽"途

——冶金与材料工程专家何季麟

人物简介

何季麟，1945年9月出生。冶金与材料工程专家，中色（宁夏）东方集团有限公司正高职高级工程师，中国工程院院士。

潜心于稀有金属钽、铌、铍的冶炼与加工技术研究，使中色（宁夏）东方有限集团有限公司的钽金属产品成为世界钽业三强之一，为宁夏稀有金属产业发展、科技创新作出了突出贡献。主持并指导了多项新产品研究开发和7项国家重大技术改造，形成了46个系列206个品种的产品，发表论文30余篇。

获得国家火炬计划一等奖1项、国家科技进步二等奖2项、国家科技进步三等奖1项、有色总公司科技进步一等奖1项、自治区科技进步一等奖1项，获评全国杰出专业技术人才、自治区第一批"塞上英才"，享受国务院特殊津贴。

何季麟是目前宁夏唯一的中国工程院院士。1969年，他和一群年轻人一起，在宁夏石嘴山的戈壁滩上建起了"905"厂，当年的小厂子，如今已成长为世界钽工业的佼佼者——中色（宁夏）东方集团有限公司。

让世界知道宁夏

"刚来石嘴山的时候，除了市区有几条街道、几家店铺外，周围几乎都是戈壁滩。"何季麟第一眼看到宁夏就怔住了。

这种荒芜，不仅是地域上的，更体现在业内的不被人重视。1993年，何季麟参加第33届国际钽研究中心（TIC）的年会时深有体会。"我们在年会现场给别人发名片时，几乎没有人接。"能参加年会的基本都是国际上有影响的企业，没有人知道在中国还有个叫宁夏的地方，在宁夏还有一家钽工业企业。

而到了1997年，在他们的努力争取下，TIC秘书长专程前往宁夏考察，新一届的年会获批在宁夏举行，在钽工业领域，宁夏走上了世界舞台。

把青春献给这里

何季麟初来宁夏时24岁，那时他大学刚毕业。当时和他一同前往的，还包括清华大学、北京大学在内的70多所高等院校的学生。他们是落户宁夏的中国钽工业的"拓荒人"，带来了技术，奉献了青春。

何季麟是看着"905"厂一步步成长起来的，当时参与建设的这批年轻人也是宁夏工业发展的开拓者。如今，73岁高龄的他依然四处奔波，继续为这片土地贡献着自己的力量。

中国钽业　从宁夏走向世界

约何季麟院士接受采访，在等待的这两周时间里，何院士跑了4个省（市），开了5个学术交流会。问他身体能不能吃得消，他说："还行，回来稍微有点感冒。"

戈壁滩上的稀有金属梦

何季麟口中所说的"905"厂，便是当年的宁夏有色金属冶炼厂。1965年，国家决定在贺兰山下建一座钽铌铍加工厂，北京有色金属研究院的200多名干部职工就这样来到了贺兰山下，在戈壁滩上建成了一座军工配套钽铌铍冶炼、加工的小厂，年产6吨钽，40吨铌。

"刚来石嘴山的时候，周围几乎都是戈壁滩。"何季麟说，如今在他们集团办公楼的走廊里挂着一幅老照片，几个年轻人在窑洞前笑得很开心。他们正是在 8 年住窑洞、吃白菜萝卜的日子中开始了在稀有金属领域的探索。

打破中国钽粉零出口纪录

如今，中色（宁夏）东方集团有限公司，世界有名，生产的钽丝占世界市场份额的 60%，综合质量和市场占有量均居世界第一位；钽粉占世界市场份额的 30%，居世界第二位。但在 20 世纪 80 年代，公司发展举步维艰。

"当时正值改革开放初期，我们老厂长去北京参加全国订货会，仅仅拿到一个订单——250 克钽粉。"何季麟说，老厂长回来一传达，全厂震惊。

国内没有市场，那就开拓国外市场。1987 年，国家决定实施中国钽工业的技术改造，时任副厂长的何季麟带领团队到美国考察，准备引进新的生产线，但当他们背着方便面去和对方谈合作时，得到的答复是："我们绝不会在东方培植一个竞争对手。"

"自己干！" 1990 年，何季麟接下了厂子里"用半年时间攻克钽粉技改难关"的任务，带领团队开始自主研发。"我们当时承担了超高比容钽粉、钽铌湿法冶炼、钽电容器阳极引线用钽丝 3 个国家级重点技术改造项目，压力可想而知。"他和科研人员一起，没日没夜地泡在实验室、车间，亲自动手参与研发。最终，产品一次性通过国际认证，当年便打破中国历史上钽粉零出口的纪录。宁夏——这个地处中国西北边远地区的省区，也开始进入世界视野。

开拓"钽途"的坎坷路

科研搞成功了，产品也获得了认证，但市场在哪里？

为谋求发展，1992年，何季麟和同事访问了世界第一大钽电容器生产商美国基美公司。"人家压根就不信，说你们怎么能做出这么高技术的产品，我在地图上画出宁夏的位置，跟对方不断解释。"何季麟当时用了足足3个多小时，回答对方提出的诸多问题，终于得到对方认同并顺利进入商务谈判，拿到了首批订单。

1994年，何季麟又带领团队奔赴日本。当时日本用钽材料做电容器的公司是各个国家中最多的，一共有11家。他们一家一家地跑，只有一家公司比较认同，其他公司要么搪塞两句，要么连样品都不看。

"看到对方的态度，心里很难受，但同时十分有信心，因为我们有自主研发的先进技术支撑，相信一定能够攻入日本市场。"何季麟说。正是凭着过硬的产品质量和诚恳的态度，20世纪90年代，中国钽材料打开了世界市场，产品先后成功进入美、英、德、日、韩等国，和国际上所有用钽材料做钽电容器的20多家公司建立了稳定的商务供货关系——中国钽工业从宁夏走向了世界。

贺兰山下　一种精神在传承

"我们是国内钽铌行业的领头羊，我们应该有信心也完全有能力与世界比肩。"采访中，何季麟说到这句话时，声音突然提高。正是基于这样的信念，2000年，公司的钽铌出口总量达到280多吨，跻身国际市场钽工业三强……

2001年，何季麟被评选为中国工程院院士，他也是截至目前宁夏唯一的中国工程院院士。这一殊荣背后要付出多少艰辛、取得多少成绩，常人难以想象。

"那时候的每一个人都是这么过来的。我们有一个能吃苦、有责任的团队，这是我们成功的关键。"何季麟说，现在中色（宁夏）东方集团有限公司的职工们还是愿意称自己是"905人"，这是一种精神的传承。

在何季麟看来，中国工程院院士这个荣誉，需要他用一辈子的努力和奔波去诠释，"国家给我这个荣誉我就应该为国家做点事情、多做贡献"。时至今日，73岁的他依然承担着相关的国家项目，"感觉自己已经和铌、铍金属材料技术与产业结下了不解之缘，这个产业对我有着特殊的磁力"。何季麟说这话时，眼睛里闪烁着明亮的光芒。

2001年，公司实现销售额18.46亿元，但钽铌工业进一步发展仍面临障碍。何季麟介绍说，我国钽、铌资源分布分散，品位低，钽、铌原料很大一部分需要进口，钽丝、钽粉等主导产品则大部分销往国外，典型的"两头在外"产业特征使得企业抵御市场波动风险的能力减弱。果不其然，2002年，销售额滑落到了8亿元。

"调整产业结构。"何季麟带领企业决策层又开始了新的征程。公司规划了着力研究开发的十余条主业延伸新产品链，提出了在最短的时间内使目前研发的新产业与主产业各占50%的发展目标。经过5年的艰难爬坡，2007年，公司实现恢复性增长，销售额再创历史新高。

如今，中色（宁夏）东方集团有限公司发展迅速。公司开发的新产品，填补了多项国内空白，部分成果达到了国际领先或先进水平，基础研究和超前性产品的开发领先市场应用3—5年，为神舟飞船、探月工程、蛟龙号载人潜水器、北京正负电子对撞机改造等重大科学工程提供了重要的配套材料。当年贺兰山下年产6吨钽、4吨铌的小厂子，已成为世界钽工业中的佼佼者。

说起中国钽、铌、铍事业的发展，何季麟着重强调了两个字：人才。"20世纪80年代是企业比较艰难的时期，人才大量流失。从1981年到1983年，一共走了200多名科技人员。"

"在西北，要想引进高技术人才，不容易，要想把他们留住，更不容易。"何季麟说,人才问题成了制约产业发展的重要因素,"把知识引进来,把人才引进来,这是我目前觉得最着急的事。"目前,他正在探索引进人才的方式方法,比如通过校企联合培养科研人才等途径。

何季麟先生一生获奖很多,但他将所有的奖金捐献出来,用于科研事业。他笑一笑,说钱只要够花就行,再多也没什么用……对何院士进行访谈的过程中,让记者有深切感触的,更是一种可贵的工作精神,正是这种精神的传承,在一代代宁夏建设者的践行中,这片土地发生着巨大的变迁与进步。

推荐单位:宁夏回族自治区科协

中国研究茶叶农药残留问题的第一人
——食品安全和茶叶植保专家陈宗懋

莫 倩　郭莎莎

人物简介

陈宗懋，1933年10月出生。中国茶学学科带头人，中国茶叶学会名誉理事长，中国工程院院士，曾任联合国食品法典农药残留委员会（CCPR）主席。

长期从事茶叶质量安全和茶树植保研究，是我国茶叶中农药残留和茶园昆虫化学生态学研究的开拓者，重构了茶叶中最大残留限量制定的国际规范，构建了茶园害虫化学生态学理论和绿色防控技术体系。著有《中国茶经》和《中国茶叶大辞典》。获得国家科技奖5项、省部级奖励12项，全国优秀科技工作者、新中国成立60周年"三农"模范人物等荣誉。

中华人民共和国成立后的茶叶种植及茶产业的发展，都绕不过陈宗懋这个名字。

今年已经86岁的陈宗懋，是中国茶叶研究领域的第一位工程院院士，中国茶叶学会名誉理事长，也是中国研究茶叶农药残留问题的第一人。在近60年的茶研究路上，他开创了茶叶农药残留和茶园化学生态防治研究两个领域，率先提出用茶汤的农药残留水平来制定茶叶中的残留标准，取得国际公认，为中国茶叶事业作出了卓越贡献。

"他承担起了科学家的责任与使命，体现了鲜明的科学精神。"2018年4月，中国食品科学技术学会、国际食品科技联盟将"科学精神奖"授予陈宗懋院士，以表彰和感谢他对推动食品安全事业作出的卓越贡献。

"这烟是什么"

陈宗懋是新中国最早的一批大学生，1950年考入复旦大学农艺系。"几十年了，科学和时代都发生了很大变化，需要不停学习、更新。"

他自学了俄语、日语、德语、捷克语等外语，目的是方便查找和精确理解与茶相关的资料；工作之余，他每天阅读三篇学界外文前沿论文，了解国际茶学领域最近进展；利用零散的时间翻阅随身携带的资料；持续前往国内的主要茶区进行调研……他坦言，这些年他从来没有松懈过，一直在学习和实践。

1960年，陈宗懋进入中国农业科学院茶叶研究所，也正式与茶叶结缘。不久，他接到了第一项任务——检测农药残留。他从广州海关取回了一些因农药残留超标被英国海关遣回的茶叶样本，化验到底是什么物质超标了。

20世纪60年代，农药残留研究在中国尚属空白，无经验可循。多次实验论证后，陈宗懋发现，是DDT（双对氯苯基三氯乙烷，有机氯类杀虫剂），大大超出了国际标准。这让陈宗懋倍感焦急，也决定在茶叶农药残留检测领域深耕下去。

20世纪90年代，40%的中国出口茶叶中含有超标的S-421（八氯二丙醚）。"当时，英国人问我为什么要喷这个。我说我们没有喷。但茶叶上有残留，我解释说可能是污染物，我们找找源头。"陈宗懋说，当时如果无法找到S-421的来源，那中国的茶叶便很难进入国际市场了。

这一找，便是两年。陈宗懋团队检测了不同的农药、肥料、水与土壤，却一无所获。

一次，陈宗懋在福建考察。所在公司的车间飘着一些烟。

"这烟是什么？"

"蚊香。"

当时规范化的生产理念欠缺，生产环境和操作流程没有标准体系。福建气候潮湿,白天有小飞虫、晚上有蚊子,于是就点上了蚊香,驱散蚊虫,帮助工人更专注地工作。难道问题就出在这里?

陈宗懋征得同意后,抓了一把车间的茶叶带回了研究所。"放入溶剂中,实验一做,在5分42秒的时候,S-421出现了。"陈宗懋说,自己至今记得很清楚,是5分42秒!

团队成员在市场上购买了不同种类的200多个蚊香产品,带回实验室检测。把它们浸泡在溶剂中,都在5分42秒后出现了S-421。源头找到了。陈宗懋团队将实验写成报告上报。

2006年,农业部发布对蚊香中禁止加入八氯二丙醚(S-421)的公告。加强对含有八氯二丙醚的农药产品的管理,停止受理和批准含有八氯二丙醚的农药产品登记,并对撤销已经批准的所有含有八氯二丙醚的农药产品登记、不得销售含有八氯二丙醚的农药产品做出了时间规定。

"2007年3月,我们所去市场上找八氯二丙醚,已经找不到了。所以,污染要找源头。在问题进入瓶颈的时候,要想办法解决,不要放弃。"

"好好做科研"

陈宗懋踏入农药残留研究领域后,进行了60余种农药在茶树上残留、降解动态的研究，提出20余种农药的安全使用标准，其中有18项作为国家标准颁布实施，另有5项作为部颁标准，从而使茶叶成为全国各种作物中最早提出农药安全使用标准的作物。

"中国虽然是产茶大国，但过去很长一段时间内，中国缺乏农药国际标准的话语权。"陈宗懋将目光瞄向了茶叶农药残留的国际检测标准。

长期以来，国际计算农药残留的标准是以干茶为对象的，虽然标准很高但却未考虑实际饮茶习惯。因为人们饮用的是茶汤而非茶叶本身。陈宗懋提出，茶叶农药残留应测定茶汤，农药的水溶解度是决定茶叶饮用安全性的重要参数。2015年，联合国国际食品法典委员会认定农药的水溶解度是决定茶叶饮用安全性的重要参数。之后，这一标准得到了联合国粮农组织（FAO）的认可，也被其采用。陈宗懋说，从此中国在国际茶叶农药残留领域有了发言权，同时在国际茶叶标准的制定上，拥有了真正的主动权和话语权，是中国标准的一次成功。

与此同时，为最大限度减少农药的使用，陈宗懋带领团队进行了昆虫茶园生态研究。使用害虫最喜欢的波长制成的LED诱虫灯，精确消灭害虫；采用黄色引诱害虫、红色驱逐益虫的天敌友好型板，提升害虫的消灭率；通过人工模拟害虫雌虫的气味，放置性诱剂吸引害虫雄虫……陈宗懋说，采用研究所提供的化学生态防治方式的试验田，去年农药使用的减少量为40%到100%，高于"十三五"规划中"药肥双减"项目中的五年时间内农药减少25%。

"工作这些年，我过得比较忙碌，但很充实，没有很大的遗憾。以前的时候，国家穷，实验的仪器设备比较简陋。现在，国家富起来了，仪器设备也好了，要继续好好做科研。"陈宗懋说。

文章原载于《人民画报》2019年第5期，有改动

推荐单位：中国茶叶学会

春蚕到死丝方尽
——爆炸力学与核试验工程专家林俊德

张 维

人物简介

林俊德（1938.3—2012.5），中国爆炸力学与核试验工程领域专家，中国工程院院士。

中国岩石力学与工程学会前常务理事，中国岩石力学与工程学会岩石动力学专业委员会发起人之一。

1969年获国家科技进步奖三等奖，1990年被评为有突出贡献的中青年专家，荣立一等功1次、二等功1次、三等功2次，被中央军委授予"献身国防科技事业杰出科学家"荣誉称号。

"大漠，烽烟，马兰。平沙莽莽黄入天，英雄埋名五十年。剑河风急云片阔，将军金甲夜不脱。战士自有战士的告别，你永远不会倒下！"2012年《感动中国》给予林俊德的颁奖词令人潸然泪下。

林俊德，中国工程院院士、总装备部某基地研究员。入伍52年，参加了我国全部核试验任务，为国防科技和武器装备发展倾尽心血，在癌症晚期，仍以超常的意志工作到生命的最后一刻。林俊德的中学和大学都是靠政府助学金完成的。大学毕业后，他被分配从事核试验研究。由于核爆炸具有极大的破坏性，测量仪器研制一直存在很大难度。林俊德根据当时的实际情况，独立创新制作了钟表式压力自记仪，为测量核爆炸冲击波参数提供了完整可靠的数据。在之后40多年的科研旅途中，他先后获得30多项科技成果。2012年他被确诊为"胆管癌晚期"。为了不影响工作，他拒绝手术和化疗。5月26日，因病情突然恶化，他被送进重症监护室。醒来后，他强烈要求转回普通病房，他说："我是搞核试验的，一不怕苦，二不怕死，现在最需要的是时间。"林俊德住院期间，整理移交了一生积累的全部科研试验技术资料；多次打电话到实验室指导科研工作。极度虚弱的林俊德，先后9次向家人和医护人员提出要下床工作。于是，病房中便出现了震撼人心的一幕：病危的林俊德，在众人的搀抬下，向数步之外的办公桌，开始了一生中最艰难也是最后的冲锋……直到心电仪上波动的生命曲线，从屏幕上永远地消失。这位军人，完成了生命中最后的冲锋。临终前，林俊德交代："把我埋在马兰"。

马兰，一种在"死亡之海"罗布泊大漠中仍能扎根绽放的野花。坐落在那里的中国核试验基地，就是以这种野花来命名的。

从大山深处赤脚走来

从赤着脚走出福建永春大山深处的那个贫穷青年到从事"惊天动地"核试验的工程院院士，林俊德走过的是一条非常单纯的人生路。林俊德因贫寒辍学，中华人民共和国成立后，才在党和政府的帮助下得以继续学业。从此，这位质朴的农家孩子就怀着一颗感恩之心刻苦学习，并把自己的命运和国家前途紧紧地联系在了一起。

"工作后，单位安排他在哈尔滨军事工程学院进修核试验专业。两年的紧张学习之余，他凭着初步掌握的英、俄两种语言，把图书馆里美、英、苏20世纪30年代以来有关力学和仪器方面的期刊全部查阅了一遍。"

"和老林生活了一辈子，我知道，在他心中，事业始终是第一位的，他把自己的一切都奉献给了核试验。"林俊德的夫人黄建琴说，相伴45年，"他去世前住院那一阵子，是我们俩在一起最长的一段时间。"

每天晚饭后，陪老伴散一圈步，然后老伴回家，他去办公室，工作到晚上。这，就是林俊德的生活常态。即使春节，他也只会让自己休息到大年初三。林俊德不打牌、不抽烟、不喝酒，除科研之外，别无所好，别无所求。

20世纪生产的老式显像管电视，一根电线加一个灯管改造而成的房灯，一大三小四个沙发，完全不成套……走进西安郊区这个90多平方米的家，人们很难相信，这就是一位院士的家。

"沙发和床，都是他用包装箱拆下的木板做成的。"黄建琴说，老林就是这么一个普通的技术工作人员，一个公文包用了20多年，已分辨不清颜色；手表用得磨手了，用透明胶粘上继续用。

然而，生活中异常能"凑合"的林俊德，在工作中却始终恪守着一种异乎寻常的严谨。

在离开大学校门后的40多年中，林俊德的大部分时间是在新疆戈壁滩上度过的。1963年5月，他接受了研制测量核爆炸冲击波压力自记仪的任务，担任组长。当时在反对美国、苏联的核垄断中，全国人民的民族意识很强，都想为中国人争口气，他说，自己上了7年大学，不就是为了学点本领干点事吗？这项研制工作只允许有一年多的时间，他们只能日夜加班设计，实验只能因陋就简，终于他们按期完成了参试前的全部的技术准备和考核工作，并参加了首次核试验。用林俊德自己的话说："为党和人民做事，是天经地义、天地良心。"

献身大漠　奋力攻坚

核试验基地在西北戈壁滩上，气候特别干燥，日夜温差大，夏天的地表温度有时达到70℃以上。那里没有房子，试验人员全住帐篷，10人到12人住一顶，只有10平方米，吃的东西全是几百千米外拉来的。最大的生活难题是水，要取自20千米外的孔雀河。河名挺美，但水是苦的（含碱、硝）。在戈壁滩上，人身上水的蒸发量很大，但渴了还不敢多喝水，喝后肚子胀得厉害，还可能引起腹泻。生活虽然艰苦，但林俊德和战友们豪情满怀，群体里充满了欢声笑语，大家亲密无间。由于生活保障困难，进场人员需严格控制，所以每个人的工作量都很大，仪器全是自己装卸，人人都是体力劳动者,也是脑力劳动者。周恩来提出要"严肃认真,周到细致,稳妥可靠,万无一失",林俊德和参试技术人员一起,严格按照这一要求执行。他们深深知道,核实验的特点是"一锤子买卖",准备几年的事就看那几秒钟。

"为了拿到第一手资料,老师常年奔波在实验一线。凡是重要实验,他都要到现场,拍摄实验现象,记录实验数据。"学生张博士说,每做一次实验,林俊德都建一个档案,就像病人的病历一样,几十年从不间断。同事、学生需要资料、数据,都能在他那儿很方便地找到。"老师的实验记录细致全面,令我们这些学生常感惭愧而敬佩。"

与林俊德共事20余年的同事们记得,20世纪90年代初,为尽快攻克爆炸工程技术的一个重大难关,年逾花甲的林俊德带领同事、学生在办公楼附近挖了一个大土坑,每天爬上爬下做实验。冬天寒冷刺骨,夏天闷热炙烤,一干就是300多天。"经常一身土一身泥,大家都笑称他是民工院士。"

基地的同事都知道,凡是涉及科研的事情,林俊德便十分"苛刻"和"无情"。他曾在干部推荐会上直言批评一位候选人急功近利的科研态度,也曾毫不留情地在答辩会上对自己的得意学生发难……在他手下读博士,平均要6—8年才能完成学业,拿到学位。

张扬正气　引领新人

林俊德有"三不":不是自己研究的领域不轻易发表意见、装点门面的学术活动坚决不参加、不利于学术研究的事情坚决不干。

"参加学术评审会从来不收评审费,不让参评人员上门拜访。科研成果报奖时,他总是把自己名字往后排,不是自己主持的项目坚决不挂名。"基地政治部某领导如是说,2001年,在林俊德当选院士的当天晚上,一位老朋友代表某学院邀请他出任客座教授,给他建独栋别墅,付年薪20万,一年只要去作一次报告即可。

类似这样跟自己学术无关的邀请,林俊德拒绝了太多。

林俊德同样经常拒绝的,还有荣誉。基地曾经两次准备为林俊德申报全国先进和何梁何利奖提名,都被他婉言拒绝了。

"咱们花钱不多,做事不少。咱讲创造性,讲实效,为国家负责。"52载饱经戈壁风霜之苦,52载肩扛攻关攀登重任,林俊德对自己的一生深感欣慰,"我们这代人留下的不是痛苦的回忆,留下的是一种自信,一种自尊。"

一生隐姓埋名铸核盾,成就鲜为人知,林俊德最打动人的,是他的忠诚、敬业、正直、律己。他一辈子牢记党和人民的重托,鞠躬尽瘁,死而后已;始终保持质朴的本色,求真求实、不图名利,为人师表、甘为人梯,展现出科学大家的风范,树立了一座光照千秋的精神丰碑。

"生病住院后,他叫我们去拷贝资料,我们才知道,他给每个学生都建立了一个文件夹,详细记录着每个人的技术专长、培养计划和施教方案,甚至师生间的交流讨论。"唐博士回忆,从跟老师的第一天起,短的三四年,长的十几年,老师都详细准确地记录下了他们每个人的成长足迹。

"拷文件时,我们都忍不住哭了。"唐博士自己的博士论文,就是林俊德在生命最后3天中批改完的。这份130页、8万多字的论文上,留下了林俊德338个颤抖的笔迹,这也是院士一生的最后手迹。

桃李不言。如今,林俊德指导和培养的23位学生,多数都已成为基地科研试验的学术带头人或技术骨干。

战斗到生命最后一刻

林俊德是一位将军,又是一位院士,一辈子隐姓埋名,默默献身祖国的科学技术事业，52年坚守在罗布泊，参与了中国全部45次核试验任务。2012年5月，他被诊断为"胆管癌晚期"，从确诊到死亡的27天时间里，他戴着氧气面罩，身上插着十多根管子，坐在临时搬进病房的办公桌前，对着笔记本电脑，一丝不苟地挪动鼠标……因为他知道，关系国家核心利益的重要技术文件就藏在几万个文件夹中，学生们快要答辩了，还有毕业论文没有批改完，不能耽误孩子们的毕业。他意识到自己时间不多了，一切都不能耽搁，必须要赶在时间前面。他放弃用手术延长生命，选择了与死神争分夺秒，一小时、一天……一直拼到生命的最后一刻。5月31日，林俊德病情再度恶化，生命进入倒计时，他9次要求、请求甚至哀求，希望医生同意他下床工作。他的家人实在不忍心最后陪着他又坐在电脑前。上午10点，已经连续在电脑前工作了两个小时的林俊德，颤抖着对女儿说，C盘我做完了！他的手颤颤地握不住鼠标，眼睛也逐渐看不清东西，身旁的人们失声落泪，夫人黄建琴希望他躺在病床上休息一下，他说："我不能躺下，躺下了，就起不来了……"

临终前的林俊德，唯一的心愿是回到马兰，回到他一辈子战斗生活的那块大漠戈壁。

在最终的遗言中，他念念不忘的也是马兰："马兰精神很重要，艰苦奋斗、无私奉献，希望大家继承马兰精神，让国家、人民尊重我们。"

伟绩丰功　永远令我们怀念

在40多年的科研旅途中，林俊德和同伴先后获得30多项科技成果奖，其中国家科技奖4项，部级二等以上科技奖11项，荣立一、二等功各一次，获国家人事部颁发的"有突出贡献中青年专家"证书。1978年4月，他被国防科委授予先进科技工作者标兵，荣获国防科委首届学习雷锋、"硬骨头六连"先进代表大会、科学大会奖。1987年8月1日，他被总参、总政、总后授予"中国人民解放军英雄模范"称号，光荣地出席全军建军60周年英模代表大会。1990年3月，共青团中央、共青团北京市委、

弘扬科学家精神 | 走近100位科技工作者

中央国家机关团委在北京举行"奋斗者的足迹"首场报告会,作为全国12名由老中青三代优秀科学家代表组成的报告团成员之一,林俊德应邀作报告。1999年9月18日,应邀出席中共中央、国务院、中央军委在人民大会堂召开的表彰为研制"两弹一星"作出突出贡献的科技专家大会,受到江泽民等党和国家领导人亲切接见。

他用毕生的实践告诉我们,对事业的追求在于奋勇攻关、开拓创新的执着追求。事实一再证明,在国防科研领域,"外援"是靠不住的,尖端技术是引不来的。林俊德一辈子坚持走自己的路,在核试验技术领域自主创新,勇攀高峰,创造一系列令世界瞩目的"中国速度""中国效率"。

一朵怒放的戈壁马兰凋谢了。而在罗布泊这片写满传奇的大漠戈壁上,那曲人人皆知的《马兰谣》却将永远传唱:

一代代的追寻者,青丝化作西行雪;一辈辈的科技人,深情铸成边关恋。青春无悔,生命无怨,莫忘一朵花儿叫马兰……

让我们努力向林俊德院士学习,冲锋在前,奋斗不止,为我国岩石力学与工程领域的发展和壮大作出应有的贡献!

文章原载于《礼赞·科学家精神》,有改动
推荐单位:中国岩石力学与工程学会

点亮地下奥秘的明灯
——地球物理学家陈颙

陶韬 马洋 齐琦

人物简介

陈颙，1942年12月出生。地球物理学家，南京大学教授、中国科技大学地空学院院长和中国地震局科技委主任。中国科学院院士，第三世界科学院院士。

一直从事地震学和实验岩石物理学研究工作，近年来重点研究地震雷达，并致力发展城市地球物理学。曾任国家地震局副局长、中国地球物理学会理事长、中国科学院地学部主任、国际地震预测和灾害委员会主席。

多次获国家地震局科技成果奖，1998年获何梁何利基金"科学与技术进步奖"，发表论著近百篇（部）。

一盏灯，可以照亮一方。有一个人，却想在中国的土地上，点亮可以探寻地下奥秘的明灯，实现"天上有北斗，地下有明灯"的梦想。

这位从事科研50载，一心想摸清地球"脾气"的主人公，就是地球物理学家、51岁就当选中国科学院院士的陈颙。

父亲的科学启蒙

陈颙的名字很特别，一般人读不出来。陈颙说，父母在他出生的时候，向当时的中央大学中文系的一位老先生求了"颙"字。后来，陈颙自己查阅了《辞源》，才知道"颙"的解释：一曰"大"，二曰"仰慕"。作为家中长子，他渐渐明白了老先生的良苦用心和父母的期望。

8岁那年，陈颙随父母迁居北京，先后在北京师范大学附小和附中完成了学业。说起上小学的经历，陈颙仿佛回到儿时，带着股骄傲劲儿说："我的学校是我自己找的。"原来，陈颙凭着一股"初生牛犊不怕虎"的劲儿，自己跑到小学报名并顺利通过入学考试，被正式录取。几年后，他随优秀生一并面试升入中学。

在陈颙记忆中，父亲是一个做事极为认真的人。作为一名数学教师，父亲坚持每次上课前，一丝不苟地写出教学纲要，针对班上不同学生的特点制定出相应的教学重点。父亲对陈颙的启蒙和影响，总在看似不经意间。

中学时每逢周末回家，父亲总是笑眯眯地拿出一页写了几行字的纸，对陈颙说，这里有两道数学题，我解不出，你拿去看看吧。这时，陈颙总是欣然领命，默默地走到另一间屋子里，关上房门，静静地思索。当陈颙走出房门交出答卷时，他总能隐隐地觉察到父亲慈爱的眼光里露着一种满意。若干年后，陈颙才知晓这些题目都出自历届国际奥林匹克数学竞赛试题。陈颙回忆，自己对自然科学的兴趣，尤其是年少时对数学的热爱以及扎实的数理基础，大都得益于父亲那随意却又独特的教育方式。

学习就要走心

古稀之年的陈颙内心依然年轻，平易近人。说到学习诀窍，他用了一个流行词——走心。上中学时，陈颙每周都要面临一次考试。初二的一次物理考试，题目只有一道："从行走的汽车上横向抛出一只皮球，问站在路面上的人看到这个球的运动轨迹是什么？"陈颙当时并不在意，可分数出来后，却破天荒拿了个不及格，这是他学生生涯中的第一次不及格，也是最后一次不及格。从那以后，陈颙的学习态度变得端正起来。

1957年，陈颙顺利升入高中。因为历史原因，学校正常的教学秩序被打乱，陈颙便自学了高中三年的数学和物理课程。尽管对内容的理解与掌握较为肤浅，但主要概念与方法都深深地印在了他的脑中，对今后的学习起到了很大的帮助。

高中三年级时，陈颙因为成绩出色被选为老师的任课助手，他常常利用业余时间为同学们答疑解题。时至今日，陈颙仍能记起当时摸索出"一题多解"后的喜悦，笑称自己对知识的掌握非常"走心"。毕业33年后，有位同事拿来1990年的高考数学和物理试题，他都能不费力地全部解答出来。陈颙感叹：若非当初主动学习知识，只是机械地死记硬背，恐怕再也没有这份从容与自信了。

庄子曾言："吾生也有涯，而知也无涯。"面对无穷无尽的知识，陈颙很早就明白，对知识的精确掌握固然重要，但更重要的是要明了学习方法，有一套适合自己特点的学习方法。

陈颙将他的学习方法概括为：学习靠自己，自我为主，老师为辅；学习要有动力和浓厚的兴趣。

与地震科学结缘

20世纪六七十年代，我国发生了多次六级以上地震，不少还发生在人口密集的大中城市。地震最频繁、最危险的时候，也是陈颙最忙碌的时候。1965年，陈颙大学毕业，此后他一直从事地震学和实验岩石物理学研究工作。

1966年，河北邢台发生强烈地震后，陈颙受中国科学院地球物理研究所派遣，前往震中区进行研究工作。看到震后惨烈的现场，没有一个人说话，死一样的沉寂笼罩着每个人，陈颙的心也被灾害冲击着。当时，陈颙就在心里暗下决心，一定要在地震灾害的预测上做出成绩，为国家和人类作出贡献。

震后的满目疮痍让陈颙久久难忘。他说，大学所有的知识，如果不与实际工作结合起来，就只能算是"纸上谈兵"。而从事地球物理专业的科技工作者，若成天把自己关在实验室，不到灾害现场真切体验，哪怕取得的研究成果再多，他的科研工作也谈不上完美。

心里有责任，行动更加自觉。当时，地震仪器都被震坏了，陈颙就里里外外地仔细检查，然后拆拆补补、卸卸装装，自己进行维修。那时，最让陈颙开心的时刻，莫过于让一台仪器起死回生，在地震现场发挥作用。现场资料的处理和结果的分析，大都在结束了一天的测量之后进行。晚上，陈颙窝在小小的野外帐篷里，沉浸在铅笔与计算尺的交替运算中。

在震区工作，条件十分艰苦。但陈颙和同事在余震中，必须每天盯着地震图和各种仪器，心无旁骛地观测、计算实时数据。在十天半个月甚至更长的时间里，他们常常最多只有两个人在一起工作。

2018 年 11 月，受邀参加海南中学建校 95 周年系列讲座活动

一诺已行数十载

在陈颙刚工作的那个年代，中国地震研究领域还是一块尚未开垦的处女地。在地震这种毁灭性灾害面前，人类显得非常渺小。

"真的见到了那种无助与慌乱，内心不可能没有触动。我觉得必须做点什么，哪怕是一件微小的事情。"从那时起，陈颙就决定将他的毕生精力投入地震领域的研究中。

陈颙从未停下探索的脚步。从 1965 年毕业分配到中科院地球物理研究所工作至今，陈颙在地球物理学领域攀登了50多年。在20世纪70年代，他从事高温高压下岩石物理学实验研究，发展了测量岩石变形的激光全息技术，研究了应力途径对岩石性质的影响；20世纪90年代，他又致力于地震预测和地震灾害研究，将地震学、工程科学和经济学结合在一起，首次编辑了全球地震危险性图和全球地震灾害预测图，该图已被联合国等机构用于减灾规划。

20多年前，陈颙就有一个大胆设想：让地震波给地球做个B超！他认为，可以从地球内部带来的信息，了解地球变化，这不仅可以预测地震，也能找到矿藏。为实现这个目标，陈颙带领团队一直努力着。

在寻找区域性人工震源的过程中，陈颙的团队最早用过炸药，可是危害很大，后来又用火车振动的声波、汽车振动产生的地震波等，但都失败了。后来，他们开展了以有限水体作为人工震源的深入研究工作。

有限水体只要配合发泡气枪，就变成了一个新型绿色人工震源发射台，震波覆盖面积近500万平方千米。这就意味着，只需在全国建设10个容积5万立方米的有限水体，就可以组建成震波覆盖全国的人工震源发射网，形成探测近地表的"地下明灯"。

如今，这样的"灯"已经亮了四盏，陈颙希望自己能完成这项事业。

推荐单位：江苏省科学传播中心

自有云淡风轻时
——大气科学家伍荣生

陶 韬 秦 婷

人物简介

伍荣生，1934年1月出生。大气科学家，南京大学大气科学系教授、博士生导师，中国科学院院士。

长期致力于大气波动与大气动力学等领域研究，曾任南京大学大气科学系主任、国务院学位委员会学科评议组成员、中国气象学会理事长、国家教委大气科学指导委员会主任、国家中尺度灾害性天气专业实验室主任、国际动力气象委员会中尺度工作组主席等职。在大气动力学方面发表论文90余篇，著作2部。

获得教育部国家科学技术奖（自然科学）一等奖、国家教育委员会科技进步二等奖、江苏省科学技术进步奖二等奖等荣誉。

智者求心不求境。伍荣生院士的淡然，给人一种智者和大师的风范。

伍荣生的研究领域是大气波动与大气动力学，许多研究成果承蒙"风云雨雾雷电"关照，但他始终偏爱风轻云淡的天空。

莫欺少年轻狂

1934年，伍荣生出生在一个书香门第，父亲伍敏行是浙江大学化学专业的教授。6岁那年，为躲避战乱，伍荣生随父母回到老家浙江瑞安生活。

最初在平阳求学，初中二年级时转学至瑞安中学直到高中毕业。

伍荣生少年时期正是抗日战争全面爆发的年代，泱泱中华饱经欺凌，百姓心头几多雪霜。亲眼看见日本侵略者飞机的狂轰滥炸，少年伍荣生真希望自己能驾驶飞机向侵略者开炮。在"航空救国"思想影响下，1952年高考时，伍荣生毅然填报了航空系，希望能实现自己的梦想———飞上蓝天，保家卫国。然而，由于种种原因，伍荣生未能如愿，最终却被南京大学气象系录取了。虽然没有进入航空系，但气象专业毕竟也是与蓝天打交道，所以，伍荣生还是非常高兴地拿着录取通知书，离开老家瑞安，开始自己新的求学征程。

当年，站在南京大学大门口，18岁的伍荣生也许并未想过，今后风风雨雨的几十年他会一直扎根在这里，在"风云之路"上一走就是半个多世纪。

进入南京大学最初的几个月，伍荣生并不喜欢气象。"毕竟年少，进了学校后，发现气象和自己想象的并不一样，为此，当时还暗暗闹了一阵子情绪。"伍荣生说。但是，在导师的谆谆教导下，尤其是了解到气象保障在二战盟军诺曼底登陆中的重要性，伍荣生意识到气象在国家经济、军事等方面的重要性，于是逐渐对气象产生兴趣。在静下心来认真学习气象

与国际同行进行学术交流

专业知识后，伍荣生发现气象领域有很多没有解决的问题，需要去探讨和研究。他开始琢磨一些问题，这一琢磨就真的钻了进去，在"云里雾里"绕了半个多世纪。

追寻飘忽气象

对伍荣生来说，科研就是寻找下一个未知，揭示人们眼中难以捉摸的气象规律，如同一场"捕风捉影"的旅程。风霜雨雪露雾虹，听起来诗情画意，学起来却是一堆枯燥的理论和数据。

对20世纪五六十年代的科研工作者来说，计算是一个绕不过去的坎。当时，学校实验室条件落后，许多数据都是在算盘上拨出来的。南大气象系为此成立了一个统计室，专门招一些人利用算盘进行计算统计。

"那时候要统计每年的平均温度，也没别的办法，只能一天一天打算盘加起来，有时实验室满屋都是噼里啪啦拨弄算盘珠子的声音。"伍荣生说。

后来，研究工具的进步为气象研究提供了极大方便，但气象界未解决的问题不是单靠技术手段改进就都能解决的。这个清醒的认识让伍荣生在科研中一直保持着严谨、求新的态度。

边界层"四力平衡"模型这一代表性成果，即是在锐意求新的治学过程中发现提出的。1905年，奥地利气象学家埃克曼提出了边界层内气流运动的三力平衡模型。随着科学技术发展，人们逐渐发现这个理论与实际观测并不完全一致。为此，不少科学家试图提出新的边界层动力学模型，但大都浅尝辄止、无功而返。1982年，伍荣生与团队通过大胆假设、反复求证，提出了"四力平衡"的边界层动力学模型，在原来三力模型中增加惯性力的影响。增加一个"惯性力"看似简单，但这个力的加入，改变了原模型的线性特征，变成一个非线性的模型，非常难以求解。为克服四力模型中非线性特征引起的求解问题，伍荣生带领团队成员埋头钻研，却一再陷入困境。

"我从小就很固执，对没有解决的问题始终充满执念，用现在的话来说，叫死磕。"终于，伍荣生在借鉴前人工作的基础上，引入地转风动量近似理论，对四力平衡模型中的惯性力进行近似简化处理，模型求解问题迎刃而解。

伍荣生在锋面动力学、大气波动等领域也取得了一系列重要研究成果：揭示了波动非线性共振的动力学特点、大地形对波动移动与不稳定的作用；将地转适应过程与锋面动力学结合起来，揭示了中尺度锋面发展演变的机制。伍荣生先后获得国家教育委员会科技进步二等奖3次、江苏省科技进步奖二等奖3次，2005年获教育部国家科学技术奖（自然科学）一等奖。

除了科研，伍荣生对气象科学学科和人才队伍的发展也极为重视。在我国开始大力发展中尺度天气过程研究时，伍荣生领导其团队组建了南京大学中尺度灾害性天气国家专业实验室，此实验室后来升级为中尺度灾害性天气教育部重点实验室，是我国专门从事中尺度灾害性天气研究和高层次人才培养的重要基地之一。

在伍荣生心里，科研不是追名逐利的事，现实生活中各种诱惑就像天气现象一样变化多端，但科技工作者的生活与追求，应该始终保持一颗平常心。

钟爱为人师身份

一直到现在，教师仍是伍荣生最爱的身份与职业。

"我们毕业后，从教师助理做起，当时能独立讲课，就是莫大的荣耀了……"从南京大学毕业后，伍荣生留校任教，不久被交换去武汉中心气象台学习基本气象业务，再回到南大指导学生实习。

伍荣生说，只有接触到具体业务工作后，才能真正将理论联系实际，从而更好地理解理论，站上讲台讲课，才能有的放矢让学生消化理解。

在伍荣生眼里，学生不是试验品，教师站上讲台就要对学生负责。让学生从不懂到懂，是教师的责任。从毕业留校到单独执教，伍荣生经历了7年的等待。这期间，他一直在做着准备，苦修教书内功。

为丰富教学内容，伍荣生会在课余时间对自己专业领域内感兴趣的问题进行研究，写论文，为教学提供更多素材。在他心里，教学相长、研学一体是一个很好的方法，而学生也是和自己一起研究、共同学习的好伙伴。

对伍荣生的随和、耐心，师生们有口皆碑。无论在课堂、实验室，或者在食堂、走廊，大家经常会看到伍荣生和学生们一起讨论、研究问题的场面。

南京大学大气科学学院教授谈哲敏回忆跟随伍荣生攻读硕士、博士学位的经历时说，伍老师是一位很纯粹、很淡泊的学者，他那种从内心深处发散出来喜欢科学、喜欢研究问题的特质，深深地感染着学生们。1984年，谈哲敏还是南京大学大气科学系大二学生，因"本科拔尖学生培养计划"而进入伍荣生的研究小组。后来，从本科到博士，就一直跟着伍荣生，毕业后又在同一个实验室的同一个课题组工作，不知不觉，竟已有30多年。

从如何选题、如何认识事物的本质，到如何将问题和实际应用结合起来，伍荣生"手把手"地指导着他的每一个学生。谈哲敏说自己受益匪浅："伍老师会给我们一个切入点，一个范围，然后放手让我们思考，而我的研究工作，也正是从那时开始的。"

如今，伍荣生培养的学生都在各自的教学、科研岗位上发挥着骨干作用，他们也在将伍荣生锐意求新的治学态度、助力学生成人成才的园丁精神和淡泊名利的人生态度不断传承与发扬。

推荐单位：江苏省科学传播中心

向上挑战，为国铸就"神剑"

——中国航天总体技术领军专家朱坤

高启滨

人物简介

朱坤，1966年2月出生。我国航天总体技术领军专家，中国航天科工集团第三研究院科技委副主任、国家重点型号总师。

长期致力于飞行器总体设计、新型发射等技术研究，攻克了诸多关键技术，为实现我国有关航天技术跻身世界先进行列作出了突出贡献。

荣获国家科技进步奖特等奖、全国创新争先奖、何梁何利基金奖、"新世纪百千万人才工程人选"、中央企业劳动模范、中信航天防务人才奖、"国防科技工业十大创新人物""央企楷模"等荣誉称号。

5月30日是第四个"全国科技工作者日"。当天，第二届全国创新争先奖获奖者名单公布，中国航天科工集团第三研究院科技委副主任、重点型号总师朱坤荣获创新争先奖状。

其实，不仅仅是全国创新争先奖，朱坤还获得过国家科技进步特等奖、一等奖，工程重大贡献奖、中央企业劳动模范，入选"新世纪百千万人才工程"，荣膺国防科技工业有突出贡献中青年专家、"511"人才、何梁何利奖……摘得其中任何一个奖项，都足以令人羡慕。而集这些荣誉于一身的朱坤，却摆摆手笑道："这些都是团队的贡献，不要算在我一个人的头上。"

说起朱坤，一定得谈谈他的专业领域——飞航导弹。他攻克了其他军事大国多次失败的世界性难题，突破了我国20多年都没解决的技术瓶颈，更根据作战需求研制了比同类导弹更小巧、威力却更大的新一代导弹武器。

朱坤个头不高，不修边幅，一件条纹保罗衫、一双简单的运动鞋、一副无框眼镜，甩开大步走来，衣袂飘飘，颇有点"仙气"。熟知朱坤的人都知道，他不仅学识渊博，还热情随和，操着一口湖南普通话，说话干脆利落。

当年，朱坤没有顺从父母的意愿，毅然把第一志愿填成北京航空学院（现北京航空航天大学）。他说："我在中学的时候就对飞行器特别感兴趣，特别喜欢看《航空知识》，但当时那个杂志订不起，我就经常跑到传达室去看。"

后来，这位飞行器总体设计专业的高材生又在母校继续研读了更精深的专业课程，成为一名硕士研究生。

朱坤参与过不少型号研制，有关部门对他研制的型号归纳了以下的特点——新技术多，技术难度大；导弹状态多，验证风险大；参研参试单位多，协调难度大；研制周期短，进度压力大。

正因如此，很多时候，他在靶场一待就是几个月，饱受着海滨风霜的严寒、戈壁大漠的酷热。团队一干十几年，队员们都说"跟着朱总，大伙舒心"，这在朱坤心中是最好的褒奖。

工作这些年，朱坤拿了不少奖，而他印象最深的一个奖，是作为主任设计师第一次获国家科学技术进步奖。在这个大奖的人员排序中，朱坤仅排第十一位。"虽然只是'十一'，但我却觉得是最光荣、最骄傲的。"因为当时的朱坤只有三十几岁，是获奖人员中最年轻的一位，这个奖给予他巨大的肯定与鼓励。

让朱坤感到兴奋的不仅仅是获奖，而是这个型号研制成功真正蕴含的意义——通过自己和团队的力量，我国终于在某导弹的研制上达到了世界先进水平。这在朱坤心中点燃了一束火焰：研制"能打仗，打胜仗"的新型导弹，为国铸就"神剑"！

导弹上天，就要贴近实战。地面测试即使"零疑虑""零遗憾"，也不能确保百发百中。成败只在一线间。最大的压力往往在最紧要的关头。一次，在某项目上，与团队攻关了许久的朱坤，拿出的方案却不被看好，朱坤遭到了专家的当面质疑："你们的设计凭什么比国外的尺寸小，性能指标还比人家高？这个不可能实现。"会议室气压很低，朱坤带领的几位年轻人也惶惶不安起来。

"只要我们工作做扎实，再拿出实实在在的数据，一定能说服他们！"朱坤的话掷地有声，眼神坚定而坦诚。

数据出来后，一些专家仍不敢保证朱坤能行，但终于做出了让步，同意他先搞预研。

终于等来了试飞器腾空的那一天……离发射还有数小时，朱坤早早就坐在了指挥所。试验节点上的人员陆续就位，设备也已准备完毕。发射越来越近，在场所有人的心都提到了嗓子眼儿，年轻的女工程师合起双手，望向眼前这离梦想最近的发射场，他们期待着……

"6、5、4、3、2、1，发射！"

接着，振奋人心的第一声报告传来——

"点火成功！"众人的心被拨动了一下，他们屏气凝神，等待着下一声报告……

等待了很久，却等来了揪心的声音——

"发射失败！"

朱坤愣怔在那里。"我的脑子和心里一片空白，辛辛苦苦干了好几年，第一次发射试验就失败了，那种心情很难描述。"朱坤说道。

铩羽而归。朱坤咬紧嘴唇，一句话也说不出来，但他还要强表坚强，给那群跟着自己干的年轻人信心。

时隔数日，又迎来了第二次试飞。

这回，导弹一声闷响——又失败了。朱坤的心情彻底跌到了谷底。当时共安排了七次试验，前两次预试均失败了。

"既然是试验，就应该允许失败。但有时失败是因为出了问题，这样的失败是要尽力避免的。有时，则不然。"对于失败，朱总有自己的看法，"就像测试一辆跑车，平平稳稳虽然可以确保成功，但我却希望把各种指标都拉到极限，哪怕最后把车开报废了。看上去是失败了，但我们知道它能力的上限在哪儿，这会进一步激发我们向上挑战的动力。我们依然坚信，我们能搞出来！"

朱坤说自己性格上属于粗线条，胆子也很大，虽然遭到了许多质疑和失败，但从来没有后怕过。"湖南出湘军，我性格中也有湘军的那一面。长沙有句土话叫'霸得了蛮'，意思是横、竖都要坚持下去，作为长沙人我也有股子这样的劲头。"

事实上，即使是军事强国，在此技术上也是遭遇多次挫折，国内外此类发射失败的例子太多了。

痛定思痛，朱坤带领团队把导弹拆开进行了严密的分析，终于找到了失败的原因。后五次正式试验开始时，朱坤和用户的代表讨论的结果是：五次试验有一次成功就代表技术上取得了突破。

那是所有团队成员荣誉感达到巅峰的时刻——经过前两次失败，后面五次正式试验，连续五发五成。之后，在反复进行的数十次发射试验中，他们次次成功，无一失败。

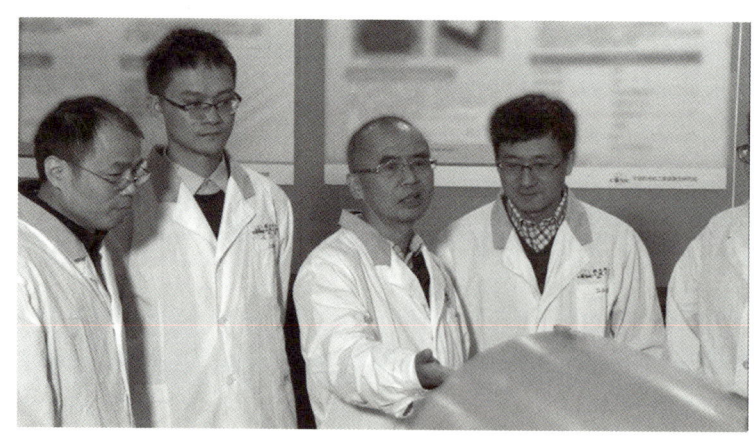

每个跟朱坤一起干过这个型号的人，追忆起这个项目的各个节点时，都有些许不同的感受。一些人说自己"从地狱到了天堂"，一些人说自己的小船变成了能经风浪的巨轮。而朱坤说，这些都不重要，重要的是把大家想干的事儿干成了，把那些创新的点子"变现"了，这就足够了。

朱坤说，湖南人之所以有"霸得了蛮"的性格印记，条件艰苦是一个原因。长沙曾被称为"屈贾之乡"，这和屈原、贾谊两位流贬的名士有关。屈原自不必说，曾在湖南境内漂泊、流亡，西汉的贾谊也因被人诬告被贬长沙，可见古时在中原人眼中长沙就是一个多雨潮湿的荒僻之地。这样艰苦的条件下，"霸得了蛮"或许是最好的生存方式吧。

但朱坤理解的"霸得了蛮"除了"坚持"还有另一层含义，它是对明明能实现却实现不了的目标的坚持。"不是蛮干，是有科学依据的。"朱坤笑着解释。

与朱坤同样简单朴素的，还有他的办公室。屋外是阳光正好，屋内一盆盆绿植长势喜人，鱼缸中一拨拨红色小鱼欢脱畅快，桌上摊开了几本专业书和《航空知识》杂志，墙上挂着几幅长照片，那是他多次获奖后与全国最前沿的技术专家的合影，他说那是自己被中国航天选中之后最美的回忆。

朱坤平时不喜开车，钟爱走路，亦如他享受在科研中殷殷求索的旅途。

一叶萌新意，路未已，又启程。

文章原载于央视网 2020 年 6 月 30 日，有改动
推荐单位：中国航天科工集团第三研究院

利剑化龙啸，追梦为航天
——航天专家董胜波

人物简介

董胜波，1960年11月出生。第十一、十二、十三届全国政协委员，现任中国航天科工集团第二研究院25所集团级特级专家，博士生导师。

长期负责多个国防武器系统精确制导技术研究，获得国家科技进步特等奖，全国五一劳动奖章，全国国防科技工业系统劳动模范、航天奖、航天基金奖等多项荣誉。

翻开董胜波的档案，里面装满了各种各样的荣誉纪录：从"航天奖"到"全国国防工业系统劳动模范"，再到"科学中国人""全国五一劳动奖章"；从部级科技进步奖到国防科学技术特等奖，再到国家科技进步特等奖。如果将它们排列起来，就像一部通往精确制导领域顶峰的云梯，每一级台阶都是一个里程碑、一个加油站，记录着董胜波为航天事业奋斗的光荣与梦想，也承载着他前行路上的执着和坚韧。

"我还是想干航天，不想半途而废"

董胜波是恢复高考后的第二届大学生，毕业后，他站在了人生方向的十字路口。此时，恰巧国际上发生了一件事，虽然后来证明这是里根政府拖垮苏联的政治策略，但却使董胜波做出了人生第一个最重要的选择。当时，美国政府推出了"星球大战计划"，苏美两个超级大国都想借助航天称霸世界，而精确制导技术是航天核心技术之一，是世界前沿技术。当时我国在这方面与国外相比有很大差距，为了心中的强国梦，董胜波决心要奉献航天，在精确制导领域干出一番作为。他考入了中国航天科工集团第二研究院，并在毕业后进入25所工作。

自参加工作以来，董胜波一直从事进而负责某工程分系统的研制工作，该分系统是某工程三大关键技术之一，技术复杂、难度极大。经过十多年的研制攻关，在几个关键技术上，始终没有取得重大突破，很多人对项目产生了怀疑和动摇，国内著名专家学者认为该技术很不成熟，坚决反对转入工程实施阶段。在这期间，航天系统大量人员出国、下海，许多同事、同学另谋高就，曾有朋友劝董胜波，想出成果在哪里都可以，不一定非要吊在航天这棵"大树"上，外面的世界很精彩。

再一次面临人生的选择，董胜波说，"我还是想干航天，不想半途而废，我放不下付出多年心血的项目，更不想让团队多年的努力付诸东流。"尽管还未取得成功，但每次试验都能看到系统在逐步完善，技术难点在被逐个攻破，他深信，坚持下去，最终一定能够取得胜利。他放弃了出国机会，谢绝了同学合作下海的邀请，毅然决然地选择了留下。

天道酬勤。20余年执着追求和辛勤付出，终于得到了回报。董胜波负责研制分系统技术成功运用在我国自主研制的某工程上，达到国际先进水平，一举获得国家科技进步特等奖。

"一定要把产品的'身子骨'搞'硬朗'"

戈壁滩上，春寒料峭，25所所有参试队员的心都揪紧了。10多年辛勤劳动研制的产品首次参加全系统飞行试验，这是检验他们劳动成果的时候！可是在多次测试过程中，由于受到了其他设备的电磁干扰，25所承担的关键分系统出现了假截获，试验队几百双眼睛盯着25所：你们的产品真"娇气"，经不起实战的检验！整个试验不得不因此而暂时撤场。作为技术负责人，董胜波在现场感受到了巨大的压力。但他没有辩解，也没有气馁，只是对同伴们说："问题发生了，我们就是要拨开迷雾，找到干扰源，把产品的'身子骨'搞'硬朗'!"

作为攻关技术组组长,董胜波不分昼夜,几乎"连轴转"地跟大家一起在试验现场奋斗。经过3个多月、上千次的加电试验,终于确定了干扰产生的机理、产生的部位和传输的路径。随后不久,戈壁滩上就传来了胜利的喜讯:全系统闭合试验圆满成功!

如果说技术层面的攻坚困难重重,战胜"心魔"则需要更大的勇气。某分系统技术在进入系统应用之前,曾经历过10多次大型试验,前8次试验虽然也都有不尽如人意的地方,但都能看到已经攻破的技术难点,但第9次试验完全没有拿到任何数据。董胜波的心情沮丧到了极点,但看到整个团队甚至整个25所都在看着自己,他知道身上背负的责任之大。绝不能后退!不服输、不放弃的执着信念,使他顶住压力,带领团队对照上次试验后改进的内容,认真检查技术状态的变化,对每个环节进行深入的分析。经过2个多月的努力,终于找到了改进算法中对一个使用条件的疏漏,突破了黎明前的黑暗。第10次和第11次试验取得了圆满成功,该项目正式进入了系统应用阶段。

从风华正茂到华发渐生,他跨越了18道技术难关,经历了11次成败考验。终于等来了成功的那一天,瀚海戈壁利剑冲天化龙啸的时刻,一向沉稳的董胜波再也抑制不住内心的激动泪流满面!

"要把核心关键掌握在我们自己手中"

2005年,董胜波率领中方代表团赴国外进行技术交流。访问期间,外方号称新研产品体积和重量都是世界上最小,董胜波心头一亮,但当他提出参观并流露出有意开展合作开发研制的时候,外方却百般推托。这对董胜波触动很大,他决心要研制一种具有自主知识产权的小型化、数字化、智能化新型产品。那段日子,董胜波一有时间就查阅国内外相关的技术资料和信息,即便是一条简单的研制快讯也不放过。

机遇总是垂青于有准备的人。正巧当时所里有个博士生做了数字接收机方面的课题研究，董胜波作为专家参加了论文评审。他立即把这件事与国外考察时看到的小型产品联系起来，很快，一个关于新型创新项目的完整策划在董胜波的脑海里形成了。一支由精兵强将组成的创新团队迅速组建起来，并开始了紧张的研制工作。

这一次的研制任务只用了短短三年，产品体积比原来缩小了七倍，重量是原来的1/4，而技术则更为先进，性能更加优越，极大地拓展了产品的应用领域。

近年来，国际形势瞬息万变，不论是挑战还是机遇，任职中国航天科工集团特级专家的董胜波，始终坚持自力更生、艰苦创业，"没有创新就没有未来，要把核心关键掌握在我们自己手中。"他告诉身边的年轻人。

随着年龄的增长，董胜波越来越意识到后继人才的重要性。他大胆起用新人，注重人才培养，毫无保留的身传心授，为拔尖创新人才脱颖而出搭桥铺路。2007年，由他提出并组建的微系统研发团队开始钻研芯片技术。8年后，首款芯片诞生，在实现高端芯片自主研发的道路上向前迈进了一步，也成为行业内的创新典范，获评"中央企业先进集体"。团队青年骨干小刘，也成为2019年度"北京青年榜样"。在董胜波的带领下，25所不仅专业技术处于国内领先水平，人才队伍也达到了国内领先水平。

"作为政协委员，我要促使航天技术更加服务于人民"

2008年，董胜波又有了一个新身份，全国政协无党派人士界委员，这一任，就是三届。两个身份，同一使命，那就是发展航天技术，服务国计民生，把论文写在祖国的大地上，把科技成果应用在实现现代化的伟大事业中。

10余年来，他先后赴四川、内蒙古等多地实地考察，获取第一手资料，聚焦一线需求，向政协提交了多份调研报告。他反复思考，形成关于提高气象预报水平以预防特大气象灾害、遥感探测应用于雾霾治理等方面共20多项紧贴民生又有可行性的高质量提案。部分提案被评为政协第十二届全国委员会优秀提案,关于培育高端芯片产业的提案受到国家高度重视,其中多项建议被采纳。

2018年7月,航天系统首个党外人士建言献策工作室"董胜波工作室"成立了。董胜波很激动,"曾经的'单打独斗'转变成'联合作战',我对提出高质量提案更有信心了。"

2019年9月20日,这一天董胜波终身难忘。他参加了庆祝人民政协成立70周年大会,现场聆听了习近平重要讲话。他充满感慨:"作为当代航天人,在政协团结民主的旗帜下,就科技进步、航天事业发展建言献策,这既是一份荣誉,更是一份责任。自己做的,还远远不够。"

今年,新冠疫情的突然袭来,董胜波比往常更繁忙。他通过政协履职平台提交了两份战"疫"建议,带领团队在人工智能、5G新基建等方向上加速攻关。强烈的爱国情怀和为事业奋斗的担当精神,写在董胜波的脸上,也诠释在实际行动中。

推荐单位:中国航天科工集团第二研究院

当代钙磷代谢知识之父

——内分泌学家朱宪彝

王 英

人物简介

朱宪彝（1903.1—1984.12），内分泌学家，医学教育家，中国临床内分泌学奠基人之一，被誉为"当代钙磷代谢知识之父"，天津医学院的创建者和首任院长。

20世纪30年代以代谢性骨病的钙磷代谢系统的研究闻名于世，成为国际代谢性骨病钙磷代谢研究的先驱者。1950年代后倡导并主持地方性甲状腺肿和克汀病的研究，使中国在这一领域跻身于国际先进行列。对碘缺乏病及甲状腺疾病的研究先后获国家科技进步二等奖和三等奖。

1984年，朱宪彝病逝，他的遗体捐献给医学研究，至今他的内脏标本还泡在福尔马林里，放在天津医科大学生命意义展室供后人观摩……在许多久远的记忆里，除了数字和成就，还有那些值得被细细回味的场景、片段，在逝者如斯的历史褶皱里，意味隽永、熠熠生辉。

科研立身：钙磷代谢与碘缺乏病研究

1922年，从直隶官立一中（现天津市第三中学）中学毕业的朱宪彝听从父亲的建议，报考中国最高医学学府——北平协和医学院。协和8年的求学经历深刻塑造、影响了这位医学家的人生走向。1930年，朱宪彝完成学业，获得美国纽约州立大学医学博士学位，由于成绩优异，成为该届毕业生中唯一荣获文海（Wenham）奖学金的人。毕业后，他留在协和工作，1936年，赴哈佛大学医学院做博士后研究。

早在1934年，朱宪彝便和刘士豪教授一起对佝偻病、软骨病及其他代谢性骨病进行系统研究。通过对病人长期观察和检测，他们发现软骨病的基本病因是钙和维生素D的缺乏。团队还对妊娠、哺乳期的钙磷代谢进行深入研究，发现维生素D的充分供应，对预防妊娠哺乳期女性骨骼破坏十分必需，第一次证明了维生素D可以通过母乳泌出以治疗乳儿佝偻病。这一发现为研究中国儿童佝偻病的高发原因和治疗途径提供了重要启示。他们还第一次用钙磷平衡法在人体中证实了紫外线与日光浴对纠正负钙平衡的治疗作用，并确立以尿钙水平反映维生素D缺乏程度的检测方法。从1934年至1942年间，朱宪彝等发表了30余篇有关软骨病和佝偻病钙磷代谢的研究文章，其中"软骨病的钙磷代谢"（第Ⅰ至Ⅲ）的系列论著是反映其学术成就的代表作。1942年，他与刘世豪教授在 Science 发表论文，首次命名了"肾性骨营养不良"，首次预言了维生素D需在肝脏羟化后再经肾脏羟化为活性形式才能发挥生理作用，这是中国医学界第一次在 Science 发文。朱宪彝逝世后，美国著名骨代谢专家帕菲特发表纪念文章——《朱宪彝——中国维生素D缺乏和软骨病临床研究的先驱》，追忆道："他的逝世标志着代谢性骨病理论发展的一个重要历史时期的终结。他们的成就至今仍对我们有重大的教益和深远的指导作用。"1982年，加拿大著名骨代谢专家贾沃斯基（Jaworski）教授拜访朱宪彝，特地在赠送给他的新作扉页上写道："送给朱教授——当代钙磷代谢知识之父"。

创建天津医学院初期，本已在钙磷代谢研究工作中深耕良久、期待深入的朱宪彝面对地方性甲状腺肿与克汀病广泛流行的社会境况，逐步将研究重点转向该领域，取得丰硕成果，并最终和他的团队一起促成了"食盐加碘"的实施。

作为医生的本色

20世纪30年代的协和盛行大巡诊制度，即事先由总住院医师从各专业组中选出疑难罕见病例，向外公布。大巡诊时，实习医师报告病例，再由主治医师做中心发言，对诊断和治疗措施做必要的说明和讨论，并准备回答各位巡诊者的问诘。巡诊会百家争鸣，各抒己见，最后由科主任做总结，并指示下一步的诊治措施。多年以后，朱宪彝把这种制度带到天津市立总医院，并扩大深化为全市临床病例大讨论。每周四晚在天津医学院大礼堂召开，由其本人主持，每周推出一个疑难病例，由一人主讲，现场思想碰撞、气氛活跃，最后由病理学主任揭晓谜底。当时，全市医学专家都曾走上病例讨论会讲台、盛况空前，一时传为美谈。

原中国医学科学院院长吴阶平曾回忆道，他在协和内科见习时，接诊一位病人，从病史、体征到病程，都很典型，便认真记录了病史和体征填上"肺结核"的诊断，请朱宪彝复核。朱宪彝审阅了病史，复核体征后问吴阶平查过痰没有，查到抗酸杆菌没有。吴回答没有查痰。不想，朱宪彝竟严肃地批评起来："你现在是四年级学生，就想简单化。明年做实习医生，一定更简单了。做了住院医生，还要再简单。到主治医生，自然更加简单了！"这顿劈头盖脸的批评几乎使吴阶平无地自容。但正是这次批评，使吴阶平懂得了医生的主观分析决不能代替客观检查的道理。

在朱宪彝眼里，病人不分高下优劣、阶层界别，一视同仁是为医者立身施救的基本准则。他不止一次地表示，"医生职责神圣，万莫把生命视为儿戏。作为一个医生就是要讲究医德和工作作风。在工作上要力争治愈病人，不能治愈，也要对症治疗，减轻病人痛苦，实在医治无效，也要给病人以精神安慰和同情。"

创建新中国第一所高等医学院校

1950年天津高等院校院系调整时，以朱宪彝、方先之为代表向市领导建议应在天津建立一个医学院，并坦率诚恳地表示："我们这些人本来都是在协和医学院教学的，如果天津建立医学院，愿意回到医学教育老本行，担任临床教学工作，为天津培养医学人才尽力。"这一倡议得到市政府的积极响应，立即得到批准。1951年3月，天津市政府批准成立由黄松龄、杨石先、朱宪彝等各界人士组成的天津医学院筹备委员会。同年6月，朱宪彝被正式任命为天津医学院院长。6月16日，天津医学院成立大会顺利召开。朱宪彝倾尽心力，大批医学专家参与筹建并任教。在今天看来，当时的师资阵容可谓众星云集：赵以成、金显宅、方先之、丁光生、虞颂庭、俞霭峰、施锡恩、范权、谢少文等。

1980年，经朱宪彝倡议，天津医学院与南开大学合办八年制医学教育试点班，与天津大学合办生物医学仪器试点班，成为全国首办八年制教育的院校之一。作为全国首个提倡实行医学院校毕业生二次分配制度的医学教育家，朱宪彝认为五年制高等医学院校的毕业生临床实践经验贫乏，是"半成品"，建议改革医学院毕业生分配、使用、培养制度。提出凡是将来预备做临床专业的，一律分配到医院做住院医师接受严格而有计划的

朱宪彝教授在分泌病房查房后与全体医生、实验室人员及进修医生合影

临床业务培养，具备独立工作能力后再分配他们去适合其工作能力的基层医疗单位。在行医与教学的问题上，朱宪彝总是先考虑国家和民族的需要。

晚年的朱宪彝经常对学生说："你们既要胸怀大志，又要谦虚谨慎。高效率加上认真的态度，是取得成果的钥匙。""希望你们超过我，有谁超过我，我才更高兴。"他在《永远像一个医学生》的文章里写道："必须从医学生时代起，就要重视一切自然科学和基础医学的理论学习"，"仅仅满足于成为一个医生是不够的，要争取作一个医学科学家，不但要能医治面前的病人，而且也要有发明创造医治所有的病人。"他鼓励医学生"要向前人，向你们老师立下的结论挑战"。

生前身后事，留与后人传

1984年11月底，朱宪彝患感冒，咳嗽，心房纤颤。大家都劝他早些住院治疗，他婉言谢绝了。他说："总医院病房的会议室，过道和各科门诊室都住满了病人。我是医学院的院长，愧对患者，怎么能和他们争床位呀？"1984年12月25日，正在伏案工作的朱宪彝突发心脏病，未及抢救便撒手人寰。病逝的前一天晚上，他还在批改一个北京研究生的答辩论文，直到半夜。

临终前，朱宪彝留下了"四献"遗嘱，献出全部藏书供图书馆使用；献出全部存款建立朱宪彝奖学金；献出一套私人住宅供学校使用；献出遗体供医学解剖，完成了他所谓"医学家最后的归宿"。近乎"裸捐"的告别方式成为天津医科大学校园里永远不老的"传说"，连同他留下的肺脏一并影响和带动许许多多普通人都选择这样的方式与世界告别，于是就有了后来满是遗嘱的生命意义展室和蓟县元宝山庄奉献纪念碑。他以这样特别的方式不舍昼夜地守护着这所他一手创建的学校，看着年轻的孩子每天往来教室、谈古论今，听着他们合唱的歌声。

文章原载于《中国医学人文》2017年第2期，有改动

推荐单位：天津市科协

共享蓝图，大有可为

——中国铸造业领军人物彭凡

人物简介

彭凡，1963年4月出生。现任共享集团股份有限公司董事长，共享装备股份有限公司董事长、总裁，国家智能铸造产业创新中心董事长。宁夏科协第七、八届副主席。

一直从事企业经营管理、铸造技术及材料研发、数字化网络化智能化研究，并成功打造出国际一流的专业铸铁、铸钢企业3家，致力于推动铸造行业转型升级，是中国铸造业领军人物。获得国家科技进步二等奖2项、何梁何利基金"科学与技术创新奖"、首批"宁夏杰出人才奖"，享受国务院特殊津贴。

站在共享集团的门口，可以看到大门内部两侧，分布着"颜值"迥异的两座建筑——一边是全封闭的现代化厂房，一边是传统的工业铸造车间。

"这里是（共享集团）铸造智能工厂，是世界首个万吨级铸造3D打印成型工厂，这里有13台我们自主研发的铸造3D打印机，效率和质量都超过了世界同类机型最优水平。"跟随共享集团宣传部负责人何晓东走进南侧的现代化厂房，宽敞干净的工厂里，整齐摆放着高大的铸造3D打印机，看上去有5米多，工作人员在打印机操作面板前熟练地进行着操作。

打印机每打印一次，机器都会在里面平铺上一层细砂，随着一遍遍地来回打印铺砂，砂层逐渐增厚。"那是刮砂板，每次刮0.3毫米的沙子。在打印之前需要预先数字建模，哪里需要实体，打印铺砂的同时，就会在哪里喷上树脂黏结剂。上万个 50 微米的喷孔，在计算机的控制下，根据砂芯的截面图形喷射树脂。树脂与砂子中的固化剂进行反应，形成固化物，勾画出砂芯的截面。每打印完一层，升降平台就下降一层。铺砂器铺砂，打印喷头喷出树脂，交替进行。经过约 2000 层的堆叠，砂芯就打好了，后面再经过吹砂这道程序，固化的砂芯渐渐呈现。"何晓东介绍说，一般一个人可以管理 3 台机器，每台机器如果要制作 2 个 2 米高的大件砂芯，只需要 15 个小时左右即可完成。"像火车内燃发动机那样的大型铸件之前需要用模具并手工制作十几块砂芯组装完成，现在不用模具一次就可以打印成型。"

一步之遥的另一边，是保存在老车间里的记忆

何晓东说，"铸造 3D 打印机是我们共享集团研发实力的证明，但共享集团之所以能成为铸造业一流企业，靠的不仅仅是一项技术的领先。"

走出干净的厂房，几步就来到了一路之隔的传统铸造车间里，借着一线光亮就能看到四处漂浮着的黑色粉尘，虽然天气酷热，但工人还是要穿上厚厚的工作服才能抵挡高温和灰尘……既然有了铸造 3D 打印技术，为什么还留着老工厂？

"你们刚才看到老车间了吧！我最早来宁夏就是在那样的环境里工作的。"彭凡的回忆被拉回了 1983 年，那一年，大学毕业的他被分配到当时的长城机床铸造厂工作。"来宁夏参加工作的相当长一段时期我总在想，什么时候咱们铸造工人的工作环境也能改善得体面干净，不再那么辛苦。"彭凡笑着说，"不过（那时候）哪里会想到有（铸造 3D）打印机这么方便的机器，现在，真的实现了。"

科研当先，抓住十年产业发展革新的好时期

在彭凡看来，近十年是共享集团技术革新与产业发展的关键时期，也是这十年的时间，当初那个小小的梦想开始照进了现实。"十年前我第一次

在德国见到 3D 打印技术，但当时国外也只是做一些样品、拷贝和科研工作。"身为副总的彭凡敏锐地感觉到，这一技术或许可以用到铸造产业上。

最初共享集团投入几千万元购买设备进行 3D 打印技术研究，但问题是不能满足实际需要，技术上有问题不能及时解决，零件坏了还得高价维修，受人牵制。彭凡果断改变思路，2012 年，共享集团 10 多位研发人员正式打响了攻坚战。仅仅用了 1 年多时间，设备的研发就取得了重大进展。

"我们找国外资本，希望能合资在中国建厂，推动产业化应用，但没人敢干。"彭凡顿了顿笑着说，"我就问我们的人能不能继续做这个项目，他们看着我说，能！"

就这样，按彭凡的话说，"两年工夫我们就把样机生产出来了，再后来就开始设计大机型，直到有了现在 7 米长、4 米宽、5 米高的铸造 3D 打印机"——传统"翻砂"车间变成了空调工厂，铸件生产由复杂变简单了，共享集团踏上了铸造产业转型升级之路。

为了最初的梦想，也要坚定地走下去

铸造 3D 打印机的技术容易复制吗？彭凡回答："十几年的付出，不是谁几眼就能看明白的。"

彭凡的自信，不仅在设备本身。在他的事业蓝图里，共享集团可以将拥有铸造 3D 打印机的现代化工厂以及相关产业链复制到任何一个需要的地方。而这，必然会给整个铸造产业带来一场前所未有的生产方式的变革。

"走到今天，共享集团有 3 个重大的转变：从经营企业向运营平台转变；从推进企业自身发展向引领行业发展转变；从生产制造型企业向制造服务型企业转变。"说到这儿，彭凡很耐心地进行了介绍，"共享集团已经建立了中国铸造行业工业互联网平台——共享工业云平台，可以将行业资源聚集起来，让大家在这一平台上实现资源和项目的共享与交互，不断产生科研成果，推动行业进步，从而推出一系列新产品、新技术、新业态、新模式，推动企业和行业快速发展。"

"未来的十年,是产业实现数字化、网络化、智能化发展的十年,我们建立了这样一个专业团队,专门为行业内企业设计、建造、改造数字化智能化工厂,推进行业转型升级。"彭凡想了想说,"在我们行业内有一句话,叫作细分行业强,中国制造强;中国制造强,中国强。所以,引领行业转型是我们可以实现的产业理想,而在未来把中国制造打造成世界最强,则是我们的梦想。实现这个梦想,还有很长的路要走。"

拓展海外市场,从与日本马扎克公司那次来之不易的合作开始

早在20世纪80年代末,彭凡便开始跟随当时的公司领导一起为共享制造的铸件拓展海外市场。"现在很多人都以为共享走出国门的第一次合作是和通用公司,其实,在此之前,我们最先供货的是日本的马扎克公司。"

提起那段岁月,彭凡至今还有些激动——他清楚地记得,当他们一行人向日本铸造协会提出想出口铸件到日本时,对方轻蔑的态度刺痛了彭凡等人的心,他们不约而同暗下决心:无论如何,都要让中国制造的铸件走出国门,被世界认可!

凭借过硬的质量,在不断去找企业谈判后,那一次,共享集团最终和日本马扎克公司签约,拿下了他们的样件订单。为了把这第一次海外订单做好,彭凡说,那时候全厂上下加班加点,领导带着大家干,经常连着两三天没合过眼。值得欣喜的是,所有铸件样品一次性通过日方企业严格质量验收,签约顺利进行!共享集团开始逐渐走到国际市场,通用电气便是与之合作的又一家国际公司。

18年的国际合作的背后,是以质量为中心的决心

2000年,共享集团与美国通用电气公司(GE)全面合作正式启动,标志着公司国际化进程取得重大进展。为此,彭凡带领公司投资6000多万元用于设备更新,主导数十个新产品的研发、生产。

但万事开头难,和通用电气的合作,也并非一帆风顺。彭凡记得,在

最初给通用电气生产燃气轮机铸件的时候，就出现了质量问题。"我们缺少生产经验，加上双方对于标准的认识没有提前沟通准确，那批铸件当时就全部报废了，几十套总共有几百万元。"产品没有达标，通用电气"要求全部停产，经过艰难谈判，共享集团争取到了3个月的整改期，3个月后，通用电气公司再次验收，验收合格！"

在大家的努力下，共享集团终于走上了国际化道路，直到今天，通用电气公司仍与共享集团保持合作，2011年，为其生产的高端燃气轮机铸件一举荣获国家科技进步二等奖。连续18年合作的背后，是共享集团上下坚持的"质量就是价值、质量就是尊严"的文化理念。"质量是一个企业能不能有好发展的第一张牌，而共享集团在追求高端、铸造经典的基础上，又提出了大质量的概念，它包括产品质量、工作质量，还有最重要的，就是国家质量。"彭凡笑着说，"做产品，一定要把创新精神和工匠精神结合起来，才能做好。"

站在巨人的肩膀上，公司国际化市场战略不断深化，目前共享集团50%以上的产品销往亚洲、欧洲、美洲等10多个发达国家和地区的50余家著名企业，其中80%以上的客户是世界500强或行业领先者。

从"1到1500"的突破，是一代代人走过来的路

共享集团在进军海外市场的同时，为国效力之心也从未停止过。

2007年，三峡电站建设进入攻坚阶段，彭凡主动请缨，承担起水轮机叶片国产化的任务。他带领团队连夜奋战，巨型水轮机叶片最终按期成功研制，产品质量经检测鉴定，达到世界先进水平。

叶片的成功，意义重大。它实现了叶片国内制造，打破了国外垄断，成功替代进口叶片，也让共享集团进入世界水电市场，并很快为企业带来了1500多个价值数亿元的订单。目前，共享集团制造的叶片已经在中国、法国、巴西、加拿大等多个大型水电站得到应用，共享集团具备了向世界顶级客户批量交付大型水轮机叶片的能力。

"什么叫把东西做成了呢？其实做出来不叫做成了，做一个不稀奇，能做10000个一模一样保质保量的，那才是水平。"彭凡说。无论是从"1到1500"的突破，还是自主研发铸造3D打印产业化机型，在宁夏银川建成世界首个万吨级铸造3D打印智能工厂……是一代代共享科研人员一步步踏踏实实走过来的。

推荐单位：宁夏回族自治区科协

潮平岸阔，筑梦江河

——水电工程师周建平

人物简介

周建平，1962年9月出生。中国电力建设股份有限公司总工程师，教授级高级工程师。

从业30余年，主持全国50余座大型水电工程咨询、安全鉴定和验收评估工作，承担10余项国家、行业重大技术攻关任务。

获得国家科技进步奖、设计奖2项，省部级奖项21项。获全国优秀科技工作者、中国电力科学技术杰出贡献奖、中国大坝杰出工程师、首届"潘家铮奖"等多项荣誉。

业内说起周建平，都喜欢称其为总工，呼其为"周总"。虽然他有着更响亮的头衔，比如电力勘察设计大师，国际大坝委员会副主席，但他总自谦自己仅是一名水电工程师。的确，他朴素低调，既无光鲜靓丽的外表，也无元气淋漓的性格，小隐于人群辨识度不高。即使在聚光灯下，他也是一如既往的儒雅平和。在平日交谈中，从来不见他大谈高深的理论，只有简洁的事例，真笃的语言和发自内心的微笑。

凝智聚慧、从善如流

年轻时的周建平很有一股闯劲。1985年，周建平从武汉水利电力学院研究生毕业，就到电力工业部中南勘测设计研究院参加工作。伴随着改革开放的号角，我国水电迎来了第一次发展高峰。周建平适逢其时，先后参加了龙滩、大源渡航电枢纽、大朝山等工程设计或监理工作。在此期间，他曾担任世界上规模第一的龙滩碾压混凝土坝副设总，主持完成了国家"八五"科技攻关课题、国家电力重点科技项目。当时的高坝采用碾压技术还存在很大争议。在谭靖夷院士理念的指导下，周建平创新性地提出了"二级配碾压混凝土防渗和全高度碾压"的筑坝技术方案，支撑了龙滩大坝安全高效、快速建设。龙滩的成功为后来的碾压混凝土高坝树立了榜样，引领世界碾压混凝土高坝技术发展。龙滩碾压混凝土筑坝技术因此获得国家科技进步二等奖、水电行业优秀工程设计金奖和省部级科技进步一等奖，龙滩水电站也荣获 FIDIC 工程项目奖和 ICOLD 里程碑工程奖。

机会总是留给有准备的人。1999 年，周建平调入当时国家电力公司水电水利规划设计总院任副总工程师。2003 年周建平担任中国水电工程顾问集团和水电总院的总工程师，负责大中型水电工程的设计审查、技术咨询和技术研发工作。他身居要职却愈显低调，尤其是对于重大问题，总是谨慎稳重地处理各方分歧，果敢决策。

最为典型的是 2006 年大岗山抗震专题审查。这是世界地震烈度最高的混凝土高拱坝。国电大渡河流域水电开发有限公司委托了国内水电界三大抗震权威机构开展了并行研究。

周建平主持审查会议，还特意邀请了水电"泰斗"潘家铮院士出席，会上大家各抒己见，三位年龄加起来超过两百岁的老头儿，甚至争得面红耳赤，青筋爆出，其实他们的目标是一样的，只是方法和路径有所不同。

周建平认真提炼了三方技术路线的可取之处，三江并流归大海，在抗震措施上达成一致意见。不设中低孔、并缝钢筋、试验性采用阻尼器成为大岗山抗震的特有措施。

事后有人问周建平："三方在结果上根本没什么区别。只是方法的论争，公说公有理，婆说婆有理，永远厘不清。直接讨论结果岂不省事？"周建平笑答："多角度考虑问题，更有助于看清问题的本质；吸收各方的意见是为了形成合力,更有利于目标的实现。过程看似复杂,结论其实简单。如果没有复杂的过程,也会得到想要的结果,但实施效果可能会打折。"这就是周建平兼听明断的技术决策风格,形成合力的处事方式。

周建平非常重视工程安全,强调工程师责任重于泰山。2008年汶川特大地震一发生,他便迅速组织力量,开展震区水电工程的震损调查与分析。相比其他基础设施破坏情况,大中型水电工程的震损是轻微的,抗震效果也令人欣慰。但他还是告诫我们,面对地震这种极端不确定事件要保持慎而又慎的态度。此后我国又发生了青海玉树地震、四川芦山地震、云南鲁甸地震,他深刻认识到,地震地质问题是西部水电开发面临的头等大事。他在各种场合强调高坝在任何情况下都不能垮坝失事的观点,因此也提出高坝极震不倒的性能目标。2012年,周建平与陈厚群院士承担了中国工程院重大咨询项目,研究提出"西部强震区高坝地震安全对策措施";与此同时,他十分重视理论成果转化为行业规范的重要性,带领团队主编了首部《水电工程防震抗震设计规范》。

周建平还强调公共安全,倡导全面风险管理。2011年,周建平与王浩院士、陈祖煜院士等一起推动流域的风险管理。水电水利工程界业内普遍有一种观点,按规范规定开展设计、满足设计要求建设的工程就是安全的。周建平对这种观点表示了担忧。他做了一个形象的比喻,"飞机造得再好,你怎么保证它不出事?"数百次的无人飞行测试,只能说明飞机的材料、结构和系统控制等满足要求。行业管理是一个体系,是要求成千上万的飞机在数亿次的飞行中,失事概率应控制在公众可接受的水平。那就需要完善的制度、规范的行为,以及故障排查和航路天气的预测预报来保证。

水电工程安全涉及国家安全和亿万公众利益。社会是发展的,公众的安全意识也在提高。周建平说工程师的安全观也要发展变化,不能用静态的工况组合看待安全问题。2012年,周建平承担了国家重点基础研究计划（973计划）项目"梯级水库群全生命周期风险孕育机制与安全防控理论"课题三的研究。经过5年的研究，周建平带领团队提出了时间尺度上全生命周期各阶段风险防控重点，空间尺度上要在流域系统寻找风险短板，截断风险链要抓三个关键，即关键风险因素、关键部位，以及设计、建设和管理的关键环节，主导编制《梯级水库群风险防控导则》，积极推动将流域系统安全、全生命期安全、风险等前沿理念用于我国水坝的安全管理。

高山景行、体恤后生

周建平尊重老专家，更关心年轻同志的成长。周建平主持会议，聚焦问题但从不首先发表观点，避免给持有不同观点的人造成压力。宽松的会议氛围，让见多识广的老专家可以侃侃而谈，让研究深入的年轻人可以挥斥方遒。

工作如此，生活亦然。

2011年末和2012年初，周建平两次看望受病痛折磨的潘院士。每次周建平走进病房，疲惫瘦弱的潘院士都会眼睛一亮。前任总工与现任总工的对话就开始了。他们聊水电开发的困境，聊气候变化，聊长江大保护，无所不聊……周建平聊到潘院士早年的一些讲话已成现实，所提的一些问题现在也已经暴露，问潘院士能不能把以前的讲话加以发表鼓励后人，也可引以为戒。声轻语缓的闲聊，一扫病痛的阴霾，为潘院士带来了阳光。临走的时候，潘院士颤巍巍握着周建平的手说："谢谢你们来看我，不要来看我了。我没事。"反倒是叮嘱周建平："你的担子重，能抓住机会休息就休息一下。"

对于晚辈后生，他总是宽柔关照。有一位博士刚参加工作就被安排到一个在建水电工程项目工地锻炼。长时间既无人带，也无人管。周建平听说后批评说："不能把年轻人扔到工地就不闻不问。给锻炼的机会是好事，要有个培养计划。对年轻人既要关心，也要严格要求。不关心他们就不会成长，不严格要求他们就成长得慢。"

在 973 项目研究过程中，周建平强调课题经费一定要用到刀刃上。团队成员中有一些博士生、硕士生需要在北京租房，但学校发的补助根本不够交房租的。周建平说："按照国家规定，我们按上限给学生发劳务费；公司也要制定相关的补贴规定。"周建平始终认为，人是最大的生产力，青年人更是未来发展的希望。他鼓励年轻人不仅要从老一辈专家那里吸取经验，不能只盯着生产性工作，要利用自身的理论优势，尽可能地开展一些前瞻性的基础性研究，研以致用。

清风出袖，明月入怀

2014 年 3 月，周建平担任中国最大的电力建设集团总工。我国水电在国际上建设能力很强，但标准很弱，所承建的 93 项海外项目中，全部采用中国标准的仅占到 18%。他积极组织行业力量，制定接轨国际标准的路线，依托工程推动中国水电标准走出去。2016 年，周建平当选国际大坝委员会副主席，有着广阔视野的他，借助国际平台向全球同行介绍中国经验，推行中国标准。不过，他仍然谨慎低调地处理中国标准和国际标准的接轨问题。他时刻告诫国内同行，能力再强也要得到别人的认可，只有别人承认你行你才行。我们的理念和管理与国际还是有差距的，不要固步自封，多学习国际先进的做法，我们可以少走很多弯路。他的扎实专业和坦诚大气，展现了中国水电学者的奕奕风采。

身处中国改革开放的大时代，周建平平凡但不平淡。他勇于创新与时代一同奔涌向前，但并没有随波逐流，而是用宽广务实的行动和埋头实干的精神，成为筑梦江河的中流砥柱。

推荐单位：中国电力建设集团有限公司

中国 AI 三十年缩影：学术创新与学以致用

——百度首席技术官王海峰

人物简介

王海峰，1971 年 11 月出生。博士，百度首席技术官。

国际计算语言学会 ACL 首位华人主席，ACL 会士，ACL 亚太分会创始主席。兼任深度学习技术及应用国家工程实验室主任、中国电子学会副理事长、中国中文信息学会副理事长、中国人工智能学会会士等。

获国家科技进步二等奖、首届全国创新争先奖、中国电子学会科技进步一等奖 5 项、首个吴文俊人工智能杰出贡献奖等荣誉。

18 世纪中叶以来，人类历史上先后发生了三次工业革命。"蒸汽时代"与"电气时代"，中国都与之无缘，即使是在 20 世纪 80 年代以来的信息革命，我们也仅仅是侥幸上了末班车。

然而今天，以 AI 为主导的第四次工业革命大幕已经拉开，各行各业都在收获 AI 的果实，中国 AI 正走在令世界瞩目的征途上。当我们叩问中国 AI 是如何一步步成长和发展起来的，中国又是如何从一个追赶者成长为可领风骚的航海者时，我们发现，时代的变迁中，从不乏埋头奋进、前仆后继的科学家和产业人。

没有人甘愿在时代大潮来临时站在原地无所作为，1989 年走入哈工大校门的王海峰亦是如此。从一个怀着科学家梦想的少年蜕变为 AI 技术的创新引领者、产业智能化的变革者，他的故事或许是中国 AI 30 年的最佳缩影。

百年哈工大走出的 AI 科学家

1989 年,怀揣着科学梦想的王海峰进入了哈工大计算机系。彼时李生教授带领的团队所研制的汉英机器翻译系统 CEMT-Ⅰ,成为我国第一个通过技术鉴定的汉英机器翻译系统。

大四做毕业设计时,王海峰进入了李生教授的实验室,正式推开了 NLP 宝库的大门,这一领域在当时远不及今天热闹,甚至不被很多人看好。

王海峰在读研期间参与的一项重要项目是 BT863,他主要做汉译英方向规则知识库的建构,以及计算机软件等方面的准备。最终测评时,哈工大的 BT863 在一分钟左右完成了对 200 句话的翻译,在汉译英部分获得了全国第一。在今天来看,这种速度几乎不值一提,但在当时,这一成绩给了王海峰和其他哈工大人很大的鼓舞。

1996 年,王海峰开始攻读博士,他在机器翻译上的创新之旅也正式开启。经过不懈的钻研和尝试,他将循环神经网络的方法引入了机器翻译领域,提出了在 BP 网络基础上增加一个循环层链接,形成循环神经网络(RNN),来反映上下文关系,取得了很好的效果。

博士期间,王海峰发表了《基于神经网络的汉语口语言语行为分析》《基于神经网络的汉语口语多义选择》等数篇论文。中国机器翻译,从规则、统计方法时期的一路跟随,终于在神经网络时期向无人之地迈出了第一步。

在学术道路上王海峰持续攀登。毕业后,他先后加入微软研究院和东芝中国研究开发中心,产出了大量学术成果,逐步成长为国际 NLP 领域著名科学家。

百度十年:从学术到产业

在职业生涯将满十年的时候,王海峰开始重新思考自己的职业规划。微软研究院和东芝研发中心的经历让王海峰对产业界如何思考和解决问题有了深入洞察，投身产业一线自此成为埋在王海峰心底的"种子"，而这颗种子在2009年彻底萌发了。

2009年8月，百度创始人兼CEO李彦宏发布了全新计算平台"框计算"。这项技术是指百度用户可以在"百度框"中输入服务需求，搜索引擎就能通过理解用户输入的语言指令，对需求进行智能化理解，然后将其分配给最优的内容资源或应用提供商处理，最终返回给用户匹配后的结果。

"框计算"构想，让王海峰看到了自身所学和实践经验的用武之地。

2010年，王海峰加入百度，第一件事是成立了"自然语言处理部"，全面支持搜索对NLP技术的需求。他为团队梳理了愿景和使命，时刻牢记"立足百度，扎根中国，胸怀世界"，朝着"理解语言，拥有智能"的目标坚定不移地前进。王海峰的远见卓识和领导才能带领团队在NLP领域不断突破创新，成功跻身国际第一梯队。2015年，百度在国际上率先发布互联网神经网络翻译系统，跑赢了谷歌、微软等科技巨头；2019年，百度发布知识增强的语义理解框架文心（ERNIE），在国际权威排行榜上夺冠，得分首次突破90分，超越人类得分。

在发展NLP的同时，王海峰基于对技术及产业趋势的敏锐判断，开始着手布局语音和视觉技术，牵头组建了"多媒体部"，并很快取得大量的研发成果：有围绕语音识别的复杂声学建模、超大规模语言模型和高速解码等关键技术；在图像方面则进一步推进了图像识别、图像分类、图像搜索以及OCR等技术的完善。多媒体部之后，王海峰又进而敲定了百度在知识图谱技术上的研发投入。这些技术的积累为百度AI全栈技术体系的建立、发展和壮大奠定了至关重要的基础。

如今从百度AI的全面布局来看，王海峰的前瞻性洞察，早已为百度AI的今天画好了发展轨迹。

与此同时，在从学术到产业的不断探索中，王海峰也不断深化对"开源"和"开放"的理解。

在信息产业的开发者生态中，开源是一种很普遍的文化，开发者们彼此分享源代码，通过对代码的修改编译来完善产品。但很快王海峰就发现，对于 AI 来说，仅仅开源是不够的。大部分渴求应用 AI 技术的企业并不具备专业的技术人才，对于它们来说，需要的是一个操作简便的平台，提交数据后就能直接获得结果。

因此，百度的开源开放是全方位的，产业级深度学习平台飞桨、百度大脑 AI 开放平台等，从通用 AI 能力、解决方案，到定制化训练、开发及服务平台等，满足人工智能研究者、开发者、企业等多层次需求，让百度的 AI 技术源源不断地为社会各界所用，激发技术突破、应用创新和产业发展。

随着 AI 技术的发展成熟和大规模产业化日渐深入，融合云计算、大数据、人工智能、物联网等新兴技术的新基础设施建设和产业智能化浪潮汹涌而来。王海峰依然勇立潮头，担当重任。

2020 年 5 月，王海峰发布百度智能云全新战略，"云计算为基础，人工智能为抓手，聚焦重要赛道"，加速把 AI 输送到千行万业，促进产业转型升级。

时至今日，王海峰在百度这片沃土上，已经让 AI "遍地开花"，但真正的"结果"，还远不止于此。

让中国 AI 走向世界

2013 年，王海峰凭借其在自然语言处理领域的研究和工程科技成果，以及为学术社区在亚洲和中国发展做出的贡献，当选为 ACL 历史上首位华人主席。此后，在王海峰等的努力下，中国乃至亚洲学者和学术成果在国际 NLP 领域的声望越来越大，越来越多的中国学者进入 ACL 担任职务、获得荣誉等，ACL 年会也于 2015 年首次在中国举行。到 2017 年，ACL 收录论文中亚太地区作者的比例甚至达到了 33.3%。

在推动中国 AI 走向世界的同时，王海峰在百度致力于打造的产学一体，也让中国 AI 企业迈向国际的路更加顺遂。Kenneth Church 等一大批顶级研究者加入百度，产出更丰硕的研究成果，不断放大百度和中国 AI 企业在国际上的影响力。

如今，中国 AI 的整支舰队，已经具备与国际强手同场竞争的力量。而以王海峰为代表的中国科技工作者们，在 AI 尚处于一片无人区时便投身其中，他们是技术创新的"开拓者"，也是中国产业智能变革的"领军者"，他们推动中国走向世界、走向未来的信念始终如一。

中国 AI 的今天，不是奇迹。无数优秀科技工作者的努力和付出，将会带领中国 AI 走过无数个辉煌的 30 年。

推荐单位：中国人工智能学会

迈出多晶硅自主创新的关键一步

——中国恩菲工程技术有限公司副总工程师严大洲

人物简介

严大洲，1963年4月出生。中国恩菲工程技术有限公司副总工程师，洛阳中硅高科技有限公司总工程师，教授级高级工程师。

先后承担40余项大中型科研、设计、总承包项目，主持并完成国家电子基金项目、863计划课题7项。荣获国家级、省部级科技奖数十项，全国劳动模范、全国有色金属行业设计大师、国家"百千万人才"工程等多项荣誉，享受国务院政府特殊津贴。

1997年，"光伏太阳能"还属于新概念名词，光伏行业甚至还没有起步的苗头，用于光伏的多晶硅市场需求小，价格低，电子级多晶硅每千克也仅30多美元，太阳能级多晶硅20多美元的价格也被业内人士戏称为"废料价"。长期以来，由于对光伏行业前景认知的欠缺、对战略能源缺乏长远考虑，尽管我国拥有丰富的硅矿资源，但多晶硅生产的关键核心技术并未真正掌握，却受制于美、日、德等多晶硅大国的技术封锁和市场垄断，在过去很长的时间里，我国多晶硅几乎全部依赖进口。

20世纪末，中国恩菲以严大洲为带头人的科研团队开始自主研发多晶硅生产技术，并于2000年前率先在国内开展了多晶硅高效节能环保生产技术与装备研发，在一些关键技术研究方面取得了阶段性成果。之后，严大洲和团队"转战"到了河南洛阳，希望能够利用这里代号为740的洛阳单晶硅厂半导体研究的产业积淀，让技术得以工业化的应用。

但是，从研发到产业化的过程，漫长而艰辛。对于中国恩菲而言，虽然在有色金属领域有很多"人无我有"的"独门秘籍"，但是在多晶硅这个"空白领域"经验还非常匮乏，且因为国外封锁、国内空白。

当时，严大洲和团队没有可借鉴的经验，更大的问题来自资金：在一个全新的领域从零开始，每一笔费用的使用都要谨慎，每一次的失败、一丝一毫的物料浪费，都会成为大家心里一层层拨不开的阴霾，如果项目不成功，不但是一个科研项目的归零，而且是多晶硅项目可能得不到后续的发展，更不会有任何的金融机构给予贷款支持。

因此，严大洲决定慎重开始产业化之路，首要任务就是自主研发生产设备。

研发从还原炉开始。还原炉的主要原理是通过高压击穿的方式，使预先安装在电极上的U型硅芯导电而发热，最终使反应生成的硅能够均匀地沉积在硅芯表面。

自主研发设备，完全没有经验地摸索，严大洲面临的第一个问题是硅芯无法击穿的问题，而这是还原反应的第一个关键环节。硅芯击穿，高压是关键。电压达不到要求，电流不能通过就无法导电，还原反应无从谈起。严大洲和电气专家一起研究调整打压系统，经过对炉内温度、硅芯高度等各种核算，一次次进行尝试，当将打压系统调到了1.2万伏后，当硅芯通红地出现在大家视野中，同事们都激动万分，团队里的小姑娘们激动得流下了眼泪。

然而，硅芯击穿只是一个"小欢喜"，后面还有更多的麻烦。

硅芯在还原炉中是在石墨座上用卡瓣固定，石墨底座下面是地盘，电极在内部通过地盘和石墨底座连接硅芯。还原炉底盘和石墨座因为调整为高压后间距不足，造成在还原炉启动后打火放电，无法形成电流回路，还原炉仍无法正常启动。

这个问题让严大洲晚上睡不着觉。几个通宵后，他想出了调整石墨底座形状的方法——原来的形状是方形，为避免棱角处尖端放电，改为了圆形的。这"闻所未闻"的创新可难坏了生产厂家，没有工厂有能力生产，我们就和技术工人讨论，是不是可以"手工"制作。于是，专业工匠用钢锉人工搓圆滑，解决了石墨底座的问题，算是又一次冲关成功。

还有一个很大的问题就是硅芯倾斜造成倒炉的问题。硅芯是用卡瓣固定在石墨底座上，最初用的卡瓣是两瓣型的，严大洲和团队考虑造成倒炉的原因时，决定改为三瓣、四瓣进行尝试，瓣数增加，接触面变大，卡得更紧，就降低了倒炉的发生率。总之，在一次次面对问题、解决问题中，他们不断地冲关成功，逐渐看到了胜利的曙光。细节决定成败，每件事情都是如此。

2003年，中国恩菲成立了专注于多晶硅生产的子公司洛阳中硅高科技有限公司（简称"中硅高科"），在多晶硅规模化生产道路上迈开行进脚步。同年6月，中硅高科完全依靠自主研发技术、自主设计、全部采用国产设备的国内首条年产300吨多晶硅产业化示范线项目开工建设。依托之前的研发工艺，严大洲及团队承担的这个洛阳市科技攻关项目"节能型多晶硅大还原炉装置"，即12对棒多晶硅还原炉装置技术研究，于2004年3月通过了验收和鉴定，获得了洛阳市一等奖，随后，公司第一个产业化项目年产300吨的多晶硅项目才顺利地得到了当地的贷款支持。

这项技术很快应用在了中硅高科的一期生产线上，2005年10月18日，300吨多晶硅规模化生产线产出了第一炉多晶硅，这是当时国内最大的多晶硅生产线，产品经检测，纯度达到9N-11N，同时满足太阳能光伏发电及电子信息产业的需求，这炉产品的诞生，标志了我国成功打破了国外长期以来对中国多晶硅生产的技术封锁和市场垄断，摆脱高度依赖进口的困窘局面，开始解决光伏产业"两头在外"（原料、市场在外）的"一头"问题。

有了这个技术的突破为基础，严大洲作为项目主要负责人，又承担了国家科技部"863"计划项目"24对棒节能型多晶硅还原炉成套装置"，该项目也按预期通过了验收和鉴定，在国家科技部组织的科技成果鉴定会上，专家一致认为："该项目技术达到国内领先、国际先进水平，对我国多晶硅行业产业化技术进步有重大推动作用",该项目还获得洛阳市特等奖和河南省一等奖,中冶集团科技进步特等奖。

  以此为良好开端,在随后的几年里,中硅高科相继建设了年产千吨(2007年投产)、年产2000吨(2008年投产)多晶硅生产线,规模创国内之最,2013年,通过实施国家产业振兴和技术改造专项"超高纯多晶硅节能技改",中硅高科产能进入世界前十,在满足太阳能级需求基础上,部分产品已达到电子级标准,为中国半导体产业原料自主照亮了道路。

推荐单位:中国恩菲工程技术有限公司

历尽千帆，"抗非"壮士再出发

——南方医科大学南方医院感染内科主任医师侯金林

李婉欣

人物简介

侯金林，1962年6月出生。南方医科大学南方医院感染内科主任医师、教授。

在感染病领域传染病防控及慢乙肝优化治疗临床和科研方面有较深造诣与创新，享有国际声誉。发表SCI论文120多篇，先后获国家自然科学基金杰出青年基金、国家科技进步二等奖2项、中华医学科技二等奖2项、广东省科技进步一等奖3项，连续三年（2016—2018年）入选爱思唯尔（Elsevier）发布的中国高被引学者榜单。获得全国优秀科技工作者、广东省五一劳动奖章、2020年广东"最美科技工作者"等称号。

> 我出生在山西平遥古城，
> 17岁背起行囊坐着绿皮火车
> 离开家乡去西安学医，
> 一晃快40个年头了。
> 细细数来，
> 自离乡后只有一次
> 如愿回到家乡过年，
> 但转念再一想
> 这也已经是32年前的事情了。
>
> ——侯金林《我的四十年乡愁》

2020年2月10日，侯金林支援荆州洪湖，带上科研小分队及8000多份抗体试剂盒，在汉口和洪湖为疑似病人和密切接触者进行抗体检测，提高了筛查速度与效率。

这些年，侯金林出色地完成了包括"非典"、H7N9禽流感、埃博拉出血热、登革热等公共卫生事件救治任务。随着新冠肺炎疫情在全国范围内迅速蔓延，他放下了对故土40年的乡愁，义无反顾地投入为之奋斗一生的传染病医生工作岗位。这一次，他依旧不辱使命。

忆当年，披荆斩棘

2003年"非典"肆虐，侯金林仍记忆犹新，"那一年，广州'非典'疫情暴发，我取消了节前休假，节后临时接到了紧急通知赶往首都，向总后勤部、卫生部领导报告有关广东地区不明原因'非典'的情况。"

当时北京三〇二医院最先遭遇冲击，十几位医务人员和一位年近七旬的副院长均已感染。他向广州专家组报告病因最大可能是病毒感染，在座的领导非常惊讶，因为他们得到的消息是衣原体感染。

侯金林回到广东后，带领着科室医护人员奔走在"抗非"救人的第一线。有一次，他在抢救了重症SARS患者后，突然感到咳嗽加重，他第一时间想到的不是自己，而是打电话告诉当时一齐参与抢救的同僚，让他们赶紧用药，提前预防。对于他来说，关心战友的安危胜过关心自己。

为全力救治SARS患者，同时避免与他人产生感染，侯金林和医护人员一道，连续三个多月吃住在隔离区。当年，他所在的医疗团队创造了广东省和全军综合医院单个科室收治"非典"患者最多、治愈率最高、死亡率低和医护人员零感染率的成绩，他荣立了一等功。

战今朝，义无反顾

17年后，又一场没有硝烟的战斗在湖北武汉拉开序幕，新型冠状病毒感染快速蔓延，57岁的侯金林义无反顾，再一次投入抗击疫情的工作岗位中。

"我已经不记得这是第几次临时取消踏上回老家过年的路，家里人似乎早已习惯，从未埋怨过一句，这也更让我从心底感到深深的愧疚。"侯金林说道。2月10日，他加入广东省医疗队，三日后冒着风雪启程，支援湖北省荆州洪湖。

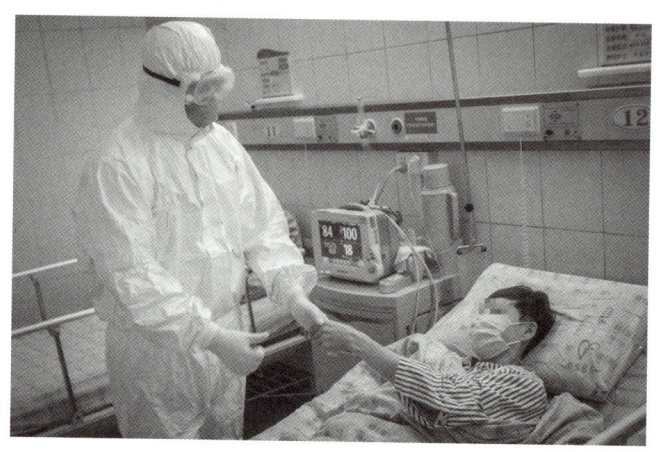

在抗疫的日子里，侯金林先后走访了洪湖市内6家医院，调研重症病人治疗状况，提出了"五色病区分区"管理方法。"红区主要收治为危重型、重症患者；橙区主要收治普通型患者，是重症危重症的预警区；黄区主要收治轻型和普通型；蓝区收治疑似病人；绿区收治出院患者康复区。"他耐心讲解道。

除了身体力行，侯金林还致力于科研攻关，为了更好地识别危重指标，他联手汉口医院，开展回顾性研究，发现年龄和C反应蛋白（CRP）及其他因素是预测死亡的独立危险因素。这一研究成果更好地帮助临床医生辨别确诊和疑似病人的病情，提前介入采取干预措施，最终减少疾病进展和降低死亡率。

担使命，潜心科研

在感染病领域传染病防控、慢乙肝优化治疗临床和科研方面，侯金林有着较深的造诣，他勇于创新，在国际上享有一定声誉。

侯金林率先在国内发现独特的乙肝病毒基因重组体和突变株及耐药进化规律，拟定了"三个时间点"和"四化"的"慢性乙肝抗病毒个体化治疗路线图"，并通过一系列创新性临床研究，用适合中国的方案、技术改变了我国慢性乙型肝炎抗病毒治疗现状和格局，治疗5年耐药发生率从42.5%降低至3.3%。

他首次提出并制定了肝纤维化的无创诊断流程，形成国内首个专家共识，可使60%～80%慢性乙肝患者免于肝活检，验证了结构学定量创新肝活检诊断的新技术策略。"优化治疗方案的临床推广应用，超过26.17万例乙肝患者受益，5年间共避免产生约10万例耐药患者，减少因乙肝耐药带来的沉重负担。"侯金林如是说。

守初心，投身公益

2015年初，他在国际上首次提出"乙肝母婴零传播"理念，创造性地开展乙肝母婴零传播工程公益项目，构建了世界卫生组织认可的乙肝母婴传播全程防控跨学科跨社区临床管理体系。为了调整防治方案，他因地制宜，曾前往西藏岗巴、青海玉树、新疆喀什等地开展实地考察，了解这些偏远地区的情况。

"截至去年年底，已实现覆盖31个省市区的132家项目医院，注册医生达1660名，入组乙肝孕妇30700多例，阻断成功率达99%以上。"侯金林表示，通过建立多学科合作机制、医师培训、患者随访管理等方法，制定、推广和落实临床管理流程，规范项目运行等措施，实现了"百、千、万"既定目标。

多年来，侯金林坚守着医者初心，致力公益项目。他组建了"心肝情缘"志愿服务队，每年开展义诊、赠药、免费体检等服务，惠及民众达1万人次。他还多次带领团队前往江西赣州、山西平遥启动慢性疾病防治基层筛查项目，探索可推广的慢性肝病的社区筛查、早防早治和随访管理的慢病防控管理模式。

文章原载于《广东科技报》2020年6月26日，有改动

推荐单位：广东科技报社

牛栏江上"牛"一回

——全国工程勘察设计大师、水工结构专家张宗亮

何丽文　梁礼绘　刘　昱

人物简介

张宗亮，1963年5月出生。中国电建集团昆明勘测设计研究院总工程师、副总经理，全国工程勘察设计大师。

主持国家重点研发计划"堰塞坝险情处置与开发利用保障技术与装备研发"。获国家科技进步奖6项、光华工程科技奖、全国杰出工程师奖、潘家铮奖等，入选国家百千万人才工程、云南省科技领军人才，团队获中央企业优秀科技创新团队。

2020年6月上旬，刚刚进入夏季的乌蒙大地已热浪扑面，牛栏江上红石岩堰塞坝综合水利工程施工电站首台机组发电在即。现场热气腾腾，一派紧张忙碌景象。率队到此开展年度防洪度汛现场检查的全国工程设计大师、电建昆明院副总经理兼总工程师张宗亮站在大坝上极目远眺，只见两岸山谷耸峙，水库碧波荡漾。看着那熟悉的山川河流，他长吁了一口气，喜悦之情充盈心头。曾经的一个个惊险场面、一个个记忆碎片随着思绪如现眼前。

危难时刻显担当

2014年8月3日，一场突如其来的强震袭击了乌蒙大地，地震造成云南省昭通市鲁甸县牛栏江红石岩村山体大面积垮塌，在牛栏江上形成了总库容2.6亿立方、总方量1200万立方的罕见巨型堰塞湖。其

危险级别为极高，风险等级为最高，犹如一把悬在灾区人民头上的利剑。堰塞湖一旦溃决，将引发灾害链，直接威胁下游沿江10个乡镇3万余人的生命安全，还将冲毁下游3.3万亩耕地以及天花板、黄角树等水电站。

堰塞湖抢险，重中之重！指挥部和各方救援力量都在焦急地等待科学合理、行之有效的处置方案。

"苟利国家生死以，岂因祸福避趋之。作为一名党员干部、一名科技工作者，大灾当前，我们所能做的，就是要以科技为盔甲，尽最大努力挽救生命，消除灾害。"张宗亮闻灾而动。

8月4日下午至翌日凌晨3时，他与昆明院规划、测绘专业人员一起，开始对堰塞湖可能造成的溃坝进行分析计算；5日9时，他召集地质、水工、规划、水库、测绘、监测检测等专业负责人，就进一步复核水位流量关系、库岸稳定、溃坝分析等内容进行详细部署。5日13时30分，在接到上级通知后不久，张宗亮率领早有准备的水工、地质专家匆匆赶往重灾区。在他的统一部署下，专家组被有效地分为堰塞湖排险处置组、右岸隧洞排险处置组、避险群众疏散组、综合信息组和测绘组五个小组，争分夺秒、有条不紊地开展工作。

"没到过现场就没有发言权"。作为一名科技工作者，张宗亮坚守科学、严谨的作风。受现场不断的余震、塌方、滚石等危险环境以及时间紧迫、交通不便等因素制约，且面临地质水文条件不明、溃堰形式不确定等难题，应急抢险和处置难度极大。张宗亮率领专家组，多次奔赴堰塞体、右岸厂房调压井、交通洞等位置现场查勘。他们白天或乘坐冲锋舟，拴着安全绳，靠着双手双脚，登上堰塞体；或穿越泥石流堆积体，绕开垮塌崩落巨石，蹚过湍急奔流的涌水，到调压井等位置实地查勘，掌握翔实的现场第一手资料。晚上则回到指挥部挑灯夜战，开展堰塞湖库容计算、溃坝分析计算等工作，制订最合理有效的排险处置方案。

凭借深厚的专业技术功底和扎实的现场查勘工作，张宗亮率领的昆明

张宗亮（左二）与专家们乘坐冲锋舟赴堰塞体查勘

院专家组提出了先延缓堰塞湖水位上升、后设法利用红石岩电站原有设施放空堰塞湖的基本排险处置思路及一系列排险处置措施，并紧急编制完成了《应急排险处置方案报告》等5份报告，和团队创建了堰塞体风险识别与溃堰分析的应急抢险关键技术，攻克了堰塞体应急抢险快速响应与科学决策的技术难题，为堰塞湖排险处置决策提供重要支撑。依靠社会各方力量，仅用9天就完成红石岩应急抢险处置，为灾区人民尽早地化解了险情。

这9天，对于张宗亮来说，是生命中不同寻常的9天。"在这场没有硝烟的特殊战斗中，敬业、负责的精神，求精、务实的技术水平，以及军人般勇敢、无私的品质，这些都缺一不可，值得欣慰的是，我们基本做到了，我们胜利了。"对此，张宗亮充满自豪。

"莫道书生空议论，头颅掷处血斑斑。"时任水利部副部长刘宁用这两句诗盛赞以张宗亮为代表的昆明院工程技术人员在完成急难险重任务中的杰出表现。云南省委、省政府对张宗亮一行人表现出来的顾全大局、不畏艰险、勇挑重担的精神，敬业负责、敢打硬仗、连续作战的工作作风给予高度评价。

史无前例勇创新

随着红石岩堰塞湖险情的初步解除，抢险转入了以"保安减灾"为目标的后续处置第二阶段，张宗亮并没有松懈下来。"想到这里的灾后重建工作，心里沉甸甸的，总想着要为灾区人民做点什么。"

他对堰塞开展了更为详尽的观测：红石岩堰塞湖位于电站进水口和调压井之间，具备泄水通道；堰塞体以大块石为主，体量大、堰坡缓，自身稳定性好；堰塞体所处位置有稳定流量和水头落差……长期从事水电设计工作的张宗亮敏锐地捕捉到了红石岩堰塞湖的上述特点。"除害兴利、变废为宝"的理念在他脑中闪现：何不将堰塞体改造成挡水坝，在这新建一座电站，将其整治成为集"防洪、供水、发电、旅游"等效益为一体的综合性水利枢纽工程，他突发奇想。

"整治利用堰塞湖这一理念大胆创新，真是牛！""堰塞湖整治利用史无前例，要面对的困难不少，也没有经验可借鉴，这个事还是要慎之又慎。""整治利用堰塞湖风险太大，没必要去当出头鸟，一旦出错谁负得起责任？"一时间，人们对红石岩堰塞湖整治利用问题议论纷纷，赞许者有之、观望者有之、质疑者有之。是规避风险、因循守旧，还是不畏艰险、科学创新？张宗亮毫不动摇地选择了后者。熟悉他的人都知道这是他必然的选择。张宗亮经常对身边的技术人员说："创新是职业道德和工程理念的驱动""我们并不是为了创新而创新。畏惧风险，僵化地只知道套用本本，浪费的是国家和人民的财产"。推进红石岩堰塞湖整治利用，是他用所学知识、所掌本领报效祖国和人民的必然选择。

1984年，风华正茂的张宗亮从清华大学毕业时没有选择"北上广"，而是选择了西南边陲的"水电富矿"，立志为祖国的水电事业做出点成绩来。参加工作后，他来到鲁布革，一干就是5年，全面经历了实战的洗礼。"天道酬勤，地道酬耘"是他的人生信条。在鲁布革，他白天穿梭于工地，夜晚挑灯夜读；在天生桥，他每年泡在工地上的时间都在200天以上……

从鲁布革到天生桥，从糯扎渡到红石岩，几十年来他潜心水电，笃志笃行。有人曾问及他成功的秘籍，他概括了五个方面，"基本功底扎实"排在第一。他充分利用身处我国水电科技前沿的优势，在坚持原始创新、集成创新的同时，结合实际引进消化吸收再创新。在天生桥，他主持编写了电力行业标准《混凝土面板堆石坝设计规范》；在糯扎渡，他总结工程设计科研成果主编的《200米级以上高心墙堆石坝关键技术研究及工程应用》，成为高土石坝设计研究人员经常翻阅的工具书，被我国著名工程设计大师王柏乐盛赞为"使我国高心墙堆石坝筑坝技术水平迈上了一个新台阶"……了解了这一切，人们对张宗亮的选择就一点也不感到突然。

2014年9月，天上闪烁的星星、办公室里彻夜不熄的灯光见证着张宗亮率领技术团队夜以继日、与时间赛跑的艰辛与努力。他亲任项目设计总工程师，抽调各专业的骨干人员近30人集中办公，及时开展技术评审。作为"技术掌门人"，张宗亮更是秉承严谨细致的工作作风，深入现场走访察看，理顺专业搭接配合，牢牢把稳技术关卡。在短短20天时间里，全面完成了《牛栏江红石岩堰塞湖永久性整治工程实施方案》的编制和内部评审工作。该方案详细论证了因地制宜、变废为宝、除害兴利，将堰塞体改造为具有调节性能和发电效益，向巧家、鲁甸、昭阳3个县区9个乡镇灌区自流供水的水利枢纽的可行性。

机会总是给予那些有准备的人。张宗亮被任命为堰塞湖综合治理工程的设计总工程师，同时作为项目负责人主持"堰塞坝险情处置与开发利用保障技术与装备研发"这一国家重点项目研发。当时，国内外尚无堰塞坝形成后立即开展整治利用的先例，且现有技术难以解决堰塞坝勘察设计施工难题。张宗亮不落窠臼，以"产学研用"深度融合的创新模式，带领团队联合高校、科研机构开展了多年的科研攻关，提出了尺寸效应分析方法和长期性态计算分析模型，突破了堰塞坝静动力工作性态分析和安全评价的技术瓶颈。构建了堰塞体综合勘察、设计技术体系，研制了堰塞坝整治利用的关键灌浆材料和施工成套装备，解决了复杂环境下宽级配堰塞坝防渗结构灌浆施工关键技术难题。国内多位院士和著名专家组成的专家组一致认为："研究成果达到国际领先水平。"

"把论文写在祖国的大地上，把科技成果应用在实现现代化的伟大事业中。"张宗亮一步一个脚印地践行自己的诺言。在近 6 年的时间里，牛栏江畔留下了他无数身影。施工中遇到的一个个技术难题，被他和他的团队一一破解。蓝图终成现实。昔日滚石遍布、满目疮痍的堰塞湖旧貌换新颜，红石岩堰塞坝已建设成为世界首例"应急抢险—后续处置—整治利用"一体化大型水利枢纽工程。经历高水位和多次余震考验，工程安全运行。这一兼具防洪、供水、发电、旅游的综合水利工程将为贫困地区带去巨大的社会和经济效益。同时，张宗亮带领的"大型堰塞湖应急处置与高土石坝工程技术创新团队"成为国资委中央企业 30 个优秀科技创新团队之一，培养了一批创新型人才。红石岩项目成果荣获发明专利 23 项，实用新型专利 19 项，软件著作权 15 项，发表论文 129 篇，其中 SCI19 篇，EI36 篇，出版专著 1 部。依托红石岩工程完成的《堰塞坝应急处置与综合整治关键技术》成果荣获中国大坝工程学会科技进步特等奖。这一成果有力地促进了高效科学的堰塞坝灾害防治体系的建立，为国家自然灾害监测预警信息化工程建设提供了技术支撑。

"以自己的努力为灾区人民实实在在做点事，心里真的很高兴。"眼中有山河，咫尺见匠心。张宗亮和他的牛栏江故事在继续。

推荐单位：中国电建集团昆明勘测设计研究院有限公司

一项中国技术的"长征"

——粉垄技术发明人韦本辉

钟汉成

人物简介

韦本辉，1954年10月出生。薯类专家，粉垄技术发明人，广西农业科学院在岗二级研究员。曾任广西农业科学院院长助理兼院科技处处长、经济作物研究所所长兼书记。

获国家、省部级奖13项，选育薯类等新品种26个，授权发明专利15件，技术标准7件。被评为全国优秀科技工作者、广西优秀专家，享受国务院政府特殊津贴。

10年，26个省份，36种作物……

这3个数字，为一项中国原创技术"写"下一个"结论"：在不增加肥和水的情况下，23.3万公顷农作物增产10%~50%，增加效益19.87亿元。

对于这项技术，刘旭、张洪程、袁隆平、赵其国、李振声等院士点头称赞。袁隆平院士称赞这项技术是"革命性的绿色耕作技术"，建议加快试验、推广和应用；张洪程院士称这项技术是"土壤耕作技术上的重大创新"，达到同类研究国际领先水平。

这项技术就是粉垄。很多人可能只知其名，但不知这项技术背后是粉垄团队的艰苦"长征路"。

寻　梦

这项新的农业技术，始于2008年。

广西农科院经济作物研究所二级研究员韦本辉在木薯、淮山、马铃薯、红薯等栽培研究中，发现越是疏松的土壤，作物产量越高，从板结、表皮结膜、疏松这三种类型土壤来看，产量依次增加15%以上。

得知这个规律后，韦本辉到全国多个省区开展调查。他发现各地普遍存在犁底层上移、松土浅薄板结的情况，平均松土深度只有16.5厘米，低的甚至只有10厘米。这样的土壤，显然难以获得高产。

袁隆平曾说，作物要获得高产，必须"良种＋良田＋良法"。然而，科技人员对良种、良法的研究众多，在良田方面却少有人关注和重视。

在农村长大的韦本辉知道，"老农业"遇上了"新问题"——拖拉机犁头耕地一般只有十几厘米深，传统的耕、耙在拖拉机重轮多次碾压下深耕不能深松，土壤板结，越来越"瘦"。因为土壤变"瘦"，人们又过量使用化肥农药，使得土壤和河湖被污染，农产品质量下降……

"土壤是农业之母。"韦本辉说，"土壤好了什么都能长好，土壤坏了后患无穷。"当前要提高作物产量，最好的办法就是超深耕深松土壤。于是，一个大胆的想法产生了——他要发明一种新的耕作模式，用深耕深松来改造良田，让农田在少用化肥农药的基础上稳产高产。

2009年，这种想法有了正式名称——粉垄。

探　索

父母干农活的经验给了韦本辉很大的启发。他清楚记得，父母每次割完韭菜后一定要松松土，当天秧苗没插完第二天要重新耙田……在这些细节里，韦本辉找到了粉垄的"原始依据"。

韦本辉这么定义粉垄：粉垄耕作技术是一种超深耕深松不乱土层的"全层耕"和"底层耕"（遁耕）耕作方式，因土壤被钻头粉碎悬浮呈垄（厢）状而得名。也就是说深耕深松是重点。

然而，土壤深耕深松，要怎么实现？木匠干活的情景给了他灵感：木匠在木板上钻孔，钻头转动，孔越钻越深，木屑随之浮上来。韦本辉想，如果用钻头"代替"犁头，用土壤"代替"木板，板结的土壤是不是也会变成"木屑"？他认为，答案是肯定的。

很快，他在广西宾阳县一家农具加工厂的协助下，发明制造了首台螺旋型钻头并利用拖拉机驱动牵引的粉垄机。2009年，在宾阳县邹圩镇一位农民的协助下，韦本辉开展玉米和花生零施肥种植试验，结果刀耕火种、人力、畜力、拖拉机这四种模式，后一种均比前一种增产8%；粉垄种植，更是比拖拉机种植增产13.4%。

事实表明，韦本辉的判断是对的。

攻 关

工欲善其事，必先利其器。韦本辉知道，粉垄一定要有好机械。

为了让粉垄机械达到理想效果，2010年6月，他在广西容县找到一家农机厂。了解粉垄技术后，这个厂家和韦本辉开始合作，在无正式图纸、无像样样机、无政府投入的"三无"情况下，开始攻关研制。

结果只用5个月，第一代粉垄机的样机就研制出来了。这一代粉垄机将粉垄设备固定在拖拉机上，拖拉机负责传递动力和向前移动，螺旋钻头负责高速旋转垂直下钻至一定深度后平行切割土壤，最终实现深耕深松。

然而，第一代粉垄机存在不少缺陷。工作的稳定性和可靠性不好，动力输出的万向节容易损坏，拖拉机输出的扭矩不够大，耕作过的松土被车轮碾压重新压实，在耕作过的松土里容易下陷甚至翻车。

于是，韦本辉带领研究团队转变思路，着手研发新一代自走式粉垄机。团队坚持边试用、边改进。

后来，经过在黑龙江、海南、新疆等地试验，经过更换刀片材料、开发配套机具、加大动力等改进，粉垄机开始应用于生产。

坚　持

起初，粉垄机是被人嫌弃的"怪机器"。

各地农民不了解粉垄技术，很多人抵制用粉垄机耕作。韦本辉说："在内蒙古通辽市和赤峰市，当地农民不相信我们的机械和技术，只答应提供很少的土地做试验。"可处境再难，粉垄团队也没想过放弃。

等到作物长出来，当地农民惊呆了——粉垄耕作的作物长势要比传统耕作的作物好很多。到了收获季节，专家组测产表明，赤峰市的粉垄玉米比传统耕作的玉米增产 31.5%，通辽市的玉米高产田也增产 15%。

看到这种情景，当地农民主动与粉垄团队联系，详细了解粉垄技术。科研人员记得，那次试验后，他们再次到内蒙古做示范推广，当地农民都会用热情的蒙古式迎客礼仪，热情欢迎粉垄团队。

"不抛弃，不放弃。"粉垄团队正是凭借这种精神，让一次次的挫败最终转变成一次次的成功。2015 年，自走式粉垄机通过技术鉴定并投入生产应用——在地里跑一遍就可完成深耕、耙地、起垄，随后粉垄种植逐渐覆盖西北、东北、华北、华南等地区。

就这样，粉垄机成了大家欢迎的"客人"。

圆 梦

数据是最有说服力的。

2019 年 2 月出版的 RCCSE 核心期刊《农业科学》刊载论文表明，粉垄增产效果非常显著："水稻，7 个点平均亩增 94.74 千克、增幅 18.65%；玉米，7 个点平均亩增 130.43 千克、增幅 20.54%；小麦，3 个点平均亩增 126.90 千克、增幅 31.42%；马铃薯，6 个点平均亩增 883.31 千克、增幅 36.25%。"

粉垄种植旱地甘蔗，产量竟高达 159 吨/公顷，比传统种植增产 41%。这个结果，来自韦本辉主持的广西创新驱动发展专项"旱地粉垄雨养甘蔗项目"的专家测产。

粉垄能增产，还能"吃盐"。

科研人员在新疆、吉林、山东等 10 个省区开展的试验表明，低度、中度盐碱地粉垄后"淡盐"20%～40%，增产 20%～40%。山东东营市的重度盐碱地经粉垄种植，玉米鲜重达 12 吨/公顷，增产 73%，玉米籽粒盐（钠）含量减少 20.81%；小麦产量达 5.58 吨/公顷，增产 154.22%。

粉垄一次管几年。4 年前，新疆尉犁县的重度盐碱地经粉垄后种植棉花，当年就增产 48.8%，2019 年 9 月进行粉垄种植后第 4 年测产，产量高达 6.18 吨/公顷。这些数据，让专家格外振奋："粉垄技术实现了我国重度盐碱地玉米、小麦、棉花生产的重大突破！"

粉垄团队算了一笔账：如果粉垄技术推广 0.67 亿公顷，当季和复季作物种植面积可达 1 亿公顷，每年可新增 0.1 亿公顷耕地生产能力，节省化肥 500 万吨，增贮天然降水 300 亿立方米。

春 天

10 年，漫漫"长征"路。

如今，粉垄技术越来越成熟，韦本辉也对粉垄技术给出了更全面的表述。它是基于"超深耕深松不乱土层"的科学耕作理念，通过"全层耕"或"底层耕"（遁耕）一次性完成整地，构建具有活土、保水、淡盐、生态等功能的"超级耕作层"和"超级土壤水库"，可广泛应用于现有耕地及盐碱地、退化草原、荒漠化土地生态重建等，促进作物茁壮生长并能自然性增产提质的技术。

"长征"途中，粉垄团队不断取得新收获。

2017年，粉垄技术被原农业部列入国家主推技术；最近，广西壮族自治区党委书记鹿心社对推广应用粉垄技术作出批示；12月6日，自治区农业农村厅专门召开会议部署推广粉垄……

有人曾建议韦本辉为粉垄技术改一个更好的名称，但他认为"粉垄"二字最适合。现在，粉垄技术已小有名气，韦本辉也成了"粉垄"的代名词。袁隆平熟悉韦本辉，见到他开口就笑着说："粉垄来了，粉垄来了。"

韦本辉说，粉垄团队的"长征"还在路上，但粉垄的春天来了。

文章原载于《南方科技报》2019年12月18日，有改动

推荐单位：广西科学技术普及传播中心

把最深沉的爱献给祖国

——同济大学土木工程学院教授胡向东

吴苡婷

人物简介

胡向东（1961.2—2018.12），同济大学土木工程学院副教授，博士生导师。

在港珠澳大桥珠海连接线拱北隧道工程中，带领科研团队攻克了"水平长距离曲线顶管管幕超大断面冻结"这一世界级难题，创建了复杂条件下新型"管幕冻结法"关键施工控制技术并成功应用，保证了项目顺利竣工。获得国家科技进步二等奖、教育部科技进步奖一等奖、2018年"感动同济十大人物"等荣誉。

2018年10月23日，港珠澳大桥通车的消息举国欢腾。如今，通车已经近4个月，港珠澳大桥珠海连接线的核心控制性工程、世界最大断面公路隧道——拱北隧道运行良好。每天，这里的地面上30万人通关顺利，地下6个车道车流通畅。

而为这一奇迹工程的建设作出特别贡献的同济大学土木工程学院教授胡向东，却在港珠澳大桥通车后不久因为癌症溘然长逝，年仅58岁。

在2018"感动同济"人物颁奖典礼现场，同济的师生无不为其事迹感怀落泪，心痛不已。记者曾于2018年10月20日电话采访胡向东，当时他说自己不方便见面接受采访；后来又通过微信多次联系沟通，他细致耐心的讲解给我留下了深刻印象。

在采访中，胡向东瑰丽的人生故事一点点地进入视野，他无私的科学精神和崇高的个人品质也呈现在了我们的面前。

放弃优越的国外生活，毅然回国效力

1961年，胡向东出生在浙江衢州市。青年时代他满怀理想和抱负，从安徽矿业学院毕业后，来到中国矿业大学攻读硕士学位，接触到了煤矿中常用的地层冻结法。之后又远赴莫斯科国立矿业大学深造。

2000年，博士毕业的胡向东面临着人生发展的抉择。当时中国虽然发展迅猛，但是和西方发达国家相比依然比较孱弱。胡向东的几个中国同学选择了留在欧美大学工作，拥抱优越的科研环境和丰厚的收入。但是，胡向东却婉拒了好几所名校的邀请，毅然回到祖国。

中国发展日新月异，许多重大工程纷纷开工。胡向东选择加入了同济大学孙钧院士的科研团队工作。他的理想是将煤矿中的冻结法运用到日益发展的地下工程中，并且让中国在该领域的技术水平达到世界领先的高度。

刚回国的时候，没有那么多科研经费，胡向东毫无怨言，拿出几万元的积蓄，到浦东南汇很偏僻的地方，自己租用场地开展科研工作。在港珠澳大桥拱北隧道工程立项之前的几年间，胡向东科研团队启动了各种实验，都是自掏腰包，垫付实验经费。

在同济大学土木工程学院，胡向东是出了名的拼命三郎。岩土楼的门卫殷师傅对他印象深刻，胡向东一直是最晚离开的，被师生们誉为岩土楼的"守夜人"。每天晚上的10点43分，是岩土楼的闭门时间，胡向东每次都是闭门很久后才起身离开。

胡向东回家后经常还要继续工作。妻子周小珍在同济大学科技处工作，说自己丈夫"太拼了！"每天晚上一觉醒来，他书房里的灯总是还亮着。

10多年的科研工作积累，胡向东渐渐成为国内人工地层冻结法方面的权威科学家，大量处于软土地带的地下工程中开始应用这种方法。胡向东愈加忙碌了。因为冻结法的使用存在一定难度，经常会有险情发生，在

后来的科研工作中,胡向东又有了"救火员"的新角色,全国各地冻结工程上出现的险情和疑难问题都会找他解决。为了节省时间,他总是选择坐晚上的飞机来回奔波,到危险的工地上进行现场诊断,给出最佳抢险方案。

为国家利益鞠躬尽瘁,拼搏到最后一刻

在港珠澳大桥的设计中,拱北隧道是一个重大难点。拱北隧道全长为2741米,由海中隧道和城市地下隧道组成。其中,经过珠海海关的陆上口岸的暗挖段长度虽然只有255米,但是工程难度之高、要求之高举世罕见。

拱北隧道的土质是南方典型的汉堡包结构,两层淤泥之间有一些沙土,而且这里位于海边,海水和地下水相通,土壤含水量很高,所以这些土层没有任何自稳能力。而根据规划,整个隧道开挖断面宽约19米、高约21米,开挖轮廓面积达336.8平方米,是同类型公路隧道的3倍多,而且还是上下两层的公路隧道。

这样高难度的施工方案只有依赖管幕冻结法的神奇操作。通俗说,就是要把隧道四周的土冻起来。但是这次冻结的面积太大了,国外无先例可循。胡向东科研团队经过反复比较、测算和实验,设计出了"冻起来、抗弱化、限冻胀"的方法。他们用圆形冻结管、异性冻结管和冻土限位管3种管路，成功构建起一套特殊的冻结系统。他们还在管内布设13000多个温度测点，构建了超大规模的冻结监控系统以保证这个世界级高难度工程不能出现一丝裂缝。

2016年3月底，因为身体不适，在拱北隧道第一线工作的胡向东悄悄回到上海，在医院检查被确诊罹患肾癌。但是，面对工程建设的压力巨大，胡向东根本没有时间停下来休息。他准备了一个简易的旅行包，经常是一下课就赶飞机去拱北隧道施工现场，当天深夜回家，然后早上又飞奔到学校去给学生们上课。

拱北隧道建设顺利推进，而胡向东的身体情况却每况愈下。到6月末，在复旦大学附属肿瘤医院泌尿外科专家叶定伟教授的反复催促下，胡向东才住院进行了肿瘤切除手术。

胡向东术后也没有好好休息。建设中的拱北隧道险情频发，地下暗河突然开始冒水，所有工程人员深夜驻守在现场不知所措。插着镇痛泵的胡向东，在病床上通过几部手机全力指挥前方的工程队、施工队和技术团队排除巨大施工险情，一直到几个小时后攻克难关，他才在病房里沉沉入睡。

他的博士生洪泽群说，手术结束不久，导师胡向东还去了两次拱北隧道工地现场指导，一直看到工程顺利完成才露出欣慰的笑容。

胡向东曾说，拱北隧道的建设高于他个人的生命。这里凝聚着他多年心血，也象征着自己为祖国捧上的一份爱国之心。

心系学生培育人才，堪称师之楷模

在研究生们的眼中，胡向东是一个具有大义情怀的优秀导师。在胡向东的心里，学生的利益始终被放在心坎上，高于自己的利益。

在胡向东的教研室里，每个人都有一份胡老师花费多年时间编撰的中英冻结工程专用词汇书，里面词汇有上万条之多，不仅有释义，还标注出相关出处，有的甚至附图解释。

教研室的贺龙鹏博士说，胡老师讲冻结法的课程没有专门的教材，也没有满黑板的板书。给大家的资料里只有对原始材料的引用，有时候是一个完整的工程实例，有时候是最基本的理论推导，类型多种多样。但共同点是，胡老师的课堂从来不是一言堂，他看重独立自主的分析能力和质疑能力。胡老师作风严谨，年代、引用书籍的页码、参考书目的索引等都一丝不苟。

"胡老师的课堂总是让学生收获满满：学生来邮件了，总能在第一时间收到回复；论文来了，无论何时、无论何地，同学们收到胡老师的反馈常常是在深夜；修改论文，大到整体构思，小到一根电线的长度、荷载多少，甚至标点符号，他都会一一用颜色笔详细标出，并附上详尽的意见。我的论文往返近20遍，胡老师是不达质量要求不罢休。"张晨曦说。

胡向东患病后之所以没有第一时间去医院进行手术，还因为放不下自己的硕士生，如果硕士研究生没有按期答辩就会影响他们入职工作。2018年6月，已经发生肾癌骨转移的胡向东，躺在病床上还想着学生的毕业论文。

在生命的最后时分，已经骨瘦如柴的胡向东无法再躺在柔软的床上，只能睡在客厅里的硬沙发上，却还在为学生就业问题联系相关单位。

胡向东对学生们说得最多的一句话是："要把自己的论文刻在祖国的大地上！"他的学生们也不负众望，硕士博士论文都与解决工程的实际问题息息相关，而且解决了拱北隧道冻结试验场和隧道开挖的初期的各种难题。

节假日里，胡向东的家里总是热闹非凡，他的60多个学生都会来看望亲爱的导师，这是胡向东最开心的时光。在最后的日子里，胡向东的家里天天会有学生前来探望。弥留之际，学生们自发在同济医院的病房前陪着胡老师，久久不愿离去。

让科研工作得以传承，临走时念念不忘

走进胡老师的办公室，映入眼帘的是两座"大山"：一座是各类学术

期刊和专著，另一座是各种科研项目专家会的邀请函和报告。而在他家中的书房中，一台手提电脑依然放在书桌上，书柜里除了大量的技术书籍外，还摆满了各种荣誉证书。

孙钧院士是胡向东的博士后导师。得知胡向东离去，他痛心不已，哽咽着回忆："向东回国后买了辆车，那时院里车少，每次去机场、车站接人都是他开车去，有求必应。私车公用多年，他从没有一个'不'字；一年四季，他一日三餐在学校食堂，办公室、试验场是他的家。找他好找，不在工地就在学校。"

虽然是国内冻结领域的专家，但胡向东却没有什么积蓄，他的精力都放在日常的科研和教学中。在胡向东的指导下，他的学生们都在业务上取得了不俗的成绩。硕士生张军毕业后成为管幕冻结法的设计师，将各方专家意见和同济大学的研究成果变成了拱北隧道暗挖段的蓝图；硕士生任辉毕业后入职广东省南粤交通集团港珠澳大桥珠海连接线管理中心，成为拱北隧道的业主管理人员；工程硕士生王灵敏供职拱北隧道的冻结法专业施工单位，任公司总经理，对管幕冻结法原理领会透彻，施工和过程控制措施得当，保障了冻结效果。

2018年12月，胡向东依依不舍地离开了这个世界。临别之际，他最心心念念的是管幕冻结法的技术传承，虽然港珠澳大桥已经成功完工，但是，未来还会有很多世界级工程开工。他特别希望学生们能够将这个科技成果发扬光大，让这个中国原创技术在国家建设中继续发挥作用。

文章原载于《上海科技报》2019年2月22日，有改动
推荐单位：上海科技报社

倾力打造吉林"卫星"新名片

——长光卫星技术有限公司董事长宣明

张 鹤

人物简介

宣明,1956年3月出生。研究员,博士生导师,曾任长春光机所所长、党委书记,现任长光卫星技术有限公司董事长兼总经理。

一直从事精密机械、微机械学科的研究,是我国微机械学科的青年学科带头人。获得国家科技进步二等奖2次、中国人民解放军科技进步一等奖、中科院科技进步一等奖,吉林省劳动模范、全国劳动模范,科技部科技创新创业人才,吉林省资深高级专家,吉林省"最美科技工作者"等奖项和荣誉,享受国务院政府特殊津贴专家。

在距离地球数百公里的太阳同步轨道上,有16颗商用遥感卫星环绕地球日夜转动,它们拥有同一个名字——"吉林一号",它们都来自同一个地方——长光卫星技术有限公司。虽然成立时间只有短短几年,但已拥有多项处于国际先进水平的技术指标,创造国内多项第一的长光卫星技术有限公司,早已蜚声海内外,成为吉林省一张闪亮的名片。

这些成功的背后离不开公司董事长、总经理宣明近10年的潜心科研攻坚。正是由他带领的研发团队,让公司成为国内具备卫星研制、生产、发射、数据接收、数据处理、数据分发和应用在内的全产业链企业,使"吉林一号"卫星为正在爬坡过坎的吉林创新驱动发展注入了新的动能,为吉林未来产业升级转型提供了更多可能性。

敢为人先，十年磨一剑

2003年，宣明任中科院长春光机所所长。任职12年间，他积极倡导以长春光机所为核心，以"研产学"并举为发展模式，将长春光机所打造成国家重大科研生产基地，把这个"国家科技队"变成一个"高科技公司"，直接造福国家和人民。

2005年，宣明率领研发团队提出"星载一体化"的整星设计理念，经刻苦攻关，先后突破了大口径、轻量化光机装调技术，高速、高信噪比、低功耗光电成像技术，高机动、高精度姿态控制技术等一系列"星载一体化"技术，为"吉林一号"的研制打下了坚实的基础。

2014年，为了将自己掌握的领先技术更好地应用于祖国科研领域和群众生活，全力推动此项重大科技成果转化工作，宣明组织成立了我国第一家商业卫星公司——长光卫星技术有限公司，带领技术团队开始研发商用卫星。

当问起当初，对研发"吉林一号"商用卫星的想法为何那么强烈和迫切时，宣明只用了四个字来解释：家国情怀。

"过去，我国每年要花费大量外汇，进口国外卫星视频和照片等产品，用于国民经济建设，但外国卖给我们的影像资料却并不实时。一颗小卫星每天在天上飞行能拍摄、存储、传输几万平方公里的影像，每时每刻都会产生巨大的经济效益。所以既然我们自己能掌握这一核心技术，就不能让国家再去花更多的冤枉钱。"宣明说道。

2015年10月7日，在宣明带领的技术团队"5+2""白加黑"的努力下，"吉林一号"成功发射，多项技术指标居于国际领先水平，拉开了我国商业航天的大幕。截至2020年3月，公司已通过9次成功发射将16颗"吉林一号"卫星送入太空，建成了目前国内最大的商业遥感卫星星座。"吉林一号"卫星已为农、林、水利、交通等领域提供了40000余次高质量的遥感信息服务，创造了良好的社会效应和经济效益。

攻坚克难，做第一个"吃螃蟹的人"

由纯粹的企业发射卫星，没有可借鉴的先例，可想而知，从政策到环境必将遇到相当大的阻力。现在提起那段"试吃螃蟹"的经历，宣明还记忆犹新。

宣明说，当初成立公司研发"吉林一号"商用卫星时虽然想到会遭遇阻力，可他始终坚信，既然国家没有明确规定这样的事不能做，那就说明这条路行得通。但在实际运作中，宣明所遇到的困难超乎了他的预想。

"那段时间里，我不管到哪里，别人都是抱着审视的态度，觉得我们做的事莫名其妙，甚至不可思议。"宣明回忆说。"你做卫星？""国家哪个部门批的？""怎么从来没听说？"……面对一连串的质疑，他只能一遍遍地向大家解释说明。就是在这种不被认同的困难环境下，2014年年底，长光卫星技术有限公司办完了全部审批手续，并于2015年10月成功发射第一颗"吉林一号"商用卫星。

从最开始根本行不通、走不动，到后来成功地将十几颗商用卫星发射成功，宣明说，攻坚克难，敢闯敢试，这就是改革的精神内核所在，这也更加坚定了他的信心。"现在从整个形势来看，我们的商业航天项目发展一片大好，市场前景也越来越明晰，可以说，我们赶上了一个好时代，就得把自己的才华发挥得更加淋漓尽致。"说到商业卫星未来的前景，宣明的兴奋之情溢于言表。

重视人才，强调科普

宣明常说，教育是创新创业的根基，人才是科技型企业的支撑。为此，长光卫星技术有限公司在不断发展的同时，也始终在引进、培养人才和积极开展公益性航天科普教育活动上"两手抓"。

在选拔人才方面，长光卫星技术有限公司有着一个霸王条款：只能是公司选择你，你选择不了公司。公司认为你行，高薪聘请，公司认为你不行，必须走人。这个规则有些"不近人情"，宣明的内心也有过不安。可作为一家科研单位，只有这样，人才才有压力和活力，公司也正是靠着这样的人才选拔机制，最终留下一批年轻骨干，成为如今"吉林一号"商用卫星研发的中坚力量。

为了进一步科普航天知识，2018年10月，长光卫星技术有限公司航天科普教育基地正式免费对外开放。这个科普教育基地总面积5000平方米，由航天知识科普长廊、光影体验厅、科普教育厅组成。在基地内，参观者不仅可以了解到空间环境、航天器、航天相机、卫星构造、遥感应用、火箭、无人机等多个主题的航天知识，还可以近距离看到卫星真实的生产、试验、总装等过程。自开放以来，该科普教育基地已接待吉林省内中小学校、高校、企业、市民团体等170多个团体2万余人参观，成为了吉林省普及航天科普知识的重要平台之一。长光卫星技术有限公司还多次与吉林省科学技术协会等单位合作，共同举办科普活动，传达科学力量。

十余载光阴，悠悠一瞬间。一步步走来，宣明遇到的困难、牺牲不言而喻，但在他眼中这些却是那么的云淡风轻。作为曾经的中科院长春光机所所长、国内顶级科研专家，其实宣明完全可以不用像现在这般"折腾"，就能过上优越安稳的生活，但他没有这样做。在奋进的新时代，在改革开放的大潮之中，他一直积极为祖国的科技事业倾尽全力。"科学没有国界，但科学家有祖国。作为科技工作者，我们要做的就是通过努力奋斗，更好地回报国家和人民。"宣明话语坚定。

文章原载于《吉林日报》2020年5月25日，有改动

推荐单位：吉林省科协

战地黄花分外香
——天线罩研制专家杨鸿昌

杨鸿昌　黄正宇

人物简介

杨鸿昌，1943年5月出生。天线罩研制专家，研究员，历任中国航天科工集团第三研究院三部九室副主任、主任、306所副总工程师。获得国家科技进步三等奖、航天部科技进步一等奖，享受国务院政府特殊津贴。

1965年我大学毕业，分到航天系统工作，一直没有离开过航天系统，至今已有53年了。50多年和航天事业一起成长、一起前进，对航天事业充满了感情。虽然走过许多地方、换过不少单位、经历很多事情，但令我印象最深刻、最难以忘怀的还是在三院为飞航事业发展而艰苦奋斗的日子。

白手起家

20世纪70年代，从市里到云岗只有339路公交车，从广安门出发，在不宽的马路上颠簸近2个小时才到云岗。云岗空空荡荡，汽车站南面有一个百货商店，商店南面是一个饭馆，其他就是一些职工宿舍。一条马路从三院南门通到三部大院，周围是一大片农田。

当时我国飞航导弹已经走过了仿制阶段，开始自主研制新型号。一个型号成功的关键往往在于材料工艺技术。于是，1972年三院决定成立材料工艺研究室，但人员从何处来、实验室如何建设、专业如何发展等，都是亟待解决的问题。

那时正值"文化大革命"期间,没有大学毕业生,所需技术人员只能靠抽调。首先抽调三院内部学材料工艺专业的技术人员,但数量有限;随后目标又锁定在三院职工家属身上。当时夫妻两地分居的情况不少,凡分居的职工家属,只要专业和材料工艺沾边并愿意到云岗工作的,就设法调过来,我就是作为家属来到了三院。

直到1977年共调集了23名职工,其中有大学老师,工厂技术人员,研究所研究人员,行政管理人员;专业更是各不相同,学工的、学理的,还有学农的,而且大部分是女同志,对导弹、天线罩技术"两眼一抹黑"。当时被许多人戏称为"家属室",但这就是我们这支队伍的基本技术力量。

没设备、没实验室,买了一台电热鼓风干燥箱做基本设备,到三部机加车间捡回一个废弃控制台改装为操作台,盖了一个20多平方米的简易棚子做实验室,这就是队员们的研制条件。

那时还提出了一个响亮口号:"把国内大学、研究所、工厂的实验室作为自己的实验室"。就这样,在之后的几年里,"家属室"的同事跑遍了国内有关单位,借用外单位的条件开展工作;专业不对口、技术知识缺乏,我们就抱着虚心学习的态度,向一切懂行的人学习,慢慢使自己从外行变成内行、从内行变成专家。

当时,我国航空航天系统已经有许多实力雄厚、蜚声国内外的材料工艺研究所。和他们比起来,我们这支队伍更像是民间"游击队"。条件是人创造的,工作是人做出的,只要大家有志气,埋头苦干,相信一定能在自己的"一亩三分地"上收获丰硕的果实。

艰难探索

某天线罩研制是第一个难关。该天线罩最难实现的技术指标是透波率,要求不小于80%。当时国外也在进行探索,没有多少可借鉴的经验。为进行对比,队员们采用常规的实心壁结构和A型夹层结构制作了10多个试验件,性能最好的透波率还不到40%。通过论证,确定采用一种新的C型夹层结构。

当时，国内外没有应用这种天线罩的先例。为此队员们开展了天线罩结构设计和材料工艺研究，每一步都是摸索着前进。当天线罩的外形、结构、尺寸、静强度、热强度都合格后，但最小透波率仍在 60%～70% 徘徊，与要求值相差很大。结构设计和材料工艺人员各自进行了认真细致的检查分析，但都没有找到原因，最后通过多次测量研究，才发现问题在于粘结天线罩蒙皮和蜂窝的胶膜。该胶膜厚度不大，对小入射角天线罩，电性能的影响可以忽略；但大入射角天线罩电性能对罩壁厚度的变化十分敏感，在设计时必须考虑该胶膜的影响。在引入蒙皮等效厚度后，最小透波率提高到 70% 以上。

但 70%～75% 的最小透波率离指标仍有一段距离。如何解决这一问题呢？美国雷达手册（1970 年版）上有一句话："最佳 C 型夹层也可以采用非对称结构来获得，但没有进一步的解释和说明。"为此，队员们从电磁传输理论开始学习，并推导电磁波在各种材料、结构中的传输公式。其中要进行大量的复数运算，大家又从复数运算的方法开始学习。就这样，需要什么学什么、缺什么学什么，一直到掌握整个设计方法，编写出计算机程序。最后，经反复摸索，终于将天线罩的最小透波率提高到 80%～85%，满足了设计和使用要求。

最终，这种采用非对称 C 型夹层结构的天线罩成功应用于我国某型号。该项目最终荣获 1985 年国家科技进步三等奖。

在十分简陋的实验条件下，队员们边学边干，居然解决了型号研制的难题，开发了一种雷达天线罩的新技术，这听起来都有些匪夷所思。我们心中只有一个目标，解决型号难题，所以心无旁骛，一心扑在工作上。为了试验，队员们不分春夏秋冬，可以一天 10 多个小时守在实验室大烘箱旁；为了借用外单位的实验条件，大家每天背着试验材料和工具挤公交车，早出晚归，一干整整一天；为了收集资料推导公式，挑灯秉烛、废寝忘食，整理国内外文献、推导天线罩设计公式，写了一本又一本的工作笔记。正是依靠这种锲而不舍的精神，我们这支队伍终于打赢了这场攻坚战！

再立新功

为提高导弹制导和命中精度，毫米波雷达的研制和应用势在必行，这就必须有相应的天线罩与之配套，这是队伍接下来的任务。

雷达天线罩的壁厚、加工精度与电磁波波长密切相关。电磁波波长越短，则天线罩壁厚越薄，要求罩壁的加工精度越高。20世纪80年代，美国也正开展毫米波雷达天线罩的研制，采用的是一种石英纤维增强树脂基复合材料，要求天线罩的壁厚精度达到规定尺寸。为此，他们采用高精度磨床进行研磨，而且强调必须反复进行，每研磨一次就进行电性能测量，再确定下一次研磨方案，直到性能完全符合要求为止。当时我国还没有这种高精度研磨机床和在线电性能测量设备，想效仿也没有条件。我们只能自己对影响天线罩壁厚和精度的因素进行分析，结果发现除电磁波波长外，材料的介电性能影响也很大。材料介电常数越低、壁厚越大、精度要求越宽，关键是要能找到一种介电常数足够低的适用材料。当时大家注意到是火力发电厂烟囱沉积下来的粉煤灰，经清洗分离后可以得到空心玻璃微球，将它们和树脂混合，可以获得一种轻质低介电常数材料。但国外多用其做漂浮材料，国内多用其做人造大理石。虽然国外有资料介绍该材料也可用做天线罩，但没有作进一步说明，这条路能不能走得通？敢不敢走？我们这支"初生牛犊"的队伍毫不犹豫，甩开膀子开始干。

一开始，买不到现成的空心玻璃微球，我们就到电厂买湿粉煤灰，回来自己用水清洗、干燥、分目；没有筛分设备，就用小钢筛手工分目。一天干下来灰头土脸，和挖煤工人差不多。由于没有先例、没有借鉴，每走一步都要反复摸索，虽然困难很大，但大家信心十足，研究工作如火如荼地开展起来。

时间紧、任务重、项目经费少，但该项目顺利完成了。我们最后研制出一种天线罩新材料——复合泡沫塑料，其技术指标完全适合我国当时的天线罩工艺水平。我们不仅对材料的配方、工艺、性能等进行了全面的研究，还用该材料制作了1∶1某试验件，完成了所有地面试验，包括强度试验、震动试验、电性能试验等；电性能也完全达到设计要求，与美国同期研究的某天线罩性能相当！

1989年，该项目获航天部科技进步一等奖，并推荐申报国家科技发明奖。

到20世纪90年代，我院某雷达研制成功，准备进行搭载试验，主要困难是没有配套的天线罩，队伍的预研成果正好派上用场，制作了两个天线罩试验件提供使用，结果试验均圆满成功。

在该项目的研制中，我们深刻体会到既要认真学习吸收国外技术；也要解放思想、勇于创新。要善于根据自己的情况，提出符合自己要求的新思路。

"人最宝贵的东西是生命，生命属于自己只有一次而已。人的一生应该这样来度过，当他回首往事时，不因虚度年华而悔恨，也不因碌碌无为而羞耻"。当到了回首往事的年龄时，我感到幸运的是自己并没有虚度年华的悔恨，也没有碌碌无为的羞耻，因为我献身于中国的航天事业，虽然没做出多大贡献，但我尽心尽力、无怨无悔，充实而自豪。最后，附小诗一首，向所有航天人致敬！

赞航天人

航天甲子历冬春，华夏健儿舍此身。

白手起家闯天路，红心立志保乾坤；

披荆斩棘多少汗，锥股悬梁几代人。

心血熔炉化长剑，九州雄起献忠魂。

推荐单位：中国航天科工集团第三研究院

守护大脑的"中国好校长"

——神经外科专家孙涛

人物简介

孙涛,1957年1月出生。教授,主任医师,硕士生、博士生导师。宁夏科协第六、七、八届副主席。现为宁夏医科大学校长。

主要从事临床医学神经外科领域研究,完善岛叶癫痫体系,确立了国内领先学术地位。先后主持国家级科研项目23项,获宁夏科技奖30余项,发表学术论文220余篇,主编专著及教材10部,参编、翻译相关专业著作15部。

获中国科技年度人物奖、全国五一劳动奖章、全国先进工作者、王忠诚中国神经外科医师成就奖、何梁何利基金"科学与技术创新奖"、首批自治区"塞上英才"奖、首届宁夏创新争先奖等荣誉,享受国务院政府特殊津贴。

伴随着改革开放的步伐,40年来,他扎根西部、献身宁夏,用奋斗的青春书写生命的奇迹,用科学精神和精湛的医术为宁夏神经外科患者带来福音,消除病痛,深受广大患者的信任和喜爱;他用心办学校,开创了宁夏医学教育的新局面;他用心做学问,使宁夏岛叶癫痫研究达到国内领先水平、神经外科迈入西部先进行列;他用心搭建平台,成功打造了西部一流的颅脑疾病研究基地。他,就是宁夏医科大学校长孙涛教授。

孙涛作为1977级恢复高考后的第一届大学生,自2001年7月任宁夏医科大学(原宁夏医学院)校长已18年,以维护人民生命健康为目标和终生追求，顽强拼搏、开拓创新，获何梁何利基金科学与技术创新奖，为宁夏医学教育事业发展、医学科技创新和医疗水平提升做出了突出贡献。

用心办学校，开创了宁夏医学教育新局面

"人才数量的多少、人才质量的高低，既关乎一所大学的社会地位，又是衡量学校品质和层次的重要标尺。""想要让学校长久发展，必须实行'精英教育'，医生是一个关系人命的职业，更要学精学细。""大学要大师，也要大楼，必须软件硬件一起抓。"这是孙涛校长对办好大学的看法。

宁夏医科大学是宁夏唯一的一所医学高等学府，孙涛上任之初即为学校勾画了"四大目标"：本科教学水平评估争优保良，以"大医学院"的理念建设学校新校区，更名为宁夏医科大学，建成博士学位授予单位，并将办学方向瞄准了西部一流。

"四大目标"提出后，在校党委的领导下，孙涛团结带领全体宁医人一张蓝图绘到底，2006年本科教学水平评估获优异成绩，2007年新校区建成并投入使用，2008年学校更名为宁夏医科大学，2013年建成博士学位授予单位，开创了地方医学院校一次性获得3个一级学科博士学位授予点的先河。

进入"十三五"时期，宁夏医科大学再次确立了建设国内有一流学科、西部同类院校一流，现代化、高水平、有特色的医科大学的目标，并于2016年跻身教育部、卫生计生委、宁夏回族自治区人民政府共建高校行列。

在他坚持不懈的努力下，宁夏医科大学先后建成1个国家级教学团队、2个国家级实验教学示范中心、2个教育部重点实验室、1个科技部省部共建国家重点实验室培育基地，3项教学成果获国家二等奖，学校被列为教育部首批建设的"卓越医生教育培养计划"试点高校。临床医学学科跻身ESI全球前1%，4个学科被自治区列为国内和西部一流建设学科，SCI论文产出量和高被引论文数位列全区第一，ESI论文数量在11所西部医学

院校中排名第三。

上海软科教育信息咨询有限公司发布的 2018 年中国 600 所最好大学排名中，宁夏医科大学位居全国第 199 位，在西部同类医学院校中排名第四。建校以来学校培养的 8 万余名医学人才中，孙涛同志任内培养的达 7 万人，他于 2015 年获"中国好校长"荣誉称号。

用心做学问，神经外科迈入西部先进行列

2017 年 8 月，孙涛教授在接受《神外前沿》专访时，就"癫痫治疗将有哪些突破、宁夏脑计划聚焦颞岛网络"回答记者提问。他秉持科学精神，立足国际国内学术前沿，详细阐述了宁夏在神经外科领域的创新研究和临床实践。他思路清晰、态度严谨、充满自信，对神经外科特别是岛叶癫痫的前沿研究，令人印象深刻，充满期待。

1987 年宁夏第一个神经外科专科成立，承担着自治区及周边省区近千万人口的神经外科疾病的诊断和治疗任务。

孙涛从学科骨干成长为首席专家，致力于创新，高起点推进学科建设。留日回国以后亲力亲为，手把手指导团队开展新技术、新业务，推进亚专业建设，并坚持一线门诊、查房、手术，率领团队在西部较早开展神经介入、神经内镜、微创神经外科和功能神经外科等工作，填补了宁夏神经外科领域十余项业务空白，一些高难度手术达到国内先进水平。

特别是孙涛从 20 世纪 90 年代开展癫痫外科临床和研究工作，在国内最早开展了小脑电刺激治疗癫痫基础研究，在国内首先提出"岛叶癫痫"体系概念，针对岛叶癫痫环路、发病机制进行了基础与临床相结合的系列研究，创新性地提出岛叶是"岛"非"岛"，岛叶癫痫具有独立性和复合性，并在国家 973 计划前期研究专项、国家自然科学基金资助下继续深入研究，发表了系列学术论著，出版了国内首部该方面研究专著《岛叶癫痫》，此项研究成果获宁夏科技进步一等奖，确立了岛叶癫痫研究在国内的领先学术地位。

2007年他带领的团队获"自治区科技创新团队"称号；2009年神经外科被确定为首批自治区级医学优势专科，2011年被原卫生部确定为国家临床重点专科。

30年来，在孙涛的带领下，神经外科已由一个名不见经传的小科室发展成为学科特色显著、专业人才荟萃、诊疗设备先进、整体实力雄厚、医疗水平在西部地区处于先进行列的专科科室，成为宁夏神经外科医疗、教学和科研的重要基地。

孙涛培养的硕士生及博士生60余人，大多已成为宁夏神经外科中坚力量、全国各大医院癫痫外科的生力军。宁夏神经外科医师人数从不足40人发展到300余人，所有县级以上人民医院都设立了神经外科诊室，有力推进了宁夏神经外科医疗事业的全面发展。

用心搭平台，成功打造西部一流颅脑疾病研究基地

"靠一个人的力量推动一门学科的发展不现实，也行不通。只有加强科研平台建设，吸引更多优秀人才加入其中，才能在科研攻关的道路上行稳致远，才能让更多的科研成果尽早应用于临床实践，造福人民群众。"

孙涛如是说。

为推进医学科技创新，2007年，孙涛作为实验室主任，牵头成立了宁夏颅脑疾病重点实验室，并于2010年凭借过硬的实力获得了科技部的审批，成为省部共建国家重点实验室培育基地，打破了宁夏医疗卫生领域国字号重点实验室为零的纪录。

实验室构建了一支高层次人才聚集、学科优势明显、梯队层次合理的科研队伍，其中有国家"百千万人才工程"跨世纪带头人4名，自治区"313人才工程"带头人5名；博士后2名，博士27人；高级职称40人。

依托实验室成立了以孙涛为主任的宁夏医科大学总医院神经中心，2017年成为宁夏首批临床医学研究中心，也是国家首批神经外科临床专业规范化培训基地、神经病防治研究自治区首批科技创新团队，神经内科成为宁夏医学优势专科和神经病学成为自治区优势学科。

实验室紧紧围绕严重危害国家和宁夏地区人民生命健康的重大颅脑疾病，结合脑认知这一生命科学前沿领域，整合宁夏神经科学基础与临床研究领域优势资源，开展了"宁夏脑计划"研究，逐步形成了颞岛、癫痫与脑认知相结合的研究特色，先后获宁夏科技进步奖等30余项奖项，极大地提升了宁夏在国内神经医学、脑科学研究领域的学术地位和影响力，已成为西部一流的颅脑疾病研究基地。

推荐单位：宁夏回族自治区科协

"我喜欢出发"
——中国交通建设集团有限公司总工程师林鸣

人物简介

林鸣，1957年10月出生。中国交通建设集团有限公司总工程师，港珠澳大桥岛隧工程项目总经理、总工程师。

自主研发实施钢圆筒快速筑岛、工厂法沉管预制、外海沉管安装等系列新工艺，形成具有自主知识产权的核心技术。获得全国优秀共产党员、全国劳动模范等荣誉称号。

2018年7月28日，林鸣应邀参加中央电视台《朗读者》节目，动情地朗诵了汪国真的《我喜欢出发》。"我喜欢出发，凡是到达了的地方，都属于昨天……世界上有不绝的风景，我有不老的心情。"

1981年，林鸣大学毕业分配到交通部第二航务工程局，从此，他焊江跨海，建桥筑路。至2000年前后，先后主持建成了淇澳大桥、武汉长江三桥、润扬大桥、南京长江三桥等大型桥梁，在大跨径桥梁架设、深水基础、大型深基坑工程、桥塔建造等方面取得了多项技术突破，是国家科技进步奖"润扬大桥建设关键技术研究""南京三桥设计施工创新技术研究"的主要贡献人。

2005年，林鸣负责港珠澳大桥的前期研究，2010年担任港珠澳大桥岛隧工程项目总经理、总工程师，至2018年大桥建成通车，前后整整12年。磨剑十二年，他创新外海深插大直径钢圆筒快速筑岛技术，发明"半刚性"沉管结构和整体式主动止水最终接头，创新复合地基＋组合基床沉管隧道基础，攻克了一个个世界级技术难题，形成具有自主知识产权的外海沉管隧道建造技术体系，推动了中国外海沉管隧道建设技术从跟跑、并跑到领跑的跨越。

奇迹从否定开始

港珠澳大桥是集桥、岛、隧为一体的世界级交通集群工程，是世界最长的跨海大桥，设计使用寿命120年。岛隧工程是大桥的控制性工程，要在开敞外海建造两个10万平方米的离岸人工岛，要在30多米厚的软地基上建成世界最长的海底沉管隧道，但建设工期远低于国际同类工程。面对复杂的施工环境、严苛的质量标准、严峻的工期要求，建设好这项超级工程，创新是唯一出路！

林鸣面临的第一个难题就是怎样快速建成两个外海人工岛。采用传统工法，人工岛建设工期至少需要3年，远远满足不了港珠澳大桥施工要求，而且工程处于伶仃洋主航道和中华白海豚保护区，大规模海底开挖，不仅影响通航安全，还将污染海洋环境。

早在2008年，林鸣就提出了大型钢圆筒快速筑岛设想，将一组巨型钢圆筒直接插入并固定在海床上，然后填砂形成陆域。设想一提出就遭到了很多专家的质疑：没有先例，没有标准，更没有装备，这一步是否迈得太大了？

林鸣没有放弃。这个方案巧妙利用了深厚软土层"不透水"和"易插入"特性，化劣势为优势，将有效解决工期、安全、造价、环保等难题。2年多时间里，他对每一步仔细推敲，认为依托中国的制造能力和施工水平，方案具有可行性。

为了肯定先否定，是林鸣谨慎面对问题的方法之一。他找到中国工程设计大师王汝凯，请他用3个月的时间否定这个方案。3个月后，王汝凯带着他的团队研究出来的结论来找林鸣。"看来要否定还否定不了。但是有3个难题：钢圆筒直径22米，高50多米，重约550吨，这些庞然大物怎么打到海床里？如何进行设计计算？用什么设备去打？"为此，林鸣带着8个专题组，反复计算、验证、试验，逐一解决了这些关键难题，成功研制世界最大八锤联动振沉系统，形成了外海钢圆筒快速筑岛技术方案，获得了技术专家组一致通过。

2011年5月15日，第一个钢圆筒稳稳插入海底30多米深处；12月21日，最后一个钢圆筒振沉完成。"当年开工、当年成岛"，仅仅221天，120个钢圆筒围成了两个人工岛，节约工期两年半，减少泥沙开挖量近千万立方米。

1.5 亿欧元买不来核心技术

外海沉管隧道建造核心技术一直掌握在为数不多的外国公司手里。港珠澳大桥沉管隧道建设之前，中国只在内河建成了几条很短的沉管隧道，总长不到1公里，没有任何外海沉管隧道建造经验。而岛隧工程沉管隧道长6.7公里，世界第一；单节沉管重80000吨，世界第一；埋深超过20米，世界第一……"第一"就意味挑战，意味着风险。

为了把风险降到最低，林鸣寻求与一家经验丰富的荷兰公司合作。对方提出，可以提供26人专业团队负责沉管安装技术咨询，咨询费1.5亿欧元，折合 15 亿元人民币。

1.5 亿欧元相当于沉管隧道全部安装预算的 2.5 倍。荷兰人是有底气的，比港珠澳大桥稍早建成的韩国釜山隧道也是他们安装的，3.7 公里，18 节沉管，咨询费 1.3 亿欧元。

最后一次谈判时，林鸣提出，我们出 3 亿元人民币，你们能提供什么服务？对方抛下一句话"给你们唱首祈祷歌吧"，并郑重告诫，千万不要碰他们的技术专利。

核心技术是买不来的，只能靠自主创新。几十次的方案论证，数百次的试验推演，一项项创新，一项项集成，林鸣率领工程师们踏上中国外海沉管隧道建造技术的突围之路。

从 2013 年 5 月 2 日首节沉管浮运出海，到 2017 年 5 月 6 日最终接头胜利合龙，港珠澳大桥沉管安装经历了整整 4 年。

4 年战风斗浪，4 年海底绣花，林鸣率领团队与海浪共舞，与时间赛跑，与 28 场台风"斗智"，先后攻克了深水深槽、强回淤、大径流等世界级难题；鏖战 96 小时实现"海底初吻"，"两进三出"成功安装第 15 节沉管，博弈 38 小时完成最终接头毫米级对接……每一次安装，都是一首响彻伶仃的壮歌；每一个困境，都是一次技术突破的涅槃。全球首个沉管基床定深清淤装备研制出来了，全新的泥沙回淤预报系统建立起来了；深水抛石整平船、双体式沉管安装船、定深精挖船、清淤专用船等大型专用设备相继投入施工；沉管精调、拉合、水下测控等十几项国内首创、世界领先的系统，构建起沉管安装核心技术体系；融合了信息技术、先进制造、海洋气象、空间科学的智能安装系统，使工程环境可知、可控，海底施工可视、可测，水下作业自动化、无人化，为世界沉管隧道技术发展贡献了中国方案和中国智慧。

"半刚性"的东方智慧

全世界已建成的 100 多条沉管隧道，都是贴着海床或者河床面建设的浅埋隧道。港珠澳大桥沉管隧道是唯一的深埋隧道，为了预留 30 万吨油轮航道，沉管必须埋入海床下20多米。

10多倍的上覆荷载容易造成沉管接头抗力不足，世界仅有的刚性结构和柔性结构都满足不了要求。国际隧道专家提出了"深埋浅做"方案，一是在沉管顶部回填轻质材料，需要增加十多亿元投资，工期也会延长一年；二是在120年运营期定期疏浚，控制回淤厚度，维护费需要50亿元。

"深埋浅做"代价很大，林鸣心有不甘。他要求设计团队"能否跳出'深埋浅做'思路，从结构设计上找到一条出路？"

快一年的研究没有任何进展，所有尝试都走进了死胡同。2012年11月7日晚，林鸣和往常一样辗转反侧。次日凌晨4点多，脑海中突然闪出了一个概念——"半刚性"！他立刻给设计负责人发了一条短信："尝试研究一下半刚性"。

"半刚性"结构概念让整个团队一下子打开了思路。经过30多天连续奋战，结构方案设计完成，林鸣正式向专家组提出了"半刚性"沉管结构方案。外国专家毫不掩饰表达了反对："没有经验，你们有什么资格创造一个新结构？"

顶着巨大压力，林鸣带着团队夜以继日地细化方案设计。2013年春节4次到武汉开展模型试验，组织国内外6家专业研究机构进行平行计算。3个月后，所有的试验和计算都获得了一致数据，证明了"半刚性"方案从结构上解决沉管深埋的可行性。

8个多月里，3次提交方案，3次被否决。2013年8月9日，港珠澳大桥第5次技术专家组会议上，他再次据理力争，详细的试验报告和计算数据终于得到了专家组的认可，困顿两年之久的"半刚性"突出重围。

几乎不增加额外工程造价，"半刚性"从结构上解决了沉管深埋难题，与发明的复合地基+组合基床沉管隧道基础相得益彰，在世界上首次实现了沉管隧道滴水不漏。国际知名沉管隧道专家汉斯说："中国工程师们实现了真正的创新。"

"每个工程师都做着一个梦，希望攀向行业的喜马拉雅之巅，我一直做着一个桥梁梦,希望中国桥梁领先世界。"出发、抵达、再出发,这是林鸣一路走来的历程,更是对不懈追求的科学家精神的最好诠释。在港珠澳大桥建设取得最终成功的那一刻,他这样说:"不要以为我们现在做的就是最好的,我们仍要不断总结,向今后更为广阔的领域进军……"

推荐单位:中国交通建设集团有限公司

"为祖国健康工作60年"
——全国工程勘察设计大师石瑞芳

人物简介

石瑞芳，1932年出生。中国电建西北院原院长，教授级高级工程师，全国工程勘察设计大师，中国水力发电学会理事、陕省水电学会副理事长，《水力发电学报》等五种刊物的编委副主任或主编。

参加、主持了我国多个大中型水电站的设计工作。其中刘家峡水电站获评新中国成立60年"百项重大经典建设工程"，龙羊峡水电站获评国家优秀设计金奖。被评为国家有突出贡献中青年专家，享受国务院政府特殊津贴。

石瑞芳出生于1932年，已届耄耋之年。而今，石瑞芳仍在工作。

在西安城南西北水电大厦，经常会看到他的身影，步履稳健，和蔼慈祥，精神矍铄。有晚辈后生找石瑞芳请教或者聊一些过去的事，那几十分钟或者几个小时，足以回味很久很久。

无论晦涩的专业技术，还是过往旧事、人生哲理，听石瑞芳娓娓道来，总是如沐春风，醍醐灌顶。

"只要我活着，工程出问题我负责！"

中华人民共和国成立伊始，随着黄河流域的规划整治工作被提上日程，黄河也成为了我国最早的水电开发流域之一。1955年，全国人大一届二次会议通过了《关于根治黄河水害和开发黄河水利的综合规划的决议》，决定在黄河上修建大型水利枢纽。1958年，刘家峡和盐锅峡同时开工，拉开了黄河流域改天换地的序幕。

那时,石瑞芳还是初出茅庐的年轻工程师,被称为"石工"。

刘家峡水电站,是第一座完全由我国自主设计、施工、建设的百万千瓦以上水电工程,它位于黄河上游甘肃省临夏回族自治州永靖县刘家峡镇,曾被誉为"黄河明珠"。1953年至1957年,新中国实施了第一个五年计划,这是中华人民共和国奠定工业化初步基础的重要时期。这一时期,苏联帮助中国建设的156个工业项目,使中国以能源、机械、原材料为主要内容的重工业在近现代化道路上迈进了一大步。这156项工业项目一大半分布在了自然资源丰富又远离沿海的中西部地区,刘家峡水电站建设的主要任务就是给这些工业项目提供电力支撑。

工程伊始,完全按照苏联专家意见,并未考虑黄河泥沙含量高的特点,水电站遇到的第一个严重问题就是坝内排沙通道的设置。时值20世纪60年代初期,中苏关系恶化,苏联专家陆续撤出中国,泥沙沉积问题只能靠我们自己解决,这是刘家峡工程设计者们面临的第一个难题,"石工"是水工组组长,承受着很大的压力,为了找到解决途径,他多方请教技术专家,夜以继日地查资料、做实验,反复研究,最终提出了可行性方案,即在坝内专门设置排沙底孔,以使沉积的泥沙能够随着水流及时排走。以后多年的运行实践,证明了该方案的可靠性。

泥沙问题解决了,另一个问题又接踵而来。由于"大跃进"运动的开始,刘家峡不可避免地受到"左"倾冒进思想的影响,工程建设脱离了中国水电站建设的实际,工程质量连续出现问题。工程建设不得不缓建、暂停。历时三年排查问题,好不容易工程渐入正轨,"文化大革命"开始了,"石工"被扣上了"资本主义当权派"的帽子,关进了牛棚。"工宣队"进驻现场工程设计组后,肆意修改设计意图,取消了溢洪道底板止水和排水。毫无科学根据的瞎指挥,必然导致灾难性的后果,直至兰州军区接管,危局才得到控制,石瑞芳和其他设计人员回到岗位后,恢复之前的设计重新施工建设。

在修复溢洪道底板工程时，水电部一位领导问"石工"："若按原设计，溢洪道会不会再出问题？""石工"肯定地回答："不会！只要我活着，工程出问题就由我负责！"

1974年12月，命运多舛的刘家峡水电站建成并蓄水发电。这座中国第一座自行设计、自行施工的百万千瓦级水电站，成为我国水电建设史上的里程碑。在当时创造出多项全国第一，填补了我国多项技术空白。如今，被评为新中国成立60年"百项重大经典建设工程"的刘家峡水电站，依然是西北电网重要的调峰调频电源，发挥着举足轻重的作用。

刘家峡水电站蓄水发电第二年，石瑞芳被调到了安康水电站，负责电站的设计工作。安康水电站是当时的国家重点工程，在安康的十年间，石瑞芳住工地、搞勘察，与设计人员和工人同吃同住，克服了一道道技术难关。1980年，工程总体设计全部完成并开工建设。1995年获得"国家优秀设计金奖"殊荣。

前国务院总理李鹏在其著作《李鹏日记》中，曾专门讲述过一段"龙羊峡抗洪抢险"的故事。1981年9月初，持续的降雨导致龙羊峡出现200年一遇的洪水，下游几个省数百万人民群众的安危系于一线，时任电力部部长的李鹏飞赴龙羊峡现场指挥抗洪抢险。

大雨如注，日夜不停，龙羊峡库区水位一次次威胁警戒线。上游围堰一米两米的加高，眼看再无加高的可能，水位却还在上涨，而且上游水文站流量和入库水位对不上，哪里出了问题？石瑞芳紧锁眉头，经过比对、思考，豁然开朗，库底空隙率，加上这个参数计算基本吻合，再根据天气等诸多因素，可以确定最高水位。大师向李鹏等人汇报，围堰可以不用加高。严谨缜密的计算和理论依据，为抗洪抢险方案的调整提供了最核心的支撑。

李鹏在日记中写道："中央对这次防汛很关心，很满意，小平同志亲自过问过。"

1980年，石瑞芳担任西北勘测设计院副院长兼总工程师，主持黄河上最大水库——龙羊峡水电站的设计，该设计再获"国家优秀设计金奖"。龙羊峡作为黄河上游的龙头电站，代表了20世纪80年代国内水电工程的高端水平，以其大坝最高（178米）、水库库容最大（247亿立方米）和发电机组单机容量最大（32万千瓦）享誉海内外。

升任院长后，石瑞芳又主持完成了黄河上游梯级规划和黄河上游拉西瓦、李家峡、公伯峡、积石峡和黑山峡等大型水利水电工程初步设计或可行性研究报告。1992年退休后，石瑞芳被三峡工程总公司聘为大坝专家组成员和电站厂房专家组组长，并就三峡工程的电站厂房建设撰写了多篇专业论文，为中国的水电站建设提供了许多有益的经验。

"国家需要就是你的前途"

中华人民共和国成立第二年，18岁的石瑞芳在上海交大开始了水利专业的学习。抗美援朝的隆隆炮声让年轻的石瑞芳热血沸腾，报名参军，报效国家！第一年报名，未批。第二年再报，还未批。因是家中长子，且当时家中只有一个男孩，学校按照"独生子"对待，不予批准。这让石瑞芳很想不通，而后随着年龄、阅历的增长，石瑞芳逐渐确立了这样的认识和信念：国家需要就是你的方向，你的前途。

1952年，国家对大专院校进行院系调整，将上海交通大学、南京大学、浙江大学、同济大学四所重点大学的水利专业学生和教师全部集中到南京，成立了专业的水利学院——华东水利学院。当时中华人民共和国刚刚成立，国家建设急需人才，国家规定1949年、1950年大学生全部要在1953年毕业，这意味着石瑞芳要用三年的时间修完本来需要四年才能完成的课程，学习任务很繁重，暑假和寒假都只休息一周时间，其余时间全部用来赶课。1953年夏天，他顺利毕业，从此开始了他的水电设计生涯。

石瑞芳常谦虚地说："我不太愿意接受媒体采访，不想渲染我自己。因为所做出的成绩都是同事们一起努力的结果，我只是这个集体中的一员！"在介绍过往时，石瑞芳始终把集体和同事们的辛勤工作放在首位，并一再强调，大型水电站的设计主要靠集体的操作和配合，不是靠某一个或者几个人就能够完成的。因为它涉及水文、水工、地质、水资源、建筑、机电等多方面的专业知识，要和各专业人员配合、集思广益，才能为设计的成功创造一个充分的条件。"这么多年以来，其实我只是做了一个作为水电设计者应做的事情，国家给我的那么多荣誉，其实就是给我们这个集体的荣誉，不是我一个人的功劳！"

除了集体的力量，水电站的勘测设计还离不开国家建设的大环境。石瑞芳认为自己能参与到国家大型水电站的建设中，正是因为遇上了国家建设大发展时期。

1992年石瑞芳从西北院院长岗位退休后，又被返聘回去，为院里的工程担任咨询、指导，把自己多年的实践经验和知识毫无保留地传授给年轻一辈，他一直强调，水电站建设是一个多专业人员共同创造的过程，作为工程设计负责人，就是要不断吸收各专业的知识，并通过自己的设计将这些知识合理的体现在某个工程上。千万不要因循守旧，一定要有自己的独创，什么事情都要敢于研究，敢于思考，而后要敢于下决心，敢于判断。

石瑞芳为中国的水电站设计作出了许多重要贡献。比如刘家峡水电站的排沙孔设计、龙羊峡、刘家峡水库的防洪问题解决、李家峡水电站的双排机组设计创新等都给我国在黄河上建立水电站提供了大量的经验、节省了巨大的投资、缩短了很多工期，为国家创造了不可估量的效益。后来，大师受中国工程院委托，完成了《中国水能资源开发利用的战略研究》等著作。

他，无愧于"中国工程设计大师"的称号。

"为祖国健康工作60年"

而今，石瑞芳已经86岁高龄，依然坚持到单位上班，虽然家离得远，但他从不让单位派车接送，他说，年纪虽然大了，但腿脚还算灵活，刚好利用上下班的时间走走路，一来给院里减少负担给别人少添麻烦，二来也锻炼

了身体，没什么不好的。

清华大学校长蒋南翔曾经提倡"为祖国健康工作50年"，石瑞芳说："我已经很好地完成了这个要求，只要还能动，就要继续工作。"

推荐单位：中国电建集团西北勘测设计研究院有限公司

"我想把植物画活"
——植物科学画家曾孝濂

岳冉冉　周　磊

人物简介

曾孝濂，1939年6月出生。中国科学院昆明植物研究所教授级画师、植物科学画家。

历时30余年参与植物学巨著《中国植物志》植物标本图创作，已发表科普著作插图2000余幅，作品曾在世界多国展出，出版《中国云南百鸟图》《花之韵》等画册，设计《杜鹃花》《绿绒蒿》《中国鸟》等9套邮票。被中国美术家协会表彰为新中国成立以来成绩突出的科普美术家。

有人把曾孝濂称为"中国植物科学画第一人"，他自己却不同意，"在画家面前，我懂点植物；在植物学家面前，我就是个画画的。"79岁的曾老爷子笑起来像个孩子。

曾孝濂不喜欢"画家"或"植物学家"的称呼，他说自己只是中国科学院的一名老职工，一辈子只会从一而终——中学毕业后只进了一家单位，一直干到退休；多年来坚持干一件事，为植物画画。要说有点成绩，那就是参与了《中国植物志》的绘图工作，又在退休后为2019年中国北京世界园艺博览会创作了《改变世界的中国植物》。

在采访中，曾老不是在思考就是在微笑，聊起植物聊至兴奋，他会手舞足蹈，眼睛里有专注也有天真。

小画种的使命

曾孝濂是中科院昆明植物研究所教授级画师、工程师，是植物科学画家。他画的三七，连叶脉走向都有讲究；他画的杓兰，连上下半段的绒毛数量都有不同。

"植物科学画就像植物的'身份证'，它是美术跟科学之间比较小的一个分支。它以科学的手法描绘植物，甚至比文字描述更精准。"曾孝濂如是说。

7月的一天，曾孝濂到昆明植物园写生。他特意交代记者说话要轻，不要打扰到面前的"模特"。"地涌金莲是中国特有种，它的叶似芭蕉，花像金莲，金灿灿的包片茁壮丰满。"他对每种植物的特征都熟稔于心。

作为植物学家，曾孝濂的画作经得住业界考验。他的一幅画的信息量极其丰富，除了根、枝、花、果外，连分类学家最看重的叶片正、反、侧面的形态都有。作为画家，曾孝濂从光线、色彩、虚实、明暗上下功夫，力求把植物画美，且不能改变植物特征。

"曾老师的画可以把人美哭！"中科院昆明植物研究所研究员王立松是曾孝濂的"铁粉"，在他眼中，植物科学画有照片不可取代之处，好的植物科学画甚至与发表新物种的模式标本同等重要，"举例来说，我可以用微距摄影拍到地衣的细节，但大景深会虚化背景，曾老的画却可以同时兼顾植物与环境。"

曾孝濂说自己有强迫症，画植物有固定步骤，一般是先看照片，之后

曾孝濂的植物科学画拼版图　新华社发

去原产地写生，拿到标本后解剖，直到对植物有了十足把握才下笔。他画大蒜，为了观察大蒜的开花过程足足花了两年时间。

曾孝濂用两个词形容自己的作品——"像"与"生命"。像是起码要求，难的是表现生命。"植物的生命状态或柔软或坚韧，这些都源于它们面对自然的从容。每一朵花怎么开，它是有道理的，你要用眼睛去观察，用心灵去体会，然后画出来。"

曾孝濂常把一句话挂在嘴边——世人皆不屑一顾，我偏觉味道足。有的画家认为画植物科学画很枯燥，但他不觉得。"科学画的最高境界是：在那儿，它就能迸发出生命的力量。"

曾孝濂希望植物科学画传递给观者一种态度——科学的严谨、生命的从容。"这个画种和我们当下的生态文明建设关系最直接。它就是要反映自然、表现生命，唤起人们对自然的认同感和亲切感。"

曾孝濂说，这是小画种的使命。

45 年为《中国植物志》绘图

曾孝濂 1939 年 6 月生于云南省威信县。他自幼爱画画，上了中学是班里出黑板报的主力。

1959 年，高中毕业的他以半工半读的方式进入中科院昆明植物研究所。时值《中国植物志》项目启动，领导见曾孝濂能画几笔，就让他去画标本。"那个年代的口号是：做一个永不生锈的螺丝钉，需要你在哪儿就给你拧在哪儿。"

中国有 3 万多种植物，要把它们编成书、绘成图，对于当时中国的 312 位植物学家和 164 位绘图员来说，简直是浩大工程。

"植物志、动物志是一个国家的基本资料。中国要保护环境和生物多样性，没有这些基本数据可不行。"曾孝濂深知编纂《中国植物志》的意义所在。

《中国植物志》的科学插图，主要是以腊叶标本为依据的黑白线描图，它有一套近乎程式化的绘画方法。曾孝濂在绘图员中不算优秀，他画画的方法也与其他绘图员不同——除了像别人一样摹标本，他还坚持去野外写生，从活植物身上取材观察。他认为，树叶千面，需要画出生命，"我想把植物画活"。

正因为此，曾孝濂画的速度比别人慢。每画一张图，他都先打草稿，再给植物学家看，得到确认后才用钢笔着墨。他为《中国植物志》绘制的插图大都如此。

当时中科院昆明植物研究所的领导对曾孝濂"特殊"的工作方式很宽容，不但不催他进度，反而竭尽所能去帮他，还和他一起解剖植物。正是在这种宽松的环境下，曾孝濂痴迷地钻进了植物的世界，逐渐成长为一代植物科学画大师。

从20世纪50年代末开始，曾孝濂等绘图员和植物学家密切配合，用了45年时间为《中国植物志》画插图。最终，记载中国301科3408属31142种植物的《中国植物志》编纂完成。全书共80卷126册、5000多万字、9000余幅图版。2009年，《中国植物志》获得国家自然科学一等奖。

对于《中国植物志》取得的功绩，曾孝濂谦虚地说："全国80余家科研教学单位的312名植物学家、164位绘图员，都是编纂《中国植物志》的功臣，作为参与其中的一分子，我很荣幸。现在，绘图员们已过世大半，但大家共同的劳动化作《中国植物志》保存了下来。"

能为国家做一点实实在在的工作，他觉得很值。

被蚂蟥叮咬留下42个伤口

除了参与《中国植物志》编纂外，曾孝濂的人生还有两个关键阶段：一个是"参与找抗疟药"；另一个是退休后的"时不我待"。

20世纪60年代，曾孝濂参加了国家"523"疟疾防治药物研究项目。这一项目是要在民间寻找可食用的抗疟中草药或方剂，用以研发抗疟新药。曾孝濂参与了其中的绘图工作，他的主要任务是把项目组初步筛选出的有效抗疟植物绘成一本画册，交给部队和科研机构去做实验。

那段时间，曾孝濂每天穿梭在深山老林。在野外写生和采集标本的经历让他更加热爱大自然。从那时起，他立志要把这些美好的植物生态、植物种类、奇花异草尽可能多的画下来。他明白了最好的植物科学画一定不是诞生在办公室，而是在大自然。

野外科考的艰苦超乎人们的想象，遇到蚂蚁、蚂蟥、马蜂、毒蛇都是常事。一次科考中，曾孝濂深入到一片灌木丛，就在满怀喜悦带着标本返回的路上，他隐约觉得身上有血渗出，但没有在意，以为只是被蚊子咬了。"后来我才知道，那是蚂蟥。蚂蟥咬你的时候不会感觉疼，等它吃饱走了，你也不会察觉，但血会不停地流。"

当晚回到驻地，曾孝濂疲惫至极，很快睡着了。第二天起来却发现，自己身上好多处的干血块竟然与被单粘在了一起。曾孝濂数了数，竟有42个伤口。

曾孝濂的青春基本献给了包括《中国植物志》在内的50余部科研著作，他绘制的科学画插图有2000多幅。退休后，很多人觉得他该享清福了，曾孝濂却觉得新挑战才刚开始。他甚至比工作时更忙。他想画胡杨，就去了内蒙古；想画红杉，就去了美国。他说自己特别贪心，什么生命都想画。

退休后，曾孝濂出了12本个人绘画集。2017年，在深圳举办的第19届国际植物学大会上，曾孝濂专门为大会创作了10幅作品，获赞无数。

曾老喜欢孤独，他总说热闹是大家的，孤独是自己的，孤独时能从大自然身上学到很多。"我经常看着树叶发呆，看着看着，就会觉得树叶不是一般的美，一种灿烂之极、归于平淡的美。它秋天飘落，掉到地里，腐烂后为新芽提供养料，之后又从小苗长成大树，带来生命的绿色。"

改变世界的中国植物

对曾孝濂而言，退休后的突破就是——《改变世界的中国植物》。

这是一幅长2.5米、宽1.17米的大型画作，在2019年中国北京世界园艺博览会上亮相。

曾孝濂对这幅作品的立意高度赞赏："画中37种植物原产地都在我国，之后输出到国外，影响并造福了整个世界。我的任务就是让大家看到画后能感叹一句，哦，原来这些都是土生土长的中国植物！"

曾孝濂说话时，头上戴着的放大镜帽子一颤一颤的。这个放大镜是他作画时的重要工具，两个镜片均可放大3倍，能助他更精确地画细节，比如稻穗上的细刺、猕猴桃的绒毛。

对于这些植物的家底，曾孝濂如数家珍：欧美很多花卉都是从中国传过去的，比如野生月季，传到欧洲后成为象征和平和友谊的观赏花卉；长在高海拔的绿绒蒿，因为它气质高贵，欧洲人叫它"东方女神"；"中国鸽子树"珙桐，因为它开花雪白，像一群群鸽子停在枝头。此外，像水蜜桃、猕猴桃、柿子等水果，都是从中国传出国门，它们是人类的共同财富。

一花一鸟皆生命，一枝一叶总关情。曾孝濂说自己不奢望人人都喜欢植物科学画，但愿看画的人能关爱这些大自然里的生命。"它们和人类一样应该拥有生存和繁衍的权利。"

离开时，记者发现曾老的床头柜上堆满了各种药品，有治疗失眠的片剂，也有缓解疲劳的眼药水。"要是身体好，我会一直画下去。要是老天说，你画不了了、手也抖了、眼睛也不行了，那我就高高兴兴说拜拜。"

"一辈子就画植物了，我不孤独，我觉得很幸福！"曾孝濂说。

文章原载于新华网2018年10月22日，有改动

推荐单位：云南省科协

大成者，累并快乐着

——四川省肿瘤医院院长郎锦义

马静璠

人物简介

郎锦义，1961年6月出生。教授，博士生导师，电子科技大学医学院附属肿瘤医院、四川省肿瘤医院院长。

国家卫计委有突出贡献中青年专家、全国优秀科技工作者、四川省政府学术技术带头人，国家重点肿瘤专科学科带头人，四川省放射肿瘤治疗中心学术带头人。

主持国家科技支撑计划（数字诊疗装备研发），并主持国家自然科学基金3项，四川省科技厅重点项目3项。获得四川省科技进步二等奖2项、三等奖3项，四川省医学科技一等奖3项，享受国务院政府特殊津贴。

他，集放射治疗医者之大成，在中国放射治疗行业望重名高；他，从医35年来，始终奋斗在临床一线。他，就是四川省肿瘤医院院长郎锦义。

医生：战斗在临床第一线

虽然身兼数职，但每周的门诊他几乎从不耽误。3月5日，这是一个普通的周二，对于郎锦义来说又是一个门诊日。上午的门诊一直持续到了下午。

下午3点5分，最后一位门诊病人走进来，这是一位2017年治疗后的复诊病人。他将厚厚的一沓影像胶片和报告放在郎教授的桌上，忐忑地坐下。郎锦义看了报告，又把十余张胶片拿起来一张一张地仔细看，之后，他放下胶片笑着对病人说，"康复得非常好，完全没有问题，开开心心地去玩，要忘记疾病，放轻松。""但是我伤口那个地方还是不舒服。感觉这里摸起来有些硬。"病人还是有些不放心。"这是正常的，因为放疗后有一些粘连，慢慢就恢复了。"对于病人提出的问题，郎锦义耐心地一一答复，答完后还不忘询问病人的近况和近期的计划。接诊完最后一个病人已经三点过半了，"今天可能看了30多个病人。郎院长上午的门诊基本上都会看到下午，有的时候连饭都顾不上吃。"助理医生对记者说。

送走病人，郎锦义取下眼镜向后靠在椅背上，略微疲惫地揉了揉眼睛说："到我们这里来的病人大多病情复杂，还有不少从大老远的地方专门来找到我。除了看病情，还要留一些时间为病人进行心理安抚和疏导，把病人的疑虑都给解释清楚，所以看一个病人有时要半个小时左右。"

从医35年，郎锦义救治的病人数不清，受到的赞誉更是无数，但最让郎锦义骄傲的并不是自己获得了多少荣耀，而是得到病人和家属的认可。"作为医生不只要有精湛的技艺，更要有同理心，能站在病人的角度思考问题，去理解病人，病人自然能感受到。医生这个职业，所要具备的素养不仅仅是医学，还包含了社会科学，比如怎么和病人相处。医患关系融洽是相互的，医生真心关心病人，病人才会愿意告诉医生自己疾病里的隐私，而病人讲得越多，医生做出正确诊断的概率就越大。"郎锦义如是说。

先生：用十年树一木

病人刚走，几个博士学生便敲门进来了，他们手上拿着几个疑难病症的案例。"这个病人是从基层医院转院来的，是食管颈段食管癌加肝硬化腹水，还伴有静脉曲张，出现过一次大呕血，但是今天查血结果有贫血，血红蛋白只有58……您看看我们现在的治疗方案可行不？"其中一个博士生请教道。

郎锦义靠着椅背，左手托着腮、低着头、眯着眼睛听着，不时问道："血压是多少？是不是门脉高压？""片子在哪？我看看。"听完病情描述，郎锦义又戴上眼镜将身体移到电脑前，一边看着片子一边分析，"血色素低，说明门脉高压的问题没有解决，就这个病人目前的状况来说肝硬化是主体问题。那么你首先需要内科会诊，看看有没有危重医学里的潜在风险……"接着，郎锦义又问起了用药计划，并叮嘱，"这个类型的药，四川就有两个企业生产，同等效果尽可能用便宜药，也能减轻病人负担。"

与学生讨论完病例，已经快4点了，郎锦义一边往外走一边回头叮嘱学生，"这个病人最难的就是药物治疗，他的肝功能脆弱，化疗必须要小心，要搞清楚这个病理是中分化还是低分化，如果不清楚一定要跟病理科沟通，搞清楚再用药！"

"现在医院最主要的矛盾是人才引进跟不上病人的增长。一般医科大学学生要三年级才开始接触临床诊治，从学生到合格的专科医生，这个过程至少要八年，放疗医生至少要十年。临床医学需要丰富的经验积累和时间才能成就专业，不能急功近利。因此医疗事业发展是从教育到培训一条链的体系，是一个全民工程。"郎锦义说。

院长：竭力提升服务水平

走出诊室，楼下是忙碌的门诊大厅，病人、医生、工作人员熙熙攘攘又井然有序。2016年，郎锦义担任四川省肿瘤医院院长后，开始着手医院环境、景观改善，在院区增加了长廊、木凳等设施，并推行分时分段预约方式，"这样，病人就可以按照预约时间来就诊，可以不排队或者减少排队时间，即使需要等候，到院区的走廊坐一坐、到旁边喝喝咖啡，心情自然会舒畅一些。""但是，病人对医院服务的要求更多的是专业的医疗服务，他们想了解自己的病情，需要医生耐心地告诉他们状况，解答他们想了解的、担心的疑虑，病人心里自然就会释然。"郎锦义是这样要求医生的，自己也是这样做的。

医院服务的提升，更重要的是医疗技术的提高。作为临床型医院，郎锦义总是强调医生的临床经验，"看病是实践科学，需要不断地总结，用时间堆积出来。"因此，他常常会把医生的临床、对病人的随访纳入考核。正因如此，即使身兼数职，他仍然会每周坐诊。有的医生忽略了临床总结、随访总被他"骂"。他鼓励并积极创造机会让医生们参与国际、行业交流、培训，让更多的医生有更多的机会与顶尖高手交流，提高医疗技术。他自己更是不遗余力地培养年轻医生，为他们指导。

"未来的医疗必定是基于'互联网+'、大数据、云计算、区块链及AR、VR技术的模式，我们现在有了海量数据，正是将其与大数据、云计算结合的基础。"郎锦义说。2016年7月，医院与电子科技大学签约共建医学院，正式成为电子科技大学医学院附属肿瘤医院。2018年，医院启动打造智能高端数字化手术室；同时，引入"国家千人计划"段江教授团队，在区块链、人工智能等方面与之开展合作。郎锦义希望，将尖端的医学科研成果，尽快转化为医学的温度，构建肿瘤放射治疗的智能化实施平台，突破医护、病人和设备的时空限制，实现三者的无障碍"融合"和远程共享，形成更加安全、高效、精准的放射治疗新模式。

大家：陪伴年轻医生成长

从门诊部出来，郎锦义又急匆匆地赶往放疗科。放射医学难度高，人才培养时间长，被称为"医学皇冠上的宝石"，也正因如此，即使工作再忙，郎锦义也会抽出时间与放疗科的医生交流，指导他们勾画靶区和用药，并给他们的科研、临床指出方向。

一走进放疗科办公室，郎锦义便在电脑前坐下，一边端详片子，一边用鼠标调整靶区图。"这个病例完全没必要把甲状腺画进去，甲状腺功能减低，病人是很痛苦的。""病人这样的姿势时，脖子不是对称的，这一点你们要记住，还要给你的学生也说清楚，不能只照着书上搬，临床是会随着环境不同有各种变化的。""这个地方，国外医生画图会比较简单，

与年轻医生交流

但是用药就要特别注意了,要尽可能减少对皮肤的损伤。""我们一般在这个地方不往下延伸了,因为颈静脉的神经丛在这,包进去粘连和神经损伤会比较厉害,这也是我们自己摸索出的经验。"……他一边调整靶区图一边给身边的年轻医生提建议。

作为国内肿瘤放射医疗领域首屈一指的大家,对于年轻医生的教带,郎锦义总是毫无保留,而且要求也非常严格,有时医生做得不好,他还会大发雷霆,因为"子不教,父之过"。他常常叮嘱医生们做好病人回访,了解病人实时情况,"作为医生,每个决定都关系着病人的安危,必须严格。脱离临床做医生,永远只能是个匠人而成不了医学大家。"郎锦义常常对医生们说。"理想放疗的目的是要精确给予肿瘤高剂量的同时,尽量减少周围正常组织的照射剂量。放射治疗在过去 20 年中经历了一系列技术革命,相继出现了三维适形放射治疗技术、调强放射治疗技术、立体定向放射治疗技术、容积调强放射治疗技术、呼吸门控放射治疗等技术。"郎锦义认为,在强调适宜技术下沉的同时,对疑难重症患者实施精准治疗,推动医学进步,也是医生、医院发展该有的职业基础。

从放疗科出来已经是晚上 7 点了,这时行政办公室打来电话说,还有很多文件必须处理,因为明天他还要到北京开会。郎锦义说,"每天都跟打仗一样",累并快乐着。看着一批批年轻的医生不断地成长起来,并能有所成,是郎锦义最乐于看见的事。

文章原载于《四川科技报》2019年9月25日,有改动

推荐单位:四川科技报社

为患者撑起生命的"脊梁"
——成都市第三人民医院骨科主任梁益建

罗潇郁　肖小红

人物简介

梁益建，1964年9月出生。成都市第三人民医院大外科副主任，骨科主任。

从医三十载，实现了极重度脊柱矫形领域医学禁区的不断突破。

先后荣获"全国抗震英模""第十届中国医师奖""感动中国2016年度人物""第四届成都市道德模范""第五届四川省道德模范"等荣誉称号。

4月13日，在成都市第三人民医院，记者见到了梁益建。"不好意思，久等了，刚刚结束手术。"做了长时间手术的梁益建看起来略显疲惫，对此他笑言道，"没什么辛苦的，反正是每天都在做的事情。"作为一个致力于极重度脊柱畸形矫正的骨科医生，手术就是他的日常。

梁益建参与"驼背"手术3000多例，主刀挽救近2000例极重度脊柱畸形患者的生命，被称为国内首屈一指的极重度脊柱畸形矫正专家。他是极重度脊柱畸形患者心中的"男神"，从医生涯中，他从不止步于所谓的"禁区"，多次创造奇迹，为患者开启抬头人生。

坚守一线"突破三大禁区"

梁益建从小立志要做一名医生，1986年大学毕业后，先后6年自费在全国著名医科大学进修学习。2005年，他被推选到美国纽约州立大学世界脊柱协会主席汉森教授处学习脊柱外科知识。通过钻研，梁益建发明了一种可以让脊柱牵引使脊柱畸形变小的外固定架——头盆环，也因此打破了极重度脊柱畸形无法手术矫正的"禁区"。

"我是2013年来成都市第三人民医院工作的，几年时间，完成了1000多例手术。"时至今日，在极重度脊柱畸形矫正领域，梁益建已是行业标杆。但他依旧坚守一线，坚持站在手术台上。"每天都要做手术，从周一到周五，周末还要去其他医院帮忙免费做一些他们完成不了的病例。"梁益建说道。

临床认为，大于110°的脊柱侧弯为极重度，这样的情况被称为"医学的禁区"，也被称为"不可手术的脊柱侧弯"。尤其是很多患者同时伴有脊髓畸形或Ⅱ型呼吸衰竭，手术难度大、并发症高。

而梁益建接收的很多患者是这样的情况，有的已经被其他医院确诊为无法治疗，而梁益建是他们最后的希望。对此，梁益建迎难而上："医生没有挑选病人的权利，只有为患者解除病痛的责任。"

梁益建坦言："一些医院不喜欢难的手术，因为这类手术医疗风险大、周期长、医疗纠纷发生率大。但总有人要做难的事。"在这样的想法下，无论多么严重的脊柱侧弯仿佛都没了手术的边界，国际上公认的极重度脊柱畸形的手术"三大禁区"也被他一一突破。

"我并不比别人高明，只是我愿意坚持攀登这座'珠穆朗玛峰'，所以走得远一点而已。"在他看来，医生既是一份责任，也是一个爱好，"活多久就要坚守多久"。

专业团队"潜心医学研究"

"培养一个普外科的医生可能5年就够了，培养一个普通脊柱医生可能10年也够了，但培养一个矫正医生，尤其是极重度脊柱畸形矫正医生，至少需要花费15年时间，甚至更长。"谈到培养一个成熟的极重度脊柱畸形矫正医生时，梁益建直言其难。

在 2019 年全国两会上，针对年轻医生的培养，梁益建建议，培养要从年轻医生抓起，建议医院多关心年轻医生特别是规培医生的生活和收入，通过建立规培医生电子信息档案等方式，让年轻医生成长起来并扎根基层。"此建议目的在于加强规培医生的规范化管理并适当增加他们的收入，使他们潜心医学研究，无后顾之忧。"梁益建告诉记者。

梁益建手术团队包括神经内外科、麻醉、功能神经、康复、营养、呼吸、心内等专业的专家，团队核心成员除他之外，还有 5 名骨科医生、2 名神经检测专家、1 名呼吸科医生和 1 名 ICU 医生。另外，还有一个专门的麻醉团队，这个团队只做脊柱畸形矫正手术的麻醉。

团队里的每一个成员，都是他的得力干将。他们同梁益建一样，付出大量的时间和精力坚守在脊柱畸形矫正领域，用自己的能力帮助每一个患者挺直脊梁。

被问及对团队成员的要求时，梁益建说："我对我的成员要求很简单，我做成什么样子，你就做成什么样子；我怎么对待病人，你就怎么对待病人；我这么看书，这么钻研，你就这么钻研。"说来"简单"的要求实则却充满严厉，就像他强调的：科研有很多机会，许多外科手术都有第二次机会，脊柱矫形只有一次机会。

这个团队组建时间并不长，但许多医生成长很快，技术水平已经很高，临床经验也非常丰富。

建立标准"敢于超越引领"

近日，《骨科在线》发布了一篇极重度脊柱矫形领域的文章。文章中，梁益建就该领域治疗提出了"三平一正"[无论多严重的脊柱侧弯患者，术后要恢复肩平（高低肩消失）、背平（无刀背畸形）、双髋平（双下肢无长短腿），血气正常，X 片正侧位矫正到 40° 左右（即轻度畸形）] 的治疗观点。他向记者介绍，这是他提出的极重度矫形行业治疗的标准。

"极重度的脊柱矫形有一个主流观点，即针对成年、僵硬性极重度脊柱畸形病人，往往采取不矫形只固定的方法来低风险地解决问题。但我们都要矫形，所以提出这样一个行业标准。"梁益建介绍道，"建立这项标准，是希望医生们明白还有很多努力的方向，应该继续前进，不要拥有了现在的成就就止步不前。有了标准才能进步，才能引领我们的文化自信。"

梁益建认为，医生要有文化自信，要依靠自己的数据，用自己的理论、自己的实践技术在国际上屹立不倒。

"我曾经在美国学习脊柱外科，但是国外极重度脊柱畸形的案例很少。我是那个学习了驾驶技术又敢于去'超车'教练的人。"梁益建对自己的技术很自豪："有很多国际大师'雄起起地来'我们这里交流，见识到我们的技术水平之后都是'灰溜溜地走'。脊柱手术好不好是一目了然的，术前术后片子一看就明白。"

"在极重度脊柱畸形矫正领域，我是全中国比较权威的。"梁益建自信地说道。

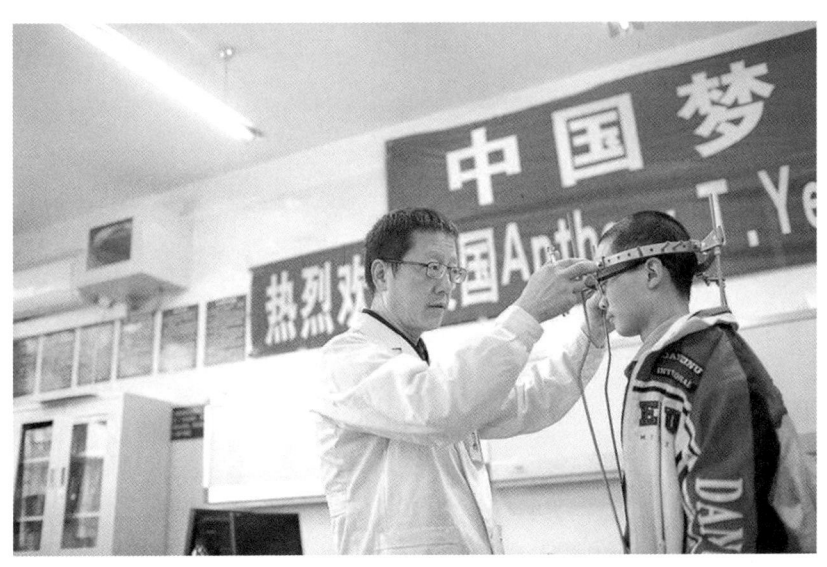

文章原载于《四川科技报》2019年5月18日，有改动

推荐单位：四川科技报社

山水迢迢长歌行

——国家地质公园专家尹国胜

周 渝

人物简介

尹国胜，1959年6月出生。教授级高工，江西省地质调查研究院旅游地质、农业地质、灾害地质、自然保护专业技术带头人，江西省地质资源环境志副总编。国家地质公园技术专家、江西省自然保护地专家、江西省政协人资环委专家组成员，江西省地质勘查与水工环专家库技术专家。

先后获省部级科技成果二等奖3项、三等奖4项、优秀规划成果一等奖1项，为江西省政府"记一等功"1次，享受省政府特殊津贴。

"云树织成美画廊，桃源深处好时光。千岩竞秀松涛急，万壑争流芳草长。"有一个人，看惯了千山万壑，走过了迢迢山水，用脚一步步描摹出一幅山水千里的水墨画。在浮浮沉沉的地质行业，他用几十年的时间践行了一名地质队员的理想与抱负。他，就是国家地质公园技术专家、江西省地调院教授级高工尹国胜。

自1981年参加工作，尹国胜在江西地质行业兢兢业业地奉献了38个年头，在基础地质、农业地质、环境地质及矿产资源规划等领域建树颇丰。尹国胜先后参与和主持1∶5万区域地质矿产调查图23幅、地质科研项目多个，在北武夷山地区的大地构造背景与前寒武纪地层单元与划分对比上获得重要成果，在庐山地区的区域地层、岩石、构造上取得了区域性与突破性成果，获得原国土资源部优秀省级规划成果一等奖1项、地质勘查成果二等奖 2 项、三等奖 1 项，省科技进步二等奖 1 项、三等奖 2 项。并主笔完成了《江西省矿产资源总体规划 2008—2015 年》《江西省紧缺和优势矿产资源保障"十二五"规划》等规划成果。

慧眼独具开先河　　江西地旅徐霞客

20 世纪 90 年代，正值地质行业低谷期。当身边一些并肩战斗多年的同事无奈转行、下海之时，尹国胜却另辟蹊径，率先为江西地质开拓了一个全新的领域——旅游地质。

在尹国胜的眼中，无论是寒武纪早期的三叶虫化石遗迹，还是庐山元古宇"星子群"地质剖面遗迹，抑或是第四纪冰川遗迹，都是大自然馈赠给人类的瑰宝。把地质与旅游相结合，用地质学专业解释和发掘自然景观之美，不仅能增强旅游的科学性、知识性，推动旅游业科学发展，还能拓展地质工作服务领域。

新千年伊始，江西省首次开展地质遗迹调查工作，尹国胜担任项目负责人。他带领队伍在全省范围内开展地质遗迹调查，对地质遗迹景观资源进行系统分析与总结，开始了长达 4 年的地质旅游探索。

2004 年，他主持编纂的《江西省地质遗迹调查报告》和主笔完成的《江西省地质遗迹保护利用规划》问世。这是第一部系统论述江西地质自然遗产的著作，对江西省不同类型地质遗迹的产地、空间分布主要特征及科学意义作了全面系统的介绍。对地质遗迹的价值作了初步评估，并对地质遗迹评估的理论方法及评估指标等进行了探索和尝试，为以后的地质遗迹调查工作奠定了坚实的基础。

"大丈夫当朝碧海而暮苍梧"，尹国胜，这位江西旅游地学界的徐霞客，一直奋斗在旅游地质的探索之路上。

三清奇秀甲天下

三清山以"奇峰怪石、古树名花、流泉飞瀑、云海雾涛"并称四绝，兼有"东险、西奇、北秀、南绝"之景。诗人陈运和曾形容它"峥嵘的，都是活着的史话；竞秀的，都是长存的经典"。近十亿年的沧桑巨变，三次大海侵和多次地质构造运动，造就了三清山奇特的花岗岩景观和独特的生态系统，使三清山成为一个具有世界性价值的花岗岩微地貌天然博物馆。

2005年10月，尹国胜受命参与三清山世界遗产申报工作，担任申遗材料的主撰人。

通过对三清山地质遗迹的调查及相关资料的收集，尹国胜将发育系统、类型多样、保存完整的三清山花岗岩微地貌作了提炼与升华，独创性地提出了"三清山式地貌"。由峰峦、峰墙、峰丛、石林、峰柱、石锥、峡谷、崖壁以及丰富的造型石等组成的标型齐全、特征典型，且保存完整的特有微地貌集群，称"三清山式"花岗岩地貌组合。独特的名字，彰显了三清山独特的奇秀绝美，也将三清山的地学价值与生态、美学价值完美结合，揭示了其中蕴含的突出普遍价值和作为世界自然遗产的唯一性与独特性自然景观。

2007年1月，三清山作为中国申遗唯一项目，提交给联合国教科文组织世界遗产中心。那份申遗材料，是主撰人尹国胜历经三个多月的呕心沥血之作。一份理论上需要一年时间才能完成的中英文申报材料，在三个多月的时间内就高质量地完成，尹国胜被建设部誉为"江西速度""江西效率"。

2008年6月，在第32届世界遗产大会上，三清山毫无悬念地成功摘取"世界自然遗产"这一顶极桂冠，成为中国第7个、江西省首个世界自然遗产地。

碧水丹霞世闻名

"碧水丹霞踞龙虎，洞天福地隐仙庭"，这句诗写的是江西的龙虎山。龙虎山发育在中国东南部信江盆地中段南缘，是由晚白垩世陆相山麓洪冲积扇形成的块状红色砂砾岩组成的丹霞山体，是中国典型的丹霞地貌风景。

2007年,申遗工作正式启动,"中国丹霞"作为预备遗产名单正式报到联合国。同年12月,尹国胜受邀担任"中国丹霞"专家组成员和龙虎山—龟峰丹霞申请世界自然遗产专家组组长。

通过野外实地考察获取第一手资料,尹国胜和他的团队揭示了龙虎山—龟峰的独特优势:有丹霞方山、单面山、石墙、石柱、石峰、线谷、宽谷等丹霞正地貌11种,有丹霞穿洞、穴洞负地貌2种,几乎涵盖了亚热带湿润区的所有种类。

所谓"横看成岭侧成峰,远近高低各不同"。高有壁立千仞的展旗峰和拔地而起直刺苍穹的金枪峰等,低有似金莲吐蕊的莲花石和平直幽深的龟峰一线天等。形态类型的多样性,造就了龙虎山—龟峰地区丹霞峰林地貌组合和象形丹霞景观的独特性。经过论证,龙虎山—龟峰丹霞融地质地貌多样性和地域特色生态文化于一体,构成了极具科学价值和人文历史与生态学意义的自然系统。

2008年上半年,尹国胜带领他的团队高质量地完成了龙虎山—龟峰申报世界自然遗产的系列申报技术材料和联合国专家现场考察评估路线指南等材料编纂,为龙虎山和龟峰成功申报世界自然遗产奠定了科学基础,也为"中国丹霞"其他丹霞申遗组成地提供了技术材料范本。也正因如此,"中国丹霞"六省九地申遗材料汇总的任务落在了江西申遗专家身上。

此时的尹国胜，正遭受着外伤性腰椎压缩性骨折，医生叮嘱他少外出、少活动、忌劳累，以静养为主。

但申遗工作容不得耽搁，作为江西申遗专家组组长，他戴着护腰，挺直身子，坐着动车来到长沙参加《中国丹霞》申遗材料的汇总工作。白天不能长久地坐在电脑前，他常常双手撑腰，站着指挥助手们工作；晚上，腰痛得只能睡硬板床。尽管如此，申遗材料的汇总工作紧张而有条不紊地进行着。为了使六省九地纷繁芜杂的申遗材料变得条理明晰，尹国胜花了整整两天的时间，起草文件，设计表格，助各个组成地提高效率。

2009年1月，中国丹霞申遗的全部资料，送往世界遗产中心。

2010年8月1日，在第34届世界遗产大会上，中国丹霞申遗成功，而龙虎山—龟峰作为捆绑申遗的六个组成地之一成功列入《世界遗产名录》。

2010年9月6日，在龙虎山景区游客中心广场，龙虎山—龟峰成功申报世界自然遗产总结表彰大会隆重召开。会上，江西省人民政府授予江西省地质调查研究院"龙虎山和龟峰申报世界自然遗产工作先进单位"荣誉称号，尹国胜记一等功。

山水迢迢长歌行　万水千山总关情

基于申遗工作的基础，尹国胜带领申遗团队又提交了《龙虎山和龟峰自然遗产价值评价和保护研究》，该项成果被评为2009年江西省科学技术进步奖二等奖。

作为江西省地质遗迹资源保护利用和地质公园、矿山公园建设领域的领头人，尹国胜主持完成了江西省地质遗迹调查和江西省地质遗迹资源的保护利用规划，为江西省3个世界地质公园、5个国家地质公园、11个省级地质公园、6个国家矿山公园的成功申报与建设作出了突出贡献，促进了江西省科学旅游与地学科普事业的发展。

尹国胜还是江西省"科普大使"之一。他曾参加"江西省'百场科普报告会'巡讲"活动，先后在九江市九江职业大学、庐山区和景德镇市浮梁县文化会堂为广大机关干部、大学生作题为《地质公园建设与江西区域生态经济发展》的科普报告；也曾应央视《地理中国》栏目邀请拍摄庐山、龙虎山、柘林湖、三百山、马头与大觉山等地质遗迹科教片，以通俗易懂的语言，向全国电视观众介绍了江西部分独特风景和自然景观的地质成因、物质来源及演化过程。

"我看青山真妩媚，青山看我当如是"。钟情地质的尹国胜，用他的毕生工作所得努力向全社会诠释着：地质遗迹及地质环境对于人类，不仅是能观赏的风景，也是社会经济发展需要的不可再生的自然资源，是人类生存发展的物质基础，更是生态经济建设与促进经济社会可持续发展的基础。他希望通过科普使广大群众进一步了解地球、认识资源，树立保护自然资源和地质环境，合理利用自然资源和自然环境的意识。

山水迢迢长歌行，万水千山总关情！在地质行业辛勤奋斗几十年的尹国胜仍然不忘初心、砥砺前行。当年登过的奇秀三清山，蹚过的清澈芦溪河，攀过的丹霞龙虎山，已成为他过往漫长征程中的荣光。曾经用脚丈量过的赣鄱大地，正等待他发掘出更多的地质遗迹宝藏！

文章原载于《中国矿业报》2018年11月20日，有改动
推荐单位：江西省地质调查研究院

铁肩担道义，逆行勇冲锋
——长春中医药大学副校长冷向阳

张 鹤

人物简介

冷向阳，1966年5月出生。长春中医药大学副校长，二级教授。

国家重点研发计划"中医'治未病'辨识方法与干预技术的示范研究"项目负责人。国家中西医结合类专业教学指导委员会副主任委员、科技部奖励评审专家、重大专项、重点研发计划项目评审专家、国家中药新药审评专家。获得吉林省、长春市劳动模范，享受国务院政府特殊津贴。

初见冷向阳，是在2月15日的吉林省支援湖北医疗队出征仪式上，

冷向阳从吉林省委书记巴音朝鲁的手里接过了队旗。当晚，他作为吉林省支援武汉前线指挥部副总指挥，国家第四批驰援武汉中医医疗队（吉林省队）队长，与61名队员们一起赶赴抗"疫"前线。

无论是在省内抗"疫"之初，还是在武汉战斗之时，

冷向阳始终冲锋在前，带领医疗队发挥中医药特色，以仁心施仁术，为打赢疫情防控阻击战贡献中医药智慧与力量，实现着"悬壶济世、治病救人"的职业追求和投身医疗卫生事业的毕生理想。在冷向阳的带领下，医疗队在武汉雷神山医院奋战45天，实现了疗区患者全部清零、确诊患者零死亡、医护人员零感染、安全生产零事故、进驻人员零投诉、治愈人员零复发"五个零"的优异战绩。

白衣逆行，身先士卒

全国新冠肺炎疫情突袭而至时正值春节假期。作为主管附属医院医疗工作的副校长，冷向阳放弃了与家人的团聚，在第一时间赶回了医院，成立应急领导小组，部署疫情防控工作。从那时起，早出晚归成为了他工作的常态，深入发热门诊了解接诊情况、去各科室检查督导、统筹医院后勤物资储备、查看工作人员防护措施落实……在医院的每个角落都能看到他忙碌的身影，每项工作他都要实际踏查，确保有序落实到位才放心。"我们的医务人员才是最辛苦也是最危险的，领导干部一定要负起责任，确保大家的平安！"冷向阳坚定地说。

随着疫情蔓延，吉林省内各医院医务人员组成的一支支精英队伍开始不断向武汉驰援，长春中医药大学附属医院也接到上级部门通知，要求组织相关医疗力量前往。冷向阳又一次义无反顾地站在了最前线。作为医疗队领队，在出发前就对每位队员的情况，如在单位承担的工作，医疗水平和职称等进行了充分了解，虽然61名队员来自不同医院、不同科室，但正因为他提前准备，确保了队伍在关键时刻表现出了最顽强的战斗力和最高效的执行力。

医疗队到达武汉雷神山医院后，如何快速组建科室并规范运行是摆在他们面前最重要的任务。为此，冷向阳迅速谋划，带领团队组建了感染三科八病区医护人员组织架构，任命肺病科主任王檀为病区主任，并将医生分成两组，护理分成六个小组，分别进行岗前培训，还特设感染控制监督员全方位投入医疗工作。正是这样合理科学的配置和组合，让全体医护人员在治疗过程中分工协作，形成了强大合力，圆满完成了患者的救治工作。

在病区管理上，冷向阳始终一丝不苟，他亲自担任质量监督员。从医嘱的下达与执行、病案的书写，以及诊疗过程都实行全程质量监督，执行三级质控，将感染控制工作摆在首要位置。"冷队长总是叮嘱我们，不管是治疗工作还是感染控制都务必精益求精，不得有半点马虎，这既是对躺在我们面前生病的湖北同胞负责，也是对我们全体医疗队员们自己的安全负责。"医疗队队员说道。

铁汉柔情，默默奉献

这次驰援武汉，冷向阳带领的医疗队61名队员中，只有他一名行政人员。在缺少行政管理、后勤保障人员的情况下，如何关心关爱队员，为他们排忧解难，舒缓压力呢？为此，冷向阳在空闲时间里当起了队伍后勤保障的"大家长"。

由于南北方的饮食差异，队员们在医院工作一天回到驻地后，因吃不惯都吃不饱饭，这位细心的领队注意到了，立即与后方取得联系，运来了吉林大米，并协调来了3台电饭锅，让大家吃上了熟悉的家乡米饭。"队员们每天都特别辛苦，如果吃不好，身体免疫力就差，一定要保障队员们的生活，大家才能够有力气冲到前线去救治患者。"冷向阳说。不仅如此，队员们在生活物资上有什么需求，他都会积极协调并尽快落实，甚至有时物资在后半夜抵达武汉，他为了不打扰队员们休息，自己一个人偷偷地将物资从车上卸到宾馆，一忙就是一整夜，充分担起了"大家长"的责任。

武汉战"疫"期间，有多家媒体曾数次邀约冷向阳进行采访，但都被他一一婉拒。每次他都说："多采访一些我们一线的工作人员吧，他们的努力和付出更值得被关注和报道。"这也印证了队员们对冷向阳的评价：

做人低调，做事踏实。

攻坚克难，打出最强"组合拳"

作为吉林省新冠肺炎中医药科研攻关专家组组长，冷向阳带领团队开展了一系列科研攻关工作。他带领专家组先后协助吉林省中医药管理局推出了《公众自行预防新型冠状病毒肺炎的建议》《预防新型冠状病毒肺炎中药代茶饮的建议》；带领国家重点研发计划"中医治未病辨识方法与干预技术的示范研究"项目团队，通过辨证分析新冠肺炎的疫病症候，结合疫情发展情况，及时研发出中药协定处方、中药防疫代茶饮、中药定制香囊配饰等预防性方药，对预防新冠肺炎疫情起到积极作用。

在武汉，冷向阳负责的国家重点研发计划项目增加了新冠肺炎中医药预警与防控的研究内容，医疗队参与了治疗新冠肺炎中药新药"化湿败毒颗粒"的临床试验研究，为打赢防控阻击战贡献了中医药科技力量。

在临床治疗中，冷向阳带领的医疗队充分发挥中医特色优势。经他多方协调，雷神山医院迎来了首个由特种车辆改造而成的"流动智能应急中药房"，装有300多味中药萃取的颗粒的这一新装备实现了更加快捷且安全的开药、配药、冲药等功能；让患者第一时间喝上中药，为患者争取了更多宝贵的治疗时间。医疗队所接管的病区患者情况较为复杂，患综合病症的高龄患者比较多。了解情况后，他让每位医生和患者都建立了微信群，实时掌握患者的病情动态。为了帮助患者治愈出院后肺功能有效康复，他指导团队录制了太极拳、八段锦等康复视频，同时让医护团队教患者进行呼吸功能训练，推动中医特色疗法助力患者康复。"我们跨越2000多公里来到武汉，为的就是治病救人，在这里的每一天，我们都会全力以赴。"冷向阳说。

参加工作30年来，从临床医生、大学教师到医院管理岗位，从医院院长到大学副校长,无论职业如何变化,身份如何转换,冷向阳始终都以谦逊的态度,对事业的无限热爱,求真务实的精神,极强的责任心,踏实地走好每一步。未来,他也将不断前行,继续用无私大爱守护人民群众的生命健康,不辱医护工作者的神圣职责和光荣使命。

文章原载于《吉林日报》2020年5月26日,有改动

推荐单位:吉林省科协

创新路上的"领头羊"

——中国水利水电第七工程局首席工程师李正兵

人物简介

李正兵，1974年出生。中国水利水电第七工程局有限公司首席工程师，工学博士，正高级工程师。

长期致力于复杂地质高陡边坡加固治理、高坝大库坝基基础综合处置技术等研究，主要成果《300米级特高拱坝复杂地基灌浆施工关键技术》获得中国施工企业管理协会科学技术进步奖一等奖，其他省部级科技成果十余项，获全国五一劳动奖章、张光斗青年科技奖。

全国五一劳动奖章获得者、第五届张光斗优秀青年科技奖、全国第三届有突出贡献的工程硕士学位获得者、水电七局首席专业工程师、紫坪铺下闸蓄水"一等功臣"、科技创新标兵、科学技术奖科技创新先进个人……集如此多"头衔"及荣誉于一身，使这位外表看似普通的专家身上平添了一层神秘面纱。他叫李正兵，同事们喜欢称呼他"兵总"，兢兢业业从事水电行业20余年，致力于各类施工技术创新研究，科研成果不胜枚举，是基础处理领域名副其实的"领头羊"。

创新伊始

在创新的路上要获得成功，不仅仅需要扎实的基础知识，更需要有质疑的胆量和勇气。李正兵的魄力，成就了他在基础处理领域"大咖"级别的地位。

岩土工程和基础处理工程是基础设施建设的基础，在工程建设中起着举足轻重的作用。20 世纪 90 年代末，修水电站靠的还是人力，机械化程度普遍较低，作业环境可想而知，施工质量控制过多依赖诚信，这些他看在眼里，急在心里。

2000 年 3 月，在水电七局天生桥二级电站基础处理项目部，李正兵作为施工现场主要技术人员，针对素有"喀斯特岩溶博物馆"的Ⅲ号引水隧洞不良地段岩溶灌浆处理，他开始跃跃欲试，暗下决心必须解开这个"疙瘩"。他找来各类晦涩难懂的学习资料，消化吸收并创新，成功摸索出一套复杂地质岩溶处理技术工艺与方法，并应用于施工实践，工程顺利通过第三方检测，成为第一家一次性检验合格的施工单位，得到参建各方及验收专家的好评。

这次创新让他尝到了甜头，从零起步，到一马当先，在创新创效这条路上，用同事的话说"他宁撞南墙不回头"。

孜孜不倦

"兴趣是最好的老师，只有热爱专业技术，才有浓厚的兴趣矢志不渝地深入钻研探索下去。"李正兵说。

2001年,在紫坪铺导流洞处理F3断层跨度近100米且富含瓦斯的不良洞段时,现场发生了数次塌方抢险,规模最大的塌方已冒顶;"屋漏偏逢连夜雨",2#导流洞出口边坡也因连日降雨发生了塌方……作为技术部负责人,他深知面对艰难险阻不能退缩避让,必须化压力为动力。他在工作中不断学习新奥法技术理论并与工程实践相结合,带领工程技术人员编撰并优化不良地质洞段综合加固治理方案、边坡综合加固治理措施,边施工边摸索,24小时随叫随到进行技术服务,攻克了大断层这只拦路虎,扭转了施工局面,为导流洞如期过流奠定了基础。参建引水系统工程中,他作为基础处理技术负责人,先后提出十余项工程技术优化、设计变更,为工程质量、安全保驾护航。他在四川省工会组织的劳动竞赛中被评为"紫坪铺建设一等功臣"。

这样边搞施工边搞科研的案例,在他的职业生涯中不胜枚举。在时间的锤炼下,李正兵羽翼渐丰,将理论和实践相结合并加以创新。他兼顾工作和学习,孜孜以求,付出了常人难以想象的努力和艰辛,先后取得了成都理工大学地质工程专业工程硕士和岩土工程专业工学博士,为日后的创新创效之路打下了坚实基础。

十年磨砺

"宝剑锋从磨砺出，梅花香自苦寒来。"李正兵转战有"世界级工程"之称的锦屏一级电站，这为他技术创新提供了更为广阔的平台。从2005年至2015年的十年间，他扎根施工一线，积极开拓创新，并耳濡目染了工程特别咨询团院士、大师和专家们的家国情怀和水电梦想。面对锦屏特殊的工程地质条件、550米级高陡边坡、庞大而复杂的左岸抗力体基础处理地下洞室群、特高拱坝地基处理及防渗屏障等一系列难题，没有现成的规范可以遵循、没有工程可以借鉴，唯有进行技术攻关和创新。他带领工程技术人员，筛选立项多个课题，建立起了工地灌浆材料试验室，锚固与灌浆模拟平台，从理论—实践—理论—成果转化—工程应用，其间充满了失败的辛酸和成功的喜悦。

2012年，李正兵获得全国五一劳动奖章，当同事们纷纷向他祝贺时，他深有感触地这样说道："要说在锦屏工地上比我能干比我辛苦和比我成绩更大的人有很多，应该说这个奖章我是代表大家领的。"

从业以来，他共取得科技成果10项，获得国家级和省级工法3项，获得国家发明专利和实用新型专利10项，参与编制5项施工技术规范，现已颁布实施，由他撰写的10余篇论文在国内不同媒体刊物上发表。他的科研课题填补了多个领域国内水电工程相关技术环节上的空白，科研成果在白鹤滩、杨房沟、双江口等在建大型电站得到广泛推广运用，取得良好成效。

薪火相传

技术创新离不开人才的支撑。"我们承担的施工项目均具有综合性、复杂性、挑战性的特点，是培养与锤炼人才的好地方。"李正兵如是说。世界第一高拱坝锦屏一级电站——在业内公认为有世界级技术难题；在建的世界最大水电工程——白鹤滩水电站被誉为"大国重器"。他在担任这两个项目基础处理负责人时，特别注重人才的培养和团队，既承接老一辈水电人积累下来的技术工艺和水电精神品质，也传递给新生代新技术与新工艺、新理念。他所在的团队通宵达旦数次优化施工工艺，不断与参建各方沟通协调，攻克了复杂地质深孔大吨位长锚索施工技术难题，形成了高陡边坡锚固与支护成套施工技术，保障了边坡顺利开挖至设计高程，那一年，他的团队荣获"四川省五一劳动奖"。

2012年，他牵头成立了"李正兵创新工作室"。在他带领下，工作室以科技创新和技术攻关为着力点，依托工程建设，在高拱坝地基与基础处理、高陡边坡治理、长大隧洞超高压灌浆、地下洞室群锚固支护、围堰防渗等方面形成了技术集成，在地基与基础工程智能建造技术研究方面勇立潮头，奋力攻关，提升了企业核心竞争力。2014年，工作室被评为四川省职工技能人才（劳模）创新工作室，工作室培养出来的技术人才，已经在白鹤滩水电站、杨房沟水电站、阳江抽水蓄能电站及三角水资源配置工程等项目中发挥骨干作用。

近年来，工作室主导和参与的创新成果7项，成果转化5项，获得实用新型专利23项，发明专利10项，软件著作权2项，25项工艺工法和科研成果获得省部级以上奖励，其中国家级1项，省部级24项，并参加近十项国家及行业标准制订修编工作。

牢记使命

"面临互联网、大数据、新基建等新概念、新方向不断涌现的新时期，岩土工程和基础处理工程施工技术迎来新的发展窗口，我不能止步，必须扬鞭奋蹄，肩负重任，担当作为。"李正兵坦言。

在他的办公桌上、书柜里、宿舍床头……到处摆满了各类专业书籍，以便随时学习，查阅资料。科研创新路上，李正兵看过的书可以将一间10平方米的屋子塞得满满当当。

"如今国家大背景要求大众创业、万众创新，我们也要紧跟步伐，不断创新，以科技作支撑，以工程项目为载体，把创新成果转化应用到祖国新一轮发展建设中去。"经过20多年的实践和锻炼，李正兵深深地感觉到，岩土工程和地基与基础工程施工技术的重要性，它们均属"隐蔽工程"，其工程质量事关建筑工程大局，掌握先进的施工技术，选用先进的、科学的施工工艺，改造和革新机具、材料，把信息技术和"智能+"融入到地基与基础工程建造施工中，以"工匠精神"提高工程质量是他的使命。

推荐单位：中国水利水电第七工程局有限公司

红柳的精神，科学的态度
——我国核试验亲历者邹进上

人物简介

邹进上，1925年11月生，气象学家，毕业于中央大学气象系，师从赵九章院士、叶笃正院士、陶诗言院士等著名学者。

1963年，应召参加"两弹一星"试验工程，历经十二年，曾参加过八次大气层核试验，荣获集体一等功1次，个人三等功2次。复员后回南京大学执教，长期从事水文气象学、大气物理学及国防科学研究。

夏风徐徐，坐在邹老简朴的书房里，我们看着邹老小心翼翼地拿出一本纸张已经发黄的笔记本，甫一翻开，便看到扉页上写着一首诗：

戈壁行
——赞红柳

铮铮铁骨左公柳，能抗风沙和硷土。

大漠荒凉添绿荫，"沙中皇后"坚贞友。

"这首诗也年过半百了！"邹老语气唏嘘，"那是我人生的转折点，在56年前……"

邹老字乐之，湖南临澧人，今年已经95岁了。他研究的领域主要是气象学、高空气候学、大气物理学、水文气象学以及国防科学，以气象保障和放射性沉降预报为主要工作。邹老前后共参与了我国八次大气层核试验。作为我国首次核试验亲历者，邹老向我们分享了当年罗布泊核基地的建设、发展情况和核武器试验的辉煌成就，弘扬"两弹一星"精神，并借此缅怀已经逝世的曾参加过首次核试验的老元勋、老科学家们。

1963年8月，邹老正在南京大学气象系任教，南大气象系主任徐尔灏教授很严肃地通知他："国务院调集全国若干专家去北京工作，你是其中之一，有何困难和要求，请提出解决。"当时他问："去何单位？什么工作？何时动身？"徐主任回答说："不知道，一切保密。"他未提任何要求，立刻表示无条件服从。

1963年11月，邹老辞别老师、同人、朋友、妻儿，独自背上行李，几经辗转，最后到达通州国防科工委21研究所驻地，接待他的是副所长程开甲教授。程教授对他说："我国的原子弹快要爆炸了，靶场现已选定在罗布泊无人区。你就是我们所需要的技术骨干，专业对口，你的新任务就是要带领一个小组共同承担核试验的气象保障、研究核爆后的放射性沾染、放射性烟云的运行规律与远区放射性浓度预测工作以及高空大气环境诸问题。"且当即派朱焕金、邹孝恒两位北大毕业生作为他的助手，并成立"气象、放射性沉降研究小组"，在核武器研究所理论室进行先期理论工作。

1964年5月，他们穿上戎装，与战友们一道走向了西北大漠进行实地工作。从通州出发，乘闷罐火车，经过四天四夜到达马兰城，略事休整后，他们打起背包行李，坐上解放牌敞篷汽车，又出发了，经过了一整天的急行军，来到了孔雀河畔。这里是一望无垠的戈壁滩，荒无人烟，属于沙漠气候，日夜温差大。6月天，午后地表温度高达60℃—70℃，夜间温度只有1℃—2℃。"早穿棉袄午穿纱，晚抱火炉吃西瓜"的说法一点也不夸张。气候干燥，相对湿度小于5%，几近于零。由于过度干燥，初到这里的人们很容易流鼻血。先到大漠的战友们告诉他：大量喝水，可以防止流鼻血。

然而，即使是如今看来最普通的"多喝水"，在当时当地，想要做到也是非常困难的。孔雀河是一条内陆河，源自博斯腾湖，流经库尔勒、塔里木沙漠，最后注入罗布泊。由于气候影响，当时孔雀河近乎断流，且河水苦涩，含大量钾、钠、镁离子，不能饮用。清洁水要从距离当地300千米的马兰运来。因此大家几乎把节约用水做到了极致：首先将清洁水用于淘米煮饭，再把淘米水用来洗菜，然后洗菜水用来蒸馒头，蒸馒头剩下的水用于洗脚，最后把洗脚水用于制氢供探空气球充气。可用水如此稀少，以至于战友们不得不想方设法在孔雀河畔挖井，将孔雀河水过滤后以作洗澡或洗脚之用。邹老受此影响，直到现在，虽然身处水资源丰富之地，用水仍然十分节省。

当时的条件非常艰苦，住的是帐篷，睡的是铺板，每天奔波在戈壁滩大规模布置气象观测点，头顶青天，脚踏戈壁，战风沙，喝苦水。然而苦中有乐，乐中有甜。因为"我们正在做我们的前人从来没有做过的极其光荣伟大的事业，我们的目的一定要达到，我们的目的一定能够达到"（毛泽东《第一届一次全国人民代表大会开幕词》）。回首往事，邹老不胜感慨。

虽经受戈壁风沙之苦，但也能饱览自然风光之美，喜见大漠景观之奇。有一次，在奔走于罗布泊的路途中，遥望大漠，不见飞禽走兽，只有尘土飞扬，稀疏的骆驼刺摇晃在无垠的戈壁滩上。忽然有一位战友喊道："红柳！红柳！"顺着战友手指的方向看去，但见一丛红柳，枝繁叶茂，盘根错节，顽强地生长在沙漠之中。战友说："这就是新疆红柳，清代左宗棠所植，故称左公柳。它的根系发达，能吸收地下水，枝条矮而细，减少蒸腾，所以耐旱、耐碱。在塞外工作的我们，就应当学习红柳精神！"他顿时为之震动！

是啊，年届不惑，却背井离乡、隐姓埋名，到这一片荒芜之地，为的什么？还不就是因为祖国需要、人民需要？核武器是个纸老虎，但是"我们要不受人家欺负，就不能没有这个东西"（毛泽东《论十大关系》）。在这原本荒无人烟的戈壁，邹老他们坚持以红柳的精神扎根荒漠，同时还坚持以科学的态度求真务实。

我国早期的几次核试验都是大气层核试验，因此试验安全非常依赖气象条件。为了保障大气层核试验的安全，通过调查研究，核武器研究所气象沉降组提出实施大气层核爆炸的有利气象条件：风要小（小于3级），云要少（少于3成），无降水，无雷暴，东风层要低，能见度要好（大于20公里）。

一是风，包括浅层风、高层风、整层合成风、风向风速的垂直廓线，与放射性沾染、远区烟云径迹预报、飞机飞行投弹均有直接关系。二是云，中、低云的存在，既能影响地面光辐射、照相、观测，又会在爆后烟云上升过程中导致降水，增加地面放射性沾染，卷云则无大妨碍。三是降水与雷暴，不仅会增加地面放射性沾染，而且还会损坏电子测试仪器。四是大气能见度，这会直接影响光辐射、照相。五是逆温，在某一气层中，当温度随高度增加时，称为逆温，有辐射冷却逆温、锋面逆温和对流层顶逆温等，其中对流层顶逆温在任何时候都是存在的，而锋面逆温却和降水相联系。

1964年10月15日，负责指挥核试验的张爱萍将军也来气象室参加天气预报会商了。经过一番激烈讨论，会商结果认为：次日有一次有利于核试验的天气过程。经过气象把关组审核无误，将结果如实上报基地指挥部和周恩来。

1964年10月16日上午，戈壁滩（包括靶场）狂风怒吼，阴云密布。在场的人们都为气象预报人员捏一把汗。但是，科学毕竟是科学，气象预报也不外如是。距爆炸零时还有两小时，突然云开日出，青天毕露，戈壁靶场风平浪静。此时各部门、各单位各项试验工作都按原定程序展开了。到了爆炸零时，张蕴钰司令员下达起爆命令：10，9，8，7，6，5，4，3，2，1，起爆！一朵蘑菇云冉冉升起！1964年10月16日15时，在罗布泊地区上空成功爆炸的我国第一枚原子弹，顿时像一声春雷，震撼大地。

戈壁滩沸腾了，司令员和领导者、科学家、工程技术人员握手庆贺，广大指战员和职工们相互拥抱，奔走相告，笑逐颜开。

这次核试验的天气预报工作，从短期、中期到长期都是正确的、可信的。当时指挥部首先宣布气象室荣立集体一等功，邹进上荣获个人三等功。还有不少同志受嘉奖。

随着大气层核试验转入地下核试验，1975年5月13日，邹老被批准复员。销毁密卷，脱去征衣，他仍回南京大学气象系任教，直到1989年退休，共历时14年。在这14年教书育人的过程中，邹老依旧坚持着"红柳的精神,科学的态度",扎根本职,不谈待遇,勤学苦练,求真务实。在此期间,他培养了14位硕士研究生,撰写了专著8部,发表科学论文60余篇,先后获国家奖、能源部奖共8次。

1989年退休后,邹老隐居钟山,依旧不忘初心,整理了核试验与《高空气候学》的研究心得,并撰写气象、气候等科普文章。为了弘扬"两弹一星"精神,他还为大、中、小学生作了8次弘扬"两弹一星"精神的科普报告,彰显了那些为我国核试验而奋战的无名英雄。

邹老的日记本中记录了这样一段话:"参加核试验的战友们,像红柳一样,扎根戈壁滩,隐姓埋名,不求待遇,只讲奉献。他们献身国防科学,不畏艰苦,求真务实,为祖国为人民贡献自己的力量。"如今掩卷思之,只有四个字:青春无悔。

推荐单位:南京大学出版社有限公司

脚踏实地，争做新领域的开拓者
——"人造单染色体真核细胞"的创建者覃重军

耿 挺

人物简介

覃重军，1965年2月出生。中国科学院分子植物科学卓越中心、上海植物生理生态研究所研究员，中国科学院合成生物学重点实验室主任。

主要从事合成微生物和药物生物制造等方面的研究。在国际上首次人工创建了自然界不存在的简约化的生命——仅含单条染色体的真核细胞。该成果获得"中国科学十大进展""中国科学院改革开放四十年40项标志性科研成果"等多个重要奖项。

2018年，当中国科学院分子植物科学卓越创新中心/植物生理生态研究所研究员、中国科学院合成生物学重点实验室主任覃重军和他的重大成果"人造单染色体真核细胞"出现在央视《新闻联播》的画面时，覃重军90岁的母亲十分高兴、彻夜难眠。因为多年前，没有上过一天学的母亲就向他提出了殷切期望："要成为国家的栋梁，最好能上中央电视台《新闻联播》。"

身陷"困境"，志存高远

覃重军清楚地记得当年在追求妻子方萍时写下的那一封10多页的情书。在这封热情似火的情书里，他写道："我初步确立了在科学追求上的理想，积极参与'科学革命'，做新的科学时代、新的领域的开拓者。"

1993年覃重军刚刚拿到博士学位，就立下了五大志向：做重大基础研究、产出原创技术、实现产业化、解决人类疾病、创立新理论。

"我不是'学霸'，小时候学习成绩不好；高考时却一鸣惊人，进了武汉大学。"覃重军笑称，有老师还挖苦他是"蒙"进大学的。但他知道，是自己为了争一口气，经过努力苦读才获得的成功。

武大校园里的覃重军恰逢刘道玉校长推行教育改革。在"60分万岁"的学分制、跨专业学习的自由环境中，覃重军这名理科生把大量时间花在了哲学、历史、音乐、诗歌、绘画等文科课程上，以至于专业课成绩平平，还有两门课程未达到60分而补考。

然而，正是在汲取了马克思、恩格斯、黑格尔、司马迁、老子、孔子、贝多芬等先哲的思想精华之后，覃重军才会将科学理想坐标定在了巴斯德、爱因斯坦和达尔文这3位伟大的科学家身上，他的五大理想也就自然而然产生了。

理想很丰满，现实很骨感。志存高远的覃重军当时还陷在人生的"泥潭"：考研成绩不佳，落到了华中农业大学；研究生课题整整两年做不出来；差点要被退学，幸亏校长发话，以华中农大首届硕博连读方式，才完成论文。

虽然最后的博士论文获得了优秀，但并没有人看好这位"混迹"的博士生。为了实现理想，覃重军坚信自己要去世界上最好的科研机构学习。他向哈佛大学和斯坦福大学发出了求职信。

令人难以置信的是，基因工程创始人之一、斯坦福大学的斯坦利·科恩教授回了信，邀请覃重军去实验室做博士后和访问学者。科恩后来说，之所以邀请覃重军，是因为他是极稀有的"单纯而又有理想的人"。

不忘初心，勇攀高峰

覃重军的五大理想中，最早实现的是"实现产业化"。2001年，当他准备回国做科研时，选择了中科院上海植物生理生态研究所，其中一个重要原因是研究室主任焦瑞身研究员在微生物产业化方面建树颇丰。"我觉得焦先生产学研结合那么成功，一定有产业化的法宝。"覃重军说。果不其然，他发现，应该从实际应用的重大需求出发，而不是从自我陶醉的理论出发。只有组成最强的科研团队与最好的企业优势互补合作，解决企业面临的最关键技术难题，才能带来巨大的产业化成果。

从 2004 年到 2009 年，覃重军埋头于研发多拉菌素的工业菌株。多拉菌素是美国辉瑞公司在 1995 年利用基因工程研制的，被认为是阿维菌素族中最好的抗寄生虫兽药。国内企业无法购买多拉菌素的工业菌株，而因为使用了基因工程构建，工业上的一般模仿都显得十分困难。

整整 4 年多里，覃重军与浙江海正药业公司紧密合作，双方派出最强技术团队形成优势互补，完成了药物纯度高达 97% 的工业制备，完全打破了国外垄断。

将工作重心放在产业化上，必然导致基础研究时间减少。当科恩教授到覃重军实验室访问时，看着他发表的几篇影响力不大的论文，皱着眉头问："覃，你忘记科研的理想了吗？"覃重军的回答是："不，我从来没有忘记初心。"

从 2010 年开始，覃重军开始了一段艰辛的探索之路：大规模连续删除大肠杆菌基因组、重构简约基因组、成簇化或模块化大肠杆菌"必需基因功能群"、最优化大肠杆菌"必需基因功能群"、异源表达（强化）"必需基因功能群"、合成"非天然"的大肠杆菌基因组、发展"基因组工程"的新技术……他如同一个斗士一样，在每一个所能想到的前沿领域试探着，尽管遇到了重重困难却没有放弃，也没有停止探索。

"那些跟在国外科学家开拓的前沿后面的稳健的研究，我做不好。我觉得冥冥之中注定只有在高风险的、科学前沿的无人区，自己才能'置之死地而后生'。"覃重军说，"遇到困难和失败，我会反复思考，可能不是探索方向有问题，而是现有的技术和手段还不成熟，是时机还没有到来，我需要静静地等待。"在研究所宽松的科研环境中，在自身坚持不懈下，他迎来了"重构酵母菌16条染色体"的大胆想法。这一次实施,时机对了。

2018年,覃重军在《自然》杂志发表论文,宣布在国际上首次人工创建了自然界不存在的简约化的生命——仅含单条染色体的真核细胞,标志着中国的"人工生命"研究实现了从跟跑到领跑。这一次,覃重军站在了科学前沿的一个巅峰,也实现了第二个理想。

天马行空,脚踏实地

在同济大学任教的妻子方萍说,覃重军在家里常常"走神"。

"历史上有许多取得仅一项伟大发现的科学家,那也许是'碰巧'撞上的;但是巴斯德、牛顿、爱因斯坦、达尔文的科研成就能连续不断出产重大发现,说明他们一定掌握了成功的秘诀。"覃重军说,"我可能找到了他们成功的一部分规律。"那就是在放松的心情下,让思绪在科学的前沿飞扬。这就是他"走神"的原因。

2000多页A4纸,密密麻麻地用不同颜色的笔写满科学思考和实验设计,这是覃重军多年天马行空般"走神"的杰作。在家里、在实验室里,当"走神"带来灵感,他就会立刻记下来,再进一步斟酌。

当"人造单条染色体酵母"给覃重军带来了巨大的声望和荣誉时,他

却说:"是时候去更加安静地思考。"在他看来,"人生如梦,追梦一生;三梦犹存,只争朝夕"。

"未完成升级"的重大 DNA 技术?治疗"多重耐药菌"的策略?"未来"分子生命科学理论?哪些能圆了覃重军剩下的三个梦想,或许灵感的火花已经在他的大脑中闪现。

学生邵洋洋、鲁宁说,老师覃重军对实验的研究严谨至极。"覃老师会仔细查看每一个实验原始数据,判断实验结果是否经得起推敲。"邵洋洋说,"他告诉我们,要大胆设想,小心求证。要走好每一步,才能获得最后的成果。"

覃重军对自己的科研团队很满意:"我常常是构想得多,而薛小莉研究员、邵洋洋、鲁宁会把实验设计做得很精细,把每一个细节都落到实处。"

覃重军在 1992 年博士论文的后记中写道:"对我而言,科学是一条无穷无尽的探索之路,也许一生都会这样干下去。"至今,他依然抱着这一赤子之心而未有丝毫改变。

文章原载于《上海科技报》2019 年 5 月 15 日,有改动

推荐单位:上海科技报社

把论文写在竹林里的"农民"教授
——西南林业大学筇竹研究院院长董文渊

詹晶晶　丁　凝　赵普凡

人物简介

董文渊,1962年11月出生。西南林业大学筇竹研究院院长,二级教授,博士生导师,云南省中青年学术和技术带头人。

长期从事竹林培育教学科研和科技扶贫工作,主持完成国家林业公益性行业科研专项"珍稀濒危筇竹保护与退化竹林恢复技术研究"等科研项目30余项。获省部级科技进步奖一、二等奖各1项,三等奖4项,国家发明专利1项。2018年度全国科技助力精准扶贫先进个人,2018年、2019年云南省脱贫攻坚奖扶贫先进工作者。

在云南省大关县的一个村子里,有一位戴着眼镜衣着朴素的"董老师",经常和村民唠唠家常。而村民和他聊得最多的话题莫过于"竹子"。

村民口中的"董老师"是西南林业大学亚太林学院院长、筇竹研究院院长董文渊。25年前,刚过而立之年的董文渊被学校派到云南省昭通市大关县挂职科技副县长,当地基础薄弱、发展滞后的现状,激起这位青年学者强烈的责任感,他想找到一个方法,帮助当地群众脱贫致富,山上一株株"罗汉竹"引起了他的注意。没想到,董文渊和"罗汉竹"一结缘就是25年。

与竹结缘

大关县地处滇、川、黔三省经济和文化交汇地,巍峨耸立的大山,曾经隔绝了许多人的致富梦。

当地分布一种竹子名叫筇竹，又名罗汉竹，分布在我国西南地区川滇两省金沙江两岸的狭长地带。其中，尤以云南大关县的筇竹资源最为丰富。

1993 年，董文渊被学校派到大关县任科技副县长，分管林业和科技工作。董文渊发现，筇竹有突出的生态经济优势，可以有效帮助当地百姓脱贫致富，于是开始研究筇竹。但当时学界对筇竹的研究很少，"我们去问老乡这棵竹子年龄有多大，大家都说不清楚。"

于是董文渊决定，从筇竹最基础的问题"年龄"开始研究。竹笋出土后就挂上牌子，并跟踪观察筇竹的寿命，第一年、第二年、第三年……"到第四年半的时候，我们就发现竹子从上部开始干枯，然后就慢慢地死亡了。最后我们确定筇竹单株的寿命是 5 年。"董文渊说，这项研究对筇竹后期的培育、利用奠定了良好的基础。

两年的挂职结束后，董文渊依然不断地往返于昆明和大关之间。20 世纪 90 年代，交通基础设施落后，从昆明到大关往往要转三四次车，历时两三天才能抵达。

最开始做筇竹研究时没有项目经费，董文渊经常要自掏腰包。

"那时工资一个月才几百元，每次来大关都要从家里拿一两千元，钱用了要对家里负责，所以每次把工钱付给帮我们砍竹子、挖土的群众后，我就要请他们给我打一张白条子，回去交给我爱人。"董文渊说。

多年来，董文渊共有硕士博士生 100 多人，跟他到大关做科研的就有五六十人，很多学生毕业后到中科院、北京大学等继续深造，30% 的学生选择继续坚持竹类研究。为了做研究，董文渊和学生经常在老乡家里借宿，夜间监测时就整夜守在山上，饿的时候咸菜就土豆就是一顿饭。

20 多年间，董文渊和他的团队先后完成了 10 多个研究项目，取得的筇竹生物学生态学特性、生物多样性保护、良种选育与竹苗培育技术、天然林改造与人工林高效培育技术体系等一系列成果，填补了国内外筇竹研究的空白，为筇竹资源高效培育、可持续经营和产业化发展奠定了基础。

群众身边的"知心人"

大关县"一县一品"筇竹产业办副主任谢泽轩与董文渊相识20余年,董文渊刚开始研究筇竹时,谢泽轩就一直陪伴着他。多年来,两人既是朋友,也是"战友"。

谢泽轩说他家兄弟姐妹六人,因为家庭困难,父母只供得起他一个人读书,全部的学费都是依靠竹子。"我从小学读到中专毕业,全部读书的费用都是靠竹子竹笋,没有竹子我就没办法读书走出大山。"

像谢泽轩这样的例子,在大关还有很多。

为了帮助当地群众脱贫致富,从20世纪90年代开始,董文渊就给群众普及筇竹的种植技术,可是刚开始推广技术的时候,群众并不买账。"大家觉得这个东西有什么可研究的,到了季节上山打笋子就行了。"

昭通市大关县木杆镇细沙村铜厂沟的村民老罗成为"第一批吃螃蟹的人"。"这些昆明来的大学老师怎么会跑到我们这里来研究罗汉竹?"老罗带着好奇去研究基地看个究竟。

一次、两次、三次……老罗来的次数越来越多,董文渊开始给老罗做工作,最终老罗动了心。老罗说:"刚开始种竹子,我们自己没有什么技术含量,直到董老师来了,我才知道竹子该怎么种。"

在董文渊的技术指导下，竹子的品质越来越好，种植的面积也越来越大，除了可以卖竹笋，还可以卖竹材，老罗家的生活也渐渐好了起来。

"我们就是要相信科学，董老师就是专家。"老罗说。

如今，老罗的几亩筇竹开始产生效益，由于竹子的生长特性，人工维护的成本并不高，79岁的老罗还是自己管理着山上的竹林，到了竹笋成熟的季节，才让在外地打工的儿子、儿媳回家帮忙。

"我自己在竹林里掰竹子，掰着都会笑，因为我从来没有见过那么大的罗汉竹，种竹子见效快，掰下来背回去卖给老板就是钱。"老罗说，今年他依靠竹子能收入1万多元。

如今，"砍小留大，砍老留嫩，砍弱留强"这些关于筇竹培育的技术已经深深印刻在当地群众心里，科技给生产带来的力量，也让董文渊和他的团队成为群众身边的"知心人"。

"筇竹就是金山银山"

大关县现有筇竹资源20.83万亩。在筇竹主产乡镇，农村劳动力在出笋季节，人均采笋收入可达5000元至6000元，筇竹销售收入占大多数农户经济收入的80%以上，依托筇竹资源3.16万人稳定脱贫，14.8万余人受益。

为了助推大关竹产业发展，董文渊积极帮助引进企业，企业带来了资金和技术，也带动了周边群众就业。

天星镇中心村的村民张建学在企业开设的培训班里学习竹编，经过几期专业培训后，考试合格的学员能够拿到结业证，以后可以在企业里工作。"现在有了这个企业，我们在家门口就可以打工赚钱，并且还能多学一门手艺。"张建学说。

木杆镇鑫兴竹笋加工厂主要加工竹笋类食品，厂长邓贵文告诉记者，他们厂的产品现在销往上海、江浙等地，销售情况很好。厂子里的工人都是周边的群众，下一步他还想扩大厂房、更新加工设备。

"我们这里有这么多的竹子资源，要好好地利用起来。"邓贵文说。

据悉，西南林业大学自20世纪80年代以来，一直挂钩国家级深度贫困县大关县开展科技扶贫工作。目前，双方合作组建的筇竹研究院、大关县竹产业发展研究院，为贫困地区特色竹类资源开发、竹产业助推精准脱贫和振兴乡村生态经济提供强有力的智力和技术支持。

"绿水青山就是金山银山，对我来说，筇竹就是金山银山。"老罗说。

"人生不在于最后的结果，关键在于我们走过的每一步"

"晓风飞雨筇竹泪，孤舟逆流浪滔天"是董文渊朋友圈的简介，他说他喜欢竹子的气节。

"不管多陡的坡地、多高的山筇竹都能够生长，它的生存环境从海拔1300米到2400多米，都是高寒山区，哪怕在一些陡峭地段仍然能很好地生长，这是一种精神，对我来说也是一种力量。"董文渊说。

一直以来，董文渊都把自己的研究无偿地在群众中推广，扎根农村多年，他认为群众就是他的老师。"我把我的研究成果、技术传授给他们，他们在应用的过程中又去创造、去发明，也教会我很多东西。所以我们研究的不断深化离不开当地的群众。"

同时，他认为科学研究的目的是推动人类社会的进步，需要科技工作者深入田间地头亲自示范，让群众去学习，"研究出来的东西，无论是论文还是论著，不是要束之高阁，而是要去推广。"

董文渊说："人生不在于最后的结果，关键是在我们走过的每一步。一件件小事，一点一滴积累起来，能够对社会、对大众、对国家有一定的帮助，我觉得这就是对我最大的安慰。"

文章原载于新华网2018年11月9日，有改动

推荐单位：云南省科协

让每寸土地成为丰收沃土

——宁夏中卫市沙坡头区柔远镇农技站站长梁玉斌

人物简介

梁玉斌，1967年12月出生。宁夏中卫市沙坡头区柔远镇农技站站长，高级农艺师，兼任乡镇科协副主席。

长期从事农业技术推广和研究工作，积极发挥基层科协组织"三长"引领作用，大力发展设施农业，获得第二届全国创新争先奖。研究的"设施果树优质高效综合配套栽培技术"获自治区科技进步三等奖。

梁玉斌长期从事农业技术推广和研究工作，积极发挥基层科协组织"三长"引领作用，大力发展设施农业。

把论文写在了祖国大地上

在基层科协组织中，梁玉斌把成果、技术推广到了千家万户。30年来，为手把手教农民粮油作物、瓜果蔬菜的种植技术，开展新技术、新品种的试验、推广、示范，他"骑坏了3辆摩托车"。

"最近大家普遍反映玉米田杂草较多，可以通过物理、化学等措施除草，具体方法如下……"这是中卫市沙坡头区柔远镇农技站站长梁玉斌近期发的一条朋友圈，时间是晚上10点36分。

梁玉斌的微信昵称叫"科技兴农"，短短4个字，道出他所负责的柔远镇6700户村民脱贫致富的秘诀。

田野上天地广阔,"农"字里大有作为

1987年,从农民家庭走出来的梁玉斌考入宁夏农业学校,立志要让乡亲们吃得饱、过上好日子。

1989年,梁玉斌顺利毕业,回到家乡,成为一名农业技术员。

在他的指导和帮助下,不少村民拿到了致富的"金钥匙"。为了更好地帮助农民,梁玉斌将自己的联系方式写在纸片上,发放到农民手中,提供24小时热线服务。

2015年,梁玉斌接到高营村种植户吕建国的求助电话。

吕建国有10个蔬菜大棚,这一年,大棚喜获丰收,吕建国和老伴从早忙到晚,也忙不过来。情急之下,吕建国想到人脉广的梁玉斌,希望他能给推荐几名熟练工。半个小时后,梁玉斌联系好工人,发现吕建国的用工难题是长期存在的。

"要不要试试种蘑菇?投入少、用工量少。"梁玉斌问。父辈以种菜为生,缺乏种菇技术、怕担风险,吕建国当场婉拒梁玉斌的好意。几天后,梁玉斌拉着吕建国来到彭阳县长城塬村的闽宁现代食用菌产业示范园。

投资少、见效快、产出率高,当年即可收回投资并获利,来年投入产出可达1∶4以上……看到实打实的成效,吕建国动了心。

回到村里,吕建国跟着梁玉斌种起了蘑菇,短短一年时间,不仅收回了成本,每座大棚收入还翻了一番!

脱贫只是第一步,持续致富才是关键

随着脱贫攻坚工作的推进,不少农户摘掉贫困帽。在梁玉斌看来,脱贫只是全面小康的第一步,让乡亲们持续致富才是关键。

近年来,梁玉斌先后争取各类惠农项目资金2500余万元,对柔远镇2500座日光温室进行改造升级,配套安装卷帘机、保温被。他还指导全镇流转9000亩土地,建设占地1.2万亩的永久性蔬菜基地,创建3个农业部标准化园区。同时,借助百万农民培训工程、阳光工程、农广校、党员冬训等,举办各类培训班16期,累计培训6000人次以上。为全镇8家育苗企业协调联系500余名嫁接技术人员。每年邀请区内外专家开展农业科技知识培训,累计培训群众1.8万人次。为群众脱贫致富奔小康提供了有力科技支撑。

"土地就像人的身体,需要营养均衡搭配。"梁玉斌在田间地头支起"教学台",手把手教农户良种选育、规范种植、科学管理。2019年,梁玉斌用20座大棚作为"火种",通过秸秆生物反应堆技术,解决土壤板结、盐渍化加重、营养平衡失调等问题,让疲劳的土地得到新生。

柔远村村民陆东首先尝到了技术的甜头:"秸秆还田后植株长势好,抗病性强,一茬下来,每座大棚能多收入700多元。"

近年来,梁玉斌边学习边实践,在各类科技期刊发表学术论文20余篇,合著的《设施果树优质高效综合配套栽培技术研究应用》获自治区科技进步三等奖,撰写的《宁夏设施油桃优质高效综合配套栽培技术》获自治区科技厅科技成果登记。在他的不懈努力下,柔远镇农技站被评为"全国五星乡镇农技推广机构"。

发挥"三长"引领作用　开展科技志愿服务

近几年，各级科协组织在团结引领基层科技工作者方面做了大量工作，特别是提升基层科协组织力"3+1"工作的开展，让更多基层科技工作者感受到了"家"的温暖，对科协组织的归属感、认同感明显提升。

梁玉斌积极发挥"三长"引领作用，在全镇13个村组建了13支科普志愿者小分队，吸引260余人参加，经常深入田间地头、养殖棚圈、种植基地开展科技志愿服务活动，为群众解难事、办实事。积极对接自治区科协、中卫市科协优势资源，广泛开展"文化科技卫生三下乡""全国科普日""宁夏科技周""科技专家助力脱贫攻坚行动""科普七进"等活动。2020年3月，猝不及防的新冠疫情导致农户的蔬菜滞销，梁玉斌多方奔走，联系交通、农业等部门，为12家蔬菜流通户办理"绿色通行证"，解决5.3万吨蔬菜的销路。组织柔远镇三芳果蔬、春华秋实合作社援助武汉甘蓝、辣椒、茄子等各类蔬菜50吨；他还动员种植户，为居家隔离者赠送6700多公斤蔬菜，彰显中华民族一家亲的大爱情怀。

农村天地广阔，乡村振兴，农业科技工作者大有可为。梁玉斌表示将更加主动融入科协组织，对接科协资源，更好发挥"三长"的团结引领和示范作用，建好科技工作者组织，带好科普志愿者队伍，把农业新科技、新技术、新品种推广到田间地头，为农民增收、农业增效、农村繁荣作出更大的贡献。

事业在基层出彩，人生在基层精彩

第二届全国创新争先奖颁布获奖名单，梁玉斌光荣入围，成为自治区首个获得此项殊荣的科技工作者。他感到肩上的责任更大了，身上的担子更重了。

"作为一名基层农技工作者，被吸纳进入乡镇科协任兼职副主席，既是组织对我的肯定和信任，也是对我的鼓励和鞭策。'兼职科协副主席'

带给我的不只是一个头衔,而是身份的转变,责任和使命的叠加,这更加坚定了我扎根基层、科技兴农的信心和决心。"在第四个"全国科技工作者日"座谈会上,梁玉斌这样说。

文章原载于《宁夏日报》2020年5月30日,有改动
推荐单位:宁夏回族自治区科协

伟大的渺小：中微子和它的朋友们
——物理学家王贻芳、物理学家陆锦标

郑莉颖

人物简介

王贻芳，1963年2月出生。中国科学院高能物理研究所所长，中国科学院院士。

开创了国内中微子实验研究，提出了大亚湾中微子实验方案并率领团队完成了实验的设计、研制、运行和物理研究，发现了一种新的中微子振荡模式。曾获美国物理学会潘诺夫斯基奖、2016年度国家自然科学一等奖等荣誉。

陆锦标，1953年3月出生。华裔粒子物理学家，美国加州大学伯克利分校物理系教授，美国国家科学院院士。

与王贻芳共同策划了大亚湾核反应堆中微子实验，是该项目的美方发言人。他们因发现第三种中微子振荡模式，为超出标准模型的新物理研究，特别是解释宇宙中物质与反物质不对称性提供了可能，斩获美国《科学》杂志2012年度十大科学突破。

2019年未来科学大奖颁奖典礼在中国大饭店举行。中国科学院院士、中国科学院高能物理研究所所长王贻芳与美国加州大学伯克利分校教授陆锦标，因在大亚湾实验中发现第三种中微子振荡模式，共享"物质科学奖"荣誉。

"羞涩"的粒子

中微子是构成物质世界的最基本单元之一，主要来自太阳、地球表面的大气层或核反应堆。它个头小，不带电，且几乎不与任何物质发生"交流"，但却无处不在。据科学家估算，每一秒钟都有成千上万亿个中微子穿越我们的身体。其一旦消失，太阳将停止散发光和热。

当前，中微子虽然被证明对宇宙起源及其演化有着重要作用，但因其特殊的物理性质，捕捉起来十分不易。只要梳理其研究历史，就会发现中微子的新发现大多伴随着科学界的狂欢，尤其是与多届诺贝尔物理学奖得主有不解之缘。

细细品读中微子的研究，60多年的实验历史，让它有了逐渐完整的轮廓。宇宙中一共有3类中微子，分别是电子中微子、μ（缪）中微子、τ（陶）中微子。一直以来，因为科学家们用粒子物理理论体系——"标准模型"，一次次成功预测并验证了粒子物理学现象，所以，中微子因在模型中的特殊表现，被打上了"没有质量"的标签。

但是，总有少数人会挑战经典。早在中微子被探测到的第二年即1957年，庞蒂科夫就提出，假如中微子有微小的质量，且存在不同种类，便可能会出现中微子振荡现象,即一种中微子在飞行中变成另外一种中微子。之后,这个概念不断革新、完善,在前赴后继的实验中发展至今。

1998年,日本超级神冈实验以确凿的证据发现大气中微子存在振荡现象;2001年,加拿大SNO实验同时探测太阳中微子在探测器内发生的3种过程,发现电子中微子丢失,但中微子总数不变;2002年,日本KamLAND实验证实太阳中微子振荡模式……中微子振荡模式被越来越多的实验所证明,也间接说明了其存在质量的事实。

这,成为目前唯一超出粒子物理"标准模型"的实验现象。至此,中微子振荡模式的研究大门也被全面拉开。

大亚湾的逐光时刻

世界各国的科研者为中微子之谜前赴后继,我国乘着经济复苏、科学的春天的快班车,迎头直追。在这场追逐战中,王贻芳的名字不能被抹灭。

1963年出生的他,赶上了中国核物理研究的高光时刻。他顺理成章地考取了南京大学物理系原子核物理专业,后又得丁肇中先生青睐,赴欧洲核子中心的L3实验深造,结缘高能粒子。

20世纪90年代,当王贻芳正辗转意大利国家核物理研究所、美国麻省理工学院核物理实验室等地汲取知识的时候,在中国深圳,一座大型商用核电站——大亚湾核电站崛地而起。王贻芳当时不会想到,在那里,他将领导并见证粒子物理科学界的又一场狂欢。

2003年,王贻芳回国任职,干了一件轰轰烈烈的大事。那时候,大气中微子振荡值θ_{23}、太阳中微子振荡值θ_{12}都已被测出来,人们自然将目光转向第三种中微子振荡θ_{13}。它是否存在?数值是多少?"这个参数可以检验粒子物理学的模型和各种各样超越标准模型的新理论。换句话说,知道θ_{13}后,我们就知道下一步该如何走。"王贻芳说。

7个国家参与,8项可能的实验方案被提出,θ_{13}的求索一开场就进入白热化。从熟练程度来讲,王贻芳等提出的大亚湾反应堆中微子实验并不占优势，相对于日本以及欧美的一些国家，中国甚至还没有建设中微子探测器的经验。"一方面，我们尽量争取人才到我国来，另一方面我们的方案一直没有停止往前走。到了2006年，我们的经费刚好有了着落，科技部、国家自然科学基金委、中国科学院、广东省、深圳市以及中国广核集团共同出资，保证了项目的及时立项。同时，我们与国际方面的合作也有了眉目。"

2006年是极为关键的一年。八个方案择其三，大亚湾实验成为粒子物理世界的一个新成员。高兴的同时，还有紧迫感。方案落地的那一刻，大亚湾的中微子实验，其实相比于韩国的RENO和法国的Double Chooz实验，是起步最晚的。但在这场关于求索 $\theta 13$ 的角逐中，无所谓先来后到，速度和成功是外界评判它们的唯二标准。

集众智的大科学

2007年10月，大亚湾中微子实验破土动工；2011年11月，大亚湾中微子实验正式取数；2012年，第三种中微子振荡模式在大亚湾被发现，这一成果入选美国《科学》杂志当年的全球十大科学突破，并在之后荣获2016年度国家自然科学奖一等奖。

成果载誉而来，做出成果的人也不例外。2015年11月9日，王贻芳、陆锦标及大亚湾中微子实验团队获2016年科学突破奖。这也是中国科学家和以中国科学家为主的实验团队首次获得该奖项。

回顾大亚湾蜕变的点滴，"抢"是一个居功至伟的词汇。

抢时间，王贻芳说，从探测器取数到发表文章，他们团队只用了不到3个月。抢人才，陆锦标和王贻芳向欧美发去了一封又一封邀请函，"他们中有些已经决定加入法国的Double Chooz实验。好消息是，我说服了美国劳伦斯伯克利国家实验室的副主任，最大的惊喜来自美国能源部高能物理办公室副主任罗宾·斯塔文。我当时不确定他会不会同意，结果他非常支持，转过身来说'嗨！锦标，你能在会议结束后陪我去一趟那个核电站吗？'"回忆起来，陆锦标的笑声中还留着当年的欣喜。

陆锦标很爱笑。在颁奖现场，他努力地组织中文，笑着回答青少年的提问，自嘲普通话的不标准。笑容是礼貌，也是这位66岁的粒子物理学家对生活的态度。

陆锦标生在香港，依靠助学金、学贷和兼职读完本科后，又靠着资助赴美深造。他自2000年前后酝酿高能物理实验项目，得知深圳大亚湾有座核电站，大费周章地搭上线，并促使大中华地区和美国的华人科学家达成合作意向。

他成为中国大亚湾反应堆中微子实验美方发言人，说服同事们加入大亚湾实验。"当时圈内都持怀疑态度，没人看好大亚湾能赢。而且中美两边的做法，总归有些不太一样，一开始我们不可避免地吵了很多架。不过结果，合作进行得很顺利，我们后来者居上。"第三种中微子振荡模式的发现，为超出标准模型的新物理研究，特别是解释宇宙中物质与反物质不对称性提供了可能。

在获奖人致辞环节，王贻芳和陆锦标都不约而同地提到"感谢团队"。王贻芳说："要感谢我的同事们，没有他们的奉献和专业水平的工作，大亚湾实验是不可能成功的。"陆锦标也表示："大亚湾实验的成功不是一两个人可以做出来的，它是一队很能干的国际科技人员的努力，这个奖应该属于他们。"

在科学这片疆域中，独木难成林。尤其在基础科学这条很难被大众了解、认可的道路上，多的是默默耕耘的人，与中微子一样，他们也是宇宙中伟大的渺小。

推荐单位：《科学中国人》杂志社

中国"砺剑人"
——新一代精打体系武器系统青年创新团队

人物简介

新一代远程精确打击武器青年创新团队是中国航天科工集团第三研究院的一支科研团队,承担我国多重点武器装备研制任务和国家重大预研项目,是我国国防高新技术领域的优秀青年代表。2017年,团队研制的型号获"国家科学技术进步特等奖",2019年,团队研制的两型器装备亮相70周年国庆阅兵,2020年,荣获第24届"中国青年五四奖章集体"荣誉。

惊涛澎湃,掀起万丈狂澜

这是一次常规的试验现场。在如此恶劣的天气下,如果飞行器技术状态稍有偏差,很可能直接落在船上,关乎任务能否如期完成,更关系到船上百号人的生命。

"这种天气,你们的飞行器能行吗?"在一片质疑声中,这次试验的技术负责人王旭低头沉思了一阵子,回答"能!"

试验船迎风出征,舱室内的每个人只有死死攥住船上的固定物,才能勉强保持站立。"五,四,三,两,幺——发射!"一声令下,飞行器如利剑出鞘,划出一道完美弧线。一位现场观看试验的首长连连叫好,向团队成员竖起大拇指,"早就听说你们这个团队,胆子最大、最敢干"。

这个被评价为"最敢想、最敢干"的队伍,就是中国航天科工集团新一代精打体系武器系统青年创新团队,他们历经多年攻关,坚持自主创新,成功研制出我国新一代精打体系武器,4项核心指标国际领先,解决并突破了40余项重大关键技术,获得授权专利100余项。

沉甸甸的成绩背后,是一支平均年龄不到35岁的年轻团队。前不久,共青团中央、全国青联授予他们第24届"中国青年五四奖章集体"。他们中的大多数人默默无闻,上高原、赴戈壁、走海疆,进入无人区,只为潜心钻研,锻造大国长剑。

"就凭我们敢想敢干"

这支团队现有成员45名,副总师以上有8名,主任、副主任设计师35名,35岁以下青年比例为71%。王旭是其中一位80后副总师,他告诉记者,"青春"和"创新"是这支团队的两个关键词,"因为青春,所以热血,勇往直前,无所畏惧。"

一次,型号设计方案遇到"卡脖子"难题,十几位国内顶尖专家给出了增加一套独立控制系统的解决方案。不过,这支"脑子里总是装着创新"的青年团队却认为,专家给出的方案虽然可能有效,但系统更加复杂,会大幅提高飞行器的设计成本,还会严重影响项目的研制进度,不到万不得已,不宜采用。

经过100余次高性能计算和200多次仿真实验后,团队提出一种独创的布局方案,最终得到所有专家的认可,一举为该型号节省下20%的经费。

王旭认为,这种"胆量过人"的创新精神是受各位前辈的影响。

某型号的技术创新率极高,非以往型号所能及。但预研立项的时候,有人质疑:"你们比国外同类型号迷你、轻便,指标还要比人家翻倍,凭什么?"

"凭什么?就凭我们聪明,凭我们敢想敢干!"时任该型号的老总师脱口而出。

"各项指标翻倍",对此,部分领导有些迟疑,认为"不可能实现",甚至拍着桌子大吵。老总师一边讲述自己的理由,一边把具体的实施方案拿给领导看。

最终,领导被说服了。老总师称之为"吵出来的创新"。

中国航天科工集团有很多这样的老专家。比如刘永才院士,因为敢想敢干,人称"刘大胆""拼命三郎",还有姚绍福院士,也是有想法、能充分听取大家意见、鼓励年轻人放手去干的人。

今天,现任型号总师邹晖也像当年自己的领导一样。他和大家约定:"可以不墨守成规,不迷信权威,我说了,你也可以说,也可以吵,但核心是要提想法,必须讲明白为什么这么做,是怎么推出来的。"

力挽狂澜于毫厘之间

天下难事必作于易,天下大事必作于细。精确打击武器要想成功命中靶标,就必须有精准的设计。一个复杂的系统,对每一个环节都要抠得细。

某次重要任务在海上悄然展开,发射流程却异常中止。

作为发射现场技术负责人,王旭从突发状况中快速冷静下来,在上百兆的大数据中,找出了2帧异常信号跳点,成功将故障定位。调整状态后,他毫不犹豫做出决策——继续执行发射任务,挽救难得的试验窗口,完成了当天的任务。

团队成员、另一位80后副总师李娜告诉记者,"要在上百兆的大数据中找出2帧异常信号跳点,好比在浩瀚的银河系定位一颗小行星,然而,我们的团队做到了!"

在该型号每个舱段,每一条电缆的敷设都精确到毫米级,丝丝凝结着团队电气设计师的智慧和心血。

要让一个数米长的"大家伙"成功装配,结构设计的误差要比一根头发丝还细。为了一次完美的匹配,团队的结构设计师坐在电脑的设计图前,

一坐就是一宿。

在这支团队里，这样的事例比比皆是。一个个看似平常的技术决策，背后是多少次彻夜不眠、多少次失败的磨砺，要在关键时刻大胆决策，更要在毫厘之间心细如发。

"黑色89小时之后的黎明好美"

一项重大任务实施在即，关键时刻却"杀出个程咬金"，团队遇到一个在飞航领域前所未有的技术风险。

在召开12次国内高级别专家咨询会、收集200余条专家意见后，团队梳理出100余项需要逐一分析排查的因素。现场技术负责人王宇飞至今记得，当时翻开任务进度表，截止时间就在眼前，飞行试验必须在5天后进行。

半夜12点，中国航天科工三院三部仿真实验室的大厅依旧灯火通明。灯光下，10余名技术人员的身影来回穿梭，他们已在仿真实验室连续工作了89个小时，机器不停人不停。

要在300余条仿真实验中反复采集问题线索，在细微之处捕捉蛛丝马迹，团队中两名刚参加工作不久的"新兵"很快就感到吃不消。

"眼睛一直盯着屏幕,脑子一直在高速运转,时间一久整个人都是晕的,像发高烧一样,听得到队友在喊我,但身体已回应不了。"团队成员魏昊楠对当时的情景记忆犹新。

王宇飞看到了队员的身体变化,二话不说立即接过采集数据的工作,并督促他回家休息。

飞行试验当天,团队每个人心中都有一种信念:以必成之心,创未有之业。试验取得圆满成功,现场一片沸腾,大家相互拥抱,又是哭,又是笑,多年沉积的深沉情感,在这一刻恣意奔放。

他们任由泪水在一张张满是笑意的脸上流淌。本是青葱少年却满脸络腮胡,仅仅30来岁的青年骨干,两鬓却已爬满风霜。团队总师消瘦且疲惫的脸庞写满了一路走来的艰辛。

但他们无悔——成功的那一刻,一切都值了!

回首这段往事,团队成员都亲切地称之为"黑色89小时之后的红色黎明"。

这些年,"精打"团队在骄阳炙烤下试验,在大雪冰封中排故,奔波在戈壁荒野,航行在万里海疆,用行动诠释"团结奋斗、负重拼搏、科学求实、敢为一流"的飞航精神。邹晖说:"青春,就是奋斗的代名词,百炼成钢。"

一场说来容易做来难的修炼

这支团队的成员都是清一色学理工的,却个个是"诗人"。每当型号出征前或成功后,团队成员的微信朋友圈里总会晒出几句自己写的诗词,抒发一下豪情壮志和喜悦之情——

"利剑倚天起,惊雷彻汉霄。功成纵马去,落日染芦蒿。"

"曾经沧海,又来沙漠,两千里外关河。风起粼波,星耀绿洲,五年匆匆已过。"

....

团队青年不但有诗情画意,更有如诗人一般对精神世界的纯粹追求。

成长在繁华的都市和互联网时代，大多毕业于名校的团队青年，要经受住诱惑潜心研究，克服浮躁心态，要在无人喝彩时默默坚守，在烦躁寂寞时跟失败对着干，在别人"飞黄腾达"时守住初心，这是一场说来容易做来难的修炼。

"有的同学笑话我，你图个啥？"团队成员李娜告诉记者，有些同学的收入是自己的好几倍。

说到这一点，团队成员都表示，诱惑不是没有，但是比起外面的诱惑，这里有更吸引他们的东西——他们毕生的理想信念、他们深爱的航天事业。

正是基于这样纯粹的追求，这支团队自2005年建立以来，先后有5人成长为型号总设计师、18人成长为副总设计师，为我国后续武器装备技术发展奠定了重要人才基础。多位青年已成长为行业领军人物，担任首席专家、专家组组长、核心期刊编委等重要学术职务。

在阅兵式上，这支团队研制的武器接受党和人民的检阅。在电视机前看到这一幕时，每个团队成员都难以平静——当年那个义无反顾投身航天事业的倔强少年，仿佛就在眼前。

如今，他们仍有少年初心。他们是我国国防高技术领域的青年集体代表，他们是名副其实的中国"砺剑人"。

文章原载于《中国青年报》2020年5月15日，有改动
推荐单位：中国航天科工集团第三研究院

星光满船梦满帆

——解读军事科学院军事医学研究院科研群体的精神图谱

熊永新　庄颖娜

人物简介

军事科学院军事医学研究院（原军事医学科学院）组建于1951年。70年来，以20余名两院院士、50多位军事医学学科奠基人和著名科学家、500多名高级专家和百余名国家级中青年人才为代表的科研群体薪传火继，血脉相承，生生不息，先后取得以国家科技进步特等奖为标志的高水平科技成果2000余项。军事医学研究院70年的创业史，就是军事医学科研事业服务祖国和人民的奋斗史，一代又一代科研人员把个人的小我融入祖国的大我，把青春、汗水甚至生命，熔铸在"姓军为战、强国为民"的不朽丰碑上。

船　一艘艘航船，载着一颗颗火热的报国心驶抵祖国的海岸，科学没有国界，但科学家有祖国

一艘船，改变了周廷冲、黄翠芬夫妻的人生方向。一艘又一艘船，影响了中国军事医学发展的方向。

或历经险阻，或抵住诱惑，一批批专家学者先后返回祖国。美国、英国、德国、法国、瑞士……一张世界地图上，他们归来的航迹如一道道光线，从四面八方奔涌而来。

终点的高光之处，正是当年刚刚组建的军事医学科学院。

改革开放后，留学热再起。据统计，军事医学研究院先后有 4000 多人次出国学习交流。学成之后，他们的航迹如燕子归巢……

曾有人问黄翠芬当年为什么回国，她淡淡地说："回国是不需要理由的，不回国才需要理由。"

对于今天的年轻人来说，回国更加不需要理由。

和前辈回国面对的一穷二白截然不同，今日归来的年轻人，拥抱的是条件优渥的科研沃土、成就梦想的巨大舞台，遇见的是伟大复兴不可阻挡的新时代。

"无论政策制度、环境条件、技术支撑还是学科支持，都是第一流的。"一位年轻"海归"告诉记者，"中华民族的复兴伟业，给我们提供了能干事、干成事、成大事的历史性机遇。"

昨天那艘归船，海外游子归心似箭。今天这片征帆，戎装学者从容自信。

由贺福初院士领衔的"人类肝脏蛋白质组计划"，形成了领先世界的优势，使中国成为该项国际研究计划的主席国。计划启动初始，共吸引 18 个国家和地区、包括诺贝尔奖获得者在内的 100 多位中外科学家参与。

2015 年 5 月，陈薇团队研发的埃博拉疫苗赴疫情最严重的西非国家开展临床试验。2017 年 10 月，该疫苗获得国家食品药品监督管理总局新药证书和药品批准文号，成为全球同类疫苗中首个获批生产的新药……

星　庞大的星座中，有很多看不见的巨星，它们光芒四射，却并不在人们的视野

大院绿荫掩映处，碧池天光云影，回廊曲径通幽。

一抬头，就能看见垂檐悬挂的一幅幅科研专家挂像，乳白色的射灯下，星光熠熠令人惊叹——

26 名两院院士，50 多位军事医学学科奠基人和著名科学家，500 多名高级专家和百余名国家级中青年人才……

星斗满天，光芒四射。然而，有一些巨星，却并不在人们的视野。

那一次，一位来自上海的客人，阴差阳错敲开老教授宋鸿锵的门，不

由怔住："宋鸿锵？你……还在？！"

宋鸿锵曾经是活跃在学术讲坛的医学专家，论文专著颇有影响，并兼任上海化学和药学两个学会的青年理事。正当在医学界备受瞩目时，宋鸿锵却突然消失了。

敲门人就是当年上海药学会的秘书长。他不知道，这些年宋鸿锵在科研上早已取得重要突破，研制出国际领先水平的药物。组织上推荐宋鸿锵参评中国科学院院士。第二天，宋鸿锵把一张空白的申请表送了回来……

由于军事医学研究的高度保密性，许多人对自己做的工作上不告父母、下不告妻儿。

和宋鸿锵一样，柳支英、周金黄、张其楷、蒋豫图、邓蓉仙、李逸民等被称为"无冕院士"。

事了拂衣去，深藏身与名。

徜徉于大院东南角的军事医学博物馆，记者偶然从一幅合影照片中发现一张熟悉的面孔——诺贝尔奖获得者屠呦呦。照片中的屠呦呦风华正茂，脸上洋溢着自信的笑容。彼时，她作为中国中医研究院的一名科研人员，刚刚加入"523"项目。

屠呦呦如今已名满天下。而参与"523"项目的众多科研人员，却不为大众所知。参与者之一周义清教授直到离休，仍然是一名副研究员。

有人为周义清惋惜，有人感到不解，鲜有人真正了解他的内心世界——

20 世纪 60 年代，正是周义清冒着枪林弹雨在疟疾肆虐的战场调研，归来和同事给中央写了一份报告。不久后，"523"项目启动。

此后，他长时间工作在疟疾高度流行区，先后 6 次感染疟疾。每次徘徊在死亡边缘时，唯一鼓舞他的就是："我不能死，我还没有完成党和国家交给的任务。"

魂　这里没有单纯的"个人奋斗"，没有"精致的利己主义者"，只有大写的"家国"

研究院至今珍藏着两张摄自战场的照片——

一张是在朝鲜战场,专家柳支英正在给官兵讲授吸血昆虫防护知识。这堂课结束后,他乘坐的车为躲避敌机轰炸翻倒,他断了好几根肋骨。

一张是在西南战场,一间用茅草和竹竿搭成的"实验室"里,科研人员正用显微镜观察刚刚捕获的蚊虫。观测完毕、收拾仪器,他们前脚刚刚迈出草棚,一架敌机投下炸弹,草棚被夷为平地。

因战而生、为战而研,他们把论文写在硝烟弥漫的战场上。

研究员王德文,全程参加我国核武器生物效应研究的科研人员之一,经历了当年的核试验。当惊雷动地,蘑菇云在大漠升起时,王德文穿着防护服冲向爆心,回收动物样本……

与死神共舞,为国铸盾,没有单纯的"个人奋斗",没有"精致的利己主义者"。他们的词典中,只有大写的"家国""集体",只有加粗的"奉献""担当"。

洒尽春秋热血,写尽赤胆忠诚。战时特种武器伤害的医学防护研究成果,把我国核、生、化伤害医学防护研究推到国际领先水平,当年与"两弹一星"一起震撼世界,同获首次颁发的国家科技进步奖特等奖。前前后后,研究院有数千名科研人员隐姓埋名投身此项研究,获奖时上台领奖的不过7人,署名也仅22人。

研究院仅一个团队研制的一种药物,如今产值逾百亿元,成就多家大公司。业内人士介绍说:"按照地方同行的回馈机制,他们早就身家亿万元了。"科研人员不经意间也会用"亿万富翁"相互打趣,只是这个充满"含金量"的词汇,在这里只是个"说说而已"的玩笑。

计利要计国家利,留名要留集体名。他们争的,是一口气。

那年突发禽流感疫情,国家发改委紧急向世卫组织唯一指定的某国外公司订购特效药物"达菲",得到的答复却是:4年以后才能供货,且供货数量远远低于我们的需求。

"一个十多亿人口大国的公共卫生安全,绝不能受制于人。"研究院李松团队夜以继日奋力攻关,及时成功研制出抗人禽流感特效药,一举摆脱了依靠国外供应的局面……

树 根脉相连，枝开叶散，浓荫蔽日的树冠之上，夏花似锦、秋实压枝

研究脑科学的吴海涛，微信昵称"脑海"。交流中记者发现，吴海涛对于数字有着很强的记忆力，各种数据信手拈来。

"蔡翘教授出生于 1897 年，我出生于 1978 年；他的生日是农历九月十六，我的生日也是农历九月十六。""脑海"的几组日期数字，有着奇妙的关联，"1978 年，也是神经生物学研究室成立的那一年。"

吴海涛是蔡翘的"再传弟子"，其导师范明研究员恰是蔡老的关门弟子。神经生物学研究室，是吴海涛目前执掌的某研究室前身，研究方向正是从蔡翘开辟的学术领域延伸而来。

对数字异常敏感的吴海涛坚信，日期的巧合中隐藏着"一棵树摇动另一棵树"的必然。

在研究院，这样的师承关系已经延续数代人。

那是一个流传至今的美谈。图书馆里，一位年轻人接到朱壬葆递来的一份关于造血干细胞辐射损伤研究的国外文献，从此找到终身求索的方向。这位年轻人就是吴祖泽。

多年以后，黑海之滨的国际医学会议上，已成为国际辐射研究协会首任中国理事的吴祖泽，介绍了他和同事们对急性放射病的救治工作情况，立即得到各国专家广泛关注和赞誉。

他们的学生裴雪涛，仍在从事着干细胞和再生医学研究，探索着人工造血的前景，憧憬着医院不再闹"血荒"，规划着未来战场上的野战血液工厂……

这是学术上的薪传火继，更是精神上的血脉相承。

王德文今年 81 岁了，每天仍然骑着电动车穿梭于宿舍和办公楼、实验室之间，一头银发随风飘逸，人称"银发骑士"。他的实验室，总是到

凌晨才熄灯。熟悉他的人都知道，他工作起来有"三个一样"：周末平时一个样，白天晚上一个样，雨天晴天一个样。

"我的拼劲儿，是受刘雪桐'沾染'的。"王德文用了一个核试验专业术语。虽然早已远离了"蘑菇云"，但那一幕至今印刻在王德文的脑海——

1964年，中国第一颗原子弹爆炸。当时的技术负责人刘雪桐一挥手，率先走向离爆心最近的第一布点⋯⋯

今天，这股子拼劲又"沾染"了年轻一辈。研究员彭瑞云是王德文招收的第一个博士。前段时间网上热议"996"工作制，同事笑称比不上"彭瑞云工作制"。那时，彭瑞云怀孕已经8个多月，还风风火火去野外开展实验⋯⋯

这，还是一种枝连理结的传承。

"只有3次！"研究员李锦掰着指头，数出20多年里导师秦伯益院士表扬他的次数。秦伯益为人和善，唯独对李锦苛责有加。这让李锦很长时间既纳闷又郁闷。直到有一天，秦伯益向别人说起："我可以放心退休了，因为我选好了接班人。"

那一刻，李锦终于明白秦伯益的良苦用心。

后　记

科研办公楼前，老一辈种下的树苗，如今早已主干参天，绿荫铺地。

宋鸿锵终身没有参评院士。鲜为人知的是，宋鸿锵参与的科研成果当年获得国家科技进步奖特等奖的时候，他的哥哥、医学名家宋鸿钊同台获得国家科技进步奖一等奖，并入选中国工程院院士。后来，宋鸿锵的大儿子宋湛谦也成为中国工程院院士。

韩婧婉，小时候是"蚊虫王国"新疆北湾边防连所在团的一名军娃，常听父亲说起军事医学研究院科研人员"引蚊上身"做试验的故事。大学，韩婧婉选择了生物学专业。毕业后考取了军事医学研究院的研究生。硕博连读后，韩婧婉留院工作，成为研究院的一员。

彭瑞云觉得，女儿谭彭丞很多方面像极了自己。2岁时还不识字，谭彭丞就能照着彭瑞云修改论文的样子，在小药盒上画出各种编辑删改符号。

如今，谭彭丞以优异成绩被清华大学录取，读的也是药学专业。对于未来，谭彭丞有明确的规划：刻苦钻研，用知识回报祖国。

长大后，我就成了你！

"干细胞，通俗地说就是能够分化出不同细胞的种子细胞。"研究干细胞的裴雪涛向记者科普。

大院也是一个"干细胞"。研究院人的精神，像干细胞一样生长扩展，向部队、家庭、学校和社会渗润浸注，影响一代又一代人。一个大院的传统，终将熔铸于一支军队的品格、一个民族的性格、一个国家的气质。

自我更新、多向分化，干细胞蕴聚着无穷的生命力量。一枚枚这样的红色"干细胞"汇聚、增殖、繁殖，造就的必将是一个精神丰沛、生机勃发的新时代！

有了这生生不息的力量，向着复兴彼岸航行的中华巨轮，势不可当！

文章原载于《解放军报》2019年5月31日，有改动

推荐单位：军事科学院军事医学研究院

世界屋脊上破译牦牛生命密码

——2019 年"最美科技工作者"姬秋梅

人物简介

姬秋梅,1965 年 7 月出生。研究员,西藏自治区农牧科学院畜牧兽医研究所书记、副所长。

长期从事牦牛生产系统研究,主持科技部科技攻关项目 2 项、中国科学院院区合作项目 1 项、西藏自治区重点项目 3 项。获得第四届青藏高原青年科技奖、第七届"中国青年女科学家奖"、全国五一劳动奖等荣誉,被评为 2019 年"最美科技工作者"。

"这些年没做别的,只研究了关于牦牛的那些事儿,别的事儿也别问我,我不太懂。"科技日报记者第一次见到姬秋梅时,就被这位爽朗直率的藏族女专家吸引住了。

姬秋梅从 23 岁起就开始从事有关牦牛的科学研究,不知不觉间已走过了 31 个春秋。如今,她已经是西藏自治区农牧科学院畜牧兽医研究所党委书记、西藏牦牛产业技术首席专家。那个曾经风华正茂的小姑娘的眼角爬上了皱纹,皮肤因长期野外的科研工作被染上了麦色。采集数据期间,她被牦牛顶伤过很多次,却在采访中一笑而过,并不在意。

多年的坚守让她取得了丰硕的成果。她带领团队明确了西藏牦牛遗传多样性,选育牦牛良种 4000 余头;突破了多项牦牛生产关键技术,让当地农牧民的腰包渐渐鼓了起来;研发了牦牛胚胎移植技术,建立了一整套牦牛胚胎生产技术。她的家里,摆放着全国五一劳动奖章、中国青年女科学家奖章等众多成果的见证。

"努力把不喜欢的事变成喜欢的事"

青藏高原上的牦牛群

牦牛,主要分布在我国青藏高原,驯化程度低,远不如其他牛种温顺。"我长在牧区,母亲家就是牧民,家里也养了很多牦牛,牧民生活的艰辛从小就深有体会。"姬秋梅坦言,当时高考报志愿,并没有报考农牧专业,年轻的心总是会向着外面更广阔的天地。但经过志愿调剂之后,她的人生与此有了交集。

1988年,姬秋梅从西南民族学院(现西南民族大学)牧医系毕业,被分配到西藏自治区畜牧兽医科学研究所,从事牦牛相关研究工作。

"当时也有更好的选择,但在我们那个时代,首先想到的是努力把自己不喜欢的事变成喜欢的事。"

逼迫自己喜欢牦牛的姬秋梅刚参加工作时,面临着"一穷二白"的窘境。

"那时单位里没有团队研究牦牛,资金和相关科研设备也很短缺。"姬秋梅回忆,每逢野外采集数据时,她不仅要背着仪器,还要背着被子、餐具,白天跟着当地牧工寻找牦牛的踪迹,晚上就找落脚点,吃些干粮,席地而睡。

其实,这些在姬秋梅的眼里都不算什么。"清风微拂,月光流金,夜里的草原很美。"

最让她苦恼的是一些"不可抗力的因素"。4000米以上的海拔高度,在这里做实验,温度条件都无法达到;地域偏远,有时候急需某种酶,但因冷链构建远不如内地完善,很多时候厂家都拒绝运送。

姬秋梅正在采样

穷则变,变则通。实验温度达不到,姬秋梅就苦思冥想优化实验方案;实验材料运送不及时,她就提前规划科研计划。渐渐地,她的身边凝聚起了一支骨干队伍。他们几乎所有人都被牦牛顶撞过,有的同事脚指甲都被踩掉了,四肢扭伤、身体撞伤是常有的事。

在姬秋梅的带领下,团队对牦牛遗传资源和多样性做了普查,研制了牦牛繁殖营养调控技术,使母牦牛繁殖率提高10%以上;参与建设了西藏首个省部共建青稞和牦牛种质资源与遗传改良国家重点实验室,先后建立了牦牛选育基地5个,规模约达2万头,基本形成了覆盖全区牦牛生产的良种基地。

"我是牧民的孩子"

2002年,姬秋梅出国留学获得博士学位后归国。一些单位向这位藏族女博士递来了橄榄枝。

姬秋梅不为所动。"你也许不知道，牦牛对于牧民意味着什么。"

牧民的衣食住行甚至烧耕都离不开牦牛，喝牦牛奶、吃牦牛肉、烧牦牛粪，毛又可以用来做帐篷，在野外又是最实用的交通工具。西藏地区近60%的肉是靠牦牛提供，这里人们常用的酥油也有近40%产自牦牛。"对于贫困的人家来说，牦牛是生计，更是命。"

姬秋梅总说："我是牧民的孩子，我的一生所学也要回馈给这片生我养我的土地。"在选育了品种优良的牦牛之后，她又开始创建适合西藏纯牧区和半农半牧区牦牛育肥模式和技术，并手把手地教牧民怎么养。

2015年，她担任西藏畜牧兽医学会理事长，带领学会成员，以"科技走村入户""科普入社区"等形式，连续多年在高海拔区域、科技示范基地、牧民社区开展科普活动，累计培训基层技术人员和农牧民5万余人次，科技咨询服务100余场。仅牦牛育肥一项就使得示范区农牧民每年实现增收1000多万元。

每当她去牧民家里了解情况时，牧民总是拿出最好的牦牛肉"款待"，走时也常拉着她的手，殷切地问何时再来。

"我们最开始定的目标，就是研发实实在在能够让农牧民增收的技术。他们不仅是服务对象，更是我们的亲人。"用心，更用情，姬秋梅一直走在农牧科研的路上，不忘初心。

文章原载于《科技日报》2019年8月7日，有改动

让中国标准走出国门

——2019年"最美科技工作者"杨海燕

人物简介

杨海燕，1968年1月出生。教授级高工，中水北方勘测设计研究有限责任公司副总工程师。

长期从事国际项目的设计咨询工作，具有丰富的国际工程勘测设计经验，主持过10余项国外大、中型项目的重大方案决策和科研攻关，获国家发明专利3项。获得天津市"十五立功"先进个人、天津市五一劳动奖章、天津市"三八红旗手"等荣誉，被评为2019年"最美科技工作者"。

杨海燕留着齐肩短发，言语温柔。初次见面，很难想象这位温婉的南方女性，是常年行走在百米水坝建设现场的总设计师，而且大多工程在海外。在国际水电建设一线奋战多年的她，最大的心愿是将中国水电建设标准推向世界。

1991年从清华大学水利系毕业后，杨海燕进入中水北方勘测设计研究有限责任公司，如今已是公司副总工程师、设计总工程师。因为负责公司国际工程，杨海燕每年有200天以上在国际工程一线，足迹遍布南亚、东南亚、非洲等国。那里留下了这位女工程师的青春与热血。

助力巴基斯坦圆百年梦想

高摩赞大坝是巴基斯坦人的百年梦想，19世纪末就有人提出建设构想，以解决当地防洪、灌溉和发电问题，但始终未能如愿。直到2003年中国人出现在这片土地上，堪称奇迹的高摩赞大坝拔地而起。大坝的设计者正是杨海燕。

高摩赞大坝是当时世界上最高的碾压混凝土拱形重力坝,对坝基条件要求高。而坝址偏偏在高地震区,河谷狭窄,地质条件相对较差,难以满足修建高拱坝的要求。杨海燕和团队咨询国内外一些知名科研机构,得到的回复都是:这样的地质条件不宜修建133米高的拱坝。

"不能求助他人,也不能降低设计要求,我们只有靠自己攻克难题。"杨海燕和团队反复论证大坝体型,经过大量分析计算,花费将近20个月的时间,最终提出了满意的设计方案并得到了业主工程师的批复。

向巴基斯坦政府部门汇报高摩赞大坝枢纽工程技术方案

杨海燕及其设计团队提出采用高压深层固结灌浆加固坝基、拱形和重力相结合的设计及坝体结构的特殊设计等措施,解决了复杂地质条件下高拱坝设计难题以及投资限额带来的工程方案优化设计问题。

十年磨一剑,2011年,高摩赞大坝枢纽项目主坝建成。工程自2013年6月发电以来,运行良好,验证了设计方案的合理性。

攻克水电工程技术难题

作为巴基斯坦杜伯华水电站设计总工程师,杨海燕和团队攻克了诸多技术难题,尤其是解决了高地震区、深厚覆盖层基础处理问题并修建近50米高的混凝土重力坝,这在水电工程界尚无先例。

该工程原标书方案施工难度大、工期长,造价高。杨海燕和团队在考察工程现场并大量调研后,结合国内外同类工程基础处理经验,提出采用帷幕灌浆防渗代替桩墙防渗,通过加大基础底宽,取消桩基础的处理方案。最终节约了投资,大大降低施工难度,缩短了工期。

针对阿扎德帕坦水电站项目,为确保施工期岩体稳定和运行期发电安全,杨海燕及其设计团队将厂房地下洞室群由"五洞室"改为"三洞室"布置,增强了厂房洞

在巴基斯坦杜伯华水电站工程现场检查施工质量

室的稳定性,简化了地下洞室的施工,同时减小了整个系统水头损失,增加了实际发电量。

实际上,国际工程从前期跟踪到项目建成要10—15年。"人生有几个10—15年。按照'为祖国健康工作50年'来算,一辈子最多干4个项目。"杨海燕觉得自己很幸运,已经参与了7个国际项目。除了巴基斯坦,斐济、喀麦隆和刚果金也留下她的身影。她把这份幸运归结为"赶上好时

代,以及拥有卓越的团队"。她也珍惜这份幸运,不论是忍受 50℃高温、遭遇特大洪水,还是巨石滚落在眼前,她都未曾被吓退。

推动中国标准走出国门

杨海燕和团队在水电技术创新的道路上朝着从跟跑到并跑再到领跑的目标迈进。

一些国外机构许以高薪聘请杨海燕,但她不为所动:"我的心在中国水电事业上。"

初心不改,使命不怠。在"一带一路"重大水电工程中,杨海燕推广使用中国标准,推动技术标准对接与互认,扩大了中国标准国际影响力。作为负责人、主要翻译和审查者,杨海燕目前已参与完成了 20 余项标准编译研究,介绍中国水电管理机制、中国水电标准体系建设。

16 年来,杨海燕每年飞行十几万公里。每逢女儿重要的人生节点,她几乎都在异国他乡。当思念蔓延时,她会更加努力地工作,"用这种方式排遣孤独和寂寞""让中国的技术经验通过我们的工程获得认可,很值得"杨海燕说,"去海外干工程最初的想法很简单,就是把自己的工作干好,当努力和付出得到认可,就想干得再好些。"

文章原载于《科技日报》2019 年 8 月 8 日,有改动

希望再为国家工作 20 年

——2019 年 "最美科技工作者" 陶文铨

人物简介

陶文铨，1939 年 3 月出生。工程热物理学家、数值传热学专家，西安交通大学能源与动力工程学院教授、博士生导师，西交利物浦大学校长，中国科学院院士。

出版专著与教材 14 部，发表科研论文 400 余篇，专利 10 项，其中 8 项为国家发明专利。获得国家自然科学奖二等奖、何梁何利基金"科学与技术进步奖"等奖项。荣获全国师德先进个人、国家级教学名师奖、全国五一劳动奖等荣誉，被评为 2019 年"最美科技工作者"，享受国务院政府特殊津贴。

开创传热学科的多个第一

今年 80 岁的陶文铨出生于风景秀丽的江南水乡——浙江绍兴。1956 年，正在读高中的陶文铨被交通大学毕业的钱学森的报国故事深深打动，即使知道交大西迁，依然毫不犹豫地报考了交通大学动力工程系锅炉专业。

"交大迁到哪里，我就考到哪里。"就这样，他成为了交通大学西迁后首批到西安报到的学生。本科毕业后他又考上研究生，师从西迁老教授杨世铭攻读传热学。

1979 年 8 月的一个午后，陶文铨在学校图书馆翻到了一本英文版的《计算方法》，两个星期的时间，陶文铨写下了两本自学笔记，正是这本书，

陶院士介绍交大西迁历史

开启了他研究数值计算的大门,让他踏上了计算传热学的求索之路。

1980年,陶文铨到美国明尼苏达大学机械系传热实验室进修。他分外珍惜这难得的学习机会,抓住每分每秒,凡是有关数值计算的课程,都去听、都去学。"当时我就像一块干海绵被放进了海洋里,拼命地汲取知识的水分。"回国时他没想着给自己买点什么,而是用大部分积蓄买了书籍资料和磁盘,并将这些无私地与国内同行共享。

回国后的陶文铨一直潜心从事传热强化与流动传热问题的数值计算两个分支领域的研究,并开创了国内这一领域的多个"第一":1986年,在西安交大主办了我国第一个计算传热学讲习班,首次将传热强化与流动传热问题的数值计算等领域研究引入国内;1996年,牵头组建热质传递数值预测科技创新团队,随后创建热流中心,开展复杂热质传递问题数值预测基础研究及重大工程技术创新研究;在国际上率先构建了宏观—介观—微观多尺度计算框架体系,发展了界面耦合的重构算子和耦合理论;发明了高效低阻的强化传热技术,突破了国际上"气体阻力增加必大于传热强化"的传统理念,使我国流动与传热的多尺度模拟研究处于国际前沿……

陶文铨的研究成果在航天、能源和化工等领域得到广泛应用,他所开发的强化传热技术都已用于工业实际,对我国气体换热器产品赶超世界先进水平起到了重要作用。据不完全统计,陶文铨带领团队研发的新型换热器为企业新增产值 20 多个亿。

如今的陶文铨依然发挥着余热,把更多精力放在了推动数据中心节能项目和氢燃料电池项目在陕西落地的相关工作上,希望团队的研究成果能够为社会发展作出贡献。

"我们只想通过从事的专业,使得我们国家在这方面能在世界上占一席之地,有话语权,处于领先地位。"朴实的话语掷地有声,陶文铨做到了。

不能耽误学生一堂课

"不能耽误学生一堂课",这是陶文铨的工作宗旨。从 1966 年研究生毕业留校任教开始,陶文铨始终把学生放在心中最重要的位置,用 53 载岁月的辛勤付出,书写了一个大写的"师"字。

陶院士与弟子合影

陶文铨上午做完白内障手术,下午就去给学生上课的故事很多人都知道,但至今听起来依然让人胆战心惊。"白内障开刀没有什么事,所以我上午开刀下午就去上课了,结果几个学生代表把我挡到门口,不让我去,说是已经通知学生解散了,我刚开完刀不能上课。"说起这段往事,陶文铨云淡风轻,但学生的关怀却让他笑得格外温暖。

每次上大课,陶文铨都会提前到授课的阶梯大教室。该阶梯教室是一个能容纳367人的大教室,但来听陶文铨讲课的学生经常超过此数。于是,他就自己买了20个小马扎,每次上课前让学生摆好。坐着小马扎认真听讲的学生,成为陶文铨课堂上独有的风景。

陶文铨常说:"要对几百双渴望知识的眼睛负责。"所以即使传热学、数值传热学、计算传热学近代进展等课程已经讲了很多次,但每次课前陶文铨仍会认真准备,纳入新的体会和内容。"上课就像梅兰芳演《贵妃醉酒》,演一遍有一遍的体会,讲一遍有一遍的收获。"

从教53载,陶文铨桃李满天下,听过他课程的学生约有12000多人,培养的研究生有140余位,大部分学生毕业后在国内相关高等院校与企事业单位工作,许多已经成为学术带头人;他所带领的团队自1997年组建以来,先后获批科技部创新团队及国家基金委创新群体,形成了梯队和年龄结构合理、基础与应用研究并重、优势互补的创新团队。

在陶老看来,做基础研究必须要经过很长时间的积累,希望年轻人能够坐得住"冷板凳"。虽然已是80岁高龄,但陶文铨笑言自己心态堪比18岁,"我希望能为国家再健康工作20年。"

文章原载于《科技日报》2019年8月12日,有改动

科研唯真，自信最美

——2019年"最美科技工作者"陈孝平

人物简介

陈孝平，1953年6月出生。肝胆外科学家，华中科技大学同济医学院附属同济医院外科学系主任、肝脏外科主任，中国科学院院士。

在肝胆胰外科领域作出了较系统的创新性成果。曾获国家科技进步奖二等奖、国家级教学成果奖二等奖、教育部提名国家科技进步奖一等奖、何梁何利基金"科学与技术进步奖"等奖项。获得第二届全国创新争先奖，全国五一劳动奖、全国教学名师、卫生部有突出贡献的中青年专家等荣誉，被评为2019年"最美科技工作者"。

观其人，温文尔雅、和蔼可亲；闻其声，铿锵有力、自信笃定。

心怀仁爱，尽医生天职。从医40余年，施行和指导施行各种肝胆胰手术2万多例，其中肝癌手术1万多例，把病人当亲人，自诩当好一个"陪护"。

不甘平庸，攀医学高峰。敢于质疑、潜心钻研，在肝胆胰外科领域提出3个新理论，创建亲属间活体辅助性部分肝原位移植手术等5个新手术方式，打破一个又一个手术禁区。

他就是中国科学院院士、华中科技大学同济医学院附属同济医院外科学系主任、肝脏外科中心主任陈孝平，入选2019年全国"最美科技工作者"。

40余年来，陈孝平推翻多个"经典医学论断"，一项项"空白"被科学实践填补，与之相关的科研成果广泛应用于临床并在全国推广，数百万病人因此受益，极大推动我国肝胆胰外科迅猛发展，为世界肝胆胰疾病治疗作出中国原创贡献。

医者仁心　以心换心得安心

"德不近仙者不可为医。"陈孝平常说，工作有时间规制，但病人生病不会遵照8小时工作制，做医生一定要有责任心、讲良心，精打细算，舍得为病人花时间。

手术医生不能只看报告、听讲解。走进病房，来到第一线，先看病人再看片子，这是陈孝平治病的原则。摸摸肚子、听听症状、细细检查，手术无小病，把病人当亲人，一能消除病人对手术的恐慌，二能准确知晓病症所在，"一天查看3次，当好陪护员。"陈孝平说，与病人以心换心，互相信任，于治病有利，也是一味良药。

切开、暴露、分离、止血、结扎……缝合，陈孝平执着于手术的每一个规定细节和流程。方寸之间，一把手术刀游刃有余，在肝脏手术"禁区"谱写生命奇迹，40余年，他做了1万多例肝脏疑难手术。

言传身教，医者仁心。同事朋友眼中的陈孝平总是在忙碌，早上7点到医院，用一到两个小时处理紧急突发情况，一般9点半进手术室，有时连做2至4台手术，每天除了早上查房，下午、晚上一定会去病房转转。一个手术病人，术前、术中、术后，陈孝平一天至少要亲自检查3次。

"减少病痛，治好病，我才安心。"陈孝平说，缘于当过"赤脚医生"经历，他深知偏远地区缺医少药的困境。去年，陈孝平倡导的中国肝胆胰专科联盟在武汉成立，他组建医疗团队先后深入湖北武穴、利川以及安徽、贵州和甘肃等革命老区和贫困地区，开展送医送药志愿活动，极大地推动我国不同地区肝胆胰外科同步发展。

临床攻关　打破束缚敢创新

"作为一名医生从事科学研究，必须坚守救死扶伤的初心，解决一些临床疑难杂症问题。"陈孝平说,临床攻关就是要做到把别人治不好的病治好,别人能治好的病治得更好。

大肝癌能不能手术切除?以往医学经验认为,大肝癌手术切肝量大,剩余肝组织少,易发生肝衰竭并导致死亡。根据影像学和外科临床研究结果,陈孝平认为从理论上讲,大肝癌切除不一定发生肝功能衰竭。此后,大量手术实践证实,大肝癌可以安全实施肝切除手术。

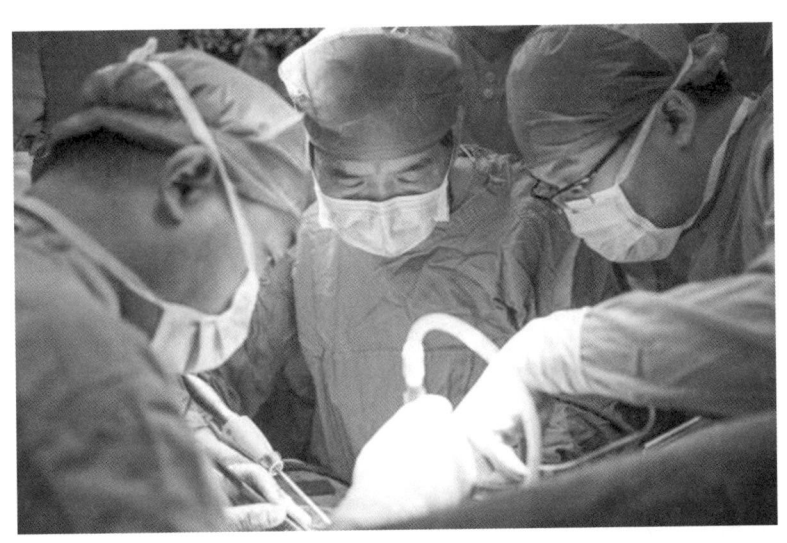

打破束缚,接连成功闯关肝脏外科手术禁区。早在1982年至1985年,陈孝平提出,良性肝病全切肝脏没有必要,病人只需37%左右的肝脏就可维持功能的新观念,并在国际上第一个提出"辅助性部分肝原位移植"理念。2008年,陈孝平主刀,国内首次成功实施亲属间活体肝辅助性部分肝原位移植手术。持续临床医学攻关,陈孝平首创"陈氏肝血流阻断法""陈氏肝脏双悬吊技术"和"陈氏不解剖肝门的入肝血流阻断方法"攻克了术中出血难题。

"发现问题,提出问题,研究问题,解决问题。"在陈孝平看来,临床医生拥有很好的科研环境,面对实实在在的病人,时刻遇到真实的治疗难点,潜心钻研,寻找解决方法再适用于临床,良性循环。目前,他提出的小范围肝切除治疗肝门部胆管癌的理念和他创建的"陈氏肝肠吻合术"以及"陈氏胰肠缝合术"正在全国各地推广,并取得了非常好的临床应用效果。

科学自信　律己奋进争第一

"国外是老师,我们当学生。"陈孝平认为,做科研,这种观念要不得。

陈孝平说,西方医学的优势在于起步早,但受时间维度、临床病例和实践经验限制,西方医学提出的不少观点并不准确。医疗技术上,较长时间受制于人,最怕在科研创新上产生惯性思维。

医学万变,科学精神与科学态度不变。在陈孝平看来,做医学科研一定不能盲目跟风,要敢于质疑、敢于提问,同时,必须做到严谨求实,任何成果都需经得起推敲和重复,事关生命,容不得半点虚假。"只要自己的研究成果是真的,总有一天会被接受。"陈孝平说,过往经历告诉他,每一个新理论、新技术都要经过被抵触、被接受、被推广。

科学态度首先就要舍得花时间。陈孝平时常对年轻科研工作者说,做科研需遵循必要性、合理性、有效性、实用性和可行性,确定了目标,不可急功近利,需坐得住冷板凳,十年磨一剑。年轻医生亦是如此,从"三不计较"做起,即不能计较时间,事业靠的是长期积累,医学更是经验之学;不能计较金钱,学医之人贪图金钱就会出大事;不能计较一时得失。

自信,是科学创新之源。2014年12月4日,国际著名外科学者Dionigi Renzo在 *Nature* 刊发署名文章,他在文章中这样评价:"陈孝平教授对肝胆胰疾病的治疗作出了救世贡献,是国际肝胆胰技术改进和创新的领导者。"

科技工作者美在哪里?于陈孝平而言,就是持之以恒遵循科学为真、自信最美。

文章原载于《科技日报》2019年8月14日,有改动

在山区孩子心中播种科学

——2019年"最美科技工作者"黄才发

人物简介

黄才发，1977年12月出生。江西省赣州市寻乌县寻乌中学物理教师、校科技中心主任，兼任校科研室副主任，赣州市物理学科骨干教师，中国科技馆发展基金会农村中学科技馆志愿者。

撰写论文获奖20余篇，主持省、市课题多项。获得第二届全国创新争先奖，被评为2019年"最美科技工作者"。

黄才发拿着无人机，正给学生讲解如何操作，却总感觉衣服被一下一下拉扯。回头看，是个小男孩，黄才发低头问道："有什么事？"男孩怯生生地说："老师，我想玩机器车。"那充满渴望的天真眼神深深触动了黄才发，他赶紧拿来机器车递给了小男孩。

小男孩来自江西赣州寻乌县，常年跟祖父母生活，平时很少见到科普书，更不用说无人机、机器人。黄才发是寻乌中学的物理教师，近5年，一直在山高水远的地区给孩子做科普。孩子们喜欢黄才发，称他为"发哥""发爸"或直呼其名。

上海开始垃圾分类后，黄才发借机开办了一场有关垃圾分类的知识讲座。为了这场讲座，他白天在寻乌县拍照片，晚上做幻灯片，试图唤醒山区孩子的环保意识。"讲座时，我搞了个有奖问答环节，答错了发一瓶矿泉水，答对了奖励我从杭州带回的特产。"

2015年初，寻乌有了第一座农村中学科技馆，获得"磁悬浮灯泡""会飞的小球"等20余件科技展品。黄才发喜欢物理，又长期担任寻乌中学物理教研组组长，于是成为科技馆负责人。

这份工作没有报酬还要花大量时间。刚开始黄才发有些犯愁：教学任务重，哪有精力干科普呢？起初令他困惑的是，科普不像分数那样可量化，这项工作的价值何在？

黄才发"硬着头皮上"，压缩自己的休息时间。慢慢地，他被科普迷住了。在他的努力下，寻乌中学科技馆活动室和寻乌中学科技小组先后建成。他还组织了征文比赛、学生讲解活动并带领学生参与全国科普日等活动，在幼小贫乏的心灵中播下了科学的火种。

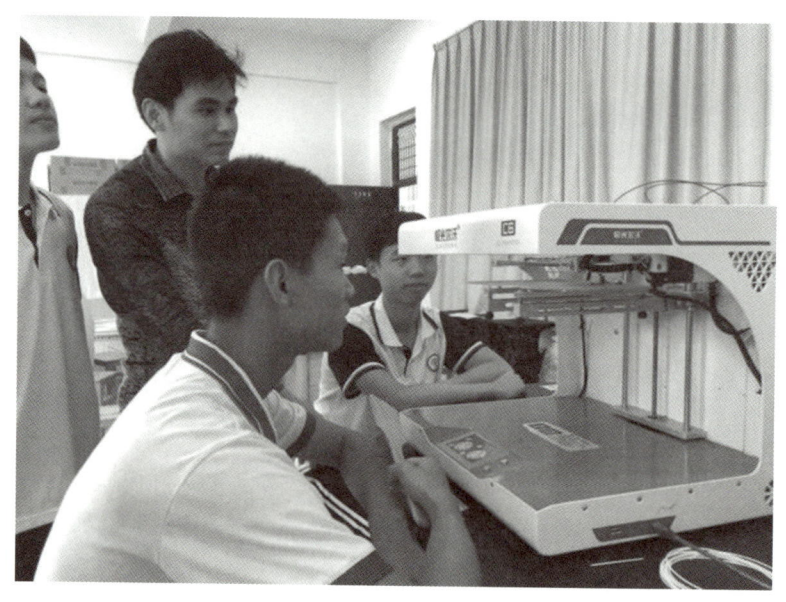

指导学生3D打印操作

2018年9月，中国流动科技馆寻乌县巡展活动拉开帷幕，黄才发连续4天分批次有秩序送32个班级总计1652名学生去东江源参加巡展，体验科学魅力。此外，科普手抄黑板报评比、机器人组装比赛、无人机试飞体验等活动也相继开展。2015年以来，一大批学生从科技馆获益。"2016—2018年县里考取清华、北大的学生都是科技馆的受益者。"黄才发说。

学生温新泉给黄才发留下深刻印象。高一时温新泉去了趟科技馆，激发了对物理的极大兴趣，经常和黄才发一起探讨最速降线、"穿墙"而过等展品背后的原理。温新泉说："这激发了我渴望知识、探索未知的欲望。"后来，温新泉参加了班级科技兴趣小组并任组长。2017年，他顺利考入清华大学数学系。

每当孩子渴望知识的眼神得到满足，黄才发就会觉得很值："我是一座桥梁，带着孩子通往科学殿堂。"

与学生共同组装机器人

黄才发经常和其他科技馆的老师交流，他们一起加入中国科技馆发展基金会农村中学科技馆科技志愿服务队，不定期前往更偏远的乡镇开展科普展品体验活动。

"农村孩子接触科技的机会很少，获取科学知识的渠道也少，不像大城市儿童去科技馆就像逛街一样方便。"黄才发说，从最远的村庄去县农村中学科技馆看展品至少需要2小时，去市里看展品则要5—6个小时。

有时候，黄才发会骑上摩托车，背着展品，在山路来回颠簸几个小时，只为把一个机器人送到孩子手中。"给山里孩子做科普，累并快乐着。"黄才发由衷地说。心思都在搞教学、做科普上，黄才发对儿子抱有歉意，"花在他身上的时间不多。"

以科技馆和学校为基地，黄才发跟县摄影协会合作，开展了以"保护东江源，创绿色寻乌"为主题的摄影展品展览活动，传播环保理念；与县交警大队合作，在县城北广场和寻乌中学开展了交通安全出行知识讲座及宣传活动；节假日，他还前往其他农村中学科技馆，指导开展各项活动。

未来，黄才发希望能鼓励学生发挥想象力和创造力，自己创作科普展品。"我同时希望科普资源继续向农村倾斜，为提高农村地区特别是革命老区青少年科学素质发挥更实在的作用。"黄才发说。

文章原载于《科技日报》2019 年 8 月 9 日，有改动

让机器更好地服务人类

——2019年"最美科技工作者"陈云霁

人物简介

陈云霁,1983年2月出生。中国科学院计算技术研究所研究员,中国科学院脑科学卓越中心特聘研究员,中国科学院大学岗位教授。

带领团队研制了国际首个深度学习处理器芯片寒武纪,智能处理的能效是传统芯片近百倍。获得全国创新争先奖、中国青年科技奖、中组部万人计划青年拔尖人才等荣誉,被评为2019年"最美科技工作者"。

在外人看来,陈云霁是一个总在"弯道超车"的天才——14岁时考入中国科学技术大学少年班,24岁在中科院计算技术所取得博士学位,29岁晋升为研究员,33岁荣获中国青年科技奖和中科院青年科学家奖。

他却说,科学研究没有捷径可走——"要让中国在人工智能时代实现'弯道超车',得下一番苦功夫。"

苦心耕读十余年　少年班走出来的研究员

大学三年级时,对未来还有些懵懂的陈云霁就把计算机系所有实验室的门敲了个遍,问是否接收本科生。最后,教计算机体系结构的周学海教授在实验室收下了他。

计算机体系结构,通俗地说,就是研究如何用晶体管的"砖石"搭出计算机的"大楼"。尽管在研发过程中,陈云霁做的都是些打下手的"杂活",他却从中第一次感受到计算机的巨大魅力。

大学最后一年，听说中科院计算所开始研制国产通用处理器（龙芯1号），他觉得能参与国产通用处理器的研发，是个光荣又难得的机会。

2002年，陈云霁如愿以偿来到了中科院计算所，跟随胡伟武研究员硕博连读，成为当时龙芯研发团队中最年轻的成员。博士毕业后，他留在了计算所。

25岁时，陈云霁成为8核龙芯3号的主架构师。

勇于挑战创新　想让计算机更聪明

2010年，陈云霁的弟弟陈天石毕业，到计算所工作，研究方向是人工智能，这是计算机科学的一个分支，希望用计算机模拟人的智能，并生产出能与人类智能方式相似的智能机器。

在同一个研究所工作，两兄弟经常在一起讨论问题。两人设想"做一个东西让计算机更聪明，终极目标像人一样聪明"。

在实践中，他们遇到了很多困难——他们提出了一系列基于人工智能方法的处理器研发技术，并多次向体系结构顶级会议投稿，但都以被拒而告终。这些挫折并没有让他们放弃"人工智能"之梦。

2014年是陈云霁丰收的一年——在2014年3月美国盐湖城召开的国

际体系结构支持、编程语言和操作系统国际会议（ASPLOS）上，陈云霁领导的工作"一种小尺度的高吞吐率机器学习加速器"，获得了最佳论文奖（best paper award），而陈天石是论文第一作者。

这不但是大陆科研机构首次在计算机系统和高性能计算领域顶级国际会议上获得最佳论文奖，也是亚洲首次、美国之外国家第二次获得ASPLOS会议的最佳论文。

建立起以中国为主导的开放共赢的信息产业新生态

人工智能发展到现在，算法上的进步很多，也能解决很多实际应用中的问题，比如语音识别、计算机视觉识别等，但这和人们所期望的振奋人心的智能还存在很大的距离。

陈云霁认为，硬件的研究，尤其是神经网络芯片，对于人工智能进步，尤其是对于高级智能能力的实现会有关键的作用，智能时代迟早要到来。

他带领其团队研制的国际上首个深度学习处理器芯片"寒武纪"，能在手机上本地、实时、高效、节能地完成语音识别、机器视觉、自然语言理解、图像搜索、广告推荐等关键智能应用。

2017年10月，华为公司发布了集成"寒武纪"的旗舰手机Mate10，这也是世界首个集成深度学习处理器的手机。目前，"寒武纪"已经应用在华为Mate10、荣耀V10和P20等数千万手机中。

可以说，陈云霁的工作引领了手机进入智能时代。

"幸福都是奋斗出来的，只有奋斗的人生才称得上幸福的人生。"一起听听陈云霁的述说，感受他对科研工作的热爱！

作为伴随改革开放成长起来的一代，陈云霁用他对技术的信仰和对优秀的极致追求，抒写了一个普通家庭走出来的青年的奋斗历程，展现了新时代青年担当社会责任和民族复兴使命的崭新风貌。

文章原载于央视网 2019 年 8 月 13 日，有改动

创华龙一号，铸国之重器

——2019年"最美科技工作者"邢继

人物简介

邢继，1964年10月出生。研究员级高级工程师，中国核电工程有限公司总工程师、"华龙一号"总设计师、核电站研发和设计技术分领域首席专家。

致力于核电工程的设计研究及管理工作。获得全国创新争先奖、"2015年度十大科技创新人物""最美奋斗者"、全国劳动模范等荣誉，被评为2019年"最美科技工作者"。

中国核电发展了几十年，一直在"跟跑"，而邢继主持研发的"华龙一号"实现了"并跑"！这标志着我国压水堆核电技术实现了从引进、消化吸收到自主创新的跨越式发展。邢继为我国压水堆核电技术创建自主品牌、实现系列化和跨越式发展做出的突出贡献，值得我们铭记。

瘦高的中核集团华龙一号总设计师邢继斯文儒雅，这与他设计的核电站形成了鲜明对比：只需30吨核燃料，一座百万千瓦级的核电机组通过核裂变方式释放的巨大能量，可以满足中等发达国家100万人一年生产生活用电。

从秦山核电站到大亚湾核电站再到岭澳核电站，今年55岁的邢继参与了我国近30年间所有核电站的建设。

第一志愿考入哈船院

1964年，邢继出生于四川省南充市的一个教师家庭，父母都是大学教师，少年时期的邢继喜欢艺术，从小擅长画画。

邢继之所以没有在高考时报考艺术院校，其实是因为他从小的另一个兴趣爱好，这个爱好甚至让他已经到了痴迷的地步。

"我也不知道什么原因，从小就对国家的军工事业的发展，特别对武器装备就感兴趣，会用非常有限的零花钱去买军事装备方面的杂志，这跟后来我选择职业还是有点关系。"

邢继认识的一个学长就读于哈尔滨工程大学（原中国人民解放军军事工程学院）。每次放假回来，学长都会和邢继聊起学校的军事化管理、学习生活以及许多校园趣事，这让本来就痴迷于军事的邢继十分羡慕，同时也对这所学府十分神往。高考时，邢继毅然决然地报考了哈尔滨工程大学作为第一志愿。

"第一志愿报考就是这所学校。"1983年9月，邢继如愿以偿地迈入了哈尔滨工程大学，就读核动力装置专业。

三级跳：核电的引进消化吸收之路

1987年，从哈尔滨船舶工程学院（原中国人民解放军军事工程学院）核动力装置专业毕业后，邢继被分配到北京核二院（中国核电工程公司前身）。

中国的第一个核电站，也就是秦山一期三十万千瓦机组。几乎与建设秦山一期核电站同时，第一座百万千瓦级核电站大亚湾核电站也在同步建设。当时刚刚走出大学校门不久的邢继，便有幸参与到了这项核电工程建设中。"大亚湾核电站其实我们更多的是在学习，在看核电发达的这些国家是怎么去建设一座核电站。"

从秦山核电站到大亚湾核电站，再到岭澳核电站，我国在核电建设上实现了三级跳的跨越。但是我们能不能够靠着自己的实力，建造一座从设计到建设都完全自主的百万千瓦级的核电站，这不仅是关心我国的核电发展的许多人心中的疑问，更是摆在像邢继这样的中国新一代核电工程师面前的严峻考验。

作为一名中国的核电工程师,"自主"这两个字是他早就坚定的人生梦想。在经历了秦山二期核电站和岭澳二期核电站等我国自主设计核电站建设后,建造世界先进水平的、完全具有我国自主知识产权的三代核电站的梦想,深深驻进邢继心里。

20世纪末,当国家提出百万千瓦级核电要实现完全自主化的方向时,邢继和团队创造性地提出了"177堆芯""双层安全壳""能动与非能动相结合的安全设计理念"等技术方案,一点点搭出了华龙一号的"骨架",最终使其成为中国核电的名片。

回顾自己的成长经历,邢继说:"如果你能沉下心,认真对待你所从事的职业,就会慢慢感觉这是一件有趣的事,也会在行业得到一个很好的发展。"

对标世界最严格的标准

在同事眼中,追求至美的理念,融入了邢继的血液。安全壳是核电站安全系统第三道屏障。2009年,CP1000(华龙一号前身)被要求尽快上马,单壳还是双壳,大家有分歧。

专家讨论会上,双方争执不下时,自认嘴拙的邢继,翻开笔记本,念出了思虑良久的一段话:"我们能够深刻地理解到这件事情对我们的影响有多大,也非常珍惜有这样的机会去创造一个属于自己的核电站,同时更知道它的重要性……我们要坚持采用双层安全壳这样一个方案,我认为这个方案能够点燃设计人员的创新热情和激情。"停顿一两秒后,会议室里响起了掌声。所有人被邢继的激情征服、点燃。

粗略统计,核电涉及80个专业,设计中要充分假设各种可能性,然后针对不同的假设事件采取措施,并且措施必须是多样化的,不会因为某个措施故障导致系统全部失效。正因如此,核电站设计中要考虑的问题非常复杂。

2011年，福岛核事故给华龙一号示范工程按下了暂停键。为吸取事故教训，国际上要求三代核电要满足0.3g（高于常规8级）抗震能力的设计。华龙一号应急柴油机的配电柜是从国外进口的，但满足不了抗震要求。有人提出，能不能把要求稍微降低，而这完全满足国家核安全局要求。"我们考虑到这是示范工程，必须全面示范抗震能力。"邢继说，最终通过国内企业共同攻关，满足了要求。邢继的坚持，为华龙一号实现国际先进三代核电站指标奠定了基础。

"在核电站建设投资上，一半的投资不是用来发电，而是用来保证核安全。"在邢继看来，如果没有较真的精神，可能失去的不仅仅是华龙一号，还可能影响核工业未来发展。

希望未来不会将核电与安全风险挂钩

2015年5月，华龙一号全球首堆示范工程正式开工建设。这凝聚了几代中国核电建设者的智慧和心血，也是华龙团队十余年的创新成果。

由于是首堆，不可预知的风险众多，压力大到无法释放时，绘画成为邢继解压的重要方式。"如果说运动是年轻时的爱好，我想绘画将来可能成为退休后的爱好。"但邢继说，自己对技术的兴趣，不能算是爱好，更多是出于职业习惯。

"我经常和年轻工程师们讲，要抬头仰望星空，要对科技保持敏感，并且不能局限于核领域的动态，更要关注未来科技发展方向，可能对核工业产生什么影响。"邢继最大的愿望，是通过科学家和工程师的努力，以及更多科普，未来提及核电，人们想到的不是安全风险，而只是一种特别高效的能源。

为提升我国在世界高端装备制造业的地位，与实现核电大国向核电强国的转变，邢继和他的华龙团队依然走在前行的路上。

文章原载于搜狐号《学术桥》文章2019年8月11日，有改动

让世界领略中国"智"造

——2019年"最美科技工作者"梁建英

人物简介

梁建英，1972年4月出生。中车青岛四方机车车辆股份有限公司副总经理、总工程师，国家高速动车组总成工程技术研究中心主任、高速列车系统集成国家工程实验室主任，教授级高级工程师。获得2019年度全国"三八红旗手"、2018年度十大女性新闻人物等荣誉，被评为2019年"最美科技工作者"。

在我国高铁装备行业，有一位赫赫有名的女将，这就是唯一的女总工程师，高速动车组技术专家，如今担任中车青岛四方机车车辆股份有限公司副总经理的梁建英。

她担当技术领军人，带领一支上千人的高铁研发团队，掌握高速动车组关键核心技术，成功研制了从"和谐号"到"复兴号"，从运营时速200公里到350公里各个速度等级的高速动车组。如今，梁建英又带领研发团队，投入了时速600公里高速磁浮列车的攻关。

设计世界"第一速"

1995年，从上海铁道大学毕业后，梁建英加入中车四方股份公司，成为一名铁路列车设计师，开始了和中国铁路事业的不解之缘。

2004年，国家开始加快高速铁路发展，中车四方随后开始自主研制时速300公里高速动车组，梁建英担任项目主任设计师，第一次亲手设计高速列车。

高速动车组是一项庞大的系统工程，一列动车组光零部件就有数十万个。从时速 200 公里到时速 300 公里，速度提升的背后，是无数道需要跨越的高难度技术门槛。2007 年 12 月，梁建英团队成功突破空气动力学、系统集成、车体、转向架等关键技术，国内首列时速 300～350 公里动车组成功问世。

2008 年，梁建英再挑大梁，担任 CRH380A 主任设计师，设计时速达 380 公里，为当时世界设计运行时速最高的动车组。

为摸透动车组在高速运行条件下的动态行为、性能和规律，梁建英带领团队开展海量的科学研究试验。梁建英团队奔赴全国各地试验，在京津、武广、郑西高速铁路完成了累计长达两年的线路试验，历经 450 多项仿真计算，1050 多项地面试验，2800 多项线路试验，攻克了一道道技术难关，于 2010 年成功研制出 CRH380，随即在京沪高铁先导段创出时速 486.1 公里的世界铁路运营试验最高速。

追逐中国高速列车新高度

2013 年，"复兴号"动车组研发项目启动，中国高铁又开启了新的征程。梁建英瞄准了高速列车技术的新高峰。

为了实现"复兴号"的技术升级,梁建英带领团队殚精竭虑、精益求精。

为拿出性能最佳的车头,她们设计了 46 个概念头型,从中反复比选,实施了 23 个工业设计方案,再遴选出 7 个头型,进行海量的仿真计算和试验,当最终方案出炉时,车头数据打印用的 A4 纸足足堆了 1 米多高。

当时 CRH380A 动车组车厢内的噪音指标已经非常优异,比国外动车组都要低。梁建英团队定下目标,要在"和谐号"的基础上再降低 3 分贝以上。别看小小的 3 分贝,在有限的空间和重量的约束下,哪怕降低 1 分贝,也是极大的技术难题。她和团队在实验室进行了长达 1 年多的试验,光对不同材料和结构的隔音试验就做了 3000 多次……

当"复兴号"震撼问世时,整车阻力降低了 12%,噪音降低了 4～6 分贝,平稳性指标达到优级……一项项先进的指标,标注了中国高速列车的新高度。

2017 年,"复兴号"正式投入运营,并于 9 月在京沪高铁以 350 公里的时速运营,使我国成为世界上高铁商业运营速度最高的国家。

搭建全球框架创新体系

梁建英在 2012 年担任了中车四方股份公司副总经理、总工程师。在研发之外,梁建英还要带领团队与国际接轨。

2014 年,中德轨道交通技术联合研发中心开始筹建。梁建英多次带队出国访问意向团队,在国内,视频、电话会议不断,两国有时差,有时会议结束已是凌晨。

然而,梁建英终归不是"钢铁侠"。她的同事、中车四方股份公司国家工程中心副主任刘韶庆还记得,2014 年底,有一次去德国商谈合作事宜时,梁建英竟然"晕火车"了,这对于从不晕车的梁建英来说可是第一次。"那段时间,梁建英一边主持项目研发工作,一边和海外对接合作事宜,反复倒时差,身体透支十分厉害。"刘韶庆回忆说。

在梁建英的努力下,两年多的时间,中德轨道交通技术联合研发中心最终成立。也是源于这份拼搏,梁建英带领团队先后建立了中泰、中德、中英轨道交通技术联合研发中心,搭建起全球框架下的创新体系。

如今,由梁建英及其团队亲手设计制造的动车组已经让全世界领略到中国"智"造的力量。梁建英也先后获得国家科技进步奖特等奖、中国青年科技奖、青岛市科学技术最高奖、茅以升铁道工程师奖、铁道科技特等奖、全国五一巾帼标兵、全国三八红旗手等荣誉。

文章原载于《科技日报》2019年8月6日,有改动

造桥路上奔跑的"阿甘"

——2019年"最美科技工作者"徐恭义

人物简介

徐恭义，1963年2月出生。教授级高级工程师，中铁大桥勘测设计院集团公司副总工程师。

作为总设计师主持，设计了30座大型桥梁工程的设计工作，在国际及国家级核心期刊发表学术论文80余篇。享受国务院特殊津贴。获得詹天佑铁道科学技术人才奖、全国首届杰出工程师奖、约翰·A.罗布林终身成就奖、英国土木工程师学会国际成就奖等荣誉，被评为2019年"最美科技工作者"。

"你和别人没有任何不同，你只有不停地奔跑、奔跑、奔跑……"徐恭义喜欢看《阿甘正传》，非常崇拜阿甘，也一直觉得自己就是一位地地道道的"阿甘"。

他从21岁大学毕业便开始和桥打交道，如今已是中铁大桥勘测设计院副总工程师，两鬓也生出了些许华发。35年里，这位"阿甘"主持设计了50多座特大型桥梁，获得了桥梁工程技术界的"诺贝尔奖"——美国约翰·罗布林终身成就奖。英国土木工程师学会授予他"国际杰出成就奖"，徐恭义成了第一位获得此奖项的中国人。

"我国桥梁技术的进步在国际上有目共睹，我获奖是被认可中的一部分，是中国桥梁发展的缩影。"当以往的成就被推到聚光灯下时，他这样说。

"我是个幸运者"

1984年，徐恭义从西南交通大学桥梁工程专业毕业后，到中铁大桥勘测设计院参加工作。他喜欢钻研，住房条件非常有限，晚上他就去办公室加班和看书，直到门卫拉闸锁门才会离开。周末，他会骑着自行车去提高班补习英语，十几载寒暑从未间断。

大学期间扎实的理论功底再加上这股迎难而上的"钻劲儿"，让杨进、方秦汉等老一辈桥梁专家注意到了他，此后，他在这些专家身边工作学习二十几年，将桥梁的那些事儿掰开了、揉碎了，融会贯通。

"我是个幸运者，"徐恭义十分庆幸自己遇到了让他受益一生的领路人，"同时，我也庆幸自己赶上了好时代。"

改革开放以来，国家对桥梁建设的需求极大。"我们实践锻炼的机会比国外工程师周期更短，项目更多，所以成长速度更快。"他说。

汕头海湾大桥、西陵长江大桥、澳门西湾大桥、五峰山长江大桥、杨泗港长江大桥……提起徐恭义的作品，国外工程师尤为羡慕和佩服，年龄相仿的美国工程师干了30年修了3座桥，而徐恭义主持设计的桥梁不仅数量多，含金量也高。

"核心材料必须国产化"

20世纪90年代初，徐恭义负责我国首座悬索桥——汕头海湾大桥的主梁设计。

当时我国现代悬索桥从设计方法、计算理论、施工组织方法甚至每一个重要构件的加工制造都没有标准，都要摸着石头过河。

"随着经济发展，我国还需要更多的悬索桥。"大桥院的技术团队做了第一个吃螃蟹的人，徐恭义觉得，他们面对的不仅仅是一座桥。"作为一个桥梁设计师，当遇到问题时，必须给出合理的解决方案。吃饭在想、洗澡在想，有时候睡觉做梦都在想。"

最后，在他具体负责和率领下，团队独创性地解决了预应力混凝土主

弘扬科学家精神 | 走近 100 位科技工作者

徐恭义与施工人员讨论操作工艺

梁设计的一系列技术难题。该桥 1995 年建成通车，至今仍保持同类桥梁的多项世界纪录。由他撰写的悬索桥混凝土加劲梁的设计方法被美国悬索桥专业书籍作为经典案例收录。

随后的几十年里，祖国的悬索桥如雨后春笋般横跨江河，仅徐恭义经手设计和咨询的就有 20 多座。然而，他的心头一直压着一块石头——悬索桥的核心部件主缆钢丝一直依赖进口，高品质钢丝的核心制造技术和定价权都在别人手中。

"核心材料必须国产化。"徐恭义暗自憋着一口气。

从 2004 年开始，他主持设计杨泗港长江大桥。原本不善言辞的他这一次苦口婆心地"磨"着、鼓励着几家有潜力的企业。最后，一家公司在他的指导下终于研制生产出了符合国际标准的超强度钢丝，强度荷载在 1960 兆帕以上。

今年 9 月，杨泗港长江大桥即将通车。这座世界最大跨度双层公路悬索桥不仅集成了我国桥梁设计、制造和原材料生产完全自主的核心技术，还在悬索桥钢桁梁中首次使用了全焊接工艺。"与美国同类悬索桥相比，这座桥梁用钢量指标节省 10%，截面干净、外观清爽，检修维护效率也随之提高。"徐恭义心中的石头落了地。

"我要建造留存永世的桥梁"

这句话来自一篇古罗马碑文，也是徐恭义的座右铭。

他一直强调，单纯追求跨度没有意义，实用、安全、经济、美观，才是设计师该做的。

他深知,桥梁长期服役在复杂、恶劣的腐蚀环境中,只有在实用经济之上更注重耐久性,才能实现安全运营,建造出"留存永世"的桥梁。

为此,他为笔下的每一座桥绞尽脑汁,不赞成过度奇异和外观装饰油漆。很多地方都希望"徐大师"能建造当地的地标性桥梁,然而一旦涉及桥型不合理时,徐恭义会尽力说服对方。

英国土木工程师学会授予徐恭义国际杰出成就奖

2017年,徐恭义受国际桥协邀请,担任"国际杰出结构奖"评审委员会评委,此后,国际最高桥梁结构工程大奖评选有了中国人的声音。又过了一年,55岁的徐恭义成了约翰·罗布林终身成就奖设立32年来第一位获奖的中国人,也是历年最年轻的一位。

"桥就像自己的孩子,它的成功与否,设计师要负最大责任。桥梁越偏远就越担心出现超载等情况,项目越多就越睡不着觉,压力很大。"

"目前为止,我还没有最得意的作品,每一座桥回头看都有值得改进的地方。"徐恭义这一生都在为追求完美而不断努力奔跑着。

文章原载于《科技日报》2019年8月13日,有改动

培育中国自主知识产权第一牛

——2019年"最美科技工作者"祁兴磊

人物简介

祁兴磊,1961年7月出生。高级畜牧师,河南省泌阳县夏南牛研究推广中心农业技术推广研究员,被誉为"夏南牛之父",河南省劳动模范,河南省优秀专家,河南省第十三届人民代表大会代表,被评为2019年"最美科技工作者",享受国务院政府特殊津贴。

"再苦再难,也要培育出肉牛新品种,给乡亲们找一条致富门路。"这是祁兴磊最初给自己定下的目标。如今,58岁的他在基层岗位上坚守了37年。其间,他干了3件事,每件都很"牛"。

祁兴磊带领团队历时21年,主持育成中国第一个具有自主知识产权的肉牛新品种——夏南牛,填补了我国肉牛品种空白。紧接着,他又在"怎样才能养好"上继续发力,用10年时间总结出不同性别牛和不同用途牛饲养管理技术规范,编制出夏南牛国家标准。

最后一件事是他正在干的事。这位河南省泌阳县夏南牛研究推广中心的农业推广研究员正带领团队攻关培育肉用性能更好的夏南牛无角新品系。"再给我2—3年时间,我肯定能干成!"在"2019最美科技工作者"颁奖典礼现场,他对科技日报记者说。

"最基层技术人员用最传统的方法培育而成"

1980年,祁兴磊邻村的大叔牵着家里唯一一头瘦弱的病牛慕名找到这个学牧医的大学生，面对大叔恳求的眼神，刚上大学一年、只接触基本知识的祁兴磊无奈地摇了摇头。两天以后，大叔的牛死了，他的家人围着牛哭了好久。

"我当时整宿睡不着觉，那情景一遍遍在我脑子里闪过。"祁兴磊回忆，从那时起，他就暗下决心，一定学精养牛技术和给牛看病的本领。

1982年，大学毕业的他放弃了留校任教和在驻马店市从事行政工作的机会，回到了家乡河南省泌阳县一个基层畜牧兽医站工作。

1986年以前，祁兴磊主要做兽医工作。泌阳县很多农户的主要收入都来自养牛。"我逐渐认识到，一个人穷尽一生能医好多少牛？只有培育出不易生病、肉质好的牛才会让更多的农户富起来。"

1986年，祁兴磊在单位支持下，联络了几位有同样志向的技术人员，开始了黄牛改良肉牛的试验。

此后，祁兴磊就跟上了发条一样。导血育种、普查测量、统计分析……他扎进农村，头上是下雨漏水的房顶，手旁是熏眼睛的油灯和蜡烛，他的三餐经常是方便面、干馍甚至凉水。

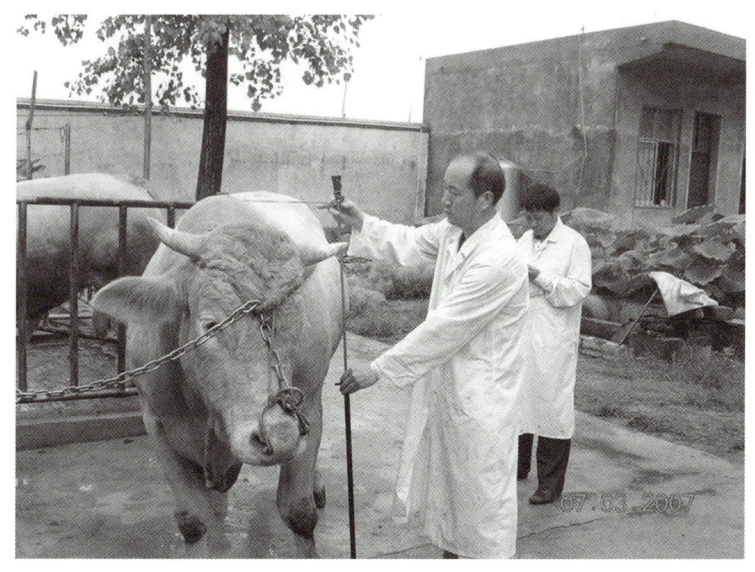

祁兴磊正在对夏南牛种牛进行体尺测量

10多年过去了,技术攻关组的人员几经调整,年龄大的离开了工作岗位,感到枯燥无味的换了工作。身边的人换了一拨又一拨,而祁兴磊一直都在。

多年的耕耘终于迎来了收获。2007年6月,农业部发布公告,宣布夏南牛在河南省泌阳县诞生。2008年,农业部把夏南牛定为唯一在全国推广的肉牛品种。当时评审专家十分感叹:"这是最基层技术人员用最传统的方法培育而成的。"

为获得科学准确的统计数据,祁兴磊的足迹遍及全县20多个乡镇2000多个村庄的沟沟坎坎,行程10万公里以上,磨坏30多双鞋,骑坏13辆自行车。测量黄牛时遭受过多少次牛踢,他自己也记不清,只留下身上一块块永久的伤疤。

"夏南牛走到哪里,服务就跟到哪里"

"养牛就像养孩子,生只是开端,育才是重点。"祁兴磊随后又开始埋身于夏南牛饲养配套技术的研发。

"夏南牛走到哪里,服务就跟到哪里。"这是祁兴磊用12年时间践行的一句话。南到广西来宾武宣县、北到黑龙江哈尔滨市,祁兴磊都前往教授养殖技术,从不嫌远、不嫌麻烦。

2018年祁兴磊培训畜牧扶贫技术骨干

在祁兴磊的推动下，夏南牛产业化开发成为泌阳县域经济发展的"一号工程"。至 2018 年底，夏南牛主产区的存栏量有 60 多万头，已向全国 27 个省市区推广 200 多万头活体夏南牛、800 多万剂夏南牛冻精。泌阳县 2018 年牛业产值突破 150 亿元。

众多成果的背后，是祁兴磊的一颗赤子之心。他放弃了 4 次提职升迁的机会，多次拒绝下海经商的邀请；2008 年，他将个人获得的政府 10 万元表彰奖金交给了单位；2010 年，他把自己创办的泌阳县夏南牛科技开发有限公司无偿捐献给政府，现公司资产总额 7000 余万元，已成为河南省夏南牛工程技术研究中心、国家级肉牛标准化规模养殖示范场。

祁兴磊还是个"贪心"的人。11 年前，夏南牛诞生的第二年，祁兴磊团队就同期开始培育夏南牛无角新品。新品系体长比夏南牛大 15 公分以上，生产高端牛肉能力提高 10%，每头牛预计可增加 2000 元以上收入。

如今的他正将满腔热血投注到新品系的培育研究中，一如既往。正如 2009 年他获感动中原年度十大人物的颁奖辞——"守得时间的寂寞，耐得名利的诱惑，纵然黑发变皓首，无悔青春付群牛。"

文章原载于《科技日报》2019 年 8 月 16 日，有改动

心中有良知,行为有担当

——2020年"最美科技工作者"王行环

人物简介

王行环,1965年8月出生。武汉大学中南医院院长、主任医师、教授。泌尿外科微创医学领域的开拓者之一、国家重点研发计划项目(4项)首席科学家、长江学者。在国内外期刊发表论文300余篇,主持制定行业标准7项,获发明专利等知识产权60余项。领衔科技成果获得国家技术发明奖二等奖、全国创新争先奖。在新冠肺炎疫情期间临危受命担任雷神山医院院长,被评为2020年"最美科技工作者"。

"我最高兴的是完成了两个目标,一是尽快收治新冠肺炎患者,尽可能把患者病死率降至最低;二是雷神山医院所有战友平安回家。"2月8日,武汉大学中南医院院长王行环临危受命,兼任雷神山医院院长。

4月15日,雷神山医院"休舱"时,这两个目标都实现了。在王行环心中,"这是我一辈子最值得的事"。而当他被授予2020年"最美科技工作者"称号时,王行环说自己仅是幸运地代表中国1000万医务工作者获得了这一荣誉。

临危受命勇担当

完全陌生的环境、情况复杂的疫情、瞬息万变的形势。

"新冠肺炎疫情发生后,很多同胞的目光都落在雷神山上,充满期待,我们也在同时间赛跑,与魔鬼较量,用雷神之矛决胜抗疫战场,以精锐之师驱逐死神。"王行环说。

一开始,他带领的"雷神山战士"想效仿学习火神山医院的管理和救治经验。但建制不同、人员来源不同,他随即转变思路,创新性地提出"边建设、边培训、边治病、边研究"的策略,用统一的医疗质量和安全标准救治更多患者。

王行环(左二)进入病房巡诊

雷神山医院克服了条件艰苦、设施不够完备、制度不够周全、团队来不及磨合等太多意想不到的困难,在极短时间内凝聚来自286家医院3202名医护人员、1000余名后勤保障志愿者,与13000名建设者一起迅速建成拥有32个病区、1500张床位的"重症救治堡垒",书写了中国奇迹。

2011名患者整体病死率2.3%,重症及危重症患者病死率4.3%,这是雷神山医院管理、后勤、感控、医护各个层面共同努力的结果。除了高救治成功率,整个医院零感染、安全生产零事故、环境零污染。

雷神山医院、武汉大学中南医院等医疗机构在疫情中冲锋陷阵,成为这场人民战"疫"中的"定海神针"。让王行环印象深刻的是,"大家不顾生命风险、不怕牺牲，自愿来到这里，体现了中国人民的团结、国家危难时的担当"。

把论文写在抗疫一线

"疫情防控必须有科学的思路、全面的思考。"王行环不仅带头冲锋在临床救治一线，还聚焦研究解决救治与院感关键问题。他是"科技抗疫"和"把论文写在抗疫一线"的践行者，为抗疫提供了宝贵的一线资料和"中国经验"。

王行环与中国工程院院士王永炎共同主持制定了全球第一部符合世界卫生组织方法学的《新型冠状病毒感染的肺炎诊疗快速建议指南》，并提交至行政管理部门决策参考。英文版阅读量超过31万次，现仍被广泛转载。与中国工程院院士王辰共同主编《实用新型冠状病毒肺炎诊疗手册》，首印10万册立即全部用在了抗疫一线。

他还与中国工程院院士陈薇共同完成了重组新冠疫苗（腺病毒载体）Ⅱ期临床试验，研究结果7月20日发表于《柳叶刀》。据国际Digital Science统计报告显示，截至2020年6月1日，武汉大学中南医院新冠肺炎防治相关研究论文发表数量居全球医院第二名。

在王行环的带领下，中南医院多项科技成绩突出：全球最早发现新冠肺炎病毒基因序列的三家团队之一、首次利用ECMO成功救治新冠重症患者、第一家开展新冠病毒核酸检测的医院、第一篇N95口罩可预防新冠肺炎传播的论文。

此外，王行环还组织并支持中南医院重症医学科等开展多项临床试验，探讨重症患者的救治经验。他高度关注医护人员的感染问题，正组织进行研究，以期为未来公共卫生事件规避医务人员感染提供参考。

葆家国情怀　行敬业精神

"作为武汉的一名市民、一线医生，我与他们在武汉共同奋战近3个月的日日夜夜，令我终生受益，终生难忘。我将以他们为榜样，学习科技报国的精神，学习大爱无疆的精神，学习敢于担当的精神，学习不畏牺牲的精神。"王行环说。

他所说的"他们"，正是以参加抗疫的院士为代表的"科技工作者"。

在武汉最艰难的时候，全国各地除了医护人员、医学科学家参与之外，各行各业的"科技工作者"也加入进来。王行环说，"甚至开展人工智能疾病诊断研究的，引入机器人在隔离病区运用的，都参与其中。"

"我深深感觉到中国科技工作者的家国情怀，国家有危难的时候能够站出来、顶上去，非常了不得。"他说道。

王行环把"心中有良知，行为有担当"作为座右铭，创建了微创等离子前列腺切除手术体系，在泌尿外科微创医学领域作出开拓性工作，还绘制了中国人群膀胱癌图谱，为肿瘤精准诊疗奠定了坚实基础。

"近二十年来，中国医学快速发展，我刚好在这个阶段成长，自己受益于国家、受益于时代，同时也是重要的贡献者之一。"王行环说。

"新一代年轻人比他们的前辈有更好的成长条件、更高的基本素质，国家的未来靠他们，我对他们充满信心。"王行环希望年轻科学家的成长，既要有知行合一的品格，又要有引领世界的思维和视野。

中国科协信息中心供稿

携小菌物走出大天地

——2020年"最美科技工作者"李玉

人物简介

李玉,1944年1月出生。菌物学家、中国工程院院士。

主要从事菌物科学和工程产业化研究,国际药用菌学会主席、国家食用菌产业技术创新战略联盟首席科学家、国家援助赞比亚农业技术示范中心首席科学家、全国高校黄大年式食用菌教师团队负责人,吉林省科技志愿服务总队长。

获得"全国科技助力精准扶贫2019年度先进团队""全国专业技术先进集体""全国农业植物保护先进个人"等荣誉,被评为2020年"最美科技工作者"。

木耳、银耳、羊肚菌、金针菇、杏鲍菇……食用菌因其营养丰富、口感独特,如今已成为百姓菜篮子的重要组成部分。除了拌炒蒸炸的"研究"方式,有人还将食用菌带进实验室,写进资源图鉴,为之构建全基因数据库,更以食用菌产业为抓手,在脱贫攻坚道路上坚定前行。

中国工程院院士、吉林农业大学教授李玉在菌物科学和工程产业化研究中深耕40余年,构建了全新的菌物系统分类体系,创立"菌类作物学",并倡导提出"南菇北移""北耳南扩""木腐食用菌草腐化栽培"的食用菌产业发展战略,带动上万贫困户依靠食用菌稳固脱贫,为推动中国食用菌产业及菌物学科的快速发展作出贡献。

在脱贫攻坚战的收官之年,2020年"最美科技工作者"荣誉榜中,有李玉的名字。

菌物研究的拓荒者

自 1978 年考取吉林农业大学微生物学专业硕士研究生开始，李玉就踏上了菌物研究的拓荒之路。

李玉和团队深入全国所有省市区开展菌物资源调查，系统开展菌类资源收集、保存、评价和利用等基础研究，获得 1.2 万份标本与菌株。其中仅黏菌就报道了 400 余种，占世界已知种的 2/3，发现并命名 36 个黏菌新种，开创了我国黏菌分类学研究的新领域。

除此之外，李玉等人还完成《中国真菌志——香菇卷》编研，制作了全球 98% 以上的黏菌分子生物学标本，建成了我国首个菌类种质资源库。

由于我国菌物学研究起步晚，与发达国家仍有差距，因此李玉对于人才培养一直牵肠挂肚。

他和弟子们挑起了建设我国第一个菌物专业的重担，在一堆废旧的物资中拣回了这个专业所需的仪器设备，并在较短时间内在吉林农业大学设立了菌类作物自主设置博士授权学科和硕士授权学科。30 多年来，他累计培养菌物学领域的硕士研究生、博士研究生上百人，大部分已经成长为菌物产业的领军人才或骨干力量。

2019 年，李玉又推动菌物科学与工程专业正式列入国家普通高等学校本科专业目录，成为我国首个菌物类本科专业。

为食用菌产业打好根基

在披荆斩棘的科研道路上，有人问："你们老研究这些菌有什么用？谁关心多一种少一种？就不能研究点儿让百姓挣钱的事吗？"

李玉有些五味杂陈，但也更坚定了信念，"一定要让菌物进入公众的视野，进入科学家的教材，进入大众的读本，进入农民的田间地头，进入企业家的工厂，进入国民经济主战场"。

李玉介绍菌物情况

食用菌是一门既年轻又古老的专业,近年才发展成为大产业。李玉对比了两组数字:1978 年我国食用菌产量才 5.7 万吨,经过 40 年的改革开放,我国食用菌产量已近 4000 万吨。

如今,中国食用菌产量已占全球 75% 以上,然而,我国是食用菌大国,却不是强国。李玉介绍,目前我国食用菌菌种基本来自荷兰、美国等国,木耳、香菇主要来自日本、韩国,就连加工设备也需要进口。"因此,全产业链创新是迫在眉睫的大事。"

以创新成果为依托,李玉先后主持完成"973""948"科研项目 50 余项,创新和改进了全日光间歇迷雾栽培黑木耳、小孔出耳等 8 项关键技术,颠覆了食用菌需棚室遮光保湿栽培传统理念,解决了北方食用菌发展中的工程技术难题,真正实现了国家"南菇北移""北耳南扩"的食用菌发展战略,促进了菌物科学的发展及食用菌产业化升级。

李玉认为,食用菌产业是"循环经济"发展模式中重要的产业环。他和团队建立起食用菌原生质体制备和遗传转化技术体系,选育黑木耳、玉木耳等广适性品种 45 个;集成创新出两棚制花菇生产、米菇间作、全株高值化利用等 9 项生产工艺，改变了食用菌产业低水平徘徊的局面，产生经济效益达 300 亿元。

他们见证了我国食用菌产业从简陋的地沟、菇棚，到花园式的基地；从传统的庭院式生产，到现代化的工厂化生产的发展过程。

"食用菌产业是我们的根基，应用真菌学科的昨天、今天和明天都离不开生产一线。"李玉时常对学生说。

国内国外科技扶贫

"小木耳，大产业。"2020 年 4 月 20 日，习近平总书记在陕西省商洛市柞水县小岭镇金米村考察时这样点评。这正是李玉团队对口科技帮扶的成果。

2017 年，由科技部牵线，李玉团队奔赴柞水县开启了科技扶贫行动。团队为柞水选育的 5 个木耳移栽品种都实现了大面积推广，柞水木耳被认定为国家地理标志证明商标和农产品地理标志产品。两年后，柞水县正是依靠木耳产业实现了脱贫摘帽。

此后，为了避免产业总体效益不高、"增产不增收"的情况发生，李玉团队又开始了深加工产品的研发。木耳冰淇淋、木耳脆片、木耳菌草茶、木耳益生菌等等产品已相继研发成功，在柞水，

李玉在产业基地调研

木耳全链条产品矩阵已见雏形。

"脱贫攻坚完成后还不是终点,我们得继续帮助当地考虑如何转入美丽乡村建设,实现人们对美好生活的向往。"李玉兴奋地表示。

事实上,李玉自2012年起就开始积极投身全国脱贫攻坚事业,吉林汪清、云南澜沧、浙江庆元、山西临县、贵州铜仁、河北阜平……李玉团队在全国40多个贫困县(市)留下足迹,带领农民精准发展食用菌特色产业,建立食用菌技术推广基地31个,扶持食用菌龙头企业22个,示范推广60亿菌袋,带动上万贫困户依靠食用菌稳固脱贫。

食用菌栽培技术还通过中国援助项目沿着"一带一路"走出国门,到达了赞比亚。李玉团队针对赞比亚高原热带气候特点,集成创新出适宜当地种植的食用菌品种8个和配套生产技术体系,帮助当地人民全年都能吃上蘑菇,更是以食用菌改变了赞比亚的种植业结构和种植面貌。

2020年,习近平总书记在主持召开科学家座谈会时提出,希望广大科学家和科技工作者肩负起历史责任,坚持面向世界科技前沿、面向经济主战场、面向国家重大需求、面向人民生命健康。"总书记的点赞,肯定了包括木耳在内的食用菌产业在国民经济主战场,特别是在国家精准产业扶贫方面发挥的实实在在的作用,更是中国食用菌产业迈向全新里程的进军号。"李玉的声音愈发铿锵。

中国科协信息中心供稿

祖国富强是我追梦人生的夙愿

——2020 年"最美科技工作者"陈厚群

人物简介

陈厚群，1932 年 5 月出生。我国水工抗震学科奠基人和开拓者，中国水利水电科学院教授级高工，中国工程院院士，曾任中国工程院土木、水利与建筑工程学部主任和主席团成员。

获得全国先进工作者、全国五一劳动奖章、何梁何利基金"科学与技术进步奖"、光华工程科技奖、全国水利系统特等奖、全国地震科技工作先进个人、中央国家机关优秀共产党员、国际大坝委员会终身成就奖等荣誉，被评为 2020 年"最美科技工作者"。

88 岁的中国工程院院士、中国水利水电科学研究院原工程抗震研究中心主任陈厚群已退休多年，仍担任着三峡枢纽工程质量检查专家组组长和南水北调工程专家委员会主任，负责三峡枢纽工程的质检工作和南水北调工程的咨询工作。

青山在，人未老，不曾停歇的陈厚群当选 2020 年"最美科技工作者"。岁月增，志愈坚，"只要祖国需要，甘愿到任何地方"——这是陈厚群发出的铮铮誓言。

一切献给水利事业

60 多年投身水利水电科学研究，陈厚群一直抱有攻坚克难的坚定信心，他始终记得要报效国家，要干一行爱一行。

爱国心是驱动力，敬业精神是做好工作的前提。陈厚群认为，有了这两点，遇到苦难，只要虚心勤奋学习，善于认真思考，就能把知识变成解决问题的力量。

20 世纪七八十年代，大坝、核电站等复杂结构重大工程的抗震问题，计算分析难度较大。世界各国都把结构动力试验作为重大工程结构抗震设计的重要依据，大型模拟地震振动台是进行这类模型动力试验的主要设备。1980 年经水利电力部批准，陈厚群作为负责人承担了建置大型模拟地震振动台的任务。

为了完成这项建置工作，他对世界各国已建的大型三向地震模拟振动台的技术指标、运行情况、存在的问题、生产厂家和设备价格进行了调查，并根据大坝、核电站等复杂结构重大工程的抗震试验要求须具备的技术指标提出了可行性论证报告。1987 年，我国最大的、具有世界先进水平的 5m×5m 电液伺服式三向六自由度宽频域模拟地震振动台顺利建成，在美国国家科技委员会资料中将其誉为"世界最佳的坝工抗震试验设备"。

陈厚群（右二）与国际知名学者 Clough 教授等在中美合作大坝抗震试验工地

为填补我国水工抗震设计空白，1972年陈厚群担任主编，用时5年制订出了我国第一部水工建筑物抗震设计规范，被高坝抗震设计者奉为"宝典"。2011年他再次担纲，历时7年将行业标准升级为国家标准。2008年汶川大地震，震区所有百米以上大坝经受住了强震考验，紫坪铺等4座高度超过100m的大坝主体巍然屹立，充分验证抗震设计标准的科学性和有效性。

老骥伏枥　壮心不已

南水北调是解决我国北方水资源短缺问题的重大战略工程，是功在当代、利在千秋、惠及子孙后代的重大工程。

自2011年挑起南水北调工程专家委员会主任的重任以来，陈厚群带领专家团队遍访工程现场50余次，对工程进行质量检查和技术指导，保障了南水北调工程的高质量建设，保证了一泓清水向北流。

"能亲身参与到南水北调工程建设管理中，并贡献一份微薄之力，我感到十分荣幸。"陈厚群说。

三峡工程是迄今为止世界上规模最大的水利枢纽工程和综合效益最广泛的水电工程。2012年，陈厚群出任三峡工程质量检查专家组组长，数十次带领专家组深入工程现场，提出数百条建议，保障三峡工程安全高效建设与运行，其中仅三峡升船机的抗震设计等级一项建议，就为国家节省十几亿元。2020年11月，水利部、国家发改委发布，三峡工程完成整体竣工验收全部程序。

"这是一个质量总体优良、工程综合效益非常显著的工程，全体参建人员从上到下齐心合力、精益求精，创造了很多世界之最。"陈厚群自豪地说道，三峡工程是世界一流的、彪炳千秋的工程。

没有"最美"只有"更美"

2020年是特殊的一年，除了三峡工程和南水北调的相关工作，陈厚群说,他还做了两件非常有意义的事情。

针对高坝抗震问题,他敢于挑战对国际上若干权威性的理念和方法,并在中美合办的英文版《地震工程与工程振动》上发表文章,表明观点。此外,针对我国现行重力坝、拱坝规范中在分项系数的概念和取值上不一致问题,陈厚群又在《中国水利水电科学研究院学报》上作了澄清和建议,并引起相关部门的重视。经有关部门研讨后采纳了陈厚群的观点建议,相关问题得以解决。

当选为2020年"最美科技工作者",陈厚群颇为感慨。"'最美科技工作者'活动充分体现了党和国家对广大科技工作者的关心爱护和鼓励,但我们一定要清楚,这也是国家对我们的期盼和要求——希望我们能够在当前百年未有之大变局,发挥科技创新的巨大作用。"

陈厚群认为,"最美科技工作者"的"美"是相对的,是动态的,是发展的。"'美'没有止境,没有'最美'只有'更美',所以我还会要求自己尽心尽力做得更好。"

"我虽已届耄耋之年,但作为一名共产党员,我会一直按照入党誓词,积极工作,为共产主义奋斗终身。"陈厚群说,"尽管自然规律不可抗拒,随着年龄增长,体力和精力已很有限。至少我还可以为培育年轻人而甘为人梯,即使已不足以为他们铺路架桥了,至少也应尽到添砖加瓦的责任,期盼他们能成为'更美科技工作者'而继续贡献绵薄微力。

"从年轻到现在,我一直渴望我们的祖国能成为一个被平等对待,不再受欺凌压迫的富强国家。"陈厚群说,这是他追梦人生的夙愿,他对祖国美好未来充满信心。

中国科协信息中心供稿

代表中国走出新"声"路

——2020年"最美科技工作者"胡郁

人物简介

胡郁，1978年5月出生。教授级高级工程师，科大讯飞股份有限公司轮值总裁、消费者战略发展委员会主任。

长期从事智能语音及人工智能核心技术研究工作，荣获国家信息产业重大技术发明奖2次、国家科学技术进步二等奖2次，多次荣获省部级科技奖励，在国内外核心期刊和重要国际会议上发表70余篇学术论文，申请发明专利210项，被评为2020年"最美科技工作者"。

"我们不仅要研究中国人的语言，还要研究全世界的语言。"多年以前，国家"863类人智能项目"首席专家、科大讯飞股份有限公司轮值总裁胡郁就显示出作为一名企业家的"野心"。

"20世纪90年代，人工智能语言在国内鲜被关注，我们是向西方学习。进入21世纪，我们慢慢掌握了研究方法，接近甚至赶超世界先进水平"，胡郁感慨道，"以前我们是摸着别人的石头过河，现在要摸着自己的石头过河。"

对于2020年"最美科技工作者"称号，胡郁表示，自己只是做了一些微不足道的事情，能够获得这份荣誉，是国家对科技工作者的高度重视。科学家受尊重，创新才能蔚然成风。

走别人没走过的路

1999年11月11日，6位中国科学技术大学的学生因为成功研制出了我国第一台"能听会说"的中文电脑，从而获得总计668.85万元的技术股权。他们成为了首批拥有百万资本的在校大学生。

这6位学生中，只有3位本科生，胡郁就是其中之一。自此，除了学生身份以外，胡郁还多了一个身份——安徽中科大讯飞公司的研究员，从事语音合成专项技术研究。

那时的胡郁有两个心愿：一是研发的技术能够转化为产品；二是产品的所有研究和产业化都由团队自己开发。

如今，胡郁已经在人工智能核心技术研发道路上深耕了20多年，在他看来，目前我国人工智能语音技术已经可以与世界先进水平并驾齐驱。"今后，我们必须更加重视用自己的技术，结合广阔的市场，走出一条跟别人不一样的路。"

对于如何实现这条路，胡郁坚持三个创新：一是实现源头核心技术创新，要掌握世界上最先进的核心技术的研究方法；二是实现产品创新，要将技术与用户的最终需求相结合，生产人工智能技术驱动的产品；三是实现商业模式的创新，发掘适合企业发展的模式。最终还要将这三种创新紧密结合起来。

创新之路很难一帆风顺，每当遇到科研难题时，胡郁总是想起老一辈科学家，他们将国家事业当成人生使命。他们不计得失、一心奉献的家国情怀时常激励着他。

胡郁认为，作为科研工作者，首先要有远大的抱负和理想，时常思考能为国家甚至全人类作何贡献；其次，要用科学的态度和方法去做研究；此外，还要把科研作风、学风摆到重要位置。

近年来，中国科协每年都与教育部、中国科学院等单位一起开展科学道德和学风建设宣讲教育活动。诚信的科研品行、踏实严谨的工作作风，是培养科研人才的基础。

对此，胡郁深有同感。"科学研究必须一丝不苟，来不得半点弄虚作假，所有严谨的研究工作都需要原创精神"，他说，追求脚踏实地的态度和开展高水平的研究同样重要，这不仅关乎一个科学家自身的成败，还可能影响整个团队能走多远、走多稳。

科学家办企业要"顶天立地"

如今，科大讯飞已经成为国际智能语音及人工智能领军企业，引领人工智能行业实现商业化落地和生态体系建设，并积极推进创新成果的应用转化。胡郁也荣获国家科学技术进步奖二等奖、国家信息产业重大技术发明奖各两次，多次荣获省部级科技奖励，申请发明专利210项。

这些耀眼的荣誉背后，有着科学家和企业家双重身份的胡郁深知，从技术到产业的道路异常艰辛。

好在经过多年的探索，他还是找到了打通从实验室到产业化"最后一公里"的"金钥匙"——科学家头脑和企业家头脑相融合。

在胡郁看来，科学家擅长发现规律，创造发明，而企业家能够抓住市场需求。"两者的共性是持之以恒、追求卓越，不同的是，做研究要追根溯源，而做企业要洞察商业规律。"

要将发明创造和需求对接起来，就是要把科学家精神和企业家精神结合起来，按胡郁的话说，就是要"顶天立地"。"顶天是技术顶天，做世界一流技术；立地是产业立地。"胡郁解释，"换一种说法，顶天是指要满足国家战略需求，人工智能是国家战略中非常重要的环节，我们不能输给别人；而立地是指要满足我们的日常生活。"

科大讯飞正是在这一精神内核的指引下，一次次把最新的科技成果转化为了现实生产力，并拥有源源不断的创新活力。

国家有难，为社会站好岗

2020年初，面如突如其来的新冠肺炎疫情，作为一名负责任的企业家和科学家，胡郁提醒自己，必须做点什么。

一方面从世界各地紧急筹措疫区紧缺医疗物资，支持一线疫情防控战；另一方面作为人工智能"国家队"，在医疗、教育、司法、政府服务、客服和运营商等领域，利用企业自主可控的人工智能技术和产品助力疫情防控。

在医疗领域，胡郁带领团队开发"智医助理"产品，在线分析基层门诊病历，以发热、咳嗽、呼吸困难、流行病学史（武汉相关史）、影像学、血常规六个维度进行病历内容挖掘分析，筛选发热患者、发热伴咳嗽、呼吸困难患者、流行病学史阳性患者等。

同时，胡郁还和团队研发了新冠肺炎影像辅助诊断平台，4D对比分析＋多模态辅诊，3秒即可完成一例患者新冠肺炎辅助诊断，阳性病例全召回，病灶召回率达到90%，大大提升了医生的工作效率。

在教育领域，胡郁带着团队积极响应教育部"停课不停教、不停学"的号召，结合科大讯飞资源和实际应用场景，制定了"直播录播教学＋作业＋学习资源＋人工智能自主学习平台＋校信工具"的主推方案，着重满足区域教、学、管以及毕业班讲评辅导的需求。

事实上，胡郁也一直关注着青少年的科学教育问题。"教育最重要的两个环节是科学素养和人文精神，只有在国民科学素质培养和人文素质修炼紧密融合的大环境下，才能培养出新一代的小科学家、小工程师，我们整个民族才有更多的希望，更有可能带领社会向前迈进。"

国家有难，不计得失。在抗疫战场，"为社会站好岗"的使命担当，诠释了一位科技企业家的初心和使命。胡郁说，他不过是做了普通科技工作者的分内之事。

中国科协信息中心供稿

十年磨一"箭",铸航天强国梦

——2020年"最美科技工作者"李东

人物简介

李东,1967年6月出生。中国运载火箭技术研究院研究员,中国航天科技集团有限公司所属中国运载火箭技术研究院火箭专家,现任长征五号系列运载火箭总设计师。

从事过多个运载火箭型号的研制,长期致力于我国新一代大推力运载火箭的研制。获得多项国家和省部级奖项等荣誉,被评为2020年"最美科技工作者"。

11月24日凌晨4点30分,长征五号遥五运载火箭准时点火,擎着嫦娥五号,划破幽暗的天空,剑指月宫。

"飞行过程非常圆满,入轨精度创历史新高,可以说是正中十环,为探测器后续的顺利飞行奠定了非常好的基础",长征五号运载火箭总设计师李东在发射现场难掩兴奋之情。

事实上,在过去不到一年的时间里,长征五号系列运载火箭四发四中,一飞冲天。它们的表现,让李东十分满意。这一系列成功的发射,是整个长五研制团队夜以继日精细化的安排、科学的组织、高效的工作换来的。

作为团队负责人,李东获评2020年"最美科技工作者"称号。面对这份热腾腾的荣誉,李东表示:"最美的不是我,属于长五研制团队,属于长五系列运载火箭。"

如履薄冰　如临深渊

2006年10月，长征五号运载火箭工程正式立项。立项的前一年，李东被任命为长征五号运载火箭的总设计师。那一年，他39岁。

"当年国家立项这个型号的火箭时，目的就是要大幅提升中国人进入空间的能力。长五要比中国上一代长征系列火箭的运载能力提高两倍以上，达到地球同步转移轨道14吨，地球低轨道25吨"，李东说。

负责如此重大的中国运载火箭升级换代项目，李东充满了豪情壮志。尽管他也意识到长五的研制不可能一帆风顺，但没想到的是，过程如此之坎坷，困难如此之大。

"从事长五研制的十四年，特别是到了后期组织正式发射的时候，那种时时刻刻都如履薄冰、如临深渊的感觉，伴随着团队的每一个成员。"既是研制队伍的一员，又担任总设计师，李东的责任和压力更是不言而喻。

"一个是如期完成任务的压力"，李东表示，火箭研制是个庞大的系统工程，整个过程要在一定的约束条件下，包括时间的约束、进度的约束、经费的约束、资源的约束等情况下完成。工作量大，周期又紧，每一天都在跟时间赛跑。

"另一个压力更为巨大，那就是确保成功"，李东说道，要完成国家给长五下达的运载能力大幅提升的指标，简单的在原有火箭基础上放大样是不行的，必须采用创新的办法。长五使用新技术的比例超过了此前任何一个火箭型号，达到了90%以上，这么高的新技术比例也就意味着极大的风险。

"所有这些核心的关键技术能否突破；对所有新技术能否真正做到吃透见底；火箭系统能否协调有效地工作；在飞行过程中，所有风险是否已经辨识全面，并得到有效控制；如何确保火箭最终能够完成飞行任务……"关乎国之重器的成败，这些年李东承受的压力非常人所能想象。

担得起多少成功，就经得住多少失败

历经十年研制，2016年11月3日，长征五号运载火箭终于迎来了它的"首秀"。尽管过程充满波折，但最终还是取得了圆满成功。李东认为，这次发射全面验证了长五方案的正确性和系统间的匹配性，意味着中国火箭技术迎来了巨大的飞跃。

长五首飞成功后，受到了世界各航天大国的关注和赞誉。国外媒体纷纷指出，"长征五号火箭的技术指标使它与美国目前最强大的德尔塔4重型火箭并驾齐驱""该火箭的性能超过了欧洲的阿丽亚娜5型火箭和计划2020年发射的阿丽亚娜6型火箭""这是改变游戏规则的一次发射""是中国航天的新篇章"。

然而，担得起多少成功，就要经得住多少失败。

2017年，长征五号遥二运载火箭由于发动机技术问题发射失利，经过几个月的故障排查与定位以及试验验证，失利原因终于确认：火箭芯一级氢氧发动机在复杂力热环境下，局部结构发生异常，发动机推力瞬时大幅下降，致使发射任务失利。

针对故障采取措施后，氢氧发动机又在后续长程试车过程不断发现改进，消除隐患，提高可靠性完成了发动机第二轮技术改进，最终彻底解决了发动机的所有隐患。在后续的各次的发动机试车中，氢氧发动机再没有出现任何问题。

2019年12月27日，在历经908天故障查找和改进后，长征五号遥三火箭发射成功，实现了"王者归来"，在那一刻，承受许多常人难以想象的压力、付出常人难以想象艰辛的长五人，流下了激动的泪水。总设计师李东在那一夜，辗转难眠，写下了一首《青玉案·复飞》：

怎堪回首说断箭，

泪满面，

肝肠断。

风雨寒暑十三年，

一夕霜过，

江东父老，

愧疚无颜见。

枕戈饮胆九百天，

万般磨砺难尽言。

今夜可敢片刻闲？

硝烟才散，

举眸广寒，

何日月又圆？

2020年5月5日，长征五号B遥一火箭首飞成功；2020年7月23日，长征五号遥四火箭成功发射我国首次火星探测任务"天问一号"探测器，开启了我国的行星探测时代。再加上刚刚带着月壤完美归来的嫦娥五号，长五在近一年时间里，四发四中，稳定性和安全性已经得到了重要检验。特别是成功运送8吨多重的嫦娥五号，充分证明了它的运力性能。

科学家精神撑起中国"火箭人"的使命

"航天界有一句话：火箭的能力有多大，航天的舞台就有多大。"李东表示，运载火箭是人类进行空间活动的基本前提，而火箭的运载能力决定了一个国家航天的规模和水平。

"长五是我国独立研制的，目前运载能力最大的火箭，整体水平处于国际领先。它的成功研制，使得中国进入空间的工业能力成倍提升，也使得将来中国建造一座适度规模、长期在轨、短期有人照料的空间站成为可能。"

"天文一号、嫦娥五号对长五来说只是一个开始"，李东认为，中国"火箭人"身上所肩负的使命，是要确保中国人具有独立自主、自由地进入空间的能力，从而使得一切行业活动成为可能，使得航天服务于国民经济建

李东（左）在指控大厅与队员讨论工作

设和国防建设成为可能。

那么，如何完成这项使命？

"中国航天能够走到今天，有两点我体会最深。一个是科技工作者爱国、爱岗、敬业、奉献的精神；另一个是始终坚持独立自主、勇于创新的精神。"这正是与李东理解的"最美科技工作者"的精神内核是一致的。

李东表示，"最美科技工作者"称号绝不仅仅是对个人的肯定，而是对整个长五团队的肯定。"如同火箭上成千上万个零件必须协调有效工作，才能准确把卫星送到轨道上一样，研制火箭的成千上万的科研工作者，他们每个人都在自己的岗位上，拼尽全力做好本职工作，密切合作，相互协同，才能共同完成这样一项无比艰巨的科技工程。"

"从去年10月长征五号遥三运载火箭入场，一直到今年底嫦娥五号发射，很多同志在靶场的时间超过了10个月，顾不上自己的家庭、亲友，凡事以国家为重、事业为重"，李东动情地说，"一切最美的荣誉都是他们的"。

中国科协信息中心供稿

在无人区燃烧青春

——2020年"最美科技工作者"陈亮

人物简介

陈亮,1982年6月出生。现任核工业北京地质研究院副院长。全国青联委员、中国高放废物处置地下实验室副总设计师和国家创新团队负责人。

长期致力于高水平放射废物深地质处置研究,在国际权威期刊发表SCI论文近20篇,作为第一完成人获得国防科技进步二等奖1项,入选国家级青年人才计划,被评为2020年"最美科技工作者"。

"我国作为核工业大国,高水平放射废物(以下简称高放废物)的最终安全处置是不能回避的问题,是我们对子孙后代的一种承诺和责任",中核集团核工业北京地质研究院(以下简称核地研院)副院长陈亮深刻认识到,"利用好核能的同时,还必须处置好放射性废物,这是核工业大国的使命担当。"

对于获得2020年"最美科技工作者"称号,这位"80后"青年科技工作者十分谦虚。"我在工作上的贡献距离这样的称号还有很大差距,这份荣誉属于数十年扎根在戈壁无人区的整个北山团队",陈亮说,"对自己而言,这份荣誉更多是鼓励和鞭策,将更加努力工作,力争作出更大贡献。"

到祖国最需要的地方去

高放废物的安全处置是关系到环境保护和核工业可持续发展的重要课

题，得到世界各有核国家的高度重视。经过几十年的长期研究，瑞典、芬兰和法国等国家已研发了完整的处置理论和技术体系，确定了处置库场址和工程建设方案。陈亮从博士期间就潜心于该项研究并以优异的成绩获得了法国知名大学副教授职位，但他一直心系我国高放废物地质处置事业。

2009年5月，核地研院副院长王驹的一场报告改变了陈亮的人生轨迹。这是他第一次系统了解我国对高放废物处置的整体战略规划和蓝图，也是第一次被北山精神感染。他强烈感受到来自祖国的召唤，"就像是集结号，我觉得我必须回国。"

陈亮至今还清晰地记得，那天他身着竖条西装，第一个冲上讲台表达了回国加入北山团队的意愿。"在那时候，北山于我，不仅是神秘，更是近乎神圣的"，陈亮曾用这样的笔触记录了北山。

回国之前的最后一堂课，陈亮告诉法国学生："为了追寻心中的一个梦想，我要离开美丽的南特和自己喜爱的讲台。"

2011年，陈亮离开法国，扎根于戈壁无人区。面对高温酷暑、风沙肆虐的恶劣自然环境以及长期与亲人分离的情感压力，陈亮反而时常觉得幸运。"与志同道合的人，沿着伟大的目标奔跑，能学以致用为国家作贡献，这本身就是一种幸福。"

幸福是奋斗出来的

气候干燥、缺水、寒冬酷暑、没有信号……看似艰苦的戈壁，陈亮和北山团队成员却乐在其中。"幸福都是奋斗出来的，青年人应该将自己的青春、热情和智慧融入到国家发展需求中，这个过程中会遇到各种各样的困难，当我们克服了这些困难时，那种幸福是无以言表的"，陈亮感慨道。

2015年，陈亮带领团队在自然环境恶劣的戈壁无人区启动了地下实验室坑探设施工程建设和地下实验室场址评价工作。由于工作区域信号极差，这支以"80后"和"90后"为主的科研队伍，只能在结束一天的工作后，轮流站在周边最高山顶竖起的1米高的柱子上跟家人打电话。

在如此艰难的情况下,陈亮带领团队以苦为乐、攻坚克难,仅用一年半的时间就圆满完成了工程建设和 10 余项大型现场试验研究,提出了地下实验室建设安全技术体系,为我国"十三五"重大工程——高放废物处置地下实验室建设方案制定提供了关键支撑。基于各项研究成果,陈亮与科研团队完成了地下实验室初步设计和工程建设方案,得到了国家的立项批复。作为第一完成人,陈亮团队提出的"高放废物处置围岩长期稳定性评价技术"获得国防科技进步二等奖。

陈亮至今还记得,北山坑探设施项目顺利通过验收的那天,他第一个沿着 100 多米长的斜坡道走到地表,当时正值黄昏,一抹温暖的阳光照在脸上,"那一刻,是我感觉最幸福的时候。"

薪火相传的北山精神

在回国投身戈壁工作 3 个多月后,陈亮给远在法国的学生寄了一张自己在北山的工作照,告诉他们:"我已经找到了这片梦想的沃土,并和我的战友们一起努力奋斗着。"

野外踏勘

高放废物地质处置库选址及建设运营是北山人一生为之奋斗的事业。30多年来，践行使命的接力棒传了一代又一代，到陈亮这儿已是第四代。每一次北山团队扎下帐篷或放置寝车时，都会第一时间在营地升起一面五星红旗。

无论面对多么艰苦的环境，北山人依旧保持着浓厚的工作激情，不知疲倦。在陈亮看来，个人的成长、团队的发展，要与国家的需要紧密结合，为国家解决最终的问题，这才是价值所在。

谈起青少年的科技培养，陈亮认为，"对于刚入学的学生，最重要的是培养他们学习的兴趣和好奇心，让他们理解而非记住；对于初中和高中阶段的学生，一方面要引导他们建立对科技的兴趣，让他们理解需求，了解社会经济发展中的问题以及探索解决的方案，另一方面需要社会各界的配合，让学生有机会走进各个领域。"

虽然地下实验室建设已经启动，但更艰巨的挑战还在后面，陈亮说："高放废物最终安全处置任重道远，后面的路还很长，我们将义无反顾地走下去。"

谈起对最美科技工作者中"美"的内涵，陈亮认为包括两个方面：一是在所从事的科研领域作出可以推动国家和社会发展的重要科研突破和成果，二是具有能够跨越学科限制的品质、经历或精神，启发和激励其他人，这些也是他努力的方向。陈良说，"这种对人生或工作面临困惑时的启发，应该就是最美科技工作者活动的意义所在，国家的发展不是靠几个人，而是靠每一个人。"

中国科协信息中心供稿

守中医之正，创医学之新

——2020年"最美科技工作者"仝小林

人物简介

仝小林，1956年1月出生。中国科学院院士，中医内科学家，中国中医科学院首席研究员，中央保健医生。

长期致力于中医药传承与创新研究，获得全国抗击非典型肺炎优秀科技工作者、卫生部有突出贡献的中青年专家、全国优秀科技工作者、何梁何利基金"科学与技术进步奖"、第二届全国创新争先奖等荣誉，被评为2020年"最美科技工作者"。

2020年1月24日，大年三十，中国科学院院士、中国中医科学院首席研究员仝小林临危受命，作为国家中医医疗救治专家组组长抵达武汉。

在抗击大型疫病面前，仝小林始终义无反顾，冲锋前线，他下社区，考察发热门诊，进驻重症病房，以中医药为武器，保障人民健康。"做医生，必须以医魂、医德、医道、医术护佑苍生"，仝小林被授予2020年"最美科技工作者"称号接受采访时坚定地说道。

创"武昌模式"

疫情发生初期，医疗挤兑严重，患者大量聚集。"如何有效控制疫情蔓延，让每一位疑似病例、密切接触者都得到及时诊治，是当时面临的最大难题。"

仝小林第一时间深入临床实践，通过对社区隔离点、发热门诊、隔离病区、危重病房患者亲自诊察，在作出新冠肺炎是感受嗜寒湿之疫毒而发病的判断后，根据古人大锅熬药的中医抗疫经验，结合病人症状表现，最终确立了宣肺化湿、解毒通络的治疗原则，拟定了20余味中药组成的通治方——寒湿疫方。

有了药，介入社区防控也很关键。1月29日，仝小林向武昌区政府和湖北省中医院提出共同开展社区中医药防控工作提议，立即得到响应。第一批2.7万袋汤药很快配送到位。

如何有效管理更大范围的社区，保证居民及时服药并反馈情况？仝小林提出，用二维码、App、移动终端、云平台等架起患者、医护人员、专家组、志愿者和管理人员的联络通道。

就这样，仝小林创新实施了以"中医通治方＋社区＋互联网"为框架的社区防控"武昌模式"，在源头处阻断疫情蔓延。

与此同时，仝小林和一线专家共同制定、修订全国中医诊疗方案，为前线提供指导意见，为国家研判提供建议。现在诊疗方案已经从第三版更新到了第八版，在广泛汲取全国各地经验的基础上，创新归纳出包括"三药三方"等一系列针对性强、临床应用有效的治疗方法，大大提高了中西医结合治疗新冠肺炎的疗效。

"我亲身经历了这场百年不遇之全球大疫，可以骄傲地说，中医药经受住了这场百年大考。"仝小林表示。

到一线去　到临床去

"在病人需要你的时候，无论环境多么危险，肯定是义无反顾。作为医生，都会有这种使命感和担当。"仝小林在武汉抗疫第一线连续工作64天，边临床、边实践、边总结，让中医药真正全面、全程地介入了此次新冠肺炎疫情防控。

不止这一次，早在20世纪七八十年代，中国发生流行性出血热，当时，仝小林在首批国医大师周仲瑛的带领下，以博士生身份在苏北医院协助治疗大量病人。2003年非典暴发，他是临时非典专病医院——中日友好医院的中医、中西医结合治疗组组长，亲手诊治了200多位非典病人，创制了"SARS-肺毒疫四期八方"的辨治方案。

仝小林说："医生必须到现场看病人，把握疫情发生现场的环境。无论你是教授还是院士，没有望闻问切，没有第一手资料，就是纸上谈兵。"

现代科学背景下，仝小林通过长期临床研究与大胆实践，构建了以"核心病机—分类分期分证—糖络并治"为框架的糖尿病中医诊疗新体系，在中医糖尿病领域做出了卓有成效的工作。

他带领团队以临床评价为核心，选取有代表性的急危重症开展系列临床试验，证实各示范方药具有明确的量效关系及较宽的用量范围，构建了以随症施量和剂量阈为核心的方药量效理论框架。这为创建方药量效学科、推动中医走向"量化"时代奠定重要基础。

"要跟上现代临床研究的步伐，要注重理论与实践相结合，做到与时俱进、常中有变。"仝小林说。

助力中医药现代化发展

获得"最美科技工作者"称号，仝小林谦虚地说，"这一荣誉是对我们医务界、中医界，特别是对临床医生的鼓励。我感到很光荣，同时也应在科学研究方面更加努力，用更好的科学成就让中医在整个医学中作出贡献。"

仝小林认为，在新冠疫情中，从预防、治疗到康复，中医药积累了丰富经验和科研能力，提升了针对急性突发重大公共卫生事件的应对能力。他希望，抓住新时期中医药发展的科技机遇、政策机遇和此次抗疫时机，推动中医药实现现代化发展。

"中医药本身是传统古老的学科，但是正焕发着青春。"仝小林指出，从中医思维到现代科研思维，要做到守正创新。

在他看来，只有严谨而真实的科学研究才能推动中医药发展，才能实现中医药现代化，才能经得起历史的考验。

比如用临床研究方法验证中医药治疗某病的疗效，用分子生物学方法探索中医药发挥疗效的机制，用现代药理研究方法探索中药药理作用和机制，用表型组学方法解析中医证候的生物学实质等。

除了重构现代科技背景下的中医诊疗体系，还应科学有效地培养青年人才。"为实现中医药的现代化、国际化而勇挑重担，这是时代赋予中医药人才的使命与担当。"仝小林掷地有声地说道。

中国科协信息中心供稿

架起从黑暗到光明的桥梁

——2020年"最美科技工作者"次旦央吉

人物简介

次旦央吉,1969年1月出生。西藏自治区藏医院眼科中心主任、副主任医师,西藏眼科研究领域学科带头人。

为青藏高原眼病患者带去光明,行程18万公里,仅白内障一种手术就亲自参与完成3万多例,复明率达99%,是藏民眼中的"光明使者",为推进藏医药现代化、推进西藏现代眼科发展作出了突出贡献,被评为2020年"最美科技工作者"。

平均海拔4000米以上的西藏,紫外线照射异常强烈,这也导致当地百姓眼部疾病高发,尤其是白内障。可大量农牧民并不知道白内障可以医治。

为帮助患者重归清晰、重获光明,西藏自治区藏医院(以下简称藏医院)眼科中心主任次旦央吉带领医务人员多次赶赴偏远山村,为农牧民实施白内障手术4884例。作为西藏眼科研究领域学科带头人,仅白内障一项手术次旦央吉就亲自参与完成了3万余例,病人复明率达99%。

当得知获评2020年"最美科技工作者"时,次旦央吉连连问着"是不是通知错了?"而事实上,对很多藏族百姓来说,她早就是他们心中的"最美医生"了。

复明的双眼是前行的动力

出身藏医世家,次旦央吉自小就立志投身藏医药事业,仿佛这就是他与生俱来的使命。1988年，次旦央吉毕业于西藏自治区藏医学校，被分配到自治区藏医院外科工作，正式开启了从医道路。

为老百姓检查眼睛

"在老乡的生活里，没有光明的世界才是最可怕的，也是最悲惨的。我们必须努力工作，让更多患者早一天见到光明"，次旦央吉是这么说的，更是这么做的。

昌都市，林芝市，那区市，青海省玉树藏族自治州……从南到北、从东到西，次旦央吉几乎跑遍了整个高寒缺氧的青藏高原，巡诊行程达18万公里。

山路崎岖，气候恶劣，都不算坎坷；长期生活、行医条件艰苦，引起的贫血、心脏病，不过是蹉跎。次旦央吉在日记中写道："没有战胜不了的困难，只有战胜不了困难的人。"

对次旦央吉而言，最好的慰藉，就是患者的康复。

2001年秋天，次旦央吉和医疗团队在青海省玉树州巡回手术诊治时，遇到一位不足半岁的小患者。他从生下来，双眼就患有先天性白内障，如果不尽早手术，孩子会成为弱视乃至永久性失明。

在得到孩子家长的理解和同意后，次旦央吉给小患者实施了双眼白内障抽吸术。仅过了一天，当次旦央吉用手电筒对着孩子的眼睛时，他竟挥舞着小手想要抓住光源。那一刻，病房里传来了阵阵惊叹声和掌声。

一声声"恩吉啦，吐几切（医生，谢谢啦）"发自肺腑，一双双复明的眼睛璨若星河，这就是次旦央吉和同仁们前行的动力。

投身科普，为脱贫攻坚助力

小医治病，大医治人。医术日渐成熟的次旦央吉发现，阻碍当地百姓获得健康的不仅仅是疾病本身，而是他们对医学的认知。

1999年，一位病人的出现令次旦央吉印象深刻。

那是一位白发苍苍的老人，在儿孙搀扶下前来就诊。经检查，老人患有老年性白内障，已经多年看不见东西，因为听说同村的病友经次旦央吉手术治疗恢复了视力，才得知这个病是可以医治的。

次旦央吉意识到，作为贫困地区的医生，服务对象多为农牧民，他们的医疗知识极度匮乏，因此，基础的疾病科普非常重要。

2000年前后，西藏自治区展开了全区眼病普查工作，次旦央吉积极参与其中，先后赴山南地区、那曲、林芝等地实地了解掌握情况，为全面掌握藏区白内障形成的原因和人数提供详细资料。

为了扩大科普受惠群众范围，自2007年起，次旦央吉每周在西藏人民广播电台藏语频道开设眼科疾病治疗与防治专题讲座。

"为什么要去电台？因为藏民很多是游牧民，收音机即使在很偏远的地方也能接收到信号。而且我用的是藏语，老百姓也更容易理解：什么是白内障、如何治疗、青少年眼科疾病防控的重要性等等。"

次旦央吉说："在多方努力下，老百姓对于眼科疾病的认知明显增加，很多人从认为不需要、不用治，到了解了手术并没有太大痛苦且能减轻家庭负担，于是选择主动求诊。"

疾病往往跟贫穷共生共存，由于百姓意识上的转变，也为解决他们因病致贫和脱贫攻坚发挥了积极作用。说起这些变化，次旦央吉整个人都轻快了起来。

守正创新，推进藏医药现代化发展

2015年，次旦央吉有了一个新的身份，她被正式聘为传承藏医药口述经验项目专家。

"事实上，早在1600多年前，藏医就已经有了白内障振波手术。但我们不能停留在那里，必须要发展"，次旦央吉说道。

为了持续掌握新知识、新技术、新疗法，积累新经验，1997年至2007年，次旦央吉先后4次到尼泊尔眼科中心进修，2010年在上海瑞金医院、2013年在广东省汕头国际眼科中心、2013年在哈尔滨医科大学附属第一人民医院、2015年在北大人民医院学习或进修……

回院后，次旦央吉克服经验、设备不足等种种困难，与国内外顶级专家共同在西藏自治区实现了一台台从未有过的手术：2007年的白内障小切口手术和斜视矫正术、2012年的角膜全层移植术、2014年的白内障超声乳化术和玻璃体切除手术、2017年的眼底激光术……使西藏眼科手术开展项目基本与内地一流眼科医院无差别，广大的农牧民基本可以实现看眼病不出藏！

五年前，次旦央吉被西藏医药大学聘请为西藏自治区第一位眼科研究生导师，于是，她又积极开展教学及基础科研工作，目前培养出的两名研究生和多名专科护士，已经能够胜任专业技术工作。

除此以外，次旦央吉还将大量精力投入到基层医生的培养上。自2000年至今，她坚持下乡组织乡村医师培训班，培训乡村医生1300多人，2000年她与藏医院翻译老师郎杰共同翻译了《发展中国家的眼保健》，2001年正式出版，这是西藏地区的首本藏文版的现代医学的眼科书，为西藏的基层眼科医学的发展奠定了坚实的基础。她的下一步目标是，市级甚至县级医院也能承担白内障手术。

既是医者，也是坚持创新的科研工作者和育人不倦的教育者，次旦央吉在推进藏医药现代化、推进西藏现代眼科发展工作中做出了突出贡献。

次旦央吉表示，"最美科技工作者"这份荣誉应该属于所有无私奉献、锐意进取的西藏科技工作者。她说，正是所有西藏科技工作者的共同探讨和努力，挖掘藏医药精华，与现代医疗技术协作、融合，才能为广大藏区百姓架起从黑暗到光明的桥梁。

中国科协信息中心供稿

玉米种子就是我的生命

——2020年"最美科技工作者"程相文

人物简介

程相文，1936年11月出生。现任鹤壁市农科院名誉院长，研究员。

长期从事玉米新品种选育和高产栽培技术研究，先后选育出39个玉米新品种，通过国家和省级审定14个，荣获科技成果奖49项，其中国家省部级10项。荣获全国先进工作者、"全国粮食生产突出贡献农业科技人员"、2011年度"国家科技进步奖一等奖"、河南省科学技术杰出贡献奖、全国优秀科技工作者、"鹤壁功臣"等荣誉，被评为2020年"最美科技工作者"。

当河南省鹤壁市农业科学院名誉院长、研究员程相文得知自己荣获2020年"最美科技工作者"称号时，他正站在海南的试验田里："听到消息后激动了好几天，十分感谢国家对育种事业的支持；这个荣誉不是我个人的，是属于大家的。"

现年84岁的程相文从事玉米新品种选育和高产栽培技术研究57载，谱写了育种事业的传奇。"我要在有生之年为玉米育种鞠躬尽瘁，甘愿为民族事业献出毕生精力。"程相文如是说。

把人民的需求当作自己的理想

"我对玉米有一种特殊的感情，我的愿望就是为农民培育出更多更好的种子。"程相文说。

时间回溯到1963年7月,他从河南省中牟农业专科学校毕业,来到浚县从事农业技术推广和研究工作。此时的粮食产量很低,每顿都能填饱肚子成了人们的奢望。

一次,程相文在钜桥镇邢庄村了解玉米生长情况时,一位大娘眼中含着泪花说:"你来了!你是大学生,能不能想个啥法子,一亩地多打几十斤?能叫窝窝头管吃饱,娃娃们也不会挨饿受罪了。"

生在农村、长在农村,对农民有着深厚感情的程相文一辈子也忘不掉这个场景。"党和人民需要什么,我就干好什么。"就这样,一个信念从此扎根在心,他开始奔走在永无止境的高产玉米品种培育道路上。

程相文坚信,一粒种子可以改变一个世界,一个品种可以造福一个民族。他先后选育出39个玉米新品种,通过国家和省级审定的达14个。

其中,"浚单18""浚单20"被农业农村部列为国家重点示范推广玉米新品种和全国玉米优势产区主推品种。"浚单20"突破了高产、优质、抗逆有效结合的技术瓶颈,多次创造15亩、百亩和万亩连片夏玉米同面积高产纪录,种植面积一度达到全国第二,获2011年国家科技进步奖一等奖。

如今,"浚单"系列玉米品种已推广到河南、山东、河北、陕西、内蒙古等十多个省区,累计推广3亿多亩,增加社会经济效益270多亿元。

扎根一线　矢志不渝

玉米授粉期恰逢盛夏三伏天,花粉存活时长仅6个小时,授粉正赶上一天中最闷热的时段,地里温度高达37℃以上,而且授粉者不能站立,不能蹲着或坐着,只能弯着腰进行。

程相文常常连续给玉米授粉七八个小时,有时腰弯得都直不起来了,皮肤也被玉米叶划出一道道血口子,花粉落到脸上、脖颈、身上,汗水一浸,又疼又痒。然而,对事业执着的追求,让他甘于吃苦、敢于拼搏,直到今天依然坚持下地。

在北方，一年只能种一季玉米。如果拿到海南岛，播种育种时间比在北方提前一年，这样农民年年都可以种上新繁育的玉米良种。于是，程相文主动请缨到海南岛加代繁育玉米种子。从此，他有55个春节都是在海南的试验田里度过的。

程相文还记得1964年冬天第一次踏上海南岛的情景。他先从郑州坐火车到湖北汉口，再到广西黎塘，坐汽车从黎塘到广东湛江，再到海安，然后坐船至三亚，从三亚到崖城镇一个叫藜子沟的小山村。汽车、火车、渡船、徒步，一个单程下来足足走了15天。

育种半个世纪，他不停地如此往返，走过的路程绕地球7圈还多。而育种时，他每天天不亮就起来烙上几张油饼，带着赶往8里路之外的育种基地。到了中午，油饼、白开水就是午餐。为了节省开支，他专门买了一台缝纫机，自己缝制玉米授粉用的袋子。

程相文说："玉米就是我的生命，一天也不离玉米。"

为了大地的丰收

程相文不是农民，却种了半个世纪的庄稼；家住北方，却在每一个万

年过八旬仍坚持下田

家团圆的日子向南方迁徙。他把自己的全部心血都倾注到玉米育种事业上，用一生的追求解读了一名基层农业科技工作者拼搏的足迹。

"育种是一件科学性、实践性很强的工作，不能只听汇报、只看数据。只有亲力亲为，才能掌握第一手资料，才能做好育种事业。"他说。

程相文把当初一名技术员、半间房的浚县农科所，发展到现在资产上千万、拥有近百人科研团队的市级农业科学院，形成了"育、繁、销"一体化的大格局。而他通过新品种研发应得的数百万元奖金，却全部用在了科研开发和农科院建设上。

从满头青丝到鬓发染霜，如今年过八旬的程相文仍坚持和大家一起套袋、采粉、授粉、记录。为了大地的丰收，再苦再累也无惧。"远看像要饭的，近看像烧炭的，一问才知道是农科院的"——这就是他们。

今年新冠肺炎疫情对全球粮食安全造成负面影响。粮食安全事关国家战略安全，保障国家粮食安全这根弦任何时候都不能放松。作为农业科技工作者，程相文胸怀祖国和农民，勇攀玉米育种事业的高峰，淡泊名利、潜心研究，为守卫粮食安全奉献一生。程相文说，更多青年科技工作者应传承科学家精神和事业的"接力棒"，担负起历史责任。

"我把最美科技工作者的荣誉当成一种动力、一个起点，我还想继续为'三农'事业作贡献。"程相文深情地说。

中国科协信息中心供稿

打赢"蓝天保卫战"是我的责任

——2020年"最美科技工作者"郝吉明

人物简介

郝吉明，1946年8月出生。大气污染防治专家，清华大学教学委员会副主任，中国工程院院士。

教育部长江学者奖励计划首批特聘教授，兼任联合国环境规划署亚太区域大气污染防治科学理事会主席、中国环境与发展国际合作委员会委员、国务院学位委员会环境科学与工程学科评议组召集人。

获得国家科技进步一等奖1项、二等奖2项，国家自然科学二等奖1项，国家技术发明二等奖1项。被评为2020年"最美科技工作者"。

"最美科技工作者首先应该有家国情怀，要为国家的重大需求、为人民生活水平的提高、为改善人民生活献身研究。"对于获得2020年"最美科技工作者"荣誉，中国工程院院士郝吉明感言，"大家选我，不是因为我'最美'，而是大家希望看到我们的国家更美。"

虽已年过古稀，郝吉明依然在为打赢蓝天保卫战贡献力量。"这是我的专业，我的责任，也是我应该有的担当。"

研国家之所需

"青年人要有成为国家重要科技创新力量的担当和责任，力量源于责任，精神贵在坚韧，勤奋铸就精品，务实才能求真。"作为改革开放后第一位从美国学成回清华大学任教的博士，郝吉明时常这样告诉青年科技工作者,"一定从国家建设需求出发,面向国际前沿,推动中国经济社会环境持续发展。"

2020年,面对突如其来的新冠肺炎疫情,郝吉明立即意识到,疫情将带来一定的环境风险。郝吉明联合其他几位院士和专家向国务院提出《关于注意和加强新型冠状病毒肺炎次生环境风险防控与应急措施的建议》。

随即,科技部和中国工程院推出《新型冠状病毒传播与环境的关系及风险防控》应急攻关专项项目。"这个工作非常及时,重大疫情引起的环境风险必须给予足够的重视和较早的应对",郝吉明说。

郝吉明立即带领项目组开展研究,推动建立完善应对国家公共卫生事件中的次生环境风险防控和应急应对技术支撑体系,研究团队率先提出了"自然宿主—带病毒环境介质—人类"的新冠病毒来源及传播可能路径假设,受到国务院高度重视和重要指示。

郝吉明说:"作科研要务实,要以为国家发展、改善人民生活服务为目的,而不是发几篇文章,不跟国家建设相结合的科研,是没有意义的。"

面向国家需求,郝吉明担任了中国科协生态环境产学联合体专家委员会主任委员、中国科协第五批全国首席科学传播专家等职务,始终围绕国

郝吉明参加学会活动

家建设需求开展科研，为实现百姓对蓝天渴望的梦想而奋斗。

站在人民的角度看问题

2020年不仅是与新冠肺炎疫情斗争的一年，也是打赢蓝天保卫战的收官之年。这一年，郝吉明分外忙碌。作为评估专家组组长，除了要做好评估工作之外，他还要在收官之年做好大气污染防治的重要工作。

治理大气污染是一项长期性、艰巨性攻坚作战任务。因此，郝吉明深耕的领域时常面临很多挑战，"站在多数人民群众的角度看问题"是他做判断的重要依据。

"大气污染防治是一个涉及各个方面的系统工程，以煤为主的能源结构下，如何既保证能源供应又保护大气环境？"这是郝吉明开展燃煤治理工作面临的第一个难题。

站在百姓的角度思考，"千家万户不烧煤显然不是办法，要清洁高效集中地利用煤炭。"于是，郝吉明带领团队从保护环境和满足人民生活的双重角度出发，领导制定和实施了中国燃煤行业的大气污染防控政策。

如何协调经济和环境的关系，也是大气污染治理面临的挑战。20世纪90年代末，随着汽车走进中国的千家万户，机动车污染成为城市的突出问题。旧车改造成为当时控制机动车污染的途径之一，但郝吉明团队则认为加快研究新车排放标准才是最经济和最具减排潜力的途径。

"新车标准会阻碍中国汽车产业的发展吗？"面对这样的质疑，郝吉明犀利地反问道："中国汽车产业的发展是要跟世界绿色发展潮流一致，还是要做大街上冒着黑烟的汽车产业？"

于是，他带领团队构建了"车—油—路"一体化的机动车排放污染综合控制体系，率先在北京开展实践，并持续推动中国机动车排放控制水平与先进国家接轨。此外，郝吉明及其团队还因对柴油车污染控制方面取得的成绩，荣获了2018年联合国环境署清洁空气奖。

三尺讲台"筑梦人"

"大事业大眼界大勤勉，好学问好担当好先生。"郝吉明的学生们曾为他写下这副对联，他也留给同学们"一辈子为学，与时俱进"的治学理念。

郝吉明曾说："要当好院士，很重要的一条就是要为我们国家的工业界、工程技术界培养人才。院士仍然是一名教师，应当承担人民教师的责任。"

郝吉明先后为本科生和研究生开设了6门课程，主讲的《大气污染控制工程（含实验）》被评为国家级精品课程，主编的《大气污染控制工程》被评为国家级优秀教材，是目前我国应用最广的环境类教材。

40多年来，他一边做环境的守护者，一边做学生的引路人，培养了110多名博士和硕士，队伍中涌现出中国工程院院士等一批守护祖国蓝天的中坚力量。

郝吉明这样要求他的学生，"首先要有报国之志，我们要培养的是社会主义的接班人和建设者；其次要学报国之能；第三要建报国之功，要强调对国家的贡献而非追求个人利益。"

不仅如此，郝吉明还告诫学生作科研求真务实，不能以论文为导向，要从国家经济建设遇到的问题、从人民生活水平提高遇到的问题中找题目。

国家级教学名师奖、国家级教学成果一等奖、清华大学"新百年教学成就奖"和"良师益友奖"、带领的环境工程专业教学团队入选国家级教学团队……众多荣誉的背后，是郝吉明对传播知识、传播思想、传播真理，塑造灵魂、塑造生命、塑造新人的时代重任的践行。

中国科协信息中心供稿

| 视频篇 |

爱国·创新·求实·奉献·协同·育人

弘扬科学家精神

一腔"热血"为两弹

——物理学家程开甲

人物简介

程开甲(1918.8—2018.11),著名理论物理学家,中国科学院院士,"两弹一星"功勋奖章获得者。中国核武器事业的开拓者之一,中国核试验科学技术体系的创建者之一。

1985年获国家科技进步奖特等奖。2013年获国家最高科学技术奖。2018年被授予"改革先锋"称号、2019年荣获"全国敬业奉献模范""人民科学家"国家荣誉称号。

视频讲述了中国"核司令"程开甲的先进事迹。

1937年9月,程开甲到浙江大学报到。而此时抗日战争也爆发了。在敌人的轰炸中、艰苦的条件下,程开甲仍勤奋刻苦,孜孜不倦,坚持学习和实验。在从事原子弹研究后,他一直秉持着发明创造精神,为原子弹理论设计解决了大难题。程开甲一生总共参与主持决策了30多次重大核试验,是我国指挥核试验次数最多的科学家,为我国的核试验事业贡献了自己的一生。

扫一扫,观看视频

推荐单位:中国科学技术出版社有限公司

国家的需要，就是我的研究方向

——物理冶金学家吴自良

人物简介

吴自良（1917.12—2008.5），物理冶金学家，中国科学院院士，"两弹一星"功勋奖章获得者。

1956年，获国家自然科学奖三等奖。1984年，获国家发明奖一等奖和国家科技进步特等奖。

1997年，获得何梁何利基金"科学与技术进步奖"。

视频以漫画短片形式，重温吴自良院士的一生。

吴自良自幼立志求学报国。当新中国成立的消息传到美国，吴自良毅然历尽千辛万苦回到中国，投身到祖国的建设中。吴自良每天连续12小时以上扎进实验室，带领团队潜心研究，历经4年，于1963年末成功研制出"甲种分离膜"，为打破超级大国的核垄断作出了巨大贡献，为第一颗原子弹成功试爆奠定了坚实的基础。

扫一扫，观看视频

推荐单位：西南交通大学立德树人教育发展中心

赤字恒心，追光之路
——应用光学专家王大珩

人物简介

王大珩（1915.2—2011.7），著名光学家，中国科学院院士，中国工程院院士，"两弹一星"功勋奖章获得者。中国近代光学工程的重要学术奠基人、开拓者和组织领导者，杰出的战略科学家、教育家，被誉为"中国光学之父"。

1985年，获国家科学技术进步奖特等奖。1994年，获首届何梁何利基金"科学与技术成就奖"。2018年，被授予"改革先锋"称号，并获评"'863'计划的主要倡导者"。

视频讲述了开创新中国光学事业的"追光者"的先进事迹。

1932年，王大珩以优异成绩考上清华大学物理系，与钱三强、何泽慧、于光远成为同窗挚友。他到英国继续深造学习时，主动放弃了博士学位，选择学习祖国急需的稀土光学玻璃制造工艺，后将积累的大量资料和丰富经验都毫无保留地应用到了我国的光学事业中，领导研制出了我国第一台红宝石激光器和首台航天相机，还主持研制了我国第一台大型光测设备。

扫一扫，观看视频

推荐单位：中国科学技术出版社有限公司

你的笑，绽放了春天

——传染病学家李兰娟

人物简介

李兰娟，1947年9月出生，感染病（传染病）学家，中国工程院院士。

从事传染病临床、科研和教学工作40余年，作为我国人工肝开拓者，创建独特有效的李氏人工肝支持系统治疗重型肝炎获重大突破。

获得国家科技进步一等奖2项、二等奖2项，国家科技进步奖（创新团队）1项，浙江省科技进步一等奖6项。2010年荣获"全国优秀科技工作者"称号。2014年荣获何梁何利基金"科学与技术进步奖"。

视频以李兰娟抗疫事迹、抗疫精神和不忘故乡回乡义诊为主题，以小女孩到绍兴科技馆展厅参观李奶奶的手模作为引线，还原李兰娟的抗疫日记，以及对青年人的寄语：学习抗疫精神，心怀梦想，爱党爱国，成为有理想有抱负的新时代少年。

扫一扫，观看视频

推荐单位：浙江省绍兴科技馆

永恒的人生
——核物理学家王承书

人物简介

王承书(1912.6—1994.6),核物理学家,气体动力学和铀同位素分离专家,中国科学院院士。

在美国期间主要从事气体分子运动论的研究,回国后先后从事受控核聚变、等离体物理、铀同位素分离等研究。解决了净化级联计算、级联的定态和动态计算等重大课题,为中国第一座铀浓缩气体扩散工厂分批启动作出重要贡献,为中国铀同位素分离理论研究奠定了基础。

视频从求学经历、回国历程、三次改行、自主研制、培育人才、精神品格六个方面展示了王承书传奇的一生。

王承书原本与丈夫在美国过着优越的生活,得知新中国成立后,便怀着报效祖国的赤子之心突破重重阻力回到祖国,并隐姓埋名30年,把毕生精力献给我国核科学事业。

扫一扫,观看视频

推荐单位:天津市科协

没有你,万般精彩皆枉然

——古脊椎动物学家张弥曼

人物简介

张弥曼,1936年4月出生,古脊椎动物学家,中国科学院院士。

2016年获得罗美尔—辛普森终身成就奖。2018年获得年度世界杰出女科学家奖。2018年获得何梁何利基金"科学与技术成就奖"。

视频通过片中讲述人的亲身经历,以第一视角讲述了张弥曼的经历、深刻的学术思想、严谨的治学态度及默默奉献的科学精神。

扫一扫,观看视频

推荐单位:浙江省绍兴科技馆

读懂中国，读懂他的故事

——光纤通信专家杨恩泽

人物简介

杨恩泽（1919.10—2019.10），高级工程师，天津大学电气自动化与信息工程学院教授、博士生导师。

1974年起主持研制"准毫米波空间通信设备"，主持的"武昌—汉口市话中继光缆通信实用化系统"于1982年底建成使用，是经国家鉴定并验收的中国第一条实用光通信线路，也是一个示范工程。获1978年全国科技大会奖，1985年获国家科技进步奖二等奖。

视频记录了杨恩泽为中国教育、科研事业倾其一生的感人事迹。

杨恩泽七十年如一日，90岁高龄时仍然每天到实验室"报到"，亲力亲为，以身作则。除了孜孜不倦进行科研的同时，杨恩泽把大部分精力用在教育培养学生上。他一生默默资助了无数贫困学子，建起了一座座实验室、科学楼，为祖国和人民培养了大批优秀的科研工作者。

扫一扫，观看视频

推荐单位：天津市科协

勇闯深海，探秘龙宫

——"蛟龙"号载人作业潜水器首席潜航员叶聪

人物简介

叶聪，1979年11月出生，"蛟龙"号载人作业潜水器首席潜航员，"深海勇士"号载人作业潜水器副总设计师，全海深载人作业潜水器总设计师，中国载人深潜领域潜航员专业的开拓者和创始人。

2017年获国家科学技术进步奖一等奖。2018年被授予"改革先锋"称号。荣获载人深潜英雄、全国职工职业道德建设先进个人、全国五一劳动奖章、中国青年五四奖章等称号。

视频讲述了"载人深潜英雄"叶聪的先进事迹。

年仅24岁，叶聪便担任"蛟龙"号总布置主任设计师。从立项设计开始，每个设计阶段的潜水器总图都出自叶聪之手。他熟悉"蛟龙"号的每一个零件。从草图到完工图，几年下来他修改了几百遍。在资料方案欠缺的情况下，叶聪就开创性地完成了总体布置和性能优化技术。历经攻关、设计总装建造和水池试验，"蛟龙"号驶向大海。通过无数次的海试验证和改进，最终"蛟龙"号通过了7000米深潜大考。

扫一扫，观看视频

推荐单位：中国科学技术出版社有限公司

怀念雷雨顺，继承科学家精神

——气象学家雷雨顺

人物简介

雷雨顺（1935—1983.2），气象学家，曾任国家气象局气象科学研究院助理研究员、室主任、副研究员。

曾主持将能量天气学理论应用于暴雨、冰雹等强对流天气的研究，形成一套较有成效的天气分析预测方法，获1978年全国科学大会奖。

视频讲述了雷雨顺为中国气象事业奋斗一生的事迹。

为了攻克预报难题，雷雨顺日夜不休以节省时间，在病床上向组织要一个小桌子来做研究。雷雨顺临终前对气象科研的计划留下建议而没有对家庭留下一句话，把毕生精力都奉献给了中国气象，揭开了冰雹之"谜"，开创了中国人自己的暴雨预报方法。

扫一扫，观看视频

推荐单位：中国气象报社

人名索引

本索引收录本书中科技工作者的人名，并按照汉语拼音的音序排列。

C

陈厚群	411
陈洪渊	91
陈敬熊	119
陈　亮	424
陈孝平	375
陈　颙	199
陈云霁	383
陈宗懋	188
程开甲	447
程相文	437
次旦央吉	432
崔　崑	123

D

邓秀新	173
董胜波	214
董文渊	335
杜祥琬	136
都有为	96

F

樊会涛	154
方　成	114

H

郝吉明	441
何季麟	182
洪朝生	59
侯金林	244
黄才发	379
黄瑞松	148
黄纬禄	17
胡向东	260
胡　郁	415

J

姬秋梅	363

L

郎锦义	298

雷雨顺	455
冷向阳	314
李德仁	160
李　东	419
李兰娟	450
李　玉	406
李正兵	319
梁建英	390
梁益建	304
梁玉斌	340
林俊德	192
林　鸣	280
刘经南	164
陆锦标	345

M

闵乃本	68

O

欧阳平凯	131

P

彭　凡	224

Q

齐　康	50
祁兴磊	398
钱七虎	35
钱学森	3
覃重军	330

R

戎嘉余	82

S

孙鸿烈	64
孙　涛	275
孙义燧	86
石瑞芳	286

T

谭靖夷	141
陶文铨	371
仝小林	428

W

王承书	451
王大珩	449
王海峰	235
王立鼎	177
王　选	12
王小云	101
王学浩	168
王行环	402

王贻芳	345	张小曳	77
王永志	45	张钰哲	8
韦本辉	254	张宗亮	248
伍荣生	204	钟南山	22
吴自良	448	周建平	230
吴祖泽	106	周其林	73
		朱　坤	209
		朱宪彝	219
		朱英国	110
		朱有勇	127

X

邢　继	386
徐恭义	394
宣　明	266

Y

严大洲	240
严志达	54
杨恩泽	453
杨海燕	367
杨鸿昌	270
叶　聪	454
尹国胜	308

Z

曾庆存	40
曾孝濂	292
邹进上	325
张定宇	28
张弥曼	452